REAL ESTATE DEVELOPMENT

부동산개발론

이현석 · 임지묵

박영사

머리말

부동산개발론을 출간합니다.

부동산학은 종합학문이자 실용학문입니다. 핵심은 부동산개발이라 합니다. 그러나 이를 다룬 이론서는 드뭅니다. 인구와 가구 구성이 변화하고, 기술은 빠른 속도로 진보하며, 선호는 하루가 다르게 바뀝니다. 와중에 이론적 토대 위에 실용성까지 갖춘 교재를 만들기는 쉬운 일이 아니기 때문입니다.

학교에서 부동산개발론을 강의해 왔습니다. 교재는 미국 도시토지연구소(U.L.I.)가 발간한 Miles 외(2015)의 Real Estate Development를 사용해 왔습니다. 부동산개발에 대한 남다른 식견을 보여주는 훌륭한 교재이며 이 책의 뿌리입니다. 거의 10년간 개정판이 나오지 않는 상태입니다. 국내 현황과 미래비전에 관한 내용은 메울 길이 없어 방학마다 학생들과 함께 강의 자료를 업데이트해왔습니다. 부동산개발 사업자(developer)이자 겸임교수인 임지묵 박사가 차제에 교재 출간을 제안해서 일을 시작했습니다.

출간하는 부동산개발론은 정의, 과정, 시장변화를 담고 있습니다. 부동산개발금융에 대한 이해와 구조, 그리고 최근 등장한 프롭테크에 관해서 설명합니다. 부동산개발을 기획, 시공, 부동산관리 등 3단계로 나누어 기술합니다. 현장 실무에 대한 경험이 그대로 녹아 있습니다. 부동산개발 뉴트렌드와 미래로 마감합니다.

　각 장 끝에는 부동산개발사례를 실어 현장감을 더합니다. 사례는 현재 부동산개발협회 회장이신 피데스개발 김승배 대표의 기부와 후원으로 설립한 건국대 피데스개발사례연구센터가 축적한 자료에서 발췌하여 수록했습니다. 사례연구와 수업과제에 참여한 건국대 부동산학과 학부, 석사, 박사 학생들에게 감사 인사를 드립니다.

　출간을 제안하고 작업을 도맡아 이끌어온 임지묵 박사가 없었다면 이 책은 세상에 나오지 못했을 겁니다. 수행 중인 개발사업이 한창임에도 열과 성을 다해 주었습니다. 박사과정에 재학 중인 위정환 BNK투자증권 차장은 부동산개발금융을 담당하여 주말을 희생하며 도와주었습니다. 박영사 노현 상무님께도 감사 인사를 드립니다. 몇 년 전 맺은 집필 계약이 이 책을 만들었습니다.

　이 책의 주 용도는 강의 교재입니다. 관심 있는 일반인을 위한 개론서로서 활용도 가능합니다. 자료를 조사하고, 현장을 되새기며, 서술하고, 수정했습니다. 그런데도 출처와 근거 등이 완벽하다고 볼 수는 없습니다. 오류나 문제가 발견된다면 개정판에서 바로 수정하겠습니다.

　　부동산개발은 사업기획에서 타당성검토, 계약, 건설, 마케팅, 부동산관리까지를 아우르는 과정입니다. 한 차원 더 깊은 시각에서 부동산개발을 이해하고 통찰력을 가지고 부동산개발에 대한 개념, 과정, 현황, 비전 등을 바라보는 데 이 책이 도움이 되기를 희망하고 기대합니다.

2024년 9월

건국대학교 부동산학과

교수 이 현 석

Ⅰ 부동산개발 개요 Real Estate Development Introduction

Ⅱ 부동산개발 금융 Real Estate Development Financing

Ⅲ 부동산개발 과정 Real Estate Development Process

Real Estate Development

부동산개발 개요

[Real Estate Development Introduction]

제1장
정의와 과정

- **구성**
  - 제1절 정의
  - 제2절 과정
  - 제3절 자금조달

- **목적** 부동산개발 정의와 과정에 대한 전반적인 이해

- **용어** 부동산개발, 정의, 과정, 금융, 기획, 타당성검토, 시공, 운영

- **핵심** 부동산개발 개념, 과정, 자금조달

  - 부동산개발은 인구·구조가 바뀌고, 기술이 발전하며, 선호가 달라지기에 영원하다.
  - 개발사업은 리더십이 중요하나, 강한 리더십도 나쁜 아이디어를 살릴 수는 없다.
  - 시공에서 시간, 품질, 비용 관리가 중요 요소다.
  - 관리와 운영 역량은 현대 부동산사업의 핵심이다.

🏢 제1절 정의

부동산개발은 무에서 유를 창조하는 일이다. 토지에 정착물의 건설을 통해 부동산을 생산하는 행위다. 무형의 아이디어를 실체화하는 과정(transform an idea intoreality)으로 사회적 수요를 만족시키고자 건축환경(built environment)을 지속적으로 재구성한다. 토지에 노동과 자본을 투여하고 경영 역량과 기업가 정신(entrepreneurship)을 활용하여 공간을 재구성하고 사회적 가치를 만들어내는 작업이다.

다양한 이해 관계자와의 협업 속에서 부동산개발 프로젝트를 완수한다. 이 과정에는 토지조성, 건축물 설계 및 시공, 인허가, 마케팅 및 중개 등이 포함된다. 끊임없이 변화하는 사회적 수요를 만족시키기 위해 부동산개발은 계속하여 진화해왔다. 부동산개발은 부동산관리와 운용의 시작점이다. 정착물의 수명이 다하거나 용도의 변경이 필요한 경우, 재생 등 정비사업을 통해 다시 부동산개발의 과정을 반복하는 순환구조를 갖는다. 이를 통해 자산가치의 유지 혹은 증대를 기대하며, 효율적인 부동산의 관리를 통해 임대인(owner), 임차인(tenant), 사용자(customer)의 만족도를 높일 수 있다.

부동산개발은 크게는 기획, 시공, 운영의 3단계 과정으로 나누어 볼 수 있다. 기획 단계에서는 아이디어를 구상하고 이를 실현하기 위한 토대를 마련하는 과정으로 토지확보, 개발 및 건축 계획, 타당성검토, 인·허가 등이 실행된다. 불확실성으로 인해 부동산개발의 모든 단계 중에서 상대적 위험이 가장 크다. 부동산개발사업자(developer: 이하 개발사업자)는 기획자(planner & promoter)의 역할을 한다. 부동산개발사업은 아이디어를 현실에서 실체화하는 과정이다. 독특하고 창의적인 아이디어는 개발사업자가 시장에서 경쟁력을 확보하는데 가장 중요한 요소다. 아이디어의 구체화를 통해 사업의 방향성과 목표가 명확해진다. 다만 모든 아이디어가 현실에서 실행되지는 않는다. 아이디어 구체화 과정에서 실행 가능성을 입증하고자 개략적으로 사업타당성을 검토한다. 위험요소를 파악하고 실현 가능성을 판단하는 과정을 거치면서 대부분의 아이디어는 기획 단계를 넘어서지 못하고 좌절된다. 초기의 다양한 아이디어에 대한 좌절 경험은 사업의 실행과 성공을 위한 발판이 된다.

사업타당성 검토는 실현가능성을 판단한다. 통상 예상되는 수익이 비용을 넘어서지는 지를 추정하고 판단한다. 아무리 높은 수익이 예상된다 해도 공사가 완료되고 사업의 안정화를 통해 현실에서 실현되지 못하면 허상에 불과하다. 지속가능 여부가 수익성 이상으로 중요하다. 양적 타당성(quantitative feasibility)과 질적 타당성(qualitative feasibility)으로 나누어 봐야 한다. 양적 타당성검토는 예상되는 수익이 투여된 비용을 넘어 사업성이 있는지를 판단한다. 질적인 타당성은 수익과 비용이라는 수량적 자료를 넘어 사업을 둘러싸고 있는 구조, 참여자 간 이해관계, 분배구조, 금융조건 등 사업의 핵심 환경이 지속가능한지 여부를 검토한다. 양적 질적 타당성이 모두 만족되어야 사업성이 있다라고 말할 수 있다. 그러나 양호한 사업타당성이 성공을 보장하지는 않는다.

시공 단계는 아이디어 구상을 통해 세운 기획과 설계를 실제로 실현하는 과정이다. 건물의 구조를 만들고 필요한 시설물을 건설한다. 시간(time), 비용(cost), 품질(quality)이 3대 요소다. 공사와 사업기간이 약정되어 있어 이를 준수함이 대 원칙이다. 큰 자금이 소요되므로 비용의 관리가 중시되며 일단 시작되면 중단 또는 되돌려야 할 경우 상당한 비용이 수반된다. 시간과 비용이 계획대로 투여된다 해도 요구 품질을 충족하지 못하면 사업이 제대로 평가받지 못하며 심한 경우 사업의 성패에 영향을 미친다. 예상치 못한 문제 발생 시 신속한 의사결정과 대응, 효율적인 비용관리가 필수다.

운영은 기획과 시공 단계와 비교하여 가장 오래 지속되는 단계다. 운영을 통해 개발사업자는 투입된 비용을 임대료와 관리비 등 다양한 방법으로 회수하여 수익을 창출한다. 위험의 최소화와 수익의 극대화는 부동산개발 투자의 목표다. 기획과 시공 단계에서는 장기간의 운영이라는 부동산의 특징을 고려하면서 가치공학(value engineering) 측면에서 효율적 투입비용의 설계가 이루어져야 한다. 총 생애비용(life cycle cost)은 시공비용과 관리운용비용의 합이다. 초기에 시공비용은 절감했지만 건설 이후 막대한 관리운용비용이 소요되는 사례를 자주 접한다. 총 생애비용을 고려하면서 경제성과 효율성을 높일 수 있는 기획과 시공이 이루어져야 한다. 모든 단계가 함께 유기적으로 연결되어 완성되어 정상적으로 운영될 때 제대로 된 부동산개발이라는 평가를 받게 된다.

🏢 제2절 과정

부동산개발은 기획, 시공, 운영의 3단계로 나뉜다. 기획 단계에서는 아이디어를 구상하고 이의 실현 가능성을 개략적으로 검증(back of the envelope pro formas)한다. 시장에서의 실현 가능 여부를 본인의 경험을 통해 검토하고 주변 전문가들과의 협의를 통해 타진해본다. 인허가 가능 여부는 사업 착수에 가장 영향을 미친다. 담당 지방자치단체 담당자 등에의 문의 및 면담 등을 통한 확인 절차는 반드시 필요하다. 어느 정도 실현 가능성에 대한 확신이 서면, 아이디어를 구체화 해나간다. 개략 설계가 나오면 본격적인 타당성 검토를 진행한다. 동시에 구체화한 아이디어를 실현시킬 수 있는 부지를 물색하는 작업에 착수한다.

토지는 부동산개발의 원천이며, 필수 불가결한 자원이다. 토지를 확보하기 위해서는 발로 직접 뛰어야 한다. 발품(legwork)을 판 만큼 개발의 의도를 충족하고 실현시킬 수 있는 양질의 부지를 획득할 가능성을 높일 수 있다. 인허가의 가능성 등 법적, 물리적, 회계적 타당성과 사업 착수 위험 요인(set-out risk)을 검토한 후 토지매입에 착수한다. 토지매입은 착수 단계로 물리적 담보물이 존재하지 않기에 자금조달에 상당한 애로가 존재한다. 개발 초기에는 자금부담을 낮추는 방안이 강구되어야 한다. 토지 계약금을 낮추거나(low-down payment), 토지주의 금융(seller's financing)을 활용하거나 토지 임대(ground lease) 등 다양한 방법을 통해 초기 비용을 최소화하기 위해 노력한다. 고금리의 단기 대출이나 브릿지론(bridge loan)을 주로 활용한다.

타당성검토는 사업의 실현 가능성을 판단하는 작업이다. 시장조사는 타당성검토를 위한 기초자료를 제공한다. 시장조사와 설계 자료를 통해 사업 타당성을 검토한다. 1차적으로 양적 타당성(quantitative feasibility)을 판단하는 작업을 진행한다. 사업을 통한 수익을 예측하고 소요될 비용을 추정한다. 총 사업기간을 산정하고 수익과 비용 항목을 구체화하여 산정하고 기대수익률을 구한다. 현금할인법(discounted cash flow method)이 일반적으로 사용된다. 사업의 구도를 질적 구조의 타당성(qualitative feasibility)을 판단해야 한다. 구상하는 사업의 참여자들, 수익의 배분 구조, 금융조달기관의 특성 등 물리적 특성을 넘어 사업 구도의 질적인 성격에 대한 판단이 중요하다. 주요 참여자의 이탈, 수익구조에 따른 분란, 금융조달 기관의 변심 등 다양한 사건이 발생할 수 있고 사업의 지속 가능성에 심대한 영향을 준다. 아무리 수익성이 높게 나와도 사업이 지속되지 못하고 중도에 중단되면 무의미한 숫자일 뿐이다. 결국 타당성의 사업성이 만족스럽게 나온다 해도 사업의 성공을 담보하는 것은 아니다. 시장조사와 타당성검토는 개발사업의 방향을 정립하고 전략을 수립하는 기초 자료다. 사업에 대한 자본 및 대출 투자자들에게 확신을 부여하기 위한 근거로 활용한다. 인·허가 기관과 인근 사회와 주민들에는 개발사업의 순기능을 확신시키는 용도로 활용된다. 밑거름을 만들기 위함이다. 발생되는 세수와 일자리 창출 등 지역활성화 효과 등을 제시할 수 있다.

시공 단계는 토지 위에 정착물을 건설해 가는 과정으로 단기간에 많은 자금이 투여되기에 직접적이고 실체적 위험(construction risk)에 노출된다. 개발사업자는 기획자(planner)에서 관리자(manager)로 변신한다. 아이디어를 물리적으로 실현시키기 위해 시공사를 선정하고 시공계획을 확정하여 관리·감독하는 등 실체적 작업을 진행한다. 기획과 타당성 검토는 서류, 혹은 2차원, 3차원의 도면이나 화면 등을 통해 계획하는 작업이다. 시공은 현장에 직접 적용하고 실체화하는 과정이다. 설계 도면에서는 완벽하게 구현되던 작업이라도 현장에서는 예측하지 못한 다양한 문제가 발생하기도 한다. 대부분은 시공사가 처리하지만, 개발사업자가 직접 관여하여 해결해야 하는 경우도 많다. 금융 측면에서는 가장 큰 자금이 공사비용이다. 사업의 완공 이전이라 수익은 발생하지 않고 비용은 계속 요구되기에 자금조달이 관건이다. 선분양을 통해 수분양자의 자금을 미리 활용한다거나 매입 확약(take-out commitment)을 통해 조달의 위험을 낮추는 방법이 활용된다. 담보 혹은 믿을 만한 장기 투자자나 대출자의 확약이 요구된다. 조달방법은 은행을 통한 프로젝트 파이낸싱(PF: project financing)이 일반적이다.

완공 후 운영 단계는 분양 또는 임대를 통해 부동산을 관리해 가는 과정이다. 부담은 시장위험(market risk)이다. 경기와 경제 환경에 따라 분양 또는 임차 확보는 시기별로 편차가 크다. 분양에 의존하는 경우는 시점(timing)의 선정이 사업의 성패를 좌우하기도 한다. 임대의 경우는 공실(vacancy)이 동일 시점에 한꺼번에 노출되는 경우 위험이 증대한다. 부동산 관리는 크게 자산관리(asset management), 재산관리(property management), 시설관리(facility management) 등으로 나눈다. 가치공학(value engineering) 측면에서 총 생애비용은 시공비용과 운용비용으로 대별된다. 일시에 투여되는 금액은 건설비용이 압도적이지만, 운용관리비는 전체 생애주기를 통해 지속해서 투여된다. 부동산을 관리하고 운용할 주체가 부동산개발의 초기부터 참여하여 관리·운용 측면의 노하우를 제공함이 효율적이다. 기획, 타당성검토, 시공, 운용 단계를 정리하면 <표 1-1>과 같다.

표 1-1 부동산개발 단계별 역할 비교

구분	1단계 기획 (planning phase)	2단계 시공 (construction phase)	3단계 운용 및 자산관리 (completion operation phase)
위험(risk)	인허가 등 착수 위험 (set-out risk)	공사관리 등 시공 위험 (construction risk)	분양과 임대 등 시장 위험 (market risk)
운영(operation)	부지확보, 타당성검토, 개발계획, 건축승인	공사, 완공, 임대차와 분양 (lease-up & sales) 촉진	사업성과 시작, 건물관리운용, 비용효율화, 수익극대화, 양도/매각
주요 작업 (main works)	부지확보와 등록, 이해당사자 협상, 환경문제, 건축승인, 주변환경 협의	공사비 및 공사기간변경, 건축계획변경, 자연재해	현금흐름, 실현가치, 운용과 관리, 금융재조달, 매각전략
자금목적 (loan purpose)	토지매입	건축	공사대출금 상환, 장기대출로의 전환
대출 형태 (form of finance facility)	토지구입자금 (land acquisition loan)	공사대출 (construction loan)	장기대출 (permanent loan) (take-out loan)

부동산개발은 시공과정에서 대규모 자금이 투입되지만, 물리적으로 완공되고 안정화되기 이전까지는 수익이 발생하지 않는다. <그림 1-1>과 같이 부동산개발의 기획과 시공단계에서는 투입비용(investment cost)은 시장가치(market value)를 항상 상회한다. 완공 전에는 운용에 의한 수익이 발생하지 않고, 중도에 중단 시 물리적으로 용도가 특정되어 소수의 수요자를 제외하고는 투자자를 찾기가 곤란하기 때문이다. 만약 시공단계에서 타절 또는 기타의 이유로 시공이 중단된다면 투입비용에서 그 당시 시장가치만큼의 손실이 발생한다.

그림 1-1 부동산개발의 비용-수익

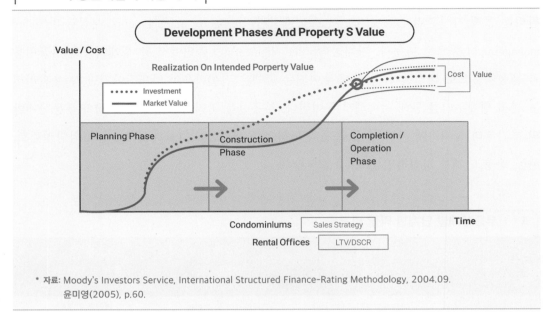

Development Phases And Property S Value

Value / Cost

Realization On Intended Porperty Value

Cost | Value

••••••• Investment
──── Market Value

Planning Phase | Construction Phase | Completion / Operation Phase

Condominlums | Sales Strategy
Rental Offices | LTV/DSCR

Time

* 자료: Moody's Investors Service, International Structured Finance-Rating Methodology, 2004.09.
윤미영(2005), p.60.

시장가치가 투자비용을 상회하여 수익이 발생하는 시점은 물리적 완공 시점이 아니다. 완공된 부동산이 분양 또는 임대되어 손익분기점을 넘어 안정화(stabilization)되는 기간이 필요하다. 분양의 경우는 판매전략(sales strategy)이 중요하고 임대의 경우는 부채비율(LTV: loan to value)과 이자상환비율(DSCR: debt service coverage ratio) 등을 살펴보아야 한다. 〈그림 1-2〉는 부동산개발에서 자금의 투입 과정을 설명한다. 기획 단계에서 토지확보를 위한 자금이 투입되고, 시공단계에서는 공사 기성 지급 일정에 따라 자금 투입이 필요하다. 분양이 성공적일 경우 대금을 일시에 회수하는 것이 가능하지만, 임대의 경우는 장기간에 걸쳐 단계적 누적적으로 회수된다.

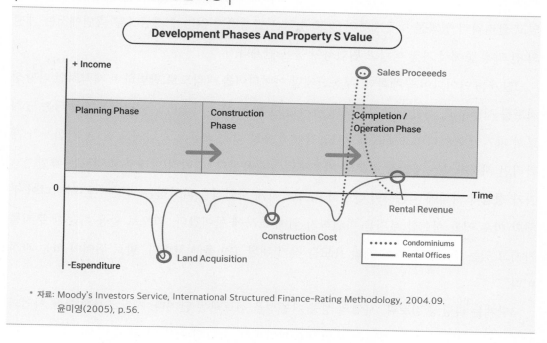

그림 1-2 **부동산개발의 자금투입 과정**

* 자료: Moody's Investors Service, International Structured Finance-Rating Methodology, 2004.09.
윤미영(2005), p.56.

Miles 외(2015)는 개발과정을 8단계로 설명한다. 1단계는 아이디어 구상, 2단계는 아이디어 구체화, 3단계는 타당성 분석, 4단계는 협상, 5단계는 계약, 6단계는 시공, 7단계는 준공과 개장, 8단계는 부동산관리와 운용으로 〈그림 1-3〉과 같이 정리한다.

그림 1-3 **부동산개발의 8단계**

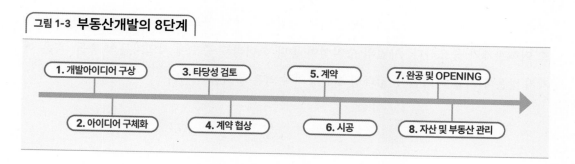

개발은 아이디어의 구상에서 시작된다. 개발사업자는 통상 부동산과 관련한 상당한 경험과 지식을 보유하고 있으며, 이를 기초로 다양한 아이디어를 구상한다. 원하는 용도로의 부동산개발을 위해 공공의 인허가 가능 여부가 반드시 검토되어야 한다. 인허가 위험을 낮추기 위해 민간과 공공의 공동사업(PPP: private public partnership)이 제시되기도 한다. 아이디어만 있고 물리적인 성과물이 존재하지 않고 수익은 발생하지 않기에 자금조달 측면에서는 개발의 전 과정 중에서 가장 어렵고 위험성이 높은 단계다.

2단계는 아이디어 구체화다. 부동산개발 아이디어를 다각도로 판별하며 개략적인 타당성 검토를 시행하고, 적합한 부지확보에 나서는 단계다. 실현 가능한 아이디어를 도출되는 단계로서 파기한 아이디어조차도 개발사업자에게 훗날 값진 교훈으로 남기도 한다. 가설계와 개략적인 시장조사는 사업성 검토의 기초자료로 활용한다. 개략적인 타당성 검토는 개발사업자가 경험과 지식에 의존하여 간단하고, 신속하게 사업성을 파악하는 과정이다. 아이디어 구체화 이후 이를 실현할 부지를 마련하기 위해 조사에 들어간다. 역으로 활용 가능한 부지를 가지고 있는 경우는 적합한 개발 용도를 찾기 위한 고민을 시작한다. 발로 뛰어야 하는 과정이다.

3단계는 타당성 검토다. 사업의 성공 가능성을 검토하는 단계다. 시장조사를 통해 사업과 관련한 기본적인 정보와 자료를 수집하고 파악한다. 〈그림 1-4〉와 같이 거시(macro) 및 미시적(micro) 차원으로 나뉘고 현재(present)와 미래(future) 예측으로 나누어서 살펴본다. 타당성 검토는 사업수익이 투입비용을 상회하는지를 분석하는 데 초점을 맞춘다. 사업 수지가 만족스러운 수치로 분석된다 해도 타당성 검토가 성공을 담보하지는 않는다. 부동산개발 사업은 시공과 완공, 그리고 성숙화 단계 등 상당 기간을 거쳐야 한다. 장기간의 임대 운용 기간의 위험도 고려해야 한다. 사업 수지만큼이나 사업의 구도와 구조, 그리고 사업 참여자들의 상호 이해관계가 중요하다. 사업의 수익성이 좋다 하더라도 중도에 사업자들의 충돌, 혹은 예기치 않은 위기를 버텨낼 수 없다면 서류상의 수익은 물거품이 된다.

그림 1-4 시장조사 분류(Interrelating the Two Essential Dimensions of Market Studies)

	Present	Future

Macro
(Market)
	current and history
	• supply by broad segment
	• demand chracteristics
	  - preferences
	  - income
	  - tenant type
	• absorption and vacancies
	• rents and value(cap rates)
		market forecasts
		• supply by segment-lagged interaction with demand
		• demand characteristics
		  - employment crowth
		  - population growth
		  - space needs(derived from employment and population growth)
		• absorprtion and vacancies
		• rents and value(cap rates)

Micro
(Individual Property)
	subject property and comparable
	• unit size and quality(features, functions, and benefits)
	• demand characteristic
	  - preferences
	  - income
	  - tenant types
	• operating expenses(adjusted for services provided)
	• absorption and vacancies
	• rents and value(cap rates)
		future performance of subject property
		• prospective rent
		• operating expenses
		• absorption and vacancies
		• net operating income
		• market: value
		
		GOAL

* 자료: Adapted from Dowell Myers and Kenneth Beck, "A Four-Square Design for Relating the Two Essential Dimensions for Real Estate Market Studies."in Appraisal, Market Analysis, and Public Policy in Real Estate: Essays in Honor of James R Graakamp, ed. James R. DeLisle and J. Sa-Aadu(Boston: Kluwer Academic Publishers, 1994). pp259-288 R. DeLisle and J. Sa-Aadu(Boston: Kluwer Academic Publishers, 1994). pp.259-288.
Miles 외(2004), p.212.

4단계와 5단계는 계약과 협상이다. 계약은 위험을 관리하는 핵심적인 방법이다. 개발사업자는 협상가(negotiator)로 역할이 전환되며, 설계, 시공, 금융 등 계약 협상을 주도한다. 공사가 착수되기 전인 계약 협상 단계는 큰 비용이 들기 전에 포기할 수 있는 마지막 기회다. 계약이 완료되고 상당한 비용이 투입된 이후는 변경, 타절, 포기와 같은 중단이 쉽지 않고 중단 시 상당한 손실을 감수해야 한다.

6단계와 7단계는 시공과 완공 단계다. 개발사업자는 관리자(manager)의 역할을 한다. 중요 요소는 공사기간, 품질, 예산이다. 아이디어 구상에서 타당성 검토에 이어 계약 등 도상에서 이루어지던 작업이 현실 세계인 현장에서 적용되며 물리적으로 이루어지게 된다. 현장은 하루하루 달라지며 긴박하게 돌아간다. 약정한 공사기간을 준수하지 못하면 지체상금은 물론이고 부정적 평판으로 개발사업자는 심각한 타격이 불가피하다. 물리적 품질은 시공 단계에서 결정되기에 관리자의 역할이 중요하며, CM(constructionmanagement) 등의 전문가를 고용한 체계적 관리가 필요하다. 공사관리는 회계와 유기적으로 연계되면서 개발사업에 대한 관리 감독이 이루어져야 한다. 불확실성과 문제에 부닥치며 다양한 위험에 노출된다. 실체적 위험에 노출되는 경우 막대한 비용이 소요되고, 공사가 불완전하게 이루어질 경우, 부정적 영향이 예상된다. 강화된 안전 규정은 사업 전반에 영향을 주므로 주의가 필요하다. 시공 단계의 위험에 대한 관리 방안은 그 어느 단계보다도 강조된다. 물리적인 완공이 안정적 수익의 확보를 의미하지 않는다. 분양 또는 임대 촉진을 위한 마케팅은 모든 단계에서 전력을 기울여야 한다. 분양이나 임차가 손익분기점 이상을 넘어 안정화 단계에 들어가야 본격적인 부동산의 관리운용에 진입한다.

8단계는 부동산관리다. 아이디어가 시공 과정을 거쳐 물리적 부동산으로 완성된 후 분양과 임차를 통해 진정한 관리 운용의 대상으로 변모한다. 현대 부동산학에서 핵심은 관리와 운용이다. 과거의 부동산을 보는 시각으로는 입지(location)가 가장 중요한 요소다. 현재도 부동산에서 입지, 즉 위치의 영향력은 막강하다. 현대의 부동산을 관통하는 핵심 용어는 관리와 운용(management)이다. 입지나 위치의 불리함에도 전문가와 전문기업의 운용역량을 통해 극복해낸 사례는 비일비재하다. 아무리 입지가 훌륭해도 운용역량에 문제가 생기면 부동산 자체의 위험이 닥치고 사업성이 급전직하하는 경우를 쉽게 볼 수 있다. 완공된 부동산은 수익을 창출하는 대상으로 현금흐름(cash flow)을 창출하는 살아 움직이는 비즈니스라는 관점(enterprise concept)에서 바라봐야 한다. 부동산개발과 관리의 핵심은 사람이다. 부동산산업을 사람 중심적(people-oriented) 사업으로 보는 이유는 사람에 의한, 사람을 위한 사업이기에, 기술이 중시되고 기술이 사람의 일을 대체하는 추세 속에서도 굳건히 사람의 아이디어와 역량이 핵심이기 때문이다. 현대 부동산을 과거 부동산과 구별 짓는 중요한 잣대가 운용역량이다. 부동산 전문가 필요성의 토대이자 리츠와 부동산펀드의 성장 이유이며, 부동산기업들이 시장을 확대해 온 근원적인 힘이다.

🏢 제3절 자금조달

물리적으로 완성된 실체가 없고 미래의 불확실성으로 인해 부동산개발에서 사전단계 (predevelopment stage)는 금융 조달이 가장 어려운 시기다. 대부분 개발사업자는 본인의 피와 땀으로 모은 자금(sweat equity)에 의존한다. 부동산개발은 사업 규모가 커서 대출은 불가피한 선택이다. 부동산개발을 위한 금융은 대출이 핵심이고, 일반적으로 이를 프로젝트 파이낸싱(project financing; 이하 PF)이라 부른다. 원론적 의미의 PF는 프로젝트의 사업성만을 보고하는 대출을 의미한다. 사업주에 대한 담보조차도 허용하지 않는 비소구금융(non-recourse financing)을 말한다. 그러나 현실에서 담보없는 대출은 거의 존재하지 않는다. 아파트의 분양방식이 주류인 부동산개발시장에서는 분양 후 들어오는 분양대금을 담보로 하는 금융을 PF라 총칭한다. 토지비와 공사비를 조달하기 위한 다양한 PF 기법이 존재한다. 부동산금융을 유형별로 분류하면 <표 1-2>와 같고 PF는 사모 형태 대출의 대표 상품으로 분류된다.

표 1-2 부동산금융 특징 비교

구분	사모	공모
대출(debt)	대출(loan) 프로젝트파이낸싱(PF)	상업용부동산 저당증권(CMBS)
자본(equity)	개인자본(sweet equity) 합작(joint venture)	리츠(REITs)

대출은 단기와 장기대출로 구분한다. 단기대출은 주로 공사비 대출(construction loan)을 위한 자금조달이다. 토지비 조달을 위한 PF도 이에 속한다. 장기대출은 부동산개발사업의 장기 전망과 사업성을 중시한다. 사업 초기에 장기대출기관으로부터의 인수확약(take-out commitment)은 부동산개발을 위한 단기금융조달에 상당히 긍정적 요소로 작용한다. 장기대출기관의 인수확약으로 사업에 대한 금융 지원을 약속받게 되면 투자자 및 고객으로부터 신뢰를 얻음과 동시에 원활한 사업 진행을 가능케 한다. 단기대출기관의 공사대출을 받는데 유리한 환경을 조성하며, 초기 자본금 조달의 규모가 크다면 대출 금리나 조건 등에서 우호적 조건으로 작용한다.

부동산개발에서 단기와 장기금융의 특성은 각각 다르며, <표 1-3>과 같이 분류할 수 있다. 장기금융은 대출 기간이 장기라서 단기금융에 비해 상대적으로 상환 부담은 적으나, 금리의 변동과 사업의 안정성에의 영향을 크게 받는다.

표 1-3 부동산개발금융 시기별 역할 비교

구분	단기	장기
대출형태	시중은행 저축은행 프로젝트파이낸싱(PF)	연기금 보험의 장기대출
용도	토지비/공사비 조달	사업자금 조달
고려사항	담보 등 원리금 회수	장기사업성

부동산개발사업자는 아이디어를 구체화하고 시장조사와 타당성 검토 후 사업에 대한 확신이 서면 장기투자자를 찾아 제안을 제시한다. 장기대출자가 사업에 대한 참여의사가 있다면 장기대출확약(take-out commitment)을 받는다. 장기대출확약은 단기대출자에게는 위험을 상당히 감소시키는 역할을 하여 공사대출(construction loan)의 실행을 용이하게 만든다. 이후 부동산개발의 완료로 안정화 단계를 거쳐 제시 조건이 달성되면 장기대출(permanent loan)을 실행하며 이 자금 중 상당 부분은 공사대출의 상환에 활용된다. 상환을 위한 공사대출금과 장기대출금의 차이로 추가 대출이 가능하며, 이를 갭(gap) 또는 브릿지(bridge) 파이낸싱이라 한다.

그림 1-5 개발금융 다이아그램(diagram)

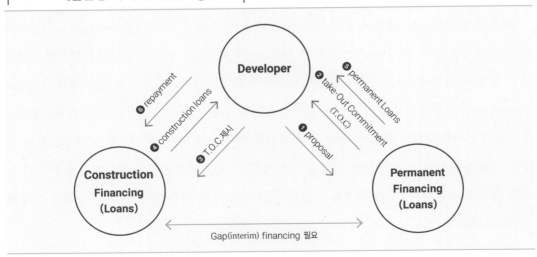

🏠 참고문헌

· Mike E Miles, Gayle L. Berens, Mark J. Eppli, Marc A. Weiss, Real Estate Development - Principle and Process, Urban Land Institute, 3th Ed., 2004.

· Mike E Miles, Gayle L. Berens, Mark J. Eppli, Marc A. Weiss, Real Estate Development - Principle and Process, Urban Land Institute, 4th Ed., 2007.

· Mike E Miles, Laurence M Netherton, Adrienne Schmitz, Real estate Development - Principle and Process, Urban Land Institute, 5th Ed., 2015.

· Richard B. Peiser, David Hamilton, Professional Real Estate Development - The ULI Guide to the Business, Urban Land Institute, 3rd Ed., 2012.

· 윤미영, 부동산 구조화 금융의 이해, 생보부동산신탁, 2005.

· 이현석 편저, 2018 부동산개발 사례연구, 건국대학교 출판부, 2018.

· 홍선관 외 옮김, 부동산개발의 원칙, 이다미디어, 2006.

🏠 연습문제와 토론주제

1. 부동산개발의 정의에 대해 설명하라.

2. 부동산개발에서 개발사업자는 민간개발사업자(private developer)와 공공개발사업자(public developer)로 나눌 수 있다. 두 개발사업자의 사업목적을 비교하여 설명하라. 부동산개발 사업의 성공을 위해서는 민간과 공공개발사업자가 상호 협력이 필수 조건이라고 한다. 이유에 대해 논하라.

2. 부동산개발의 3단계(기회, 시공, 운영)에 대해 각 단계의 특징을 간략히 설명하라. 각 단계에서 개발사업자가 가장 중점을 두고 검토해야 할 사항을 제시하라.

3. 개발자는 자기자본(equity)과 부족한 자금에 대해 타인자본(debt)을 통해 자금을 조달하게 된다. 자기자본의 특성과 종류에 대해 기술하라. 타인자본의 성격과 조달기관의 특징에 대해 설명하라.

4. 부동산개발의 각 단계에서 필요한 자금의 성격과 특징, 조달 방법에 대해 설명하라.

- 기획 및 타당성단계(planning phase) 자금조달
- 시공단계(construction) 자금조달
- 완공 후 운영단계(completion operation phase) 자금조달

🏠 참고자료

부동산개발사업 흐름도

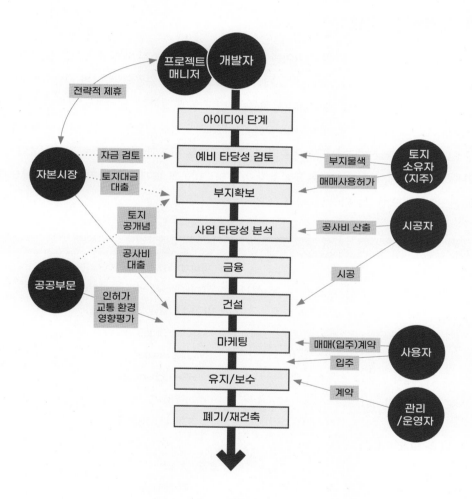

트럼프의 개발사업 분석
- 트럼프 타워 사례 -

1. 프로젝트 개요

  트럼프 타워는 트럼프 소유의 기업인 Trump Organization이 개발한 초고층 빌딩으로 미국 뉴욕 맨해튼의 721 Fifth Avenue에 소재하며 1983년 3월에 준공되었다. 본 건물의 대지면적은 3,254.5㎡, 연면적은 70,299㎡이며 용적률은 2,160%에 달한다. 설계와 시공은 각각 Swanke Hayden Connell과 HDR Construction이 담당하였다. 트럼프 타워는 철근 콘크리트-전단벽 코어 구조로서 Fast Track으로 시공되었으며, 철근 콘크리트 구조의 건물로서는 당대 최고의 높이를 기록하였다. 한편, 트럼프 타워는 5개 층 높이의 아트리움과 13개 층의 오피스, 263세대 39개 층의 콘도미니엄으로 구성되어 있다.

구분	내용
프로젝트명	Trump Tower New york
소재지	721 Fifth Avenue New York City, United States
사업기간	1979년 11월 ~ 1983년 11월
사업주체	Trump Organization
설계사	Swanke Hayden Connell
시공사	HRH Construction
층수/ 높이	68층/ 202m
대지면적	3,254.5m²(977평)
용적률/건폐율	2,160%/66%
구조	철근 콘크리트 – 전단벽 코어구조
시공	Fast Track 방식
시설규모 (연면적)	총 연면적 70,299m²(21,265평) - 아트리움: 12,635m²(18.0%), 1~6층 (쇼핑몰, 레스토랑, 갤러리) - 오피스: 15,793m²(22.4%), 14~26층 - 콘도미니엄: 41,870m²(59.6%), 30~68층 (263세대)

출처: google

출처: https://streeteasy.com

2. 투자 구조

본래 트럼프 타워 자리에는 에쿼터블 생명보험회사 소유의 부지에 본위트사가 건물의 임차권을 얻어 본위트백화점을 운영 중이었다. 이에 트럼프는 본위트사로부터 임차권을 1,250만 달러에 구입했고, 부지는 사들이지 않고 트럼프 타워 개발사업을 에쿼터블 보험회사와 50:50으로 진행하였다.

건설 공사비는 1억 9천만 달러로 예상되었고, 전체 가구수의 60%가 손익 분기점이었다. 분양 4개월 만에 콘도미니엄의 95%가 선분양되면서 분양대금 2억 4,000만 달러가 마련되어 건설 공사비 조달을 빠르게 해결할 수 있었다. 최종적으로 트럼프사는 3억 달러의 매출을 거뒀고, 건설 공사비와 보험 및 기타 비용(6,000만 달러)을 제하고 5,000만 달러의 수익을 남겼다.

3. 트럼프의 부동산 사업 방식

1) 위기를 기회로 만드는 '냉철한 승부사'-그랜드 하얏트 호텔을 중심으로

1973년 맨해튼 부동산 시장은 금리가 인상되고 인플레이션이 발생한 가운데, 연방정부가 베풀던 주택건설 보조금마저 중단되면서 매우 침체되었다. 이는 맨해튼에서의 부동산 사업을 상당히 고대했던 트럼프에게는 매우 절망적인 상황이었다. 하지만 그는 파산된 회사 목록을 살펴보다 우연히 59번가에서 72번가까지 허드슨 강을 따라 쭉 이어진 펜센트럴의 거대한 철도부지(40만 4,685㎡)를 발견하게 되었다. 이 부지에는 펜센트럴의 4개 호텔이 있었고 그들은 모두 운영적자를 내고 있는 상황이었다.

하지만 트럼프는 단순히 호텔들의 운영적자에만 집중하지 않고, 그랜드센트럴 터미널과 지하철 역에서 쏟아지는 통근자들을 보며 호텔의 미래개발 방향을 계획하여 4개 호텔 중 하나인 코모도어의 매입의사를 밝혔다. 이어 1975년 건축가 데르 스쿠트와 만나 개축을 위한 설계를 진행하였고, 하얏트 호텔의 대표 제이 프리츠커와 협의하여 공동으로 호텔을 건설하고 건물완공 후에는 하얏트 측이 경영을 맡기로 하였다.

당시 뉴욕시의 재정은 부진한 가운데, 지속된 경기 침체로 그랜드 센트럴 일대는 슬럼화되고 있었다. 이에 트럼프는 '적자 호텔을 사는 부동산 개발업자는 자신밖에 없음'을 강조하며 대규모의 세금 감면혜택을 얻어냈다. 뉴욕시는 트럼프에게 향후 40년간 재산세 전액 면제를 조건으로 뉴욕시에 이익금의 일부를 지불한다는 계약에 합의했다.

트럼프는 1,000만 달러를 펜센트럴사에 지불하고 코모도어를 구입해야 했는데, 이 중 600만 달러는 그동안의 체납세금으로 뉴욕시에 즉각 지불되어야 했다. 이후 트럼프는 1달러에 호텔을 뉴욕시에 매각하고 뉴욕시는 다시 그것을 99년 임대조건으로 트럼프에게 넘긴 후 임대료로 40년간 매년 25만 달러를 받기로 하였다. 자금을 조달하기 위해 트럼프는 에퀴터블 생명보험협회와 바워리 저축은행으로부터 각각 3,500만 달러와 4,500만 달러를 차입했다.

* **코모도어 호텔**

출처: https://www.naver.com

* **하얏트 호텔**

출처: https://www.naver.com

그렇게 하얏트 호텔의 건설이 시작되었고 1980년 9월 마침내 호텔이 개장했다. 개장 첫날부터 대호황이었으며 연간 총 영업수익이 3,000만 달러를 넘어설 만큼 장사가 잘되었다. 이렇게 트럼프는 부동산 침체기임에도 불구하고 과감한 투자를 통해 파산해 가는 철도회사의 호텔을 저렴하게 구입하였고 레버리지도 활용하여 높은 수익을 거두었다. 즉, 그는 위기를 기회로 만드는 진정한 승부사인 것이다.

2) 방법이 없다면 개척하는 '저돌적 사업가'- 트럼프 타워를 중심으로

트럼프 타워의 경우 지상 3개 층이 오피스, 리테일 그리고 트럼프가 원하는 몇 가지 시설로 정해졌다는 것 외에는 구체적으로 정해진 것이 없어 부분적으로 입찰 후 시공을 해야 하는 'Fast Track 방식'으로 진행되어야 했다. 이에 설계변경이 잦아도 원활한 공사 진행이 가능하도록 적합한 자재를 채택하는 것이 중요했다.

하지만 기존의 초고층 건물 건설에서 시공의 경제성을 위해 주로 사용하던 철골구조 방식은 설계변경 시 쉽게 수정할 수 없는 문제가 있었다. 당시 맨해튼에 철골을 가져오기 위해서는 펜실베이니아 주 베들레헴에서 가져와야 했는데, 설계변경이 있을 경우 철골을 가져가 보수 및 교체해 오는데에만 5주가 소요되었다. 트럼프는 총 사업비를 예상해 본 결과 철골구조로는 본 프로젝트를 진행할 수 없다고 판단했다.

이에 트럼프는 무리를 해서라도 단일의 철근콘크리트 건물로 시공하고자 했다. 트럼프 타워에 대용량의 콘크리트를 쓰는 것은 철골구조에 비해 훨씬 돈이 많이 들어가는 방법이었다. 하지만 자재로 콘크리트를 사용하면 근처에서 쉽게 조달할 수가 있어 설계변경 시 유연한 대응을 통한 공사 기간 단축이 가능하기에 트럼프는 궁극적으로 더 이득이라 판단하였다.

그렇게 트럼프 타워는 콘크리트 사용에 2,200만 달러가 소요되며 전례에 없었던 가장 비싸고 무거운 건물이 되었다. 58개의 각 층은 철골이 아닌 철근 콘크리트 보에 전적으로 의지하고 있는 형상이고, 34,500㎥ 부피의 콘크리트는 엠파이어스테이트 빌딩에서 사용되는 모든 철강 중량의 1.5배에 달하는 90,000톤이었다. 건물에 사용되는 철이라고는 콘크리트에 들어간 3,800톤이 전부였다. 비록 자재비용은 많이 들었지만 결과적으로 트럼프는 공사기간을 줄이고 총 비용을 낮춤으로써 사업을 성공적으로 수행했다.

결합건축의 개념 및 유래

결합건축이란 과거 개별 필지 단위로 용적률을 적용하던 방식에서 탈피하여 필지 상호 간의 용적률 결합을 통해 필지 소유자 상호 간에 용적률을 거래하는 방식이다. 이를 통해 소규모 노후 건축물의 리뉴얼이 활성화되고, 합리적이고 효율적인 토지 사용이 가능해진다.

결합건축의 기원은 1900년대 초 미국에서 시행된 공중권(air rights)으로부터 비롯되었다. 미국 뉴욕시 등의 대도시에서는 저수지, 철도시설, 고속도로, 하천, 주차장 또는 부동산 상공의 소유권에 대해 공중권을 거래하여 주거와 상업시설을 증축하였다.

한편, 공중권은 크게 사적 공중권과 공적 공중권으로 구분된다. 사적 공중권은 개인의 권리가 미치며 타인에게 임대, 매각, 증여가 가능한데, 햇빛이나 공기 및 건물 옥상에 설치한 광고 등을 보호하기 위해 설정된 권리가 포함된다. 반면, 공적 공중권에는 개인의 권리가 미치지 않으며 사적 공중권의 범위를 벗어난 비행기 항로 등이 이에 속한다.

* **거래를 통한 용적률의 결합**

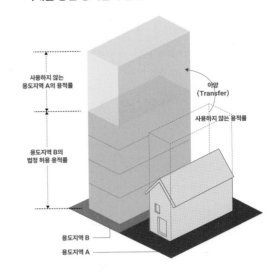

사용하지 않는
용도지역 A의 용적률

이양
(Transfer)

사용하지 않는 용적률

용도지역 B의
법정 허용 용적률

용도지역 B

용도지역 A

출처: 이재인, "결합건축", 2016, https://terms.naver.com/

출처: 이현석 편저, 2018 부동산개발 사례연구, 건국대학교 출판부, 2018, pp.11-43 요약.

Real Estate Development

제2장
부동산개발 시장변화

- **구성**
  - 제1절 부동산시장 순환
  - 제2절 부동산정책 변화
  - 제3절 인구·가구 변화
  - 제4절 공간변화 : 스마트성장
  - 제5절 파트너십

- **목적**

  부동산개발 시장의 대·내외적 환경에 대한 이해

- **용어**

  부동산시장의 순환구조, 정책 변화, 인구·가구 변화, 공간 변화, 파트너십

- **핵심**

  부동산개발 시장변화
  - 부동산경기는 순환한다.
  - 인구·가구는 부동산개발의 원천이다.
  - 부동산정책은 시장을 이길 수 없다. 그러나 시장 역시 정책을 무시할 수는 없다.
  - 인구·가구, 기술, 산업, 사회문화적 변화는 끊임없이 공간을 변화시킨다.

🏢 제1절 부동산시장 순환

부동산시장은 회복, 상승, 하강, 침체라는 주기적인 변동을 겪는다. 경제학의 경기 순환 개념을 접목하면 <그림 2-1>과 같이 나타낼 수 있다. ①은 회복시장으로 부동산시장침체를 벗어나, 가격이 상승하기 시작하는 단계이다. 이때 신규 투자 및 건설이 함께 증가한다. ②는 상향시장에서는 부동산가격 상승이 지속되며 부동산 투자 수요의 증가로 건설 활동이 더욱 활발해지는 단계이다. 대출 수요 증가는 물론이고 부동산가격상승이 가속화된다. ③은 후퇴시장으로 부동산시장의 과열로 형성된 거품의 부작용으로 공급과잉과 인건비와 자재비, 그리고 토지가격 등 원가상승으로 수요가 감소하면서 건설활동 침체로 이어지는 단계다. 이러한 변화로 부동산가격이 서서히 하락하게 된다. ④는 하향시장으로 부동산시장의 침체기이며 가격의 지속 하강으로 건설 활동과 부동산 투자 수요가 저점을 기록한다.

순환성을 만들어내는 이유는 수요와 공급의 불일치이다. 수요에 따라 당장 공급이 가능한 일반 제조상품과는 달리 부동산의 공급은 개발과 건설을 위한 시간이 필요하다. 불일치는 가수요나 투기수요를 만들기도 하고 과도한 냉각 혹은 침체를 만든다.

부동산시장을 분석해 보면 장기적으로는 균형선이 존재함을 알 수 있다. 현 시세가 균형선보다 상위에 있다면 적정 가격을 넘어서 과도한 가격(over value)으로 판단한다. 침체기에는 적정 가격 미만으로 과소한 가격(under value)이 형성되기도 한다. 장기적 관점에서는 균형선을 판단하고 파악하는 일이 중요하다.

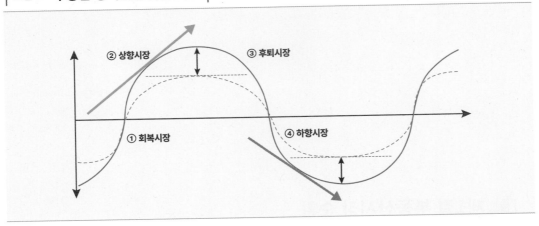

그림 2-1 부동산 경기변동 순환 곡선

② 상향시장
③ 후퇴시장
① 회복시장
④ 하향시장

    순환성을 이해하더라도 호황기에는 이론적 수치보다 훨씬 월등히 높은 가격이 형성되고, 침체기에는 낮은 가격이 만들어진다. 심리(sentiment)가 이러한 괴리를 만드는 원인이다. 일반인을 포함하여 전문가들도 대부분은 직전월 혹은 분기 등의 연장선상에서 예측하고 행동한다. 가격이 오르는 상승기에는 끝없이 오를 것처럼, 하강기에는 계속 내릴 것처럼 판단하고 행동한다. 상승기에는 거래가 활발하나, 반대로 하강기 또는 냉각기에는 거래가 침체되는 양상을 보인다.

    이성적으로 판단하면 거래 빈도가 낮아 경쟁이 심하지 않은 시점인 균형점 아래에서 매수하고, 경쟁이 심해진 균형점 위에서 매각함이 수익을 창출하는 길이다. 그러나 시장에서는 반대의 행태가 일반적이다. 일반인들과는 달리 부동산개발사업가들은 이 점을 주목하여 하향시장에서 거래가 침체된 상황에서 매수자에게 유리한 조건으로 균형가격이하로의 과감한 토지 매입을 통해 상향시장에서 분양을 통해 막대한 사업이익을 창출해 내곤 했다. 분양이 주된 사업방식인 우리 시장에서 흔히 보이던 사업방식이다.

🏢 제2절 부동산 정책 변화

정부의 부동산정책은 크게 주택가격을 통제하는 수단과 실물경제 부양을 위한 용도로 주로 활용되었다. 부동산시장에서 공급의 비탄력성은 시장의 실패 시 정부가 시장에 개입하는 명분이 된다. 공급은 장기간이 필요하므로 가격 급등 등의 사회적 불안 요인을 해소하기 위해서는 단기적이고 강압적인 규제 외에는 정책 대안이 마땅치 않다. <그림 2-2>와 같이 서울 아파트 가격 변화와 역대 정부의 부동산정책을 보더라도 당장에 발생한 부동산 문제를 해결하고자 대책을 발표하는 형국이다. 부동산 공급은 장기적인 관점에서 접근해야 근원적인 해결이 가능하다.

노태우 정부(1988.02~1993.02)는 부동산가격의 급등으로 주택 200만호 건설을 추진했다. 부동산이 공급되기까지에는 상당한 시간이 소요되면서 즉각적인 정책효과는 나타나질 않았다. 이후 주택시장이 침체기로 전환되면서 김영삼 정부(1993.02~1998.02)에는 대규모의 미분양이 발생하였으나, 주택가격은 안정세를 유지한다. 전반적으로 부동산 거래는 위축되는 형태를 보였는데, 금융실명제와 부동산실명제 도입 등도 영향을 미쳤다.

김대중 정부(1998.02~2003.02)에 들어서는 외환위기 극복과 경기 활성화를 위해 분양가 자율화와 양도세 일시적 면제 등의 부동산 규제 완화로 부동산시장이 다시 활성화한다. 부동산시장의 활성화로 부동산가격이 재급등하기 시작하면서 2001년 부동산 과열에 따른 부동산 억제 대책 방안을 제시한다.

노무현 정부(2003.02~2008.02)에 들어서서는 과열된 부동산시장의 투기를 억제하고자 했다. 분양가 자율화의 폐지와 전매제한, 투기과열지구 지정, 종부세 도입, 재건축초과이익환수제 등의 수단을 제시했다. 후반부에는 시중의 풍부한 유동성과 금리 안정화 기조로 공급을 확대하는 정책을 추진한다.

이명박 정부(2008.02~2013.12)에는 2008년 8월 글로벌 금융위기가 도래하면서 부동산시장이 침체국면으로 들어섬에 따라 투기과열지구 지정 해제, 재건축규제 완화, 양도세 완화 등의 수요 확대 정책을 펼치게 된다. 이후 박근혜 정부(2013.02~2017.03) 역시 여전한 주택시장의 침체로 이를 극복하고자 대출 규제 완화와 저소득층 주거복지 지원정책도입, 행복주택 사업 등으로 주택시장의 활성화를 시도한다.

그림 2-2 서울 아파트 가격의 변화와 역대 정부의 부동산 정책

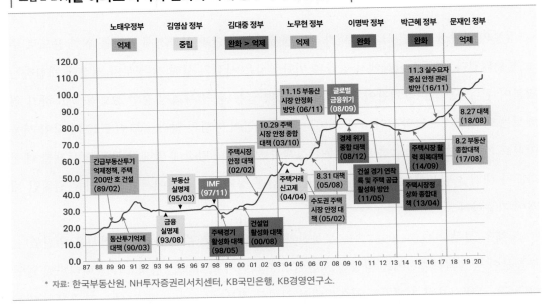

* 자료: 한국부동산원, NH투자증권리서치센터, KB국민은행, KB경영연구소.

🏢 제3절 인구·가구 변화

부동산개발의 원천은 사람과 토지다. 정량적 분석은 인구와 가구의 현황과 변화를 파악하면서 시작한다. 정성적으로는 선호와 행태의 변화를 추적하면 향후 사업의 방향 수립에 도움이 된다. 부동산개발사업은 토지 위에 사업자의 아이디어와 역량을 쏟아 넣어 만들어 내는 작품이다. 토지를 비롯한 공간에 대한 수요 변화를 검토하고 공급과 가격의 동향에 대한 모니터링은 부동산개발사업자의 기본 업무다.

인구는 부동산을 채우는 기본 수요다. 인구와 가구 변화는 통계청의 자료를 통해 확인이 가능하다. 우리의 인구는 이미 정점을 기록했으며, 생산가능인구(15~64세)는 정점을 지나 감소 추세이며 내국인 총인구 역시 감소 추세로 전환되었다.

그림 2-3 2020~2070년 국내 장래인구추계

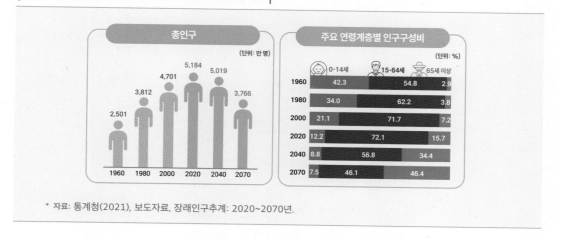

* 자료: 통계청(2021), 보도자료, 장래인구추계: 2020~2070년.

세계 인구는 2022년 79억 7천만 명에서 2070년까지 103억 명으로 증가할 것으로 전망되는 반면, 국내 인구는 2022년 5천 2백만 명에서 2070년 3천 8백만 명으로 지속 감소할 것으로 전망한다.

그림 2-4 1970~2070년 인구추이

* 자료: 통계청(2022), 보도자료, 2021년 장래인구추계를 반영한 세계와 한국의 인구현황 및 전망.

한국의 인구성장률의 추이는 <그림 2-5>와 같이 2022년 -0.23%, 2040년 -0.35%, 2070년 -1.24%의 수준으로 전망한다. 국내 인구성장률은 급격한 감소 추세에 있으며, 세계 인구성장률과 비교해보더라도 그 하락 격차가 더욱 커지는 것으로 분석된다.

그림 2-5 1970~2070년 인구추이

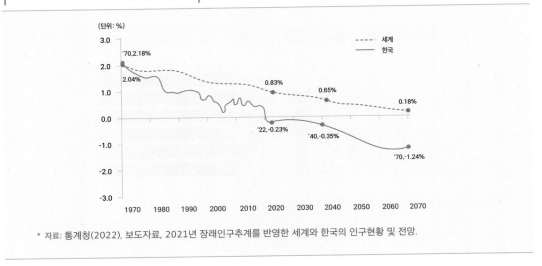

(단위: %)

세계
한국

'70,2.18%
2.04%
0.83%
0.65%
0.18%
'22,-0.23%
'40,-0.35%
'70,-1.24%

* 자료: 통계청(2022), 보도자료, 2021년 장래인구추계를 반영한 세계와 한국의 인구현황 및 전망.

인구 피라미드는 〈그림 2-6〉과 같이 1960년의 뾰족한 삼각형에서 2020년 역삼각형 형태로 변화했음을 알 수 있다. 향후 역삼각형 구조는 더욱 뚜렷해질 전망이다. 2070년 인구 피라미드를 보면 고령화 인구(65세 이상)가 생산가능인구(15~64세)를 역전하는 현상이 발생할 것으로 전망해 국내 인구는 감소와 동시에 고령화 사회로 진입하리라 전망된다.

그림 2-6 1970~2070년 인구추이

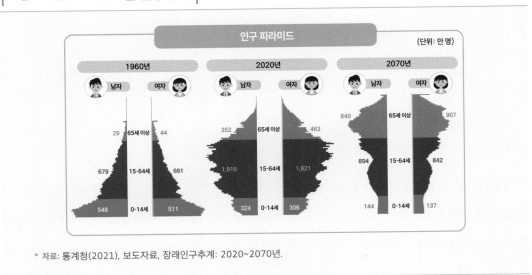

인구 피라미드

(단위: 만 명)

1960년
남자   여자
29 65세 이상 44
679 15-64세 691
548 0-14세 511

2020년
남자   여자
352 65세 이상 463
1,916 15-64세 1,821
324 0-14세 306

2070년
남자   여자
840 65세 이상 907
894 15-64세 842
144 0-14세 137

* 자료: 통계청(2021), 보도자료, 장래인구추계: 2020~2070년.

국내 내국인의 인구는 지속 감소하는 추세이나, <표 2-1>과 <그림 2-7>과 같이 외국인의 인구는 증가하는 형태를 보인다. 외국인의 비중은 약 3~5%에 불과하나, 향후 계속 증가하리라 예상된다.

표 2-1 내·외국인 인구수 및 구성비, 2020~2040

(단위 : 만명, %)

구분	2020	2021	2022	2023	2024	2025	2030	2035	2040
총 인구	5,184	5,174	5,163	5,156	5,150	5,145	5,120	5,087	5,019
내국인	5,013	5,012	5,003	4,992	4,981	4,872	4,929	4,883	4,803
구성비	96.7	96.9	96.9	96.8	96.7	96.3	96.3	96.0	95.7
외국인	170	162	160	164	169	173	190	204	216
구성비	3.3	3.1	3.1	3.2	3.3	3.4	3.7	4.0	4.3

* 자료: 통계청(2020), 보도자료, 2021년 장래인구추계를 반영한 내·외국인 인구 전망: 2020~2040.

그림 2-7 내·외국인 인구수 추이

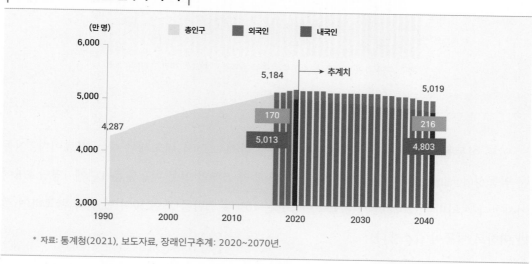

* 자료: 통계청(2021), 보도자료, 장래인구추계: 2020~2070년.

인구는 정점인 상태이지만 가구는 2020년 기준 현재 약 2%대의 증가율을 보이며, <표 2-2>와 <그림 2-8>과 같이 2035년까지는 증가 추세가 지속되리라 전망된다.

표 2-2 총가구 및 가구 증가율, 2000~2050

(단위 : 만가구, %)

구분		2000	2005	2010	2015	2020	2025
총가구	가구	1,450.7	1,603.9	1,749.5	1,901.3	2,073.1	2,230.9
	증가율	-	1.95	1.90	1.65	2.52	1.03
평균 가구원수		3.12	2.88	2.70	2.53	2.37	2.19
구분		2030	2035	2040	2045	2050	
총가구	가구	2,318.0	2,370.9	2386.6	2,357.2	2,284.9	
	증가율	0.62	0.34	-0.02	-0.40	-0.75	
평균 가구원수		2.09	2.02	1.97	1.94	1.91	

* 자료: 통계청(2022), 보도자료, 장래가구추계: 2020~2050년.

그림 2-8 총가구 및 가구 증가율, 2000~2050년

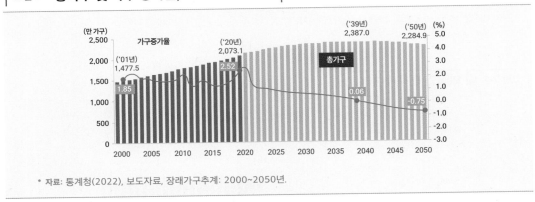

* 자료: 통계청(2022), 보도자료, 장래가구추계: 2000~2050년.

　　인구 이동률(mobility)은 인구와 가구 통계를 함께 보면서 비교해야 하는 자료이다. 이동은 역동성(dynamics)의 다른 표현이다. 1975년에 약 25%의 인구 이동률은 1년에 4명당 1명이 이사한다는 의미다. 2022년 기준으로 이동률은 10%대 초반을 보여 50여 년 전과 비교하여 절반 이하로 이동이 감소했다.

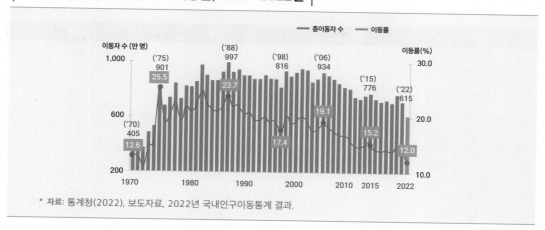

그림 2-9 총 이동자 수와 인구 이동률, 1970~2022년

* 자료: 통계청(2022), 보도자료, 2022년 국내인구이동통계 결과.

　　〈그림 2-10〉과 같이 20대의 이동률이 가장 높고 다음이 30대다. 50대 이후는 10% 이하로 10명 중 1명조차도 이동하지 않음을 보여주고 있다. 2022년 기준 중간인구의 연령이 45세를 넘어선 점을 감안하면 향후 사회 역동성이 감소되리라는 예상이 가능하다.

그림 2-10 연령대별 이동률

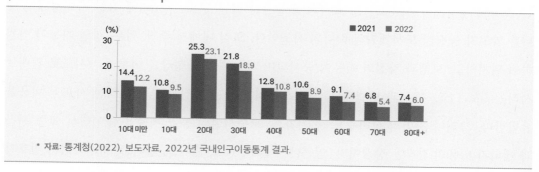

* 자료: 통계청(2022), 보도자료, 2022년 국내인구이동통계 결과.

　　〈표 2-3〉은 한국, 미국, 일본의 인구 이동률의 비교다. 노령화가 이미 진행된 일본은 20년 전부터 5% 미만의 이동률을 보인다. 미국은 최근 10%대 이하로 떨어진 이동률을 보인다. 한국 역시 지속적인 이동률의 감소를 보인다. 2012년과 2013년의 감소는 두드러지는데 이때는 심각한 부동산경기의 침체가 있었던 시기다. 당시의 거래 감소로 중개와 이사업체, 인테리어 업체 등이 고통을 받았다. 불과 1~2% 수준의 거래 감소에도 영향이 심각했는데 향후 예상되는 지속적인 이동률의 감소는 그 영향에 대한 고민과 대응책 마련이 필요하다.

표 2-3 연도별 국제 이동률 비교

(단위 : %)

구분	한국	미국	일본
2005	18.1	13.2	4.4
2006	19.1	13.3	4.4
2007	18.5	12.8	4.4
2008	17.8	11.5	4.3
2009	17.1	12.1	4.2
2010	16.5	12.2	4.0
2011	16.2	11.3	4.0
2012	14.9	11.6	4.0
2013	14.7	11.4	4.0
2014	15.0	11.2	3.9
2015	15.2	11.1	4.0

* 자료: 통계청(2022), 보도자료, 2022년 국제인구이동통계.

🏢 제4절 공간변화: 스마트 성장

스마트 성장(smart growth)은 도시의 무질서한 확산(urban sprawl)에 따른 사회경제적 낭비를 막고자 등장한 도시계획의 하나의 사조이다. 도심 내에서 주거, 업무, 상업 기능이 인접하여 위치하고, 보행과 자전거 이용이 중시되며 지속 가능한 성장을 이루려는 시도로 컴팩트 시티(compact city) 개념과 연결된다. 도심으로의 집중은 밀집과 혼잡에 따른 사회적 비용을 유발한다. 그러나 광역적 상하수도, 전기가스, 교통시설의 공급 비용을 줄이면서 교통 시간과 에너지 비용의 절감은 장점이다. 인근에서 놀고, 먹고, 즐기고, 일하고, 거주하려는 선호가 세계적으로도 도심에 집중으로 일반적 현상이 되고 있다.

도시경제학자인 Edward Glaeser는 '도시의 승리'(2012)에서 도시의 가치와 중요성에 대해 강조한다. 도시를 사람들이 모이는 곳으로 정의하고, 진정한 도시의 힘은 사람으로부터 나온다고 본다. 도시에서는 사람들이 정보 교환과 상호 협력으로 지식과 아이디어의 창출이 가능하고, 이는 혁신과 경제성장의 기초 자산으로 제공된다. '평평한 세계, 뾰족한 도시'라는 어귀는 최근의 도시변화를 잘 설명한다. 기술과 통신의 발전으로 글로벌 공간의 벽은 낮아지면서 평평해지는 반면에, 사람들의 도시에 대한 선호는 강해지면서 도시의 중요성과 역할은 더욱 뾰족하게 두드러지는 현상을 말한다. 인터넷과 소셜 미디어, 디지털 고도화 등으로 전 세계 어디서든 교류는 가능하나, 도시는 지식, 인재, 자본, 정보의 모인 장소로 혁신을 만들어 내기에 더욱 도시로 몰리며 공간은 수직 고밀화되고 있다.

Richard Florida는 '도시는 왜 불평등한가'(2018) 저서에서 세계는 점점 뾰족해진다고 주장하면서 창조계급이라는 용어를 사용한다. 창조계급이 융성하는 도시는 3T, 즉 기술(technology), 인재(talent). 관용(tolerance)이 필요 요건이라는 주장을 한다. 기술과 인재와 함께 관용을 제시한다. 새로운 문물을 받아들일 수 있는 열린 자세가 창조의 원동력이라는 의미이다.

인구가 증가에서 감소 추세로 변화하면서 공간도 달라진다. 팽창 및 확장하던 공간에서 수축 혹은 비어가는 공간이 속속 나타난다. 수축되는 공간에서는 이전과는 다른 방식의 부동산개발이 필요하다. 공간의 수축을 먼저 경험한 일본의 사례는 <그림 2-11>과 같다.(1) 과거의 시가지와 (4) 예상되는 도시구조는 팽창(expansion)에서 수축(shrinkage) 공간으로의 변화를 단적으로 보여준다. 공간의 수축이 발생하면 (4)와 같이 거점(core)을 중심으로 정리된다. 전국적 관점에서는 주요 거점도시를 중심으로, 도시 차원이라면 부도심과 같은 지역중심, 혹은 지하철역 등을 구심점으로 재편된다는 의미다. 향후에는 어떻게 스마트하게 공간의 수축을 유도할 것인가(smart shrinkage)에 대해 고민해야 한다.

세상에는 스마트한 수축은 거의 존재하지 않는다. 일반적으로 공간의 수축은 스펀지(sponge)와 같이 구멍이 숭숭 뚫리는 형태로 진행될 가능성이 높다. 수축된 사례로는 단독 주택단지나 분양 상가 등이 비어갈 때의 모습을 참고하면 된다. 보기좋고 스마트한 수축은 거의 볼 수 없으며 비어있는 공간은 관리가 안될 경우 지저분해지고 일부는 혐오적 공간으로 변하며 마치 주변에 전염되듯이 급격히 확산하는 형태를 보이는 경향이 있다. 앞으로 다가올 공간 변화에 대한 공공의 대응이 중요하다. 부동산개발 측면에서 패러다임의 전환이 요구되는 시점이다.

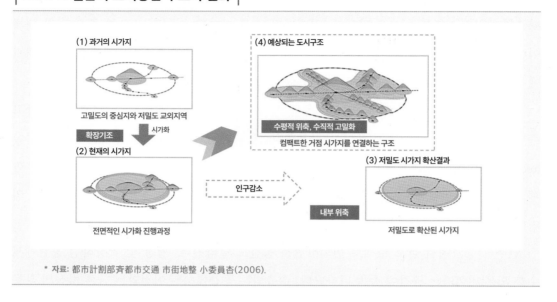

그림 2-11 일본의 도시공간 구조의 변화

(1) 과거의 시가지
고밀도의 중심지와 저밀도 교외지역
확장기조 → 시가화

(2) 현재의 시가지
전면적인 시가화 진행과정

인구감소

내부 위축

(3) 저밀도 시가지 확산결과
저밀도로 확산된 시가지

(4) 예상되는 도시구조
수평적 위축, 수직적 고밀화
컴팩트한 거점 시가지를 연결하는 구조

* 자료: 都市計劃部齊都市交通 市街地整 小委員杏(2006).

글로벌시장의 공간 변화는 스마트 성장(smart growth)과 압축개발(compactdevelopment)이라는 두 단어로 요약할 수 있다. 스마트 성장이란 도시의 무분별한 확산을 막고자 기존 도심 체계적인 정비와 재개발을 강조하는 이론이다. 도시의 교외확산은 자연 파괴와 함께 도로, 상하수도, 전기, 통신망 등 1인당 기반 시설 공급 비용의 상승을 초래하며 도심의 복합용도의 고밀개발 추진은 지속 가능 성장을 이룰 수 있다고 강조한다. 압축개발이란 주거와 상업시설을 도시 중심부에 밀집시켜 교통수단을 이용하지 않고도 보도 거리 내 모든 생활을 할 수 있도록 계획하는 방식이다. 이는 무분별한 도심 확장개발 진행을 억제하므로 자연환경 보존 및 난개발 방지가 가능하다. 또한 도심내 시설 집중화로 경제적효율성을 증가한다.

글로벌시장의 공간 변화 패러다임에 따라 세대별 압축 공간도시를 선호하는 경향이 높은 것으로 확인된다. 〈표 2-4〉와 같이 X세대(1975~84년생)와 Y세대(1985~1996년생)는 직장 및 학교와의 거리가 압축개발을 선호하는 중요한 요소로 작용함을 알 수 있다. 압축개발은 도시 생활의 지속 가능성에 대한 대안으로 주거와 직장, 여가시설의 집중화로 이동 거리 최소화 및 양질의 공공 및 문화서비스를 향유할 수 있다는 장점이 존재한다. 다만 과밀과 혼잡 등의 현상에 직면할 수 있으므로, 미래의 압축개발은 지속 가능성과 도시과밀화 현상 사이 조화로운 개발을 구상하는 것이 필요함을 시사한다.

표 2-4 Compact Development 선호도

구분	Gen Y	Gen X	Baby boomers	War babies /silent generation
Short distance to work and school	82%	71%	67%	57%
Walkability	76%	67%	67%	69%
Distance family/friends	69%	57%	60%	66%
Distance shopping/entertainment	71%	58%	67%	69%
Convenience of public transportation	57%	45%	50%	56%

* 자료: ULI (2013), America.

 # 제5절 파트너십

　부동산 개발을 책임지고 이끄는 개발사업자는 오케스트라의 지휘자 또는 영화 제작에서 감독의 위치와 비견된다. 과거의 부동산개발사업은 개발사업자보다는 시공사가 주요 권한을 가지고 중요한 역할을 했다. 규모가 영세하고 개발의 경험이 일천했으며, 대규모자금이 투입되는 사업에의 뒷감당도 쉽지 않았기 때문이다. 시공사는 분양과 준공을 보증하고 공사비를 올려받는 형태로 사업에 참여하였다. 하지만 국제회계기준(IFRS)이 적용되어 시공사의 보증은 우발채무로 인식되면서 시공사의 보증은 위축된다. 그 빈틈을 미분양 담보대출 등을 통해 증권회사가 진입하고 신탁사는 책임준공형 관리형 토지신탁등의 상품을 통해 개발사업에 진입한다.

　부동산 개발의 역사가 쌓이고 개발 경험이 축적되고 자본력이 확충되면서 개발사업자의 지위는 본 궤도를 찾아가고 있다. 현재는 개발사업자, 시공사, 그리고 금융기관 등의 다양한 이해관계자들이 모여 각각의 역할을 통해 상호 균형을 이루며, 개발사업의 성공을 위해 협력하고 있다.

🏠 참고문헌

· Mike E Miles, Laurence M Netherton, Adrienne Schmitz, Real estate Development - Principle and Process, Urban Land Institute, 5th Ed., 2015.

· 리처드 플로리다, 안종희 번역, 도시는 왜 불평등한가?, 매경출판, 2018.

· 리처드 플로리다, 이길태 번역, 신창조계급, 전자신문사, 2011.

· 리처드 플로리다, 이원호 외 번역, 도시와 창조계급, 푸른길, 2008.

· 에드워드 글레이저, 이진원 옮김, 도시의 승리, 해냄, 2011.

⌂ 연습문제와 토론주제

1. 부동산개발에 있어 개발자는 전체 사업의 기획에서 시작하여 완료 시까지 다양한 참여자들의 조정역할을 하기 때문에 오케스트라 지휘자에 비유된다.

   - 다양한 참여자 중 특히 공공개발자와 민간개발자의 개발사업 참여 목적의 차이를 간단히 설명하라.

   - 부동산개발의 공공성 확보문제는 개발과정 전체를 흐르는 중요한 이슈 중 하나이다. 공공성과 사업성을 동시에 추구해야 하는 이유에 대해 설명하라.

2. 우리나라 인구구조 및 경제변화와 관련하여 한국의 부동산시장의 변화 방향에 대해 중·장기측면으로 주거, 오피스, 그리고 상업(소매) 및 산업시설로 나누어 업종별로 전망해 보라.

3. 4차 산업혁명과 관련하여 부동산시장의 변화방향에 대해 예상해 보라.

부동산 플랫폼 Biz Model 사례연구
- 숙박·부동산 중개를 중심으로 -

1. 플랫폼 사업의 정의

　플랫폼 비즈니스 모델이란 사업자가 직접 재화를 생산하기 보다는 제품을 생산하는 사업자들과 잠재적 제품구매자 두 그룹을 자사의 플랫폼 내부에서 거래를 유도함으로써 가치를 생성하여 이윤을 추구하는 비즈니스 모델을 말한다(송동현·유재필, 2014). 플랫폼 비즈니스에서는 판매자와 구매자는 모두 고객이며 이 양자의 니즈를 인식하고 니즈에 부합하는 서비스, 제품, 콘텐츠를 제공하도록 하여야 한다(배세하·김상희, 2016). 이러한 2개 이상 경제주체 집단들이 상호작용을 통해 잉여를 창출하는 것을 양면성시장이라고 하는데 속성이 다른 집단이 거래를 통해 이익을 얻고 거래에 중개자가 존재하는 시장으로 플랫폼이 거래중개자이다(임동우, 2013).

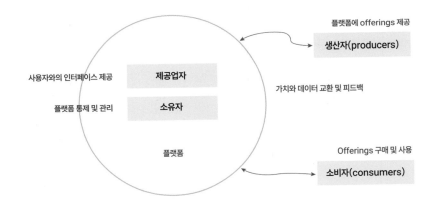

출처: Van alstyne et al, "Pipelines, Platforms, and the New Rules of Strategy", *Havard business review 94*(4), p.16, 2016.

　또한, 플랫폼 사업자는 생산자와 소비자 간의 상호작용을 통하여 가치를 창출하며, 이를 위해 플랫폼은 플랫폼 참여자들 간에 상호작용을 가능케 하는 개방적인 참여 인프라를 제공하며 관리조건을 설정한다. 사용자 간의 최적 조합을 찾아내고 제품과 서비스, 전자화폐 등의 교환을 촉진함으로써 모든 참여자들은 가치를 창조한다(Parker et al, 2016). 이러한 제공업자와 생산자, 소비자로 구성된 생태계는 위 그림과 같다.

이러한 플랫폼 비즈니스 모델은 전통적인 파이프라인 모델과 대비되는데, 전통적인 비즈니스가 제품 및 서비스의 제조, 판매를 통하여 가치를 창출하는 선형 가치 사슬의 구조인 반면 플랫폼 비즈니스 모델에서는 플랫폼 안에서 소비자들과 생산자들 그리고 플랫폼 서비스 공급자 간의 관계를 통하여 가치가 창출된다. 이러한 플랫폼 모델은 다양한 산업에 적용되면서 기존 비즈니스를 위협하는 파괴적 혁신이 진행되고 있으며 결과적으로 기존 파이프라인 비즈니스에 대해 대체로 승리하였다(Van Alstyne et al, 2016).

* **플랫폼 서비스의 기존 사업과의 차이**

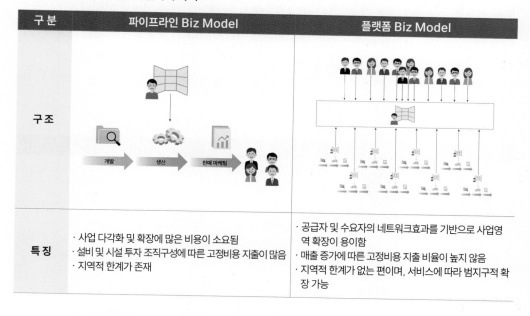

구 분	파이프라인 Biz Model	플랫폼 Biz Model
구 조	개발 → 생산 → 판매 마케팅	
특 징	· 사업 다각화 및 확장에 많은 비용이 소요됨 · 설비 및 시설 투자 조직구성에 따른 고정비용 지출이 많음 · 지역적 한계가 존재	· 공급자 및 수요자의 네트워크효과를 기반으로 사업영역 확장이 용이함 · 매출 증가에 따른 고정비용 지출 비율이 높지 않음 · 지역적 한계가 없는 편이며, 서비스에 따라 범지구적 확장 가능

2. 부동산 플랫폼 사업

프롭테크는 부동산(property)과 기술(technology)의 합성어다. 부동산 데이터를 이용한 사업이나 디지털화된 부동산 서비스를 제공하는 기업 등을 일컫는다.

미국의 부동산 정보 사이트인 '질로우(Zillow)'가 대표적이다. 2006년에 출범한 질로우는 1억 가구 이상에 대한 세금과 매매, 대출 정보를 취합하고 분석한 데이터를 검색엔진을 통해 제공했다. 특히 초반에 제공했던 주택 무료 감정 서비스 정보(Zestimate)는 실제 가격과 7.2%의 오차를 보이며 신빙성이 떨어졌지만 지속적인 모델 개발과 자료 축척으로 오차율이 5%대로 감소, 신뢰성을 개선했다.

프롭테크는 영국과 미국이 선도하고 있다. 미국은 전 세계 프롭테크 투자 건수의 절반 이상을 차지하고 있으며 우리에게도 익숙한 '에어비앤비(Airbnb)'를 비롯해 '위워크(Wework)' 등이 유니콘 기업(평가액 10억 달러 이상의 비상장 스타트업)으로 성장하며 프롭테크 산업이 확대되고 있다. 프롭테크의 사업 영역은 크게 네 가지로 분류된다. 중개 및 임대, 부동산 관리, 프로젝트 개발, 투자 및 자금조달 등이다.

중개 및 임대는 부동산 정보를 기반으로 하는 대표적인 프롭테크 사업 분야다. 개별 부동산에 대한 물건정보 등재는 물론 데이터 분석과 자문, 중개를 넘어 광고와 마케팅 등 매매와 임대에 관한 모든 정보를 제공한다. 부동산 관리는 IoT(사물인터넷), 센서기술 등을 기반으로 임차인과 건물을 관리해주는 서비스 영역이다. 프로젝트 개발 분야는 VR·3D 분야 기술을 활용해 개발 과정에 대한 관리를 효율화하고 프로젝트 성과를 예측하거나 모니터링 하는 사업이다. 투자 및 자금조달 부문은 부동산 시장에 도입된 핀테크 기술로 크라우드펀딩과 개인금융 분야로 구성된다.

* 부동산관련 플랫폼 비즈니스 유형 및 서비스

	회사명	분 야	서비스
숙박 중개 및 정보	airbnb	공유형 숙박	숙박 공유 서비스
	tripadvisor	호텔, 여행지	호텔 등 여행에 관한 가격 비교 서비스
	yanolja	모텔	모텔 예약 및 가격 비교 서비스
부동산 중개 및 정보	Zillow	주택	매물 검색 및 가격 추정 서비스
	REDFIN	주택	부동산데이터베이스 및 중개 서비스
	직방	원룸, 투룸, 오피스텔, 아파트	원룸, 아파트 정보 및 중개 서비스
	LIFULL HOME'S	주택, 수익형 부동산	가격 비교, 중개마케팅 업무지원 등 부동산 정보 통합 서비스
	부동산114	부동산 전 분야	부동산 정보 및 중개 서비스
	호갱노노	아파트	아파트 매물 정보 서비스

3. 플랫폼 사업의 특성

1) 저비용 고품질 서비스 공급

모바일 플랫폼 서비스는 이용자의 수가 증가할수록 이용자당 공급비용은 하락하는 구조를 갖고 있다. 또한, 서비스 공급비용 자체는 높지 않으며, 기술의 발달과 스마트폰의 보급, 무선통신기술의 일반화로 인하여 사진, 영상 등 고품질의 콘텐츠를 제공하는 비용이 급격히 하락하였다.

이에 따라 한정된 소비자를 대상으로 하는 기존 오프라인 사업자들이 제공할 수 없는 서비스를 제공할 수 있게 되었다. 이러한 원가구조의 차이에서 그동안 소비자들이 원했던 여러 가지 서비스들을 규모의 경제로 제공할 수 있게 되었다.

* **플랫폼 서비스 사업과 일반 서비스 사업의 원가 구조**

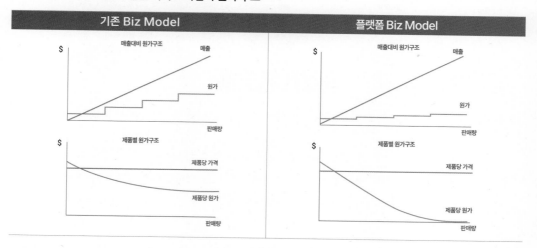

이러한 낮은 원가구조로 인하여, 새로운 사업자들도 다양한 서비스를 시도할 수 있게 되었으며, 이러한 다양한 시도 중 소비자의 니즈를 충족하는 서비스는 유저를 확보하고, 장래성을 인정받아 투자금을 지원 받아 더 나은 서비스를 제공하여 더 많은 유저를 확보하고, 유저의 충성도를 올리는 결과를 낳게 되었다.

이는 소비자들과 시장에는 니즈가 존재하나, 그동안 기술적·비용적 한계로 기존 서비스제공자들이 제공할 수 없었던 서비스를 각 분야의 플랫폼 서비스 제공자들은 제공하고 있으며, 해당 서비스를 통하여 우리는 기존 시장의 빈 공간을 확인할 수 있고, 이러한 빈 공간은 단지 플랫폼 서비스뿐 아니라 해당 영역에서 활동하는 모든 사업자들에게 시사점과 정보를 제공해준다.

2) 양면성 시장 및 다면성 시장

양면성 시장은 시장 내 속성이 다른 이질적 집단들이 공존하면서 양자의 거래를 통하여 이익을 얻을 수 있는 공간으로 거래 중재자를 플랫폼이라고 한다(임동우, 2013). 하지만 이러한 양면성 시장은 거래비용의 규모에 따라 시장실패가 발생할 수 있는데 구매자와 판매자가 존재한다고 하여도 상대에 대한 탐색, 교섭, 납품, 결제 및 계약의 이행과정을 확인하는 비용이 거래로 인한 이익보다 클 경우에는 거래가 일어나기 힘들다. 하지만, 플랫폼을 통하여 거래비용을 획기적으로 낮출 수 있다면, 거래가 가능한 환경이 조성된다(Boudreau and Hagiu, 2009).

＊ 양면성 시장과 플랫폼

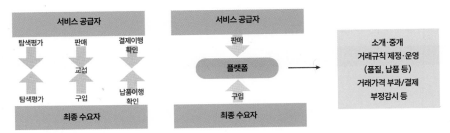

출처: 임동우, 「플랫폼전략의 양면성시장 연구동향에 관한 연구」, 「경영연구」 28(1), 한국산업경영학회, p.116, 2013.

대부분의 경우 플랫폼은 단순한 거래 중재자가 아닌 거래규칙을 제공하고 거래를 원활하게 운영하는 조정기능 또한 같이 수행한다. 또한 플랫폼의 특성상 양쪽의 다른 집단(생산자와 소비자)을 플랫폼의 생태계로 모아야 한다. 한 집단만의 존재는 결국 아무도 모이지 않는 플랫폼이 되기 때문이다.

따라서 플랫폼 안에서의 생태계를 만들고 유지하고 번영시키는데 다음과 같은 세 가지 문제를 해결해야 한다(임동우, 2013).

1) 어떤 방법으로 다수의 서비스 공급자와 수요자를 균형 있게 참가시킬 수 있는가?
2) 어떤 방법으로 공급자와 수요자 간의 거래가 이루어지도록 하는가?
3) 거래로 일어난 가치를 어떻게, 어떤 방법으로 플랫폼에 환류 및 재분배시킬 것인가?

첫 번째 문제는 '간접 네트워크 효과'의 특성에 따라 어느 한편의 참가자 집단이 존재하지 않으면 다른 참가자도 모이지 않으며, 상대의 존재가 자신의 영향과 효과를 증대시킨다. 따라서 참가자들이 참여할 수 있도록 '참가 인센티브'를 제공하여야 하며, 이러한 참가 인센티브는 거래비용의 획기적인 감소, 새로운 서비스 및 콘텐츠의 제공 등이 있다.

3) 승자독식 시장

"경쟁하지 말고 독점하라"

-Peter Thiel, PayPal 공동창업자-

플랫폼과 관련된 사업은 일반적으로 소수의 경쟁플랫폼에 의해 지배되는 경우가 많다. 많은 경우 대다수의 사용자가 하나의 플랫폼에 의존하기도 한다. 예를 들면 신용카드의 경우 비자와 마스터가, PC OS시장에서의 윈도우가 대표적인 예이다. 사용자가 증가할수록 네트워크 효과에 의하여 플랫폼의 유용성이 증대되어 시장지배력이 높아지는데 이는 선점의 이익에 의해 경쟁력을 강화시킨다는 것이다.

출처: 이현석 편저, 2018 부동산개발 사례연구, 건국대학교 출판부, 2018, pp.45-79 요약.

부동산개발 금융

[Real Estate Development Financing]

제3장
부동산개발 금융 이해[1]

• 구성
- 제1절 정의와 유형
- 제2절 시장 분류
- 제3절 투자시장 분석

• 목적

부동산금융의 원리와 부동산개발금융의 특성에 대한 이해

• 용어

자금조달, 자기자본, 타인자본, 공간시장, 자본시장, 대출자, 차입자, 할인율

• 핵심

부동산개발금융 유형과 특징

- 부동산금융의 유형은 자본 대 대출, 단기 대 장기로 나뉜다.
- 부동산개발금융의 주는 대출금융(debt financing)이다.
- 부동산개발 초기에는 개발사업자가 피땀 흘려 만든 자기자금 (sweat equity)으로 시작한다.
- 부동산개발의 자기자본 성격이 대출 조건을 결정한다.
- 장기대출확약(take-out commitment)과 임차인이 확보되면 단기 자금확보는 수월해진다.

---

1) 본 장은 건국대학교 부동산학과 박사과정 위정환 원생이 주로 작성함.

🏢 제1절 정의와 유형

1. 개요

1) 부동산개발금융 개념

부동산개발금융은 부동산의 개발을 위하여 자기 자본과 타인 자본의 효율적인 구성으로 소요자금을 확보하는 수단이다. "특정의 부동산을 개발하기 위해 필요한 토지 매입과 건설 공사 등에 소요되는 자금을 조달하는 모든 금융"으로 정의할 수 있다.

부동산금융은 자산금융의 일종 금융자산이 아닌 부동산을 대상으로 하여 자본을 조달하는 일련의 과정으로 정의한다. 부족한 자기자본을 보충하고 지렛대 효과(leverage effect)를 이용하여 자본투자의 수익률 향상이 목표다[2].

---

2) 자금조달 과정으로서 금융은 무엇을 담보로 하느냐에 따라 구분할 수 있는데 이미 형성된 자산을 담보로 자본을 조달하면 자산금융(asset fianacing), 신용을 담보로 자본조달을 하는 경우 신용금융(credit financing), 그리고 투자안을 담보로 하면 프로젝트 금융(project financing)으로 구분함.

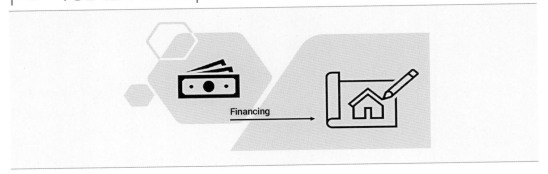

그림 3-1 부동산개발에 대한 금융

Financing

부동산개발금융은 이익이 발생하기 전에 많은 비용이 발생한다. 부동산개발금융은 높은 비용을 상쇄할 수 있는 충분한 기대이익, 위험감수(risk taking), 체계적인 위험관리(risk managing)가 필수다.

2) 부동산개발금융 유형

부동산을 놓고 이루어지는 모든 활동을 '부동산활동'이라고 한다. 부동산활동은 직·간접적으로 자금과 관련되어 있고, 부동산금융은 부동산활동을 지원, 촉진, 운영하는 기능을 한다. 단순한 부동산 담보 대출에서부터 부동산신탁, 부동산펀드, 프로젝트 파이낸싱, 리츠, 자산유동화(ABS, ABCP) 등의 다양한 범위를 포함하고 있다.

부동산금융(financing)은 조달 방식에 따라 '공모'와 '사모', 자금의 종류에 따라 '자기자본'과 '타인자본'으로 구분한다. 공모는 자금의 공개 모집이고, 사모는 자금의 사적 모집이다. 사업의 손실과 이익을 감당하는 부동산개발사업자의 자본은 자기자본이다. 투자기간과 요구수익률(이자)이 있는 자본은 타인자본이다.

표 3-1 자본의 유형에 따른 상품

구분	사모	공모
타인자본	은행, 보험, PF대출 등	상업용부동산저당증권(CMBS), P2P, 부동산 공모 증권
자기자본	사모자본투자자(private investors), 프로젝트금융회사(PFV), 재건축조합, 재정비조합	공모 리츠, 공모 펀드

이용기간을 기준으로는, 단기금융(shot-term financing)과 장기금융(long-term financing)으로 나누어 볼 수 있다. 부동산개발금융은 토지매입과 건설공사 자금의 조달이 목적이므로 단기금융이 큰 비중을 차지하고 있다.

표 3-2 기간 장단에 따른 상품

구분	단기금융	장기금융
타인자본	공사대출 (일반시중은행 등)	장기대출 (연기금, 생명보험회사 등)
자기자본	직접투자, 합작투자	장기투자 (연기금, 생명보험회사, 리츠 등)

부동산금융은 개발단계와 관리운용단계로 나누어 볼 수 있다. 개발단계에서는 토지매입, 철거와 건설공사에 필요한 단기자금조달이 목적이다. 단기대출은 주로 민간 금융기관들이 취급한다[3]. 취급자가 가장 중요시하는 사항은 기한 내 대출 원리금의 회수다.

관리운용 단계에서는 부동산의 개발이 완료되어 장기적인 투자가 이루어지는 단계로서 사업 자체의 장기적 수익성이 중요한 고려요소다. 주요 장기투자자 및 대출자는 부동산투자회사(리츠: REITs), 연기금, 공제회 또는 생명보험회사가 있다.

그림 3-2 부동산금융의 단계별 분류

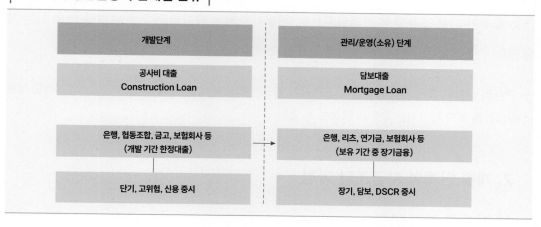

---

3) 주택과 같은 경우는 주택금융공사(HUG)에서 분양보증, PF원리금 보증을 하여 자금을 낮은 금리에 조달한다.

- 개발사업의 단계별로 자기자본과 타인자본의 비율은 계속 변화하며, 부동산개발사업자는 타인자본을 최대한 낮은 이율에 조달하고자 한다.
- 부동산개발사업자와 참여자들의 관계는 사적 합의(계약)에 의하므로, 조달된 자금이라도 시장환경에 따라 참여자, 금리, 기간 등 조건이 계속 변한다.

3) 부동산금융의 역할

부동산금융의 기능은 크게 자금조달 기능과 투자결정 기능으로 나누어 볼 수 있다. 자금조달은 투자에 소요되는 자금을 효율적으로 조달하여 공급하는 일이다. 투자결정은 어떠한 부동산에 어떠한 조건으로 투자할지 판단하는 일로 조달된 자금을 효율적으로 투자하는 자금운용을 의미한다.

투자자 입장에서 다른 투자와 비교할 때 부동산개발 투자는 고위험(high risk), 고수익(high return)의 투자 상품이다. 따라서 자금을 대출할 경우 개발사업의 위험을 감안하여 위험부담을 경감할 수 있는 다양한 수단이 필요하며, 여타 대출보다 사업에 높은 수준의 개입을 한다.

타인자본, 즉 부채조달의 경우 부동산 경기가 호황 국면이고 저금리일 때는 금융기관의 대출공급과 대출수요가 급격하게 증가한다. 금리가 상승하고 경기가 하락하기 시작하면 신규 대출의 수요가 줄고, 기존 대출도 회수가 시작된다. 사업기간 동안 사업환경이 악화하는 경우에 추가 자금의 조달이 어려워지므로, 개발자로서는 만일의 경우를 대비한 여유 있는 자금계획 수립과 안정적인 조달원 확보가 중요하다.

- 아무리 성능이 좋은 차라도 기름이나 전기가 없으면 작동할 수 없듯이, 우수한 개발사업이라도 부동산금융을 하지 않고서는 목적을 달성할 수 없다.

2. 개발 단계와 자금조달 과정

1) 단계 특징과 위험

부동산개발금융은 이익이 발생하기 전에 기존건물을 멸실하는 비용과 신축하는 비용이 소요된다. 수익이 없는 상태에서 많은 비용이 투입되어야 하는 특징이 있다. 부동산개발사업자는 수익없이 지출만을 계속하는 상황을 마주하곤 한다. 예기치 못한 지출의 증가는 사업의 진행에 큰 위협이 되므로 부동산개발사업자는 부동산개발의 단계별로 발생하는 다양한 위험을 통제(risk control)하고 문제를 해결하는 능력이 필요하다.

부동산개발의 단계별 자금조달의 특징과 위험은 <표 3-3>과 같다.

표 3-3 개발의 단계별 자금조달 특징과 위험

개발의 단계		자금조달 특징과 위험
개발기획	특징	사업을 구상하고, 타당성 검토를 수행함
	위험	기회비용 위험[4]
공사수행	특징	• 사업에 필요한 부지를 매입, 인허가 진행, 사업성 검증 • 금융계약, 공사도급계약, 용역계약 등 계약의 체결 • 시공, 분양 또는 매각, 광고 마케팅 실행
	위험	• 잔금 납부: 토지 매매계약 체결 후 브릿지론 조달을 하지 못해 잔금납부를 지연 또는 못할 위험 • 위약금 지불: 토지 권리관계, 사업 타당성 분석과 검증, 인허가 실패로 매매계약이 해지되는 경우 배액배상 또는 손해배상을 하게 될 위험 • 공사비(PF) 조달: 시공 비용 등 조달 비용의 증가[5]로 계획보다 많은 자금을 조달할 위험 또는 공사비 조달을 하지 못할 위험 • 민원, 소송: 법적 분쟁으로 소송비용 발생, 민원해소비용 발생, 배상 위험 • 사업타당성 분석 실패: 계획한 사업타당성 분석이 잘못되어 예상보다 수익이 부족할 위험 • 신의성실: 계약상대방이 신의성실의 의무를 위반할 위험
부동산 자산관리	특징	소유권이전, 매각, 임대, 정산
	위험	• 미분양(미매각) 위험, 공실 위험 • 담보대출: 담보대출 비용 과다발생 위험, 담보대출을 실행할 수 없을 위험 • 정산: 추가공사비 요구, 공동사업자와의 이익 배당 분쟁 위험 • 관리: 관리비용 과다청구 위험, 부실시공 위험

* 자료: 윤영식, 성주한, 2014.11.17. 『부동산개발사업에 관한 단계별 리스크 요인의 상대적 중요도와 효율적인 리스크 관리방안에 관한 연구』 재구성.

• 부동산개발사업은 위험관리의 연속이고, 문제해결능력이 중요하다.

---

4) 사업성이 부족한 사업들에 대한 기획시간과 비용 소비로 사업성이 충분한 사업에 대한 발굴시간과 비용에 소비할 기회를 소모하는 것에 관한 비용.

5) 시공사의 부도, 자재값 인상, 금융비용 증가, 용역비 증가, 공사 지연, 화재 등 사고 등.

2) 자금조달 과정[6]

부동산개발사업자는 사업을 구상할 때 전체 자금의 소요 규모를 추정하고, 자기자본과 타인자본의 조달규모를 결정한다.

그림 3-3 자금조달 구조 예시

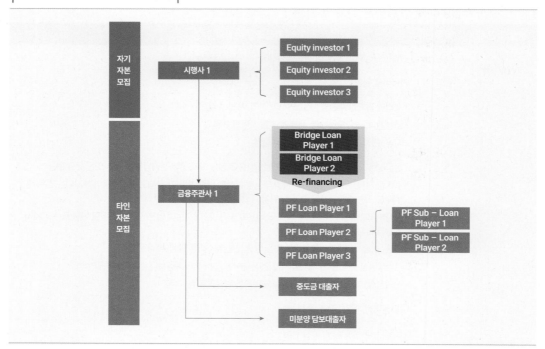

부동산개발자금의 조달은 자기자본 조달에서 타인자본 조달로 이어지는 흐름을 보인다. 자기자본이 충분히 모집되면, 타인자본은 '브릿지대출(bridge Loan) → PF 대출, 신용대출(중도금 대출) → 담보부 대출'로 이어지는 과정을 거치며, 이 과정에서 수회의 '리파이낸싱(자금재조달)[7]'이 이루어지기도 한다.

---

6) 참고자료1 참조.

7) 사업 초기 높은 사업리스크에 따라 고금리로 조달한 자본에 대해, 인허가가 완료된 후 낮은 금리로 대환 대출하는 경우가 있다.

3) 참여자와 역할

자금조달은 제안과 참여의 계속된 과정이며, '제안 → 검토 → 의사결정 → 참여(투자)'의
세부 과정을 거친다. 참여자와 제안자는 한 가지의 역할만을 수행하지 않고 사업의 성공을
위해 참여자가 다시 제안자가 되기도 한다.

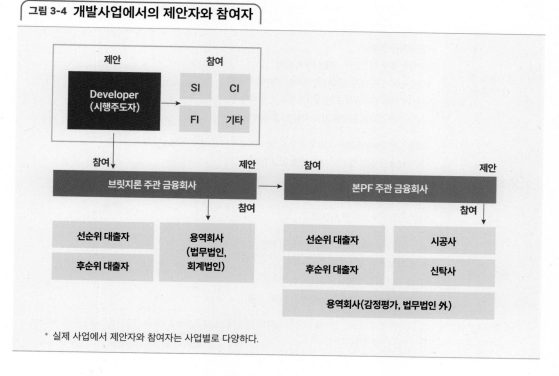

그림 3-4 개발사업에서의 제안자와 참여자

* 실제 사업에서 제안자와 참여자는 사업별로 다양하다.

부동산개발금융의 참여자 중 대출자(금융기관)는 일반적으로 <표 3-4>와 같은 의사결정
절차를 거쳐 투자하게 된다.

표 3-4 **참여자의 의사결정 과정**

단계	내용
접수 및 초기검토 단계	• 각 영업부(사업부)에 딜 접수 • 작성된 초기 사업수지표 검토 • 사업과 관련한 기초자료 수집 및 수집된 자료, 시장상황 조사 및 검토 • 시행사 시행이력 검토 • 시공참여 예정자 재무제표, 영업실적, 도급순위, 채무보증 이력, 시공이력, 신용등급 등 시공사의 재무/시공능력 검토 • 참여자 회사가 현재 대출 취급이 가능한지 검토 (회사의 유사 딜 취급이력, 예산 현황, 회사내규/규정, 회사 정책, 요구수익률, 자금조달상황 및 여건 감안)
현장실사 및 심의단계	• 현장실사(출장) • 필요한 경우 감정평가, 사업성평가 의뢰 • 대출약정서 등 각종 계약서 초안 작성 의뢰(법무법인) • 심사부서와 심의일정 조정(심사부서와 현장 재실사) • 심의 부의 결재에 필요한 자료 작성 및 결재 상신
심의 준비 단계	• 대출 실행 준비(필요한 내부 결재 진행, 필요한 경우 SPC 설립, 회계법인 섭외 등) • 계약서 초안 수정 및 회사 내부 법률 검토 진행 • 딜 관련 심사부 질의 & 응답 • 심사 과정에서 필요한 자료 보완 • 심의위원에게 딜 관련 사전 보고
심의, 기표	• 심의 진행 및 심의위원 의결, 투자조건 확정 • 대출약정서 등 제반 금융계약서 확정 • 대출 관련 제반 약정서 체결(법무법인 주관) • 내부 결재를 거쳐 정해진 날에 투자(대출) 실행

* 자료: 한국지방행정연구원, 2022, 김상기 外, "PFV출자 타당성검토 매뉴얼" 참고, Mike E. Miles (2015, 5th), Real estate development part5. Financing the project 참고.

🏢 제2절 시장 분류

1. 시장 형태별 특징

수요는 효용에 따라 변화하는 지불의사(willing to pay)를 의미하고, 공급은 제시되는 가격에 따라 늘어나거나 줄어드는 생산량을 말한다. 어느 시점에서 재화에 대한 시장의 지불의사와 공급량의 합치로 균형가격이 형성되며 시장원리라 부른다.

부동산개발사업자는 어느 위치의 특정 유형 부동산의 장래 수요를 판단하여 미래가치를 추정한다. '추정된 미래가치'에 대해 토지비, 공사비 등 제반 비용을 감안한 현재가치가 저렴하다고 판단할 때 개발사업을 수행하여 수익을 창출한다.

건축된 공간은 수요자의 지불의사에 따라 공간의 사용가격이 결정되며 임대료(rent)라고 한다. 창출되는 수익인 단위공간의 임대료는 자본시장에서 시장경쟁에 따라 결정된 가격에 거래된다. 임대료가 자본(capital)화 하는 과정에서의 임대료와 자본의 교환 비율을 자본환원율(Cap. Rate)이라 한다.

수식 3-1 부동산 가치(Value) 계산식

$$Value = \frac{Net\ Operating\ Income}{Capitalization\ Rate}$$

* 자료: Mike E. Miles (2015, 5th), Real estate development part5. Financing the project 참고.

---

1) 단기시장과 장기시장

단기 균형에서 시간이 경과하면 변화된 시장수요에 균형 공급량이 변화한다. 단기에는 공급은 상수고, 수요에 따라 공간의 임대료가 결정된다. 장기에는 시장수요가 증가하면 임대료가 증가하며, 공간을 다시 건설하여 임대하는 편익이 현재보다 높다면 재건축이 발생한다.

그림 3-5 공간시장과 자본시장의 균형

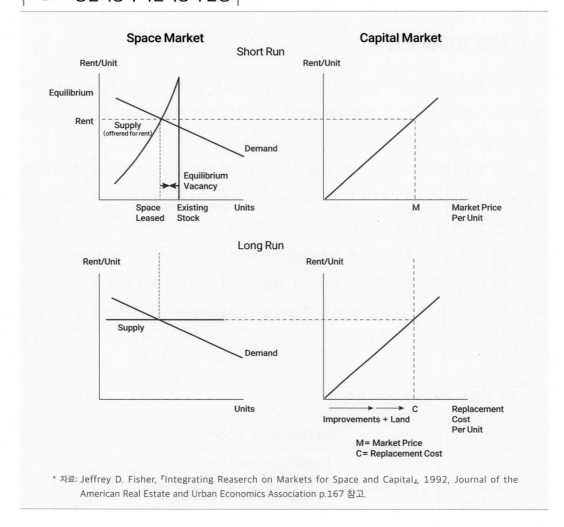

* 자료: Jeffrey D. Fisher, 『Integrating Reaserch on Markets for Space and Capital』, 1992, Journal of the American Real Estate and Urban Economics Association p.167 참고.

임대료와 자본시장, 임대료와 공간시장, 자본시장과 건설시장, 건설과 재고 사이의 시장 균형을 개념적으로 표현한 DiPasquale & Wheaton의 모형이 있다.

각 시장에는 분명한 시차가 존재하므로 이 모형은 이론에서만 존재하는 균형이라는 한계가 있다. 장기적 변화에 따라 각기 다른 영역에 미치는 영향을 쉽게 생각해 볼 수 있다는 장점이 있다.

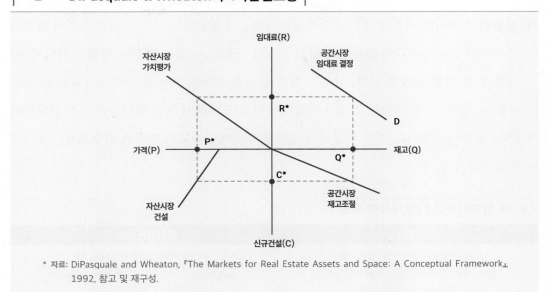

그림 3-6 DiPasquale & Wheaton의 4사분면모형

* 자료: DiPasquale and Wheaton, 『The Markets for Real Estate Assets and Space: A Conceptual Framework』, 1992, 참고 및 재구성.

- 부동산개발을 위해 다양한 재화가 소모되며, 각 재화들의 시장균형가격과 세금수준(정부규제수준)에 따라 부동산개발사업의 비용이 결정된다.

- 완성된 부동산은 하나의 재화로 수요와 공급의 원리를 바탕으로 가격이 결정되나, 부동산은 공급되는데 일정 시간이 걸린다는 점을 고려하여 시장을 해석해야 한다.

2. 투자 형태별 특징

1) 자기자본과 타인자본

개발사업에서 자본은 자기자본과 타인자본으로 구분한다. 자기자본(equity)은 개발사업자나 투자자의 자본으로 출자자는 건설사, 전략적 투자자, 금융기관, 조합이 있을 수 있으며, 타인자본은 금융기관의 대여금을 말한다.

자기자본 투자자는 개발사업의 이익과 손실을 향유하거나 부담한다. 투자목적은 다양하다. 개발사업에 시공사로 참여하기 위해, 또는 좋은 물건의 매입기회를 선점하기 위해, 준공 후 완성자산의 자산운용사와 특별한 협업관계 형성을 위해, 적정 자본이득을 추구하기 위해, 기존 주택을 멸실하고 새로운 주택을 공급받기 위해 등 다양한 목적을 추구한다(<표 3-5> 참고).

타인자본은 대여금이다. 대여금은 만기가 있으며, 약정으로 정한 금리를 제공하여야 한다. 대출이 실행되면 대출을 받은 차주에게는 대출금의 상환 만기까지 기한의 이익이 발생한다. 만기까지 원금의 회수를 요구받지 않고 원금을 사용할 수 있는 '기간이 한정된 이익'이다.

대출 관련 제반 상황의 변화, 담보의 변화 등으로 기한의 이익을 상실(events of default: EOD)할 수 있다. 이 경우 채무 변제의 이행기가 바로 도달하여 대출 원리금을 즉시 상환하여야 한다. 상환하지 못하는 경우 약정에서 정한 연체이자가 부과되고 채권 회수조치(경매, 공매 등)가 실행될 수 있다.

표 3-5 자기자본과 타인자본의 특징

자기자본(equity)	타인자본(dept)
타인자본보다 후순위 청구권을 가짐	자기자본보다 선순위 청구권을 가짐
정해진 투입기간이 있을 수도, 없을 수도 있으나, 계약에 따라 보장받지 않음	정해진 투입기간이 있고 별다른 이벤트가 없다면 계약에 따라 보장받을 수 있음
타인자본보다 높은 risk	자기자본보다 낮은 risk
변동가능성이 높은 현금흐름, 추가이익 획득기회 존재	계약에 따라 예측된 현금흐름
자산의 현재가치는 미래의 불확실한 현금흐름에 의존	자산의 현재가치가 명확함

* 자료: 한국지방행정연구원, 2022, 김상기 外, 『PFV출자 타당성검토 매뉴얼』 참고.

표 3-6 자기자본과 타인자본의 조달주체(참고2)

구분	조달주체	조달재원	경제적 기대효과
자기자본	시행사 (developer)	세금, 자본금, 내부유보금, 증자, 외부차입, 채권발행 등	시행이익
	국가, 지방자치단체, 공공기관		공익목적 달성, 세수확보 등
	건설사 (CI: construction investor)		적정 시공이윤
	운영사 (OI: operation investor)		적정 운영이윤
	전략적 투자자 (SI: strategic investor)		장기구매/ 판매처확보 등
	금융기관 (FI: financial investor)	예수금, 금융채 등	적정 자본이익
타인자본	금융기관 등		

* 자료: 한국지방행정연구원, 2022, 김상기 外, 『PFV출자 타당성검토 매뉴얼』 참고.

기한의 이익이 상실되어 담보를 손실할 위험을 부담하면서 타인자본을 조달하는 이유는 개발사업에서 자기자본 투자자는 아래와 같은 레버리지 이익을 추구하기 때문이다. 아래 A 투자안과 B 투자안은 투자금액 대비 이익률은 20.0%로 같으나, 전체 투자금액 중 타인자본의 비율에 따라 자기자본의 수익률이 다르다.

표 3-7 레버리지의 효과(단위 : 10억원)

구분	(A) 80% 레버리지			(B) 60% 레버리지		
	대출	자기자본	합계	대출	자기자본	합계
투자	8.00	2.00	10.00	6.00	4.00	10.00
회수	8.72	3.28	12.00	6.42	5.58	12.00
이익	0.72	1.28	2.00	0.42	1.58	2.00
수익률/연	9.0%	**64.0%**	20.0%	7.0%	**39.5%**	20.0%

* 가정 1. A 사업과 B 사업의 사업기간과 대출기간은 1년이다.
* 가정 2. 10% 레버리지 증가에 대한 위험할증률은 1.0%이다.
* 자료: Charles Long, 2011, 『Finance for real estate development』 참고.

- 자기자본과 타인자본 모두 조달비용이 있으나, 기한의 이익은 타인자본에 존재한다.
- 자기자본과 타인자본의 중간 성격의 자본도 있다.(메자닌[8] 금융)

2) 사모와 공모시장

사모(private)는 공모(public)는 투자자본의 성격을 나타내는 용어로, 특징은 <표 3-8>과 같다.

표 3-8 사모와 공모방식의 특징

투자자본	의미	특징
사모	자본의 사적모집	• 소수, 주로 주선(brokerage)을 통해 모집 • 목표 금액을 임의 모집 • 공시의무에서 자유로움 • 투자전략 변경 용이 　→ 은행 대출, 보험계약, PF대출, PFV투자, 사모펀드, 기관투자자 대상 리츠, (투자)조합
공모	자본의 공개모집	• 불특정 다수에게 공개 모집 • 목표 금액을 특정기간 한정 모집 • 공시의무 있음 • 주관사에 대한 높은 도덕적 기준 요구 • 자금 운용은 공시한 바에 따라 엄격히 운용 (주관사에 따라 임의 변경이 어려움) 　→ 공모 펀드, 공모 리츠

사모펀드의 참여자 수 제한은 『자본시장과 금융투자업에 관한 법률 시행령』제271조에서

---

8) 메자닌(Mezzanine): 1층과 2층 사이의 라운지를 의미하는 이탈리아어로 부채와 자본의 중간적 성격을 띠는 금융을 말한다. 예) 신주인수권부사채, 전환사채 등

규정하고 있으며, 일반투자자는 49인 이하, 전문투자자는 100인까지 참여할 수 있도록 하고 있다.(기관투자자는 투자자수 산정 시 제외)

공모펀드는 그 펀드를 운용하는 자산운용사의 업력, 수탁고 요건이 있으며, 상품 출시를 위해 금융당국에 증권신고서를 제출하고 허가를 받아야 판매가 가능하다. 펀드자산총액의 10% 이상을 한 종목에 투자하거나 동일 법인이 발행한 지분증권의 20%를 초과하여 투자하는 행위가 금지된다.

표 3-9 간접투자수단별 특징 비교

구분	공모펀드	사모펀드	투자일임
고객수	불특정다수	100인이하	1명
고객속성	일반투자자	고액, 전문투자자	상품별로 다양함
투자자 보호수준	높음	낮음	낮음

* 자료: 금융위원회, 2021, 『사모펀트 투자자보호 강화 및 체계개편을 위한 자본시장법 및 하위법규 주요내용』 참고.

부동산개발사업은 투자환경이 빠르게 변화하며, 의사결정 또한 필요할 때 하여야 하므로 개발과정에서는 사모투자(PF)에 의존하고 있다. 개발이 완료되고 수익이 안정화된 수익형 부동산은 공모 리츠나 공모 펀드로 운용할 수 있어 소수의 실물 부동산 운용상품이 공모방식으로 운용되고 있다.

• 자본은 수요와 공급의 원리를 바탕으로 조달가격(금리, 수수료, 요구배당률)이 시장별로 결정되므로 사모시장, 공모시장이라 말한다.

🏢 제3절 투자시장 분석

1. 수익과 비용

1) 수익 분석

(1) 투자와 수익

투자는 일정 자본을 어느 개발사업에 공여하여 기회비용을 소모하는 활동을 말한다. 투자 주체에 따라 수익은 자기자본 투자자의 수익(equity income), 타인자본 투자자의 수익(debt income)으로 나뉜다. 자기자본 투자자에게는 그 투자안의 수익과 손실이 전부 귀속되고, 타인자본 투자자는 그 투자안에 대한 담보가치에 따라 적정 부동산담보대출 비율(LTV: loan to value)의 금액을 일정기간 투자하고, 그 리스크에 상응하는 이자와 수수료를 받는 주체이다.

표 3-10 투자자별 수익의 종류

자기자본 투자자의 수익	타인자본 투자자의 수익
완성된 부동산 매각/분양 수익 완성된 부동산 임대 수익	대출 이자, 수수료, 리스크 프리미엄, 금리변동에 따른 추가 수익

사업 수익은 보통 자본을 투자하는 시점보다 미래에 발생한다. 미래의 수익은 물가상승이나 요구수익률, 기회비용을 감안하여 현재의 가치로 할인한다. 수익이 비용을 초과하여야 사업의 진행이 가능하다. 수익의 실현가능성, 현금흐름의 안정성을 판단하여야 한다. 판단기준은 지역의 수요, 거시경제 지표 등 외부적 요소와 수입과 비용 등이다.

수익은 개발사업의 매각수입, 운용수익 두 가지로 구분할 수 있다. 개발하여 수분양자에게 소유권을 이전하고 매각수익을 취득하는 유형을 '분양형 부동산개발사업'이라 한다. 개발하거나 매수하여 목표한 기간 동안 부동산을 운용하여 이익을 얻는 사업을 '수익형 부동산개발사업'이라고 하며 <표 3-11>과 구분이 가능하다.

표 3-11 유형별 수익 예측방법

종류	주된 수익(수요)예측 방법
분양형 부동산개발사업	• 개발사업으로 분양할 부동산과 유사한 상품의 현재 시점의 거래사례를 미래가치로 평가 • 재조달 비용으로 평가
수익형 부동산개발/매입 운용사업	• 예상되는 미래 임대료를 적정 자본환원율로 자본화하여 평가 • 개발사업으로 건설할 부동산과 유사한 상품의 현재 시점의 거래사례를 미래가치로 평가

(2) 분양형 부동산개발사업의 수익분석

분양형 부동산개발사업은 대개 토지매입과 인허가 후 선 분양하고, 2~3년의 건축과정 이후 잔금을 납입한다. 수익형 부동산개발사업에 비해 사업기간이 짧고 시간의 경과에 따라 발생하는 리스크를 경감할 수 있다는 장점이 있다.

수익을 분석할 때, '소요(needs) 조사 - 대안 평가 - 대안 결정 - 적정 가격 결정 - 미래가치 변환'과 같은 과정을 거친다. 실무에서는 업무의 효율성과 편의성을 제고하기 위해 기존 거래사례를 참고하여 수익을 추정하는 방법을 채택한다.

청약경쟁률 이외 인근의 실거래가격도 자주 활용되는 방법이다. 매각시점에 시차가 존재하므로, 지역 평균 부동산가격 상승률을 적용하여 시점보정을 진행한다.

(3) 수익형부동산의 수익분석

수익형부동산의 수익(매출)은 임대료 수입이고, 이 수익에 영향을 주는 요인으로 공실, 미수금 손실, 임대료 할인(rent free), 기타 수익 항목이 존재한다. 수익분석은 전체 가능 총소득(potential gross income)에서 상기 4개 항목이 감안된 유효소득(effective gross income)을 구하는 과정이다.

표 3-12 부동산 수익에 영향을 미치는 요인

1) 공실	2) 미수금손실
• 임대되지 않아 비어있음으로 발생하는 손실 • 안정화된 경우에도 자연공실률 감안	• 임차인이 계약상의 임대료를 미납 • → 미납확률을 감안하여 손실정도를 계산 가능
3) 임대 할인	**4) 기타 수익**
• 수요대비 공급이 많이 된 경우 임대료 할인이 발생(rent free)	• 부수적 수입 (주차장, 자판기, 공용공간 임대 등)

- 부동산의 가격(분양가격)이 부동산의 장래 발생가능한 수익을 적정 할인율로 할인한 결과라면, 부동산의 가치는 건물이 멸실되는 시점까지 사용가치의 총합이다.

2) 비용 분석

(1) 분양형 부동산의 비용분석 [9]

부동산개발사업에 대한 비용도 '분양형'인지 '수익형'인지에 따라 다르게 분석한다. 분양형 부동산은 비용항목을 건축비, 토지매입 및 부대비, 판매비, 세금 및 공과금, 금융비로 나누어 추정한다.

표 3-13 분양형 부동산개발사업 세부 비용항목

비용항목	내용
토지매입 및 부대비	토지 매입비, 중개수수료, 매입 컨설팅 비용, 취득세, 등기비용 등
건축비	직접건축공사비, 간접건축공사비, 철거비, 감리비, 설계비, 기타 부대비용, 인입공사비, 예술장식품 설치비 등
판매비	분양대행수수료, 광고비, 판매촉진비 등
세금 및 공과금	각종 분담금 및 부담금, 재산세 등
금융비	PF, 브릿지 대출 금융자문 수수료, 대출이자, 중도금대출 주선 수수료, 중도금대출이자, 신탁수수료 등
기타	시행사 운영비, 예비비, 민원 처리비 등

부동산개발 관련 소요비용은 법으로 알 수 있는 세금이나 공과금을 제외하고는 개발주체와 각 용역업체, 참여회사들과 현 시세에 대한 정보를 바탕으로 협의하여 결정한다. 초기 비용 분석 시에는 개략적인 수준으로 정하였다가 진행에 따라 각 업체와 협의하며, 시장상황의 변화에 따라 조정 및 구체화되는 과정을 거친다.

(2) 수익형 부동산의 비용분석

'수익형 부동산'은 실무에서 부동산을 매입하여 일정 기간 동안 운영하고 그 기간 동안의 운영수익과 매각 시의 매각차익을 얻기 위해 투자되는 부동산이다.

---

9) 참고자료 3 참조.

부동산의 운용비용은 유지관리비를 의미하며, 자산관리회사에 지급하는 자산관리수수료, 시설관리회사에 지급하는 시설관리수수료, 보험료[10], 수도광열비[11], 수선유지비[12], 일반관리비[13], 운영예비비, 보유세 등 제세공과금, 간주임대료부가세, 자본적지출, 수익적지출이 있다.

2. 자본투자 분석

1) 주요지표 (자본수익률 : ROE / 자산수익률 : ROA)

자기자본 투자자는 투입한 자본에 대하여 대안 투자보다 우수한 수익률을 기대한다. 투자자에게 중요한 부분은 투자한 자본의 기회비용, 투여한 자본(자산)대비 수익률, 운영수익의 자본화 가치다.

투자 대비 수익률로 자본 대비 수익률(return on equity)과 자본과 대출금, 즉 자산 대비 수익률(return on assets)이 있다.

표 3-14 자본수익률과 자산수익률

자본수익률(ROE)	자산수익률(ROA)
당기순이익 / 자기자본	당기순이익 / 자기자본 + 대출금

자산수익률은 자기자본과 대출을 합하여 투여된 자산 대비 어느 정도의 수익이 발생하는지 판단하는 지표라면, 자본수익률은 자기자본에 대해 어느 정도 수익이 발생하는지를 나타낸다. 투자안의 자본수익률이 대안 투자수익률보다 양호하면 투자안은 투자자에게 채택될 수 있다.

---

10) 건물의 화재, 재난에 대한 건물 종합보험 상품을 여러 보험사에서 제공한다.
11) 수도 및 光(빛) 熱(열)을 내기 위해 필요한 비용으로 Utility Expenses를 의미한다(수도, 전기, 가스).
12) 건물의 수선과 유지를 위해 필요한 비용, 주로 건물의 소모품(전구, 카페트, 타일, 페인트 등 소모성 비용) 및 수선을 위한 인건비 등이 포함된다.
13) PM이나 FM 계약에 포함되지 않는 관리비용.

2) 할인현금흐름법(Discounted Cash Flow Approach)

(1) 할인현금흐름법과 전통적 방법

투자자산의 경제성(투자에 따른 기대 경제이익)을 분석하는 방법은 두 가지 방법이 있다. 화폐의 시간가치를 고려하는 방법과 시간가치를 고려하지 않는 회계적 방법으로서 〈표 3-15〉와 같이 구분된다.

표 3-15 DCF와 전통적 방법

구분	내용
현금흐름할인법 (discounted cash-flow method)	화폐의 시간가치를 고려하며, 순현재가치법(NPV), 내부수익률법(IRR), 수익성지수법(PI)[14]이 있다.
전통적 방법 (traditional method)	화폐의 시간가치를 고려하지 않는 방법으로 회수기간법, 회계적 이익률법이 있다.

화폐의 시간가치란 물가상승에 의해 시간에 따라 화폐가치가 변화하는 것을 의미한다. 미래의 화폐가치를 현재시점에서의 가치로 환산하기 위해 할인율을 적용한다. 할인율은 물가상승, 화폐가치의 하락 등으로 현재 대비 장래 가치의 하락률을 의미한다. 통상 연 단위 하락률을 적용하며, 분석자의 기준에 따라 다양한 의미의 할인율을 적용한다. 금융에서는 최저요구수익률, 위험조정수익률, 자본비용, 자기자본에 대한 기회비용 등의 용어로도 쓰인다.

할인율을 높게 적용하면 미래가치가 너무 할인되어 계산된 현재가치(present value)가 낮아진다. 과소하게 적용하면 계산된 현재가치가 높아지므로, 분석자는 투자안의 특성과 기회비용에 따라 적정한 할인율을 적용한다.

(2) 순현재가치법 (NPV method)

순현재가치(NPV)는 투자안에 대해 매기 수입 현재가치의 총 합에서 매기 지출액의 현재가치 총합을 차감하여 구한다. 다음과 같은 수식으로 산출된 순현재가치가 0보다 크면 투자안을 채택하게 된다.

---

14) PI(Profitability Index): 현금유입의 PV / 현금유출의 PV, 이해하기 쉽고 투자안에 대한 의사소통이 간편하지만, 상호 베타적인 투자안을 평가할 때 잘못 평가할 위험이 있다.(B/C Ratio와 같은 의미)

$$NPV = \sum_{t=1}^{n} \frac{CF_t}{(1+k)^t} - \sum_{t=0}^{n} \frac{I_t}{(1+k)^t}$$

NPV : 순현재가치

CF_t : t기의 현금흐름유입액

I_t : t기의 투자지출액(현금흐름유출액)

k : 적정할인율

(3) 내부수익률법 (IRR method)

내부수익률(IRR)은 투자안의 현금흐름 유입액(cash inflow)의 현재가치와 현금흐름 유출액 (cash outflow)의 현재가치를 같게 하는 '순현재가치(NPV)=0'일 때의 할인율이다.

내부수익률은 투자안의 내부적 요소인 현금흐름만을 가지고 산출하므로 이 내부수익률 과 사회적 할인율(대안적 투자의 요구수익률 등)과 비교하여 경제성을 판단하게 된다. 투자안을 평가할 때 투자자가 요구하는 수익률 또는 자본비용보다 크면("내부수익률 > 투자자의 요구수익 률 또는 자본비용") 투자안을 채택하게 된다.

수식 3-3 내부수익률 계산

순현가 = 현금유입액의 현재가치 - 현금유출액의 현재가치 = 0

$$NPV = \sum_{t=1}^{n} \frac{CF_t}{(1+IRR)^t} - \sum_{t=0}^{n} \frac{I_t}{(1+IRR)^t} = 0$$

NPV : 순현재가치

CF_t : t기의 현금흐름유입액

I_t : t기의 투자지출액(현금흐름유출액)

IRR : 내부수익률

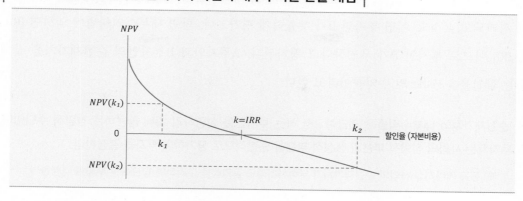

그림 3-7 독립투자안의 순현재가치 곡선과 내부수익률 산출 개념

* NPV>0이면, IRR>k 이므로 투자안 채택.
* NPV<0이면, IRR<k 이므로 투자안 기각.
* NPV=0이면, k=IRR.
* 자료: James C. T. Mao, 1969, 『Qantitative Analysis of Financial Decisions』 p. 234 참고.

(4) 투자안 비교(순현재가치와 내부수익률)

투자안에 대해 화폐의 시간적 가치를 고려하는 대표적 평가방법으로 순현재가치와 내부수익률이 있다.

순현재가치는 양적 개념이기 때문에 투자 규모가 커지면 이에 따라 증가하는 경향이 있고, 내부수익률은 투자 규모가 작으면 과대평가되고 투자규모가 크면 과소평가되는 경향이 있다.

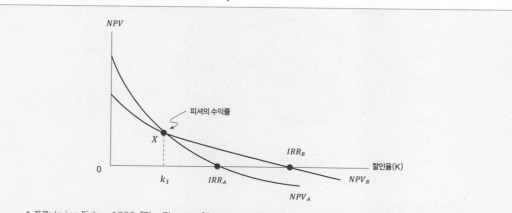

그림 3-8 상호배타적 투자안의 NPV 곡선

* 자료: Irving Fisher, 1930, 『The Theory of invest』 pp. 155, James C. T. Mao, 1969, 『Qantitative Analysis of Financial Decisions』 p. 234 참고.

이 경우 순현재가치법에 의하면 k가 0 ~ k_1 일 때까지는 투자안 A가 투자안 B보다 우월하게 평가되고, k > k_1 이면 투자안 B가 우월하게 평가된다. 반면 내부수익률법에 의하면 IRR_A < IRR_B이므로 투자안 B가 우월하다고 평가된다. A투자안과 B투자안의 순현재가치를 같게 하는 할인율을 Fisher의 수익률이라고 한다.

- 순현재가치와 내부수익률은 제안하고자 하는 투자안을 설명하기 위해 활용하는 정량적 수단이며, 투자자는 사업의 정량적 부분과 정성적 부분을 종합적으로 평가하여 투자를 결정한다.

  * 예) 공공 기반시설 사업의 순현재가치가 부족하더라도 공익성을 고려하여 필요하면 투자를 결정한다.

그림 3-9 **복수의 내부수익률이 산출되는 경우**

연도	0차 년도	1차 년도	2차 년도
투자안A	-100만 원	255만 원	-160만 원

이때 투자안 A의 내부 수익률(IRR)은 계산방식은 다음과 같다.

$$NPV = -100 + \frac{255}{(1+IRR)} + \frac{-160}{(1+IRR)^2} = 0$$

이 방정식을 풀어보면 IRR = 11.5% 또는 43.5%의 해가 나오게 된다.

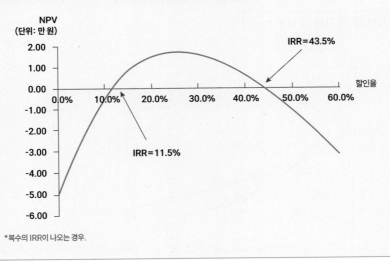

*복수의 IRR이 나오는 경우.

3) 자본환원율법(Cap. Rate Approach)

(1) 순영업소득(NOI : net operating income) (참고4, 참고5)

순영업소득을 산정하기 위해 잠재 총소득(potential gross income, 임대가능한 면적을 전부 임대한 경우 발생가능한 소득)에서 공실비용, 금융비용(credit losses), 렌트프리(rent free) 비용을 차감하고 광고판 임대수입, 주차장운영수입 등 기타수입을 더하여 유효 총소득(effective gross income)을 산정한다. 유효 총소득은 건물의 운영비용이 발생하지 않을 때 가능한 총 소득이다.

유효 총소득에서 운영에 필요한 여러 비용들(PM 수수료, FM 수수료, 보험료, 기타 시설관리, 운영 등 필요한 비용, 예비비 등)을 제외하여 순운영소득(NOI)을 계산한다.

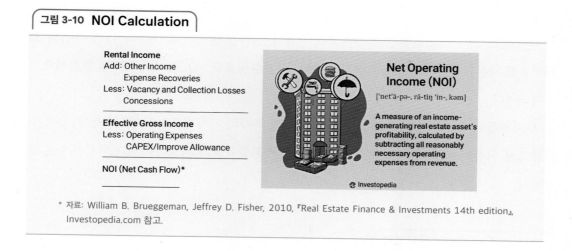

그림 3-10 NOI Calculation

* 자료: William B. Brueggeman, Jeffrey D. Fisher, 2010, 『Real Estate Finance & Investments 14th edition』, Investopedia.com 참고.

(2) 순운영비용(NOC)

건물에 따라 전용률이 다양하므로, 실무에서 각 임대차계약의 전용 평당 부담수준을 비교 대상과 비교하기 위해 순운영비용(net operating cost)이 활용된다. 월세, 관리비의 평당 금액을 더하고 관리비의 기회비용을 더하여 전용률[15]로 나눈다. 전용률이 다른 건물들 사이에서도 평당 비용부담수준 또는 평당 월세, 관리비 등 수입 수준을 비교할 수 있다. NOC는 공용부분에서 제공하는 가치, 외부 효용은 제외하고 월세, 보증금의 기회비용, 관리비만 고려한다.

---

15) 건물 면적에서 전용면적이 차지하는 비율.

수식 3-4 순운영비용(NOC) 계산식

$$NOC_t = \frac{R_t + M_t + D_t \times n\% \div 12}{E\%}$$

$R =$ 월세

$M =$ 관리비

$D =$ 보증금

$n\% =$ 보증금의 전환비율(기회비용)

$E\% =$ 전용률

(3) 직접환원법

순영업소득(NOI)을 부동산의 가격으로 직접 환원하는 방법이다. NOI와 가격 사이의 교환비율을 자본환원율(Cap.Rate)이라고 부른다. 자본환원율로 NOI를 가치로 직접 변환하므로 직관적이다.

투자자들이 현재 시점에서 투자안을 평가할 때 투자의 가치기준으로 판단하는 기초적 수익률로서 시장이자율, 다른 대체 투자안에 대한 자본환원율과 비교하여 투자의사결정에 활용한다.

그림 3-11 Cap. Rate 산정방법

V= 부동산자산의 가치
NOI= 첫해의 순 운영소득
R= 자본환원율(Cap rate)

$$R = \frac{NOI}{V} \quad \Rightarrow \quad V = \frac{NOI}{R}$$

자본환원율(Capitalization rate): 각 비교 대상 자산의 순 운영수익을 도출한 후 그것을 실제 매매가격으로 나누어 산출.

3. 대출투자 분석

1) 주요지표(LTV, LTC, DSCR, DTI)

(1) 부동산 담보대출 비율(LTV: loan to value)

분양형 부동산개발사업은 총 분양가가 미래 그 부동산의 가치다. 수익형 부동산은 비교사례의 NOI, 거시경제 흐름, 공실률 수준, 비교사례의 자본환원율, 원가를 참고하여 가격을 추정한다. 이렇게 평가된 부동산가치 대비 대출액의 비율을 담보대출비율(LTV)이라고 한다.

수식 3-5 담보대출비율(LTV)

$$LTV = \frac{Loan\ Amount}{Property\ Value}$$

(2) 비용대비 대출금비율(LTC: loan to cost)

전체 비용 중 대출금이 차지하는 비율을 말하며, 전체 비용 중 대출금으로 어느 정도 조달하는지 비율이다. 비용대비 대출금비율이 높을수록 자기자본이 작고, 비용대비 대출금비율이 낮을수록 자기자본이 높다는 의미이다. 비용대비 대출금비율이 낮을수록 사업이 안정적이다.

수식 3-6 비용대비 대출금비율(LTC)

$$LTC = \frac{Loan\ Amount}{Construction\ Cost}$$

대출기관별로 일정수준 이상의 자기자본비율(예를 들어 10% 또는 20% 등)을 요구하는 기관이 있다[16]. 신탁사를 중심으로 이 개념을 응용하여 '준공필수사업비[17]'를 대출금으로 100%

---

[16]   2024년 3월 기준 저축은행 PF대출 취급기준이 '전체 비용에서 자기자본비율 20% 이상'이다.

[17]   준공에 필요한 사업비. 예) PF대출이자, 시공사 마진을 제외한 공사비, 세금과 공과금 등.

충당 가능한지 여부를 참여 판단기준으로 활용한다.

(3) 부채상환계수(DSCR: debt service coverage ratio)

대출할 때 차주의 상환능력을 확인하는데 사용되는 방법이다. 순영업이익을 채무상환부담액으로 나누어 계산한다. 부채상환계수는 매 기마다 산정이 가능하고, 채무상환부담액은 중도상환이 없으면 그 현금흐름이 안정적인 경향을 보이므로, 부채상환계수는 수익성에 따라 변동한다.

채무대비 수익이 낮다면 부채상환계수가 1에 가깝거나 1보다 작은 숫자를 보이며, 만일 1보다 낮으면 그 사업에서 창출된 자금만으로 대출원리금을 부담할 수 없다. 추가 수익이 창출되는 담보를 제공하여야 부담이 가능하므로 사업의 지속가능성을 위해 일반적으로 1.2 또는 그 이상의 부채상환계수를 요구한다. 만일 개발사업의 위험도가 높다면 일반적인 수준보다 높은 부채상환계수를 요구한다.

수식 3-7 **부채상환계수 계산식**

$$DSCR= \frac{NOI}{Annual\ Dept\ Service}$$

표 3-16 **부채상환계수 계산 예(만기일시상환의 경우)**

기간	1	2	3	4	5	SUM
영업이익	1,000	2,000	1,000	3,000	5,000	12,000
이자비용	1,000	1,000	1,000	1,000	1,000	5,000
DSCR	1.00	2.00	1.00	3.00	5.00	2.40

* 조달자금: 20,000
* 조달금리: 5.00% / 기간

(4) 총부채상환비율(DTI: dept to income)

소득 대비 대출이자 부담액을 말한다. 개발사업보다 개인 주택담보대출에서 대출 가이드라인으로 활용되는 지표이지만, 일정 소득이 있는 기업이 PF 사업에 연대보증을 해주는 형태라면 기업의 당기순이익을 소득으로 간주하여 판단해 볼 여지도 있다.

- DTI = (연간 당해부채상환액 + 연간 기타부채상환액) / 연간소득

2) 대출과 기회비용

대출투자는 일정한 담보나 신용을 필요로 하므로, 사업의 성패와 대출투자의 위험은 어느 정도 독립적이다. 자본투자는 사업의 성패에 따라 원금손실 가능성이 상대적으로 높다.

대출투자는 최초 투자시 근저당, 신탁의 우선수익권과 같은 담보를 확보하므로, 대출기간이 만료되면 대출금이 자기자본에 우선하여 회수를 기대한다. 자본투자는 채무를 전부 변제한 후 사업이 완전히 정산될 때까지 기다려야 하므로, 원하는 시기에 투자금액을 회수하지 못할 리스크가 있다.

대출자 입장에서 대출은 고정금리인 경우, 그 자본에 대한 기회비용을 포함한 조달비용보다 대출금리가 낮아지면 역마진이 발생할 수도 있다.

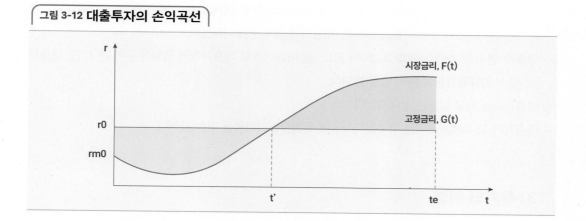

그림 3-12 대출투자의 손익곡선

시간의 흐름에 따른 할인율을 고려하지 않고도 조건(아래 수식에서 'P(te)>0')을 만족하지 않는다면 대출투자 자체는 대차대조표상 손해이다. 시간의 기회비용인 할인율을 고려한 이익이 0보다 커야 대출을 취급하는 경제적 의미가 있다.

$$\int_0^{te} F(t)dt - \int_0^{te} G(t)dt = P(te)$$

t :   대출시점 (t = 0)부터 경과한 시간

te :   대출시점 (t = 0)부터 대출만기까지의 시간

$F(t)$:   시간(t)에 따른 시장금리 함수

$G(t)$:   시간(t)에 따른 대출금리함수

$P(te)$:   t = 0부터 t = te까지의 대출이익

금융기관은 대출금을 외부에서 조달하여 운용한다. 은행은 예치금이나 채권(은행채)을 발행하여 조달[18]하며, 채권을 발행하는 금리가 조달비용이다. 여신 전문회사는 회사채[19], 증권사는 사모사채를 발행하여 대출금을 조달한다.

조달하는 자금도 시장에서 수요와 공급에 따라 급격하게 금리가 상승하거나 하락할 수 있다. 변동금리를 적용하여 대출한다고 하여도 100% 수익이 나지 않고 손실이 발생할 수 있다.

- 대출투자의 당위성을 효율적으로 설득하기 위해 담보대출비율(LTV), 비용대비대출금비율(LTC), 부채상환계수(DSCR) 등 용어를 활용하며, 대출의 위험수준을 나타낸다.
- 대출의 '안전한' 수준이란 없고, 10% 담보대출비율이라도 대출자에게 위험은 존재한다. 단, 대출자 입장에서 감내할만한 수준이 있을 뿐이다.
- 대출금리의 높고 낮음은 상대적이다.
- 대출자가 요구하는 금리는 무위험이자율에 위험할증이자율을 더한 값이다.

3) 투자와 위험

시장에 존재하는 다양한 투자안의 조합에서 동일한 위험을 가졌으나, 기대수익이 상대적

---

18) 은행은 '바젤III(세계은행자본 규제기준)'에 따른 유동성규제로 예치금을 자유롭게 투자할 수 없어 운용자금 마련을 위해 은행채 발행, 신종자본증권 발행과 같은 방법을 활용한다.

19) 여신전문회사로 캐피탈사, 카드사가 있고, 여신전문회사가 발행하는 회사채는 여전채라 부른다.

으로 높은 투자안이 있다. 동일한 기대수익을 가졌지만 위험이 낮은 투자안도 있다. 동일한 기대수익을 가져다 주지만 위험이 낮은 투자안은 그렇지 않은 투자안을 지배하며 이를 '지배 원리(dominance principle)'라 한다.

지배원리에 따라 선택되는 효율적인 투자안의 조합을 효율적 투자선(efficient frontier curve)이라고 부른다.[20] 위험과 수익은 상호대체관계에 있으며, 투자수익률은 무위험자산수 익률에서 시장에서 제공하는 초과수익률(리스크 프리미엄)을 더한 만큼 충족되어야 한다.

> **수식 3-9 시장위험과 수익률**
>
> $$ER_i = R_f + \beta_i(ER_m - R_f)$$
>
> **where:**
>
> $ER_i =$ expected return of investment
>
> $R_f =$ risk-free rate
>
> $\beta_i =$ beta of the investment
>
> $(ER_m - R_f) =$ market risk premium

---

20) Markowitz, 1952, 『Portfolio Selection』.

🏠 연습문제와 토론주제

1. 부동산개발금융이 다른 일반금융과 어떠한 차이가 있는지 서술하라.

2. 부동산(건물)의 생애주기(신축-보유-멸실)에 따라 각 단계별로 부동산금융이 어떠한 역할을 하는지 설명하라.

3. 부동산개발의 단계별 자금조달 특징과 위험을 설명하라.

4. 자기자본 투자자가 수익을 극대화하는 원리를 레버리지효과를 바탕으로 설명하라.

5. 자금조달 방식의 분류 중 사모와 공모방식의 특징과 각 장단점에 대해 설명하라.

6. 순현재가치법(NPV)과 내부수익률법(IRR)에 대해 설명하고, 각 장단점에 대해 설명하라.

7. 순영업이익(NOI)의 산출방법에 대해 설명하라.

8. 자본환원률(Cap.Rate)의 산출방법과 그 장단점에 대해 서술하라.

9. 부동산개발 대출참여자 입장에서, 제안받은 사업의 어떠한 부분을 가장 중요한 의사결정 기준으로 할 것인지 설명하라.

10. 자본시장과 공간시장의 상호관계에 대해 서술하라.

11. 부동산개발 자기자본투자자(부동산개발사업자) 입장에서, 만일 시장금리가 5%/ 연 수준이라면 투자의 수익률이 연 몇 %가 되어야 사업에 착수할 수 있는지에 대해 설명하라.

12. 자본환원율이 시장금리보다 낮은 부동산을 매입하는 자산운용사의 전략에 대해 설명하라.

13. 대출 참여자 입장에서, 고정금리로 대출하는 경우에 참여하는 대출이 손해가 발생하는 경우를 생각해보고, 변동금리로 대출하는 데에도 어떻게 손해가 발생할 수 있는지, 그리고 손해를 최소화할 수 있는 방법에 대해 설명하라.

🏠 참고자료

1. 개발사업 단계별 자금조달 예시

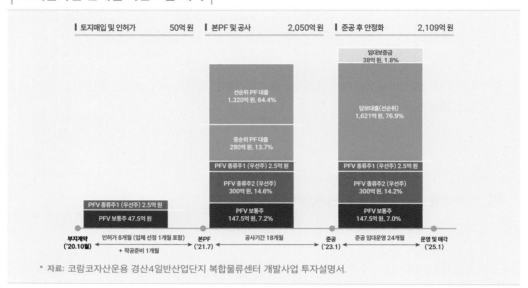

* 자료: 코람코자산운용 경산4일반산업단지 복합물류센터 개발사업 투자설명서.

2. CI, FI, SI 투자 예시(오산랜드마크프로젝트 주식회사)

구분	당기말		전기말	
	소유주식수(주)	지분율(%)	소유주식수(주)	지분율(%)
보통주				
유선숙	230,000	23.00	230,000	23.00
소계	230,000	23.00	230,000	23.00
우선주의(의결권있음)				
대림산업(주)	190,000	19.00	190,000	19.00
한국증권금융(주) (대신사모부동산투자신탁 제6호의 신탁사업자로서)	480,000	48.00	480,000	48.00
신영증권(주)	50,000	5.00	50,000	5.00
한국자산신탁(주)	50,000	5.00	50,000	5.00
소계	770,000	77.00	770,000	77.00
총계	1,000.000	100.00	1,000.000	100.00

* CI : 대림산업, FI : 신영증권, 한국자산신탁.
* 자료: 오산랜드마크프로젝트 주식회사 공시자료.

3. 비용분석 예시

구분		항목	합계(천원)	비고
매출	공동주택	APT(36.7평형)	85,707	160세대, 14,660천원/평
		APT(36.8평형)	66,002	123세대, 14,660천원/평
		APT(36.8평형)	22,001	41세대, 14,660천원/평
		APT(44.2평형)	100,366	56세대, 14,660천원/평
		발코니확장	7,740	
		소 계	281,816	
	OT	오피스텔(72실)	14,063	전용 9.7~25.5평, 8,500만원/평
	상가	근린생활시설	13,415	계약면적 755평, 25,000천원/평
		합계	309,294	
매출원가		토지관련비용	29,639	토지비 13,878천원/평 중개수수료 등 관련 비용 포함
		직접공사비	188,081	(부가세 별도) 5,800천원/평
		간접공사비	13,766	설계/감리비, 철거비 등
		분양비용	8,816	광고홍보비, 분양수수료, 모델하우스 비용
		제세공과금	9,924	보존등기비, 학교용지분담금 등
		기타비용	8,152	시행사운영비, 민원처리비 등
		금융비용	19,435	중도금 대납이자 포함
		합 계	277,814	
사업이익			31,480	10.18%

* 자료: 포항 A 주상복합아파트 신축사업(미실현사업) 비용분석 재구성.

4. NOI 계산 예시

Webster Office Plaza

Property Description

Webster Office Plaza	Underground Parking: 2,000 spaces
Rentable Area (RA): 459,295 sq. ft., 17 stories	Site Area: 3 acres
Occupancy: 95%	# Elevators: 12
# Tenants: 65	
Rentable sq.ft.per Tanant (avg.): 7,000	

Revenue

Gross Rent($25.65 base per sq. ft.* RA)		$11,780,917
Add: Expense Recoveries from Tenants	$1,139,051	
Add: Other Revenues		
Retail Services (Lobby)	10,000	
Cell Tower Rents	54,301	
Storage Fees	9,186	
Parking	381,215	
Less: Vacancy (5% of Gross Rent)	597,898	
Less: Concessions (Free Rent, etc.)	101,045	
Effective Gross Income		$12,675,727
Less: Operating Expenses		
Property Taxes	913,997	
Mgmt./Admin./Leasing Expenses	982,891	
Insurance	638,420	
Maintenance/operations	987,484	
Utilities	1,731,542	
Janitorial/Cleaning	725,686	
Business & Other Taxes	169,939	
Total Operating Expenses	6,149,959	
CAPEX/Improve Allowance	2,549,087	8,699,046
Net Operating Income (NOI)		$3,976,681

* 자료: William B. Brueggeman, Jeffrey D. Fisher, 2010, 『Real Estate Finance & Investments 14th edition』, Investopedia.com 참고.

기업형 임대주택 활성화 방안
- 화곡동 2030 청년주택 -

1. 사업 개요

2030 청년주택 개발사례는 강서 화곡 기업형 임대주택 사업이다. 기업형 임대주택은 주변시세 대비 저렴한 가격에 제공되며 임대의무기간(8년) 동안 임대료 상승의 제한(연 5% 이내)을 받는다.

사업 대상지의 면적은 5,790.30㎡로 촉진지구 지정 기준 면적 이상이다. 촉진지구로 지정되면서 인허가 과정이 단축될 수 있었고 추진 기간 또한 줄어들 수 있었다. 임대 호수는 429호이며 공공임대는 87호(20%), 민간임대는 342호(80%)이다. 공공임대주택은 준공 후 서울시에 처분(면적당 표준건축비×공공임대주택 연면적, 부속 토지 가격은 기부체납)하고 민간임대주택은 의무기간 동안 임대 후 분양을 결정한다.

용적률은 421%로 지하 3층에서 지상 15층의 건축규모로 개발예정이다. 또한, 입주자를 위한 다양한 서비스로 도서관, 커뮤니티 시설 등을 제공한다. 입주자뿐만 아니라 주민이 이용 가능한 주민 커뮤니티 시설과 근린생활시설이 입점 예정이다. 단순히 임대주택을 제공하는 목적을 넘어 지역 상권의 활성화, 복지의 증진 등 다양한 방면을 고려하는 개발 사례라고 볼 수 있다.

역세권 청년주택인 만큼 주변에 5호선 우장산 역이 입지해 있다. 우장산 역은 250m 이내에 위치하여 도보 접근성이 매우 높으며 보행자 중심의 개발 취지를 달성하고 있다. 또한, 환승 가능한 2호선 까치산역과 영등포역이 가까이 위치하여 주요 대학교 통학 및 출근이 용이하다.

* 화곡동 2030 청년주택 사업 개요

구분	내용
대상지 위치	서울시 강서구 화곡동
대상지 면적	5,790m² (1,751평)
규모	지상 3층, 지상 15층
용적률	421% (상한 463%)
공공기여	14.63% (법정 10.00%)
임대비율	공공-87실(20%), 민간-342실(80%)
용도지역상향	제3종 일반주거지역 → 준주거지역(400%)
사업주	한림건축

* 청년주택 공급면적

구분		세대 수(세대)	계약면적(m²)	연면적 비율
기업형 임대	17 형	18	40	86%
	23A 형	142	53	
	23B 형	13	52	
	43A 형	13	95	
	43B 형	130	94	
	43C 형	13	95	
	43D 형	13	95	
	소 계	342	-	
공공임대 (청년주택)	17 형	47	40	14%
	23A 형	40	53	
	소 계	87	-	
합계		429	-	100.00%

2. 추진과정

사업 추진과정은 아래 표와 같다.

일시	내용
2016. 7. 4.	'서울특별시 역세권 청년주택 공급 지원에 관한 조례' 제정 및 시행
2016. 12. 8.	통합심의 위원회 사전자문
2017. 5. 1.	촉진지구 지정 및 지구계획 결정, 사업계획 승인(안) 접수
2017. 5. 4. ~ 6. 7.	관련부서 협의
2017. 5. 11. ~ 5. 26.	주민열람 공고
2017. 6. 22.	통합심의위원회 심의상정

주목할 점은 촉진지구 지정으로 인해 통합심의 위원회를 통해 심의를 거친다는 점이다. 건축, 환경, 교통 등 다양한 분야를 통합하여 심의를 진행하는데, 이는 인허가 절차를 간소화 할 수 있다는

장점이 있다. 개발 시기와 사업수익 발생 시기를 앞당길 수 있고, 상대적으로 초기 비용의 회수가 빠르게 진행될 수 있다.

아래 표는 촉진지구의 경우 인허가 절차이다.

* **촉진지구 인허가 절차**

사전자문 (통합심의위원회)	→	촉진지구지정 및 지구계획, 사업계획승인 제안 (시행자→시장)	→	관련부서 및 유관기관 협의 (30일 이내)	→	주민의견 청취 등 열람공고 (14일 이상)	→
통합심의위원회 심의 (도시, 건축, 환경, 교통, 재해, 경관 등)	→	청년주택 운영자문 위원회 (운영협약)	→	촉진지구지정 및 지구계획, 사업계획승인/고시 (시장)	→	지형도면 고시 (구청장)	

3. 2030 청년주택이란?

서울시는 젊은 세대(대학생, 사회초년생, 신혼부부)의 안정적인 주거 공간 마련을 위해 다양한 임대주택을 공급해왔다. 그러나 전체 공공임대주택 중 청년층 공급물량은 2%에 불과하여 턱없이 부족한데, 설상가상으로 임대주택을 건설할 수 있는 가용지가 고갈된 상태이다. 이에 따라 서울시는 역세권에서 해결의 실마리를 찾았다. 서울의 역세권은 대중교통이용이 편리하고 도서관·어린이집 등 서비스 기반시설을 갖추고 있으나, 시가지 평균보다 개발밀도가 낮아 고밀개발을 통해 청년을 위한 임대주택을 공급하기에 적합하다. 서울시가 추진하는 역세권 2030 청년주택은 3년 동안 한시적으로 각종 규제완화와 행정적·재정적 지원을 통해 대중교통중심 역세권에 민관협력 방식으로 청년을 위한 임대주택을 공급하는 사업이다. 2017년 4월 말 기준 총 3,616호를 공급했으며 2019년까지 총 5만 호의 역세권 청년주택을 공급할 계획이다. 역세권 청년주택을 대량 공급함으로써 청년들이 교통이 편리한 역세권에 안정적인 주거공간을 마련하고 지역문화를 주도해가면서 지역경제 활성화를 이끌어 나갈 수 있을 것으로 기대되는 사업이다.

임대료 규제란, 임대인이 일정 수준 이상의 임대료를 임차인에게 부과하지 못하도록 하는 제도이다. 즉, 저소득층의 주거 및 임대료의 부담을 덜어주기 위한 목적을 갖고 있다. 하지만 좋은 취지와는 다르게 주택의 공급이 감소하고, 임대주택의 질이 떨어지는 부정적인 결과를 초래하기도 한다.

* **임대료 규제의 장기·단기 효과**

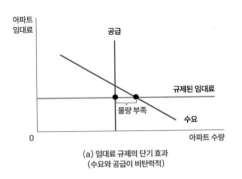

(a) 임대료 규제의 단기 효과
(수요와 공급이 비탄력적)

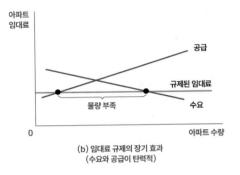

(b) 임대료 규제의 장기 효과
(수요와 공급이 탄력적)

출처: 윤정득, 「주거용부동산자산관리」, 매일경제 KRPM, p.273.

　단기에는 낮아진 임대료를 원하는 수요자가 많아지지만 비탄력적인 공급곡선으로 공급량은 변하지 않는다. 단지 초과 수요가 생길 뿐 공급량은 이전과 그대로인 상황이다. 하지만 장기에는 공급곡선이 탄력적으로 변하면서 상황이 더욱 심각해진다. 낮은 임대료가 정해진 주택시장에서 주택의 공급자는 주택공급을 늘릴 이유가 없다. 오히려 용도의 전환을 통해 공급을 줄이고자 한다. 이러한 이유로 초과 수요가 심해진다. 또한, 낮아진 임대료는 주택의 질을 저하시키는 것과 동시에 주택의 이중가격을 형성한다. 임차인의 주거 복지를 위해 시행한 정책이 오히려 더 악화시키는 결과를 초래할 수 있다는 것이다.

　따라서 주거의 안정을 실현하기 위해선 가격을 통제하기보단, 시장에서 공급을 늘리면서 자연스럽게 균형가격이 낮아질 수 있도록 유도해야 한다. 즉, 공공임대주택 사업과 기업형 임대주택사업이 활성화될 필요가 있다.

4. 자금 재원조달

2030 청년주택 개발 사례의 경우 임대주택 리츠를 통해 재원을 조달하였다. 먼저 리츠의 개념과 구조에 대해 알아보고자 한다.

임대주택 리츠란, 임대료가 주변 시세보다 낮은 임대주택의 공급을 위해 추진하는 부동산투자회사이다. 10년간 임대하는 공공임대주택을 통해 수익을 내는 공공임대 리츠가 대표적이지만 준공공 임대주택을 통해 건설 및 운영하는 민간제안 임대 리츠 또한 존재한다. 당 개발사례는 기업형 임대주택으로 민간제안 임대 리츠에 속한다. 사업자와의 인터뷰를 통해 재원조달 수단을 임대주택 리츠로 선정한 이유를 들을 수 있었는데, 청년주택 실시 초기 단계여서 금융기관을 통해 자금을 조달하는 데 한계가 있었기 때문이었다고 한다.

* **사업 리츠 구조**

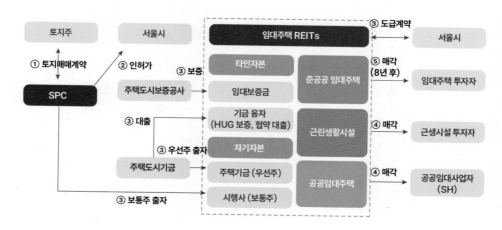

출처: 한림건축.

기본적으로 임대 리츠는 임대기간 동안 운영된다. 주택도시기금에서 출자와 대출을 부담하며 리츠에 참여한다. 대부분의 리츠와 비슷하게 공모가 아닌 사모 성격을 지닌 리츠이다. 타인자본(75~85%)은 임대 보증금과 주택도시보증공사의 융자로 구성되며, 임대보증금과 융자는 주택도시보증공사가 보증한다. 자기자본(15~25%)은 주택도시기금이 출자한 자본금과 사업자의 자본으로 구성된다. 공공 임대주택은 준공 후 공공임대사업자에게 매각(면적당 표준건축비×공공임대주택

연면적, 부속토지 가격 기부체납)하지만 임대 리츠의 투자자는 의무 임대기간 후 나머지 부분의 매각을 통한 배당으로 수익을 가져간다.

공공임대주택 또는 기업형 임대주택을 통해 정부는 지속적인 주거 복지를 실현하고자 한다. 하지만 이러한 리츠의 구조로는 정부의 목적을 달성할 수 없다. 먼저 주택도시기금만이 리츠에 참여했다는 점이다. 이러한 점은 리츠가 사모 위주로 발달되면서 다양한 투자자들이 참여하는 데 한계가 있다. 사모형 리츠는 재원조달이 용이하다는 장점이 있지만, 지속적인 리츠의 운영이 불가능하며 다양한 투자주체들의 참여가 제한된다. 결과적으로 PM사, 개인투자자 등의 참여를 통해 지속적인 자산관리를 통해 수익을 향상시키려는 노력이 불가능해진다.

출처: 이현석 편저, 2018 부동산개발 사례연구, 건국대학교 출판부, 2018, pp.297-326 요약.

Real Estate Development

제4장
부동산개발 금융 구조[1)]

- **구성**
  - 제1절 현황과 구조
  - 제2절 프로젝트 금융투자회사 개념 및 도입
  - 제3절 부동산신탁

- **목적**
  부동산개발의 목적을 달성하기 위한 금융방법을 이해

- **용어**
  개발사업금융(PF), 부동산신탁, 위험분산, 프로젝트금융투자회사(PFV)

- **핵심**
  부동산개발금융 실행, 부동산PF, PFV

  - 프로젝트파이낸싱(PF)은 원론적으로 비소구 금융이다.
  - 한국의 부동산PF는 미래의 분양대금을 담보로 한다.
  - 과거의 부동산PF는 시공사 보증이 전제였다. 증권사의 미분양담보 대출, 부동산 신탁사의 책임준공확약형 관리형 토지신탁이 시공사의 보증을 대체하고 있다.
  - 부동산개발의 시행주체는 한시적 존재인 개발사업금융회사(PFV)가 담당하고 있다.

---

1) 본 장은 건국대학교 부동산학과 박사과정 위정환 원생이 주로 작성함.

🏢 제1절 현황과 구조

1. 개발사업금융(PF: project financing)제도와 구조

1) 개발사업금융(PF)제도 정의

"사업주로부터 분리된 개발사업에 자금을 조달하며, 현금흐름을 고려하여 기간이 한정된 대출을 결정하고, 원금과 수익률을 돌려받는 자금조달구조"[2] 를 개발사업금융이라 한다. 미래에 발생하는 현금흐름(cash flow)을 담보로 개발사업에 필요한 자금을 조달하는 금융기법이며, 개발회사 모기업의 자산 및 부채와 분리되어 개발사업에 필요한 자금을 조달하는 방법이다.

차주의 전반적인 재정능력과 대차대조표를 고려하지 않는 '부외금융(Off the balance)', 사업 자체가 생산하는 수익흐름을 담보로 하는 금융이다. 은행은 특정의 금원과 기간에 한정하여 소구할 수 있고, 개발사업으로 창출되는 현금흐름 및 자산에 한정하여 소구권을 행사할 수 있다. '사업주의 상환능력, 신용, 또는 건설사의 지급보증, 책임준공'을 추가로 요구하면서, 기

---

2) John D, Finnerty, Project Financing _ Asset Based Financial Engineering, 1996.

제4장 부동산개발 금융 구조 · 91

업금융의 성격과 유사한 성격을 갖도록 변화했다[3].

실무에서 사업주체의 재정위험과 채무위험에서 독립하여 사업목적을 실현하기 위해 설립된 특수목적법인(SPV or SPC: Special Purpose Vehicle or Special Purpose Company)을 차주(금융주체)로 한다.

개발사업금융(PF)은 자원개발에 활용되는 금융기법이다. 예를 들어 13세기 영국왕실에서 'the Devon silver mines'를 개발할 자금을 조달하기 위해 이탈리아 상인 'Frescobaldi'에게 자금을 차입하여 개발하되 1년간 광산에서 채굴한 광석을 전부 제공한다는 계약이 있었다. 이탈리아 상인은 '완성된 광산에서 1년동안 채굴되는 광석(Silver)'이라는 개발사업수익을 담보로 자금을 빌려준 일종의 PF이다.

현대적 개발금융기법으로 수행한 사업은 1930년경 미국의 유전개발이다. 유전개발을 하려는 기업들은 자본이 작고, 담보도 충분치 않았다. 유전이 개발되면 많은 수익이 발생하여 대출금을 상환할 수 있으므로, 유전개발사업에서 창출되는 수익으로 대출금을 변제하게 하였다[4].

한국의 최초 개발사업금융(PF)은 SOC사업에 적용되었다. 1994년 『사회간접자본시설에 대한 민간자본유치촉진법』(일명 '민자유치법')의 시행 이후 1995년의 영종도 신공항고속도로사업이 최초이다.

자원개발, SOC 사업에 활용되던 PF기법이 한국의 부동산개발에 적용되면서 시행사의 연대보증, 시공사의 연대보증과 책임준공의무, 때로는 자금보충의무, 신탁사의 책임준공과 관련한 손해배상의무 등 여러 겹의 안전장치를 마련하여 대출자의 상환 안정성을 제고하는 방식으로 변화했다.

---

3) 전통적인 기업금융에서는 소구금융의 형식으로 자금이 집행된다. 은행은 차주가 대여금을 변제하지 못하면 제한 없는 소구권을 가진다. 차주가 담보를 제공하면 담보물분 아니라 대여금을 모두 변제하는데 이르기까지 <u>차주의 모든 소유재산을 변제에 제공하여야만</u> 한다.

4) 진홍기, 2008, 『프로젝트 파이낸스의 이론과 실무』 참고.

2) 개발사업금융 특징

비소구 혹은 제한된 소구금융이므로 자금 출자자 또는 대출자의 위험이 크다. 투입된 자본은 개발사업이 성공할 경우 회수 가능하지만, 실패할 경우 자본의 회수가 곤란하다. 자금을 제공한 측은 다양한 신용 보강 수단을 활용하여 위험을 제거하거나 감소시켜야 한다.

개발사업금융은 부동산개발사업자가 법적·경제적으로 독립된 특수목적법인(SPC)을 설립하고 그 회사의 명의로 자금을 조달하여 사업을 추진한다. 개발사업금융에 의한 부채는 모기업의 대차대조표와 절연되어 부채로 계상되지 않는 부외금융의 특징을 가진다.

기업금융은 일반 기업이 차주고, 사업주의 재무제표가 중요한 기준이 된다. 사업주의 재무제표에 반영되며, 모기업이나 주주에 대한 소구권이 있다. 기업금융과 개발사업금융을 간단히 비교하면 〈표 4-1〉과 같다.

표 4-1 개발사업금융과 기업금융 비교

구분	개발사업금융	기업금융
차주	프로젝트금융투자회사(PFV), 시행법인	일반기업
신용분석 대상	예상현금흐름 및 개발사업 자산가치	사업주의 과거 미래의 통합 재무제표
담보	부동산개발사업 현금흐름 및 자산	사업주의 전체 자산, 신용
회계처리	독립적(사업주 재무제표 분리)	사업주의 재무제표에 반영
차입기간	비교적 장기	비교적 단기
구조화과정	장기, 복잡	단기, 단순, 낮은 비용
이자율	상대적으로 높은 이자율	기업의 신용과 담보에 의존
상환재원	부동산개발사업 현금흐름	사업주의 전체 재원
자금관리	대주단의 위탁계좌 관리	차주가 임의로 관리
소구권 행사	모기업, 주주에 대한 제한적 행사, 주주협약 등 제반 조건에 따라 상이	모기업에 대한 소구권 행사 가능
채무 수용능력	부외금융으로 채무 수용능력 제고	부채비율 등 기존 차입에 의한 제약
사후관리	개발사업 참여기관의 관리	채무 불이행시 상환청구권 행사

* 자료: 한국기업평가(2006).

개발금융의 사전적 의미는 '프로젝트의 수익성을 보고 제공하는 금융기법'으로 알려져 있다. 국내에서는 부동산개발사업의 주요 자금조달원을 금융기관의 PF대출과 분양수입으로 충당하고 있어, 사업초기단계에서 개발사업자의 자본금 및 제2금융권의 대출(bridge loan)로 필요자금을 조달하고 인·허가 완료 후 제1금융권의 대출(본PF) 및 선분양 수입으로 공사비 및 기타사업비를 충당하고 있다. 개발금융을 검토하는 과정에서 제2금융권의 초기대출, 사업진행단계에서의 금융사의 신용공여가 중요하다. 저축은행 등 제2금융권에서 사업초기에 일종의 위험감수 및 투자자로서의 역할과 금융사의 신용공여는 시공사 및 개발사업자의 신용을 보강함으로써 PF대출을 조달하게 하는 핵심요소다. 개발사업에 참여하는 금융사는 시공사 및 개발사업자의 신용보강을 통해 부동산개발사업에서 미래현금흐름에 문제가 발생해도 PF대출 원리금의 회수 가능성을 높이기 위해 별도(Escrow)계좌를 개설하여 분양금 수입 및 사업비 지출 등 자금관리를 별도 기관에 위탁하도록 하여 개발사업 자체 문제가 발생하더라도 사업자체의 자금흐름에 큰 문제가 없도록 하는 사후적 위험방지 대책을 수립한다.

표 4-2 이론적 부동산PF vs 국내부동산PF

구분	이론적 PF	국내 부동산 PF
차주	사업시행사	사업시행사
담보	프로젝트 수익	프로젝트 수익, 시행사/금융사 보증
상환재원	프로젝트 기대현금흐름	분양수익금, 시행사자산
소구권	사업주에 대한 소구권 한정	사업주 소구권, 시공사 신용보강 시 소구권 행사
자금관리	Escrow 계정으로 관리	분양관리신탁 등 별도관리
차입비율	기업금융 대비 높음	담보대출 대비 높음 시공사 신용도에 연동
사업성검토	수익발생 근거에 대한 검증 및 시나리오별 검토	담보자산 검토 시공사 신용도가 중요
위험배분	프로젝트 이해관계자간 배분	시공사가 대부분 부담

3) 개발사업금융 구조

개발사업의 구조는 다양하고, 참여자도 다양하다. 개발사업은 많은 이해관계자들이 필요하고, 시행사, 금융기관, 시공사, 신탁사(책임준공확약형, 관리형토지신탁[5], 차입형토지신탁[6]의 경우)는 사업의 리스크를 분담하고 적정한 이익을 가져간다.

개발사업은 시행사를 설립하면서 시작한다. 시행사는 출자자본으로 매도인과 토지 매매계약의 계약금을 납입하여 계약을 체결한다. 매도인으로부터 토지사용허가 등 필요한 권리를 받아 인허가를 진행한다. 금융기관과 대출약정을 체결하여 잔금납입과 금융비 및 사업비 지출을 위한 담보대출을 받아 토지대금을 완납하고 필요한 사업비를 지출한다. 인허가가 완료되면 시공사와 도급계약을 체결하며, 분양대행사 선정, 분양신고 등 분양준비를 마친 후 개발사업 대출을 받아 담보대출을 상환하고 착공한다.

분양을 개시하면 신탁계좌(은행 특별계좌, Escrow Account)에 수분양자들이 분양대금을 납입하게 한다. 납입된 분양대금의 일부와 대출금을 재원으로 공사대금을 지급한다.[7] 목적물이 준공된 후 수분양자들의 잔금으로 대출 원리금을 상환하며, 시공사에게 지급할 유보 공사비가 있으면 이를 지급한다. 정산하여 시행사에게 사업이익이 지급되면 그 이익을 주주에게 배당/정산하고 개발사업은 종료된다.

---

5) 기한 내 책임준공 미이행에 대한 리스크를 신탁사가 일부 부담하는 신탁방식.
6) 신탁사가 조달한 자금으로 사업비와 공사비를 부담하는 신탁방식.
7) 통상 분양대금의 80 ~ 90%를 대출금 상환적립계좌에 예치토록 하고, 나머지를 사업비로 활용할 수 있도록 한다.

그림 4-1 부동산개발사업 과정

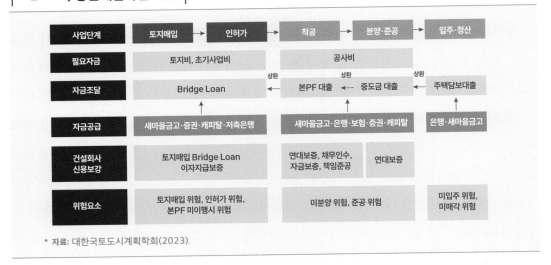

* 자료: 대한국토도시계획학회(2023).

그림 4-2 전통적 PF금융 구조

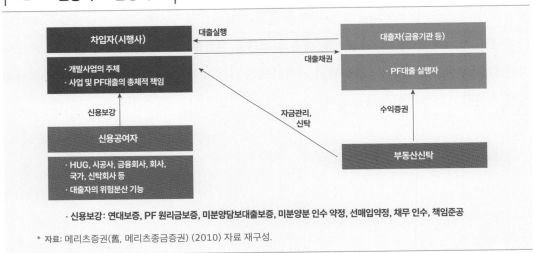

· 신용보강: 연대보증, PF 원리금보증, 미분양담보대출보증, 미분양분 인수 약정, 선매입약정, 채무 인수, 책임준공

* 자료: 메리츠증권(舊, 메리츠종금증권) (2010) 자료 재구성.

4) 개발사업금융 위험

부동산개발사업자는 시간에 대한 위험을 부담한다. 개발사업을 계획하여 종료하기까지 수년이 걸린다. 지금 계획한 사업이 장래 시장수요에 부합할지도 미지수이다. 개발사업자는 단독으로 사업을 진행하기보다는 많은 참여자들에게 위험을 분산하면서 위험은 낮추고 수익률은 높인다.

표 4-3 위험분담자와 위험

위험 분담자	위험의 내용
수분양자(선분양)	판매 위험
대출자	자본 위험(조달, 금리변동)
시공사	공사 위험
신탁사	자금관리 위험

개발사업금융의 대출자도 위험은 낮추고 수익은 높이고자 한다. 대출자는 위험을 낮추기 위해 다양한 조건을 요구한다. 시공사의 책임준공 및 미이행시 채무인수, 우수한 입지, 신탁사의 자금관리 및 자금통제, 시공사의 연대보증, 부동산개발사업자 주주의 연대보증, 필수사업비 100% 확보 요구, 회계법인의 사업계획 검증, 분양보증과 같은 조건이 있다.

- 건물을 완성하는데 시간이 걸리지 않아 시장 소요에 맞게 바로 지어 팔 수 있다면 부동산개발사업의 많은 위험이 해소된다. 부동산개발사업의 가장 큰 위험은 건물을 짓는데 시간이 걸린다는 부분이다.

2. 부동산개발금융(PF) 현황

1) 부동산개발금융 양적 성장과 유동화기법 등장

한국의 부동산개발금융기법은 위험을 분산하는 방법을 개발하며 성장했다. 최초 시공사가 토지 매입, 공사, 분양을 전부 수행했다. 시공사에 모든 위험이 집중되는 형태에서 시공과 시행이 분리되었고, 시행사가 시공사의 보증(연대보증, 책임준공 및 미이행시 채무인수)을 동원하여 토지매입대금, 건설자금을 조달했다.

2000년대 초 IMF 회복과 위험의 분산으로 부동산경기가 가파르게 회복되면서 부동산개발금융이 폭발적으로 증가하였고, 2005년에서 2007년 사이 은행과 저축은행 부동산 부동산개발금융 대출잔액은 은행의 경우 2.98배, 저축은행의 경우 2.16배 증가했다(<표4-4>). 개발사업 구도 또한 외환위기 전 건설회사가 시공과 시행을 하던 구조에서 시행과 시공이 분리되었다.

그림 4-3 외환위기 전후 개발사업구도의 변화

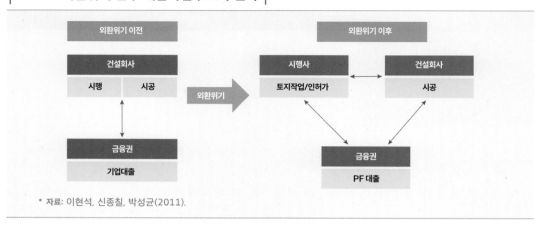

* 자료: 이현석, 신종칠, 박성균(2011).

당시 은행에서 주로 취급한 부동산 부동산개발사업 대출은 시공사의 책임준공과 미이행시 채무인수를 요구했다. 은행은 사업에 문제가 생기면, 시공사가 책임준공뿐 아니라 시행사의 채무와 사업시행권도 인수하여 개발사업을 완료하고 대출을 상환하기를 기대하였다.

표 4-4 금융권 부동산PF대출 및 연체현황

구분		2005년	2006년	2007년	2008년	2009년	2010년
부동산PF 대출잔액(조원)	전체	24.8	49.2	69.7	83.1	82.4	66.6
	은행	14.0	25.9	41.8	52.5	51.0	38.7
	저축은행	5.6	11.6	12.1	11.5	11.8	12.2
	기타	5.2	11.7	15.8	19.1	19.6	15.6
구성비 (%)	전체	100%	100%	100%	100%	100%	100%
	은행	56%	53%	60%	63%	62%	58%
	저축은행	23%	24%	17%	14%	14%	18%
	기타	21%	24%	23%	23%	24%	23%
연체현황 (조원 %)	연체규모		1.3	1.9	3.6	5.3	8.6
	연체증가율			47.1%	93.9%	43.9%	63.0%
연체율 (%)	전체		2.6%	2.7%	4.4%	6.4%	12.9%
	은행			0.5%	1.1%	1.7%	4.3%
	저축은행			11.6%	13.0%	10.6%	25.1%
	기타				26.2%	53.2%	70.7%
대출자산 / PF대출(%)	은행			4.2%	4.5%	4.4%	3.2%
	저축은행	16.2%	26.7%	25.6%	20.9%	18.5%	18.9%

* 주) 기타는 증권, 보험권 및 여신전문회사 등임.
* 자료: 금융감독원(2010), "부동산 PF 대출 및 PF ABCP 제고방안 마련 추진.", 이갑섭, 이현석(2012).

2) 글로벌금융위기와 부동산개발금융 축소기

부동산시장은 2006년 정점에 도달하고, 2008년 금융위기 이후 거시경제 상황의 악화로 침체기에 접어들었다.

금융위기 이후 부동산개발사업 대출의 부실문제가 대두되면서, 대출 건전성 감독 강화를 위해 건전성 분류기준이 강화[8]되었다. 금융기관의 부동산개발대출 충당금 적립 상향조정, 여신전문회사 등의 부동산개발금융 대출한도가 신설과 같은 조치로 시행되었다. 또한 부동산개발금융 부실채권 정리업무 가이드라인이 마련되어 부동산개발금융 대출 잔액은 2010년 이후 급격히 감소했다.

그림 4-4 시기별 부동산개발금융 특징

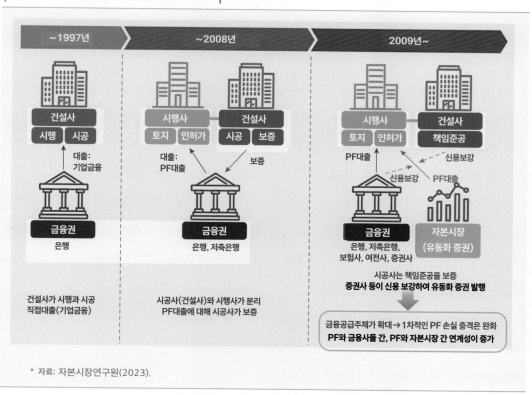

* 자료: 자본시장연구원(2023).

---

8) 금융위원회, 금융감독원, 2009, 『금융권 PF대출 사업장 실태조사 결과 및 대응방안』.

계속된 침체로 2011년 12월 기준 도급순위 100위 내 시공사 중 15곳이 워크아웃, 회생절차개시 기업은 9곳이었다. 시공사의 재무건전성이 악화되어 기존의 건설사 보증 개발사업 대출은 계속되기 어려운 환경에 처했다[9].

3) 부동산개발사업 대출 상환위험 분산기법 발전

시공사의 재무건전성 악화로 2011년부터 2015년까지는 주택도시보증공사(HUG), 주택금융공사(HF)의 보증에 의존한 개발사업이 많았다. 금융위기를 지나오면서 시공사의 기업신용등급이 BBB 이하[10]인 경우가 많아졌다. 금융기관들은 시공사 책임준공 및 미이행시 채무인수 조건 이외의 추가적인 신용보강을 요구했다.

대출기관은 준공위험과 분양위험을 분리하여 사업성을 판단하기 시작했다. 준공위험에 대해서는 주택도시보증공사 등 보증기관의 보증 여부가 중요했다. 분양위험에 대해서는 금융회사가 직접 그 위험을 분담하는 미분양담보대출확약 방식이 생겨났다.

미분양담보대출확약이란 준공 후 미분양물건에 대해 일정 대출비율의 대출 확약을 개발사업금융 실행단계에서 금융기관이 제공하는 방식이다. 부동산개발사업의 대출 참여자들은 준공만 된다면 대출 원리금의 회수가 가능하다고 기대하므로, 대출의 분양위험이 낮아져 대출과 사업의 진행을 가능하게 하였다.

관리형토지신탁 구조를 활용하여 신탁사가 시행자의 명의로 시행, 분양하고 건축주의 지위에서 사업을 관리하는 방법이 있다. 부동산개발사업자의 도덕적 해이로 인한 위험을 절연하고자 이 방법을 사용하였다. 분양대금을 신탁계좌로 수취하여 자금을 신탁사가 통제하여 자금 관리위험을 경감하는 방법이다.

신용이 부족한 시공사의 기한 내 책임준공에 대한 리스크는 항상 금융기관의 고민거리이다. 이해관계자간 협의과정에서 시공사의 책임준공 위험을 부동산전문 신탁사가 분담하는 '책임준공확약형 관리형토지신탁'이 탄생하였다.

---

9) 법무법인 지평 최진숙, 2012, 『PF사업장에서 시공사 교체와 관련된 법률적 쟁점』.
10) 채권시장에서는 BBB 등급 이상의 회사채를 투자적격으로 본다(기획재정부 시사경제용어사전).

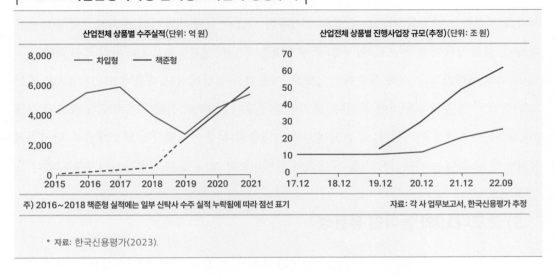

그림 4-5 책임준공확약형 관리형토지신탁 성장추이

산업전체 상품별 수주실적(단위: 억 원)

산업전체 상품별 진행사업장 규모(추정)(단위: 조 원)

주) 2016~2018 책준형 실적에는 일부 신탁사 수주 실적 누락됨에 따라 점선 표기

자료: 각 사 업무보고서, 한국신용평가 추정

* 자료: 한국신용평가(2023).

개발사업의 주요 위험인 준공위험과 분양위험을 여러 참여자들이 분담하면서 부동산 개발관련 투자가 이루어졌다.

4) 호황기 재도래

금융위기 이후 미국 버냉키[11] 체제의 연준은 침체된 경기를 부양하고자, 제로금리를 유지하면서 양적완화(QE)[12]를 실행하여 자국의 경제를 살리고자 하였다. 중국이 세계의 공장 역할을 하면서 낮은 물가가 유지되어 계속적인 유동성 공급이 가능하였다. 한국에서도 실물경기 회복과 함께 2015년부터 부동산 경기도 살아나기 시작했다.

공급이 부족한 상황에서, 풍부해진 유동성과 소비자의 구매력 상승은 부동산가격의 상승을 유발했다. 부동산개발사업의 사업수지표상 매출액이 증가하였다. 과거보다 수익성이 우수한 부동산개발사업이 증가하여 부동산개발사업 대출이 다수 실행되었다.

---

11) Ben Bernanke, 2022년 노벨 경제학상 수상자, 14대 연방준비제도이사회 의장.

12) Quantitative easing, 2010년대 미국 연방준비제도(FED)는 금리를 기반으로 한 정책에서 한발 더 나아가 세 차례에 걸쳐 양적완화 수단을 동원했다. 중앙은행이 시장에 개입하여 '큰 손'으로 시중의 국채, 회사채 등의 자산을 적극 매입하였고, 민간의 경제주체는 이전보다 더 많은 돈을 가지게 되었다.

투자자들은 보다 많은 수익을 얻고 개발사업의 참여기회를 선점하고자 하였다. 토지매매 계약을 체결하고 잔금을 치르는 사업의 초기부터 잔금과 함께 개발사업 준비자금까지 대출을 해 주는 금융기관이 늘어났고, 이것을 '브릿지대출(부동산개발사업 담보대출)'이라고 불렀다[13].

토지의 매매가격은 계속 상승하였으므로, 대출기관 입장에서도 대출비율(LTV) 100% 또는 그 이상으로 대출을 실행하여 주었다. 토지매입 후부터 본 PF로 진행되는 속도가 빠르게 진행(1년 내)되는 추세가 이어졌다. 부동산개발사업 대출로 부동산개발사업 담보대출을 단기간에 상환받을 수 있다는 기대감으로 많은 대출이 실행되었고 보다 많은 개발사업이 진행되었다[14].

5) 코로나19와 높아진 유동성

2020년부터 코로나19가 확산되면서 실물경기의 침체 우려로 미국을 중심으로 한 제로금리와 양적완화 정책이 다시 등장했다. 일본도 무제한 국채매입과 함께 회사채, 기업어음 매입한도 확대, 108조엔의 경기부양책을 마련하였다. EU역시 재정준칙[15]의 일시적 중단을 합의하였다.

한국은 기준금리를 0.5%로 낮추고 긴급재난지원금을 포함한 추경, 적자국채 발행 등으로 시장에 유동성을 공급하였다. 2021년 1월 19일 월스트리트 저널은 코로나19 관련 정부들의 재정지출이 약 13조 달러에 이른다고 하였다.

---

13) 'Bridge'는 토지의 매입과 본PF대출 사이의 가교 역할을 한다는 의미에서 붙여졌다.
14) 부동산개발사업 담보대출 후 인허가 완료되면 감정가격이 상승하므로 최초 대출비율 100% 이상이었다고 하더라도, 인허가 후에 재평가시 40%~70% 수준으로 대출비율이 하락할 수 있다.
15) 재정적자 GDP3%, 정부부채 GDP 60% 유지.

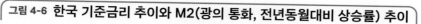

그림 4-6 한국 기준금리 추이와 M2(광의 통화, 전년동월대비 상승률) 추이

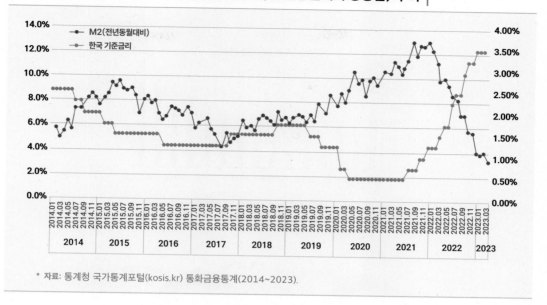

* 자료: 통계청 국가통계포털(kosis.kr) 통화금융통계(2014~2023).

유동성 증가에 자산가치가 상승하였고, 2021년 1월 7일 코스피가 3000선을 최초 돌파하였다. 주택가격도 크게 상승했다. 한국부동산원 발표 공동주택 실거래가격지수에 따르면, 2020년 1월을 기준시점으로 기준시점보다 22개월이 경과한 2021년 10월까지 41.5% 상승한 것으로 나타났다. 이는 기준시점 직전 22개월간의 상승률 22.9%에 비해 18.6% 높은 상승률이었다[16].

주택가격의 단위기간 상승률이 높아지면서 주택은 구매하면 가격이 상승한다는 분위기가 형성되어 구매심리가 계속 높아졌다. 소요가 증가하면서 허용 용적률이 높고 건폐율이 높아 거주환경이 공동주택보다 상대적으로 좋지 않은 상업지역에 위치한 오피스텔도 가격이 상승하였다. 오피스텔 개발사업도 과거보다 많이 실행되었다. 부동산 개발의 호황기와 함께, 금융기관의 부동산개발금융 대출잔액도 가파르게 늘었다.

---

[16] Meltzer and Allan(1995)은 확장적 통화정책에 따라 유동성이 증가하면 자산보유자는 채권, 실물자산을 보유하고자 하고, 이에 따라 그 가치가 상승한다고 하였다.

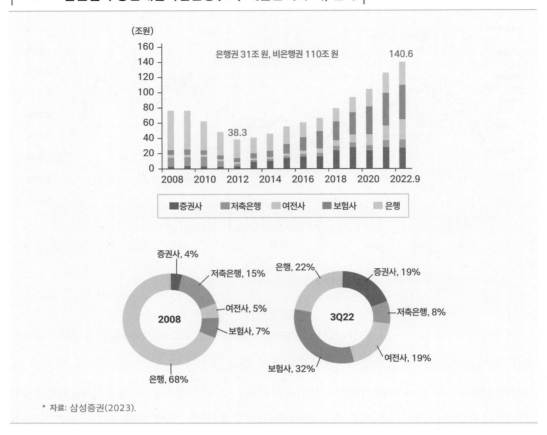

그림 4-7 **업권별 부동산개발사업금융(PF) 대출잔액 추이, 변화**

* 자료: 삼성증권(2023).

6) 금리인상과 부동산가격 하락

2022년은 경제 전반에 큰 변화가 있었다. 우크라이나-러시아 전쟁 발발로 가스, 원유 등 천연자원의 가격이 급등하였다. 유가 및 원자재 급등과 함께 금융위기 이후 지속된 저금리, 양적완화 기조로 풀린 높은 유동성은 세계적인 인플레이션을 가져왔다. 미국 연방준비제도(FED)는 물가 안정을 위해 빠른 속도로 금리를 인상했고, 금리는 0%대 금리에서 5% 이상 올랐다.

미국의 금리인상은 단기에 강하게 진행되었고, 한국 또한 미국에 따라 기준금리를 인상했다. 금리인상에 따라 부동산 구매수요가 빠르게 얼어붙었고, 상승하던 주택가격도 하락세로 전환하였으며 주택 거래량도 크게 줄었다.

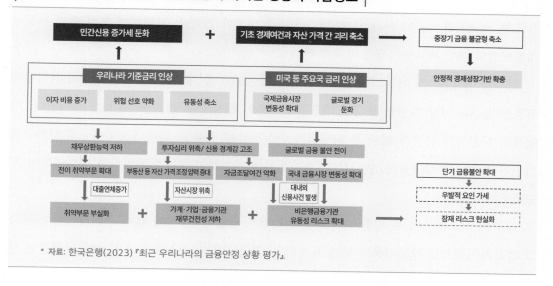

그림 4-8 기준금리 인상이 금융안정에 미치는 영향과 파급경로

* 자료: 한국은행(2023) 『최근 우리나라의 금융안정 상황 평가』.

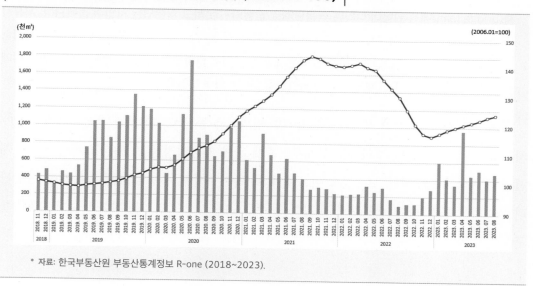

그림 4-9 서울 공동주택 거래량과 가격지수(2006.01=100)

* 자료: 한국부동산원 부동산통계정보 R-one (2018~2023).

원자재 상승, 금융비용 상승, 부동산 가격 하락은 부동산개발사업 수지표에 악영향을 주었다. 준비중인 개발사업은 기획 당시 기대한 이익을 달성하기 어려워, 개발사업 초기에서 정지되었다.

정부는 급격한 시장변화에 대응하기 위해 은행연합회, 전 금융협회[17], 금융위원회, 금융감독원, 정책금융기관과 2023.04.27.에 「PF 대출 대주단 협약」을 체결하여 부실 우려 부동산 개발사업의 대량 채무불이행을 막고자 했다.

대주단 협약은 3개 이상의 채권금융기관이 참여하고 총 채권액 100억원 이상의 사업장에 적용한다. 3/4 이상 채권을 보유한 채권금융기관이 찬성하면 공동관리절차가 개시된다. 시행사와 시공사의 분양가 인하 등 시행이익 손실부담을 전제로, 전체의 3/4 이상의 채권금융기관이 찬성하면 상환유예, 원금감면, 출자전환이 가능하고, 2/3가 동의하면 만기연장이 가능하도록 하였다.

정부의 시도는 부실로 인한 당장의 손실확정은 막았다. 장기에 걸쳐 주택가격이 하락하고 인플레이션으로 건설비용이 높게 유지되면, 결국 부실이 현실화되고 부동산 건설관련 산업도 장기 침체기를 겪을 수 있다.

- 위험은 개발사업의 단계별로 서서히 나타나는 특징이 있다. 먼저 개발사업금융의 전단계인 담보대출(bridge loan)에서 위험이 나타나 다음단계로 진행되지 못하고 처분되는 사업이 늘어난다. 시공사의 부실문제가 나타나며, 시공사가 책임준공을 이행하지 못하는 사업장이 많아진다. 이후 잔금위험으로 수분양자들이 잔금을 내지 않고 계약을 포기하는 일이 많아진다. 준공된 부동산의 미분양, 미매각이 많아지고 신축건물이 많은 지역을 중심으로 가격하락이 발생한다.

최근 상기와 같은 여러 경제환경의 급격한 변화로 부동산PF 건전성을 관리하고 부동산PF 채무보증관련 건전성을 강화하고자 채무보증에 관한 자본적정성 및 충당금 적립제도를 개선, 금융사의 부동산 채무보증한도 비율을 축소, 자본규제 및 충당금 적립기준 조정, 종합관리 시스템을 구축, PF 익스포져 공시 강화 등 부동산PF 리스크 점검을 위한 모니터링 체계를 구축하고 있다.

---

17) 은행연합회, 생명보험협회, 손해보험협회, 금융투자협회, 여신전문금융협회, 저축은행중앙회, 새마을금고, 농협, 수협, 신협, 산림조합 중앙회.

- 부동산PF 채무보증 관련 건전성 강화
  - 채무보증에 관한 자본적정성 및 충당금 적립제도 개선
  - 금융사 부동산 채무보증 한도 비율 축소
  - 자본규제 및 충당금 적립기준 조정

- 부동산PF 대출 관련 건전성 강화
  - 부동산 PF대출 확대 요인 제거 (신용위험 특례폐지)
  - 대손충당금 적립기준 합리화

- 부동산PF 리스크점검 모니터링 체계 구축
  - 리스크 관리 실태점검 체계 구축 및 종합관리 시스템 구축
  - 스트레스 테스트 실시 및 PF 익스포져 공시 강화

그림 4-10 **부동산PF 구조에 따른 위험 통제 방안**

시행사의 Credit Risk 통제	준공위험 통제
• 사업 SPC 설립 • 의결권, 대표권 통제 • 추가 차입 가능성 통제 • 원 시행사와의 관계 통제	• 시공사의 책임준공 • 책임준공의 범위 확대 • 책임준공 미이행시 시공사의 대출 채무인수
사업성 or 준공 후 물건의 가치	구조화 위험
• 분양대금 중도금, 잔금 규모 • 시공사의 책임분양, 책임매각 등 • 준공 후 물건에 대한 가치판단 • LTV 수준	• 이자 등 유동화 비용 확보 • SPC 자산 VS 부채만기불일치 • 매각 절차 • Tail Period

* 자료: 한국신용평가(2023).

📖 제2절 프로젝트금융투자회사(PFV) 개념 및 도입

1. 프로젝트금융투자회사 개념 및 도입

1) 프로젝트금융투자회사(PFV) 개념

개발사업금융은 부외금융의 특성을 가진다. 부동산개발사업 또한 주주 또는 개발사업자의 신용위험으로부터 독립되도록 특수목적법인(SPV: special purpose vehicle)을 활용한다. 이러한 특수목적법인은 실체가 없는 명목회사다. 자산 유동화를 위해 설립되기도 하며 형태는 조합, 신탁, 유한회사, 주식회사의 형태로도 설립이 가능하다. 국내 개발사업에서는 주식회사로 설립되고 특수목적회사(SPC: special purpose company)라고도 부르며 해외에서는 특수목적기업(SPE: special purpose enterprise)으로도 불린다.

특수목적법인 중에서 특정 개발사업을 목적으로 설립된 것을 프로젝트금융투자회사(PFV: Project Financing Vehicle)라고 한다. 개발사업자 또는 개발사업의 참여자가 사업추진을 위한 자산을 현물출자하거나 현금출자하여 자기자본을 조달한다.

프로젝트금융투자회사는 사회간접자본 개발사업, 주택건설, 플랜트건설 등 상당한 기간과 대규모 자금이 필요한 사업에 활용된다. 상당한 기간 운용하며 주주에게 수익을 배분하며 대출의 차주가 된다. 기초자산의 관리, 운용업무는 자산운용사(AMC: asset management company)에 위탁한다. 취등록세 50% 감면 혜택이 있었으나 사라지고 현재는 법인세법 제51조의2, 조세특례제한법 104조의31에 의거 소득공제 혜택을 받는다[18].

2) 프로젝트금융투자회사 법적근거

프로젝트금융투자회사는 당초 「프로젝트금융투자회사법안」으로 국회에 입법 발의되었으나, 국회를 통과하지 못해 2004년 폐기되었다. 대신 2004년 1월 29일 「법인세법」 제51조의2 제1항 6호에 관련 규정이 신설되면서 법적 근거가 마련되었다.

---

18) 지방행정연구원, 2022, 『PFV 출자 타당성 검토 매뉴얼』 참고.

2008년 9월 2일 PFV 과세특례제도 폐지를 입법예고했다. 2008년 9월 7일 법인세법 개정안을 통해 PFV 과세특례의 근거규정인 「법인세법」 제51조의2 제1항 6호를 삭제하려 하였다.

관련업계의 의견을 수렴하여 규정을 존속하기로 하였으나 2011년 1월 11일부터 시행된 「법인세법」 개정안에서 내용이 삭제되었다. 소득공제에 대한 부분만 「법인세법」의 내용을 가져와 「조세특례제한법」 제104조의31(프로젝트금융투자회사에 대한 소득공제), 동법 시행령 제104의28에 규정하여 혜택이 유지되고 있다.

- 조세특례제한법(2023년 기준) 中 PFV 관련 규정: 2025년 12월 31일 이전에 끝나는 사업연도에 대하여 대통령령으로 정하는 배당가능이익의 100분의 90 이상을 배당한 경우 사업연도의 소득금액에서 공제한다.

표 4-5 「조세특례제한법」(2024년 기준) 시행령 中 PFV 관련 규정

구분	내용
소득공제	1. 「법인세법」 제51조의2제1항제1호부터 제8호까지의 규정에 따른 투자회사와 유사한 투자회사로서 다음 각 호의 요건을 모두 갖춘 법인이 2025년 12월 31일 이전에 끝나는 사업연도에 대하여 대통령령으로 정하는 배당가능이익(이하 이 조에서 "배당가능이익"이라 한다)의 100분의 90 이상을 배당한 경우 그 금액(이하 이 조에서 "배당금액"이라 한다)은 해당 배당을 결의한 잉여금 처분의 대상이 되는 사업연도의 소득금액에서 공제한다.
프로젝트 금융투자회사 구성조건 (주주)	1. 발기인 중 1인 이상이 다음 각 목의 어느 하나에 해당할 것 　가. 「법인세법 시행령」 제61조제2항제1호부터 제4호까지, 제6호부터 제13호까지 및 제24호의 어느 하나에 해당하는 금융회사 등 　나. 「국민연금법」에 따른 국민연금공단 2. 제1호가목 또는 나목에 해당하는 발기인이 100분의 5(제1호가목 또는 나목에 해당하는 발기인이 다수인 경우에는 이를 합산한다) 이상의 자본금을 출자할 것
프로젝트 금융투자회사 설립조건	1. 자본금이 50억원 이상일 것. 다만, 「사회기반시설에 대한 민간투자법」 제4조제2호에 따른 방식으로 민간투자사업을 시행하는 투자회사의 경우에는 10억원 이상일 것으로 한다. 2. 자산관리·운용 및 처분에 관한 업무를 다음 각 목의 어느 하나에 해당하는 자(이하 이 조에서 "자산관리회사"라 한다)에게 위탁할 것. 다만, 제6호 단서의 경우 「건축물의 분양에 관한 법률」 제4조제1항제1호에 따른 신탁계약에 관한 업무는 제3호에 따른 자금관리사무수탁회사에 위탁할 수 있다.

* 자료: 법제처, 『조세특례제한법』 제104조의31.

소득공제 혜택도 2025년 12월 31일 이전에 끝나는 사업연도에 대하여 배당가능이익의 90% 이상을 배당한 경우 그 배당금을 해당 사업연도의 소득금액에서 공제한다고 정하고 있어

2025년 12월 31일 이후에 끝나는 사업연도의 소득금액은 공제혜택이 없다(일몰제도)[19] [20].

2. 프로젝트금융투자회사 설립과 운영

1) 설립과 운영

프로젝트금융투자회사를 설립하기 위해서는 발기인 중 1인 이상이 금융회사이거나 국민연금 관리공단이면서 대상회사의 자본금을 전체의 5% 이상 출자하여야 한다. 존립기간이 2년 이상이어야 하고 본점 이외 영업소가 없으며 직원과 상근 임원을 두지 않아야 한다. 회사의 운용은 자산운용사에 위탁하여 운용하여야 하고, 자금관리는 신탁업을 영위하는 금융기관(은행, 부동산신탁 등)에 위탁한다.

공모형의 공모지침서는 사업협약(MOU) 체결일로부터 30일 이내 회사의 설립을 요구한다. 주주는 민간출자자 때로는 공공출자자로 구성되고 상호간 책임과 권한을 서면으로 정한다.

자산운용사는 회사 주주의 의사결정에 따라 실무를 집행하는 업무 수탁자이다. 출자자 중 하나가 그 역할을 하거나 출자자들이 출자하여 설립하기도 한다. 자산운용사는 임직원이 존재하는 실체 회사이다. 「자본시장법(약칭)」상 자산관리회사로서 최소 자본금 규정이 없다. 초기 운영비용을 감안하여 자본금은 1억원 내외로 설립하는 경우가 많다. 사업의 실무를 집행할 자산운용사를 먼저 설립하고 업무협약을 체결한 후에 프로젝트금융투자회사를 설립한다.

주식회사의 형태로 설립되므로 상법에 근거하여 주주총회, 이사회가 운영된다. 이사, 감사, 대표이사가 공정하게 선임되어야 하고 전문성이 필요하다.

---

19) 배당가능이익 = 재무제표상의 법인세비용 차감 후 당기순이익 + 이월이익잉여금 − 이월결손금 - 이익준비금

20) 지방행정연구원, 2022, 『PFV 출자 타당성 검토 매뉴얼』, 『조세특례제한법』, 『법인세법』 참고.

표 4-6 주주총회 운영

구분	내용
소집시기	• 정기주주총회: 매사업년도 종료 후 3월 이내 • 임시주주총회: 필요에 따라 소집
소집권자	• 이사회의 결의에 따라 대표이사가 소집 • 감사의 요구에 따라 임시총회 소집 가능
의장	대표이사
의결권 행사	1주당 1개의 의결권 원칙. 의결권 대리행사 가능

* 자료: 지방행정연구원(2022).

주주총회는 출석한 주주 의결권의 1/2 이상, 발행주식 총수의 1/4 이상의 수로 결의하여 안건에 대한 가부를 결정한다. 주요 현안은 특별결의를 진행하며, 「상법」에 따라 주주 의결권의 2/3 이상의 수, 발행주식 총수의 1/3 이상의 수로 결의한다.

그림 4-11 주주총회 및 이사회 운영 기본구조

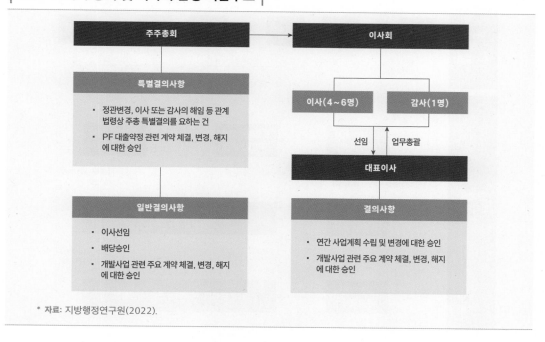

* 자료: 지방행정연구원(2022).

프로젝트금융투자회사의 주요 결정사항은 이사회를 거치며, 이사는 주주총회로 선임하고 해임한다. 출자지분율에 따라 이사 선임권을 보유한다.

이사는 비상근이사이며, 감사는 공인회계사 자격 보유자를 주주총회에서 선임한다. 이사는 대표이사 보좌 및 정관과 법령의 규정에 따른 회사 관리 및 직무를 수행한다. 감사는 회계와 업무감사를 수행하며 이사회에 출석하여 감사의견을 진술하며 임시주주총회 소집 청구권도 가진다.

이사회 결의는 과반수의 출석과 출석이사의 과반수로 결의한다. 대표이사의 선임, 공동대표의 선임, 신주의 발행, 준비금의 자본전입 및 전환사채(CB)의 발행, 신주인수권부사채(BW)의 발행에 관한 결의를 하지만, 주주총회로 결의하도록 할 수도 있다.

그림 4-12 프로젝트금융투자회사의 사업 진행구조

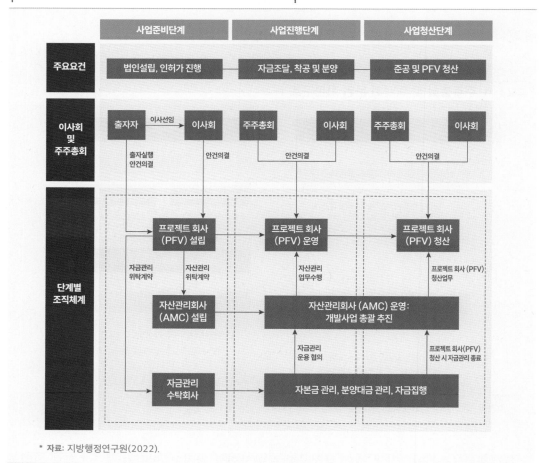

* 자료: 지방행정연구원(2022).

2) 프로젝트금융투자회사 장단점

(1) 장점

프로젝트금융투자회사의 설립요건은 큰 부담이 되지 않고 주식회사로 설립하므로 절차가 간단하다. 프로젝트금융투자회사에 대한 소득공제 혜택도 누릴 수 있다.

프로젝트금융투자회사의 주주로 금융기관 또는 공공이 출자하는 경우, 자금조달, 시공사 모집에서 인적 관계망을 활용하므로 타 사업보다 용이하다. 전문성이 있는 참여자가 참여하여 사업의 성공가능성도 높다. 차주인 프로젝트금융투자회사의 출자자는 주로 금융기관, 공공, 대기업 건설사이다. 투자자들은 적정 이윤을 추구한다는 점에서 시행사는 레버리지이익을 추구할 수 있다.

자금의 운용 측면에서, 사업권이 프로젝트금융투자회사에 귀속되고 금융기관에서 자금을 직접 통제, 운용한다. 관련된 위험이 낮아져 다른 개발사업보다 조달금리가 낮다.

(2) 단점

사업의 인허가, 설계, 기획을 하는 실질적 주체인 시행사가 적은 자본금으로 대규모 개발사업이 가능하여 레버리지 위험도 상존하고 있다. 사업에 참여하는 시행사와 참여자들은 개발사업 참여 이익을 각자의 목적으로 추구한다. 개별 참여자가 회사 내부 문제로 또는 회사의 이익을 위해 사업의 이익과 배치되는 결정을 할 수도 있다.

다수의 참여자가 참여하므로 의사결정이 느리다. 필요한 절차가 추가될 수도 있다. 사업 초기부터 여러 참여자의 참여를 설득하여야 하므로 많은 초기 비용과 시간, 역량이 필요하다.

참여자들이 기관인 탓에 적절한 시기에 사업의 주요 의사결정을 하지 못할 위험이 있다. 금융기관이 초기부터 참여하여 사업에 대한 원하는 바를 요구하여 부동산개발사업자가 원하는 방향대로 사업을 하기 어려울 수 있다.

🏢 제3절 부동산신탁

1. 신탁 제도와 구조

1) 신탁 제도

신탁(信託)이란 "믿고 맡긴다"라는 의미다. 자산을 신뢰할 수 있는 제3자에게 믿고 맡겨 관리하도록 하는 의미이다. 신탁의 유래는 정확하지는 않으나, 과거 중세 영국의 토지이용제도로서 'USE' 제도가 있었다. 이 제도는 'To A to the use of B'라는 법적 구성을 갖는데 A에게 토지를 양도하여 양수인 A가 형식적인 소유권자이지만 실제로는 B의 이익을 위하여 토지를 관리, 처분하는 권한을 가지는 계약이었다.

1893년 영국에서 자산의 수익자, 자산을 위탁한 위탁자의 권리와 신탁된 재산을 보호할 목적으로, 신탁에 관한 성문법인 'Trustee Act'가 제정되면서 근대적 신탁제도가 발달했다.

영리목적의 신탁회사는 미국에서 발전하였다. 미국에서 최초로 신탁업의 면허를 받은 신탁회사는 1822년 설립된 'Farmer's Fire Insurance and Loan Company'다. 생명보험을 가입한 사람이 사망한 후 유족들을 위하여 지급될 보험금을 수탁 관리하는 업무를 수행했다[21].

1930년대 철도회사 등에서 발행하는 사채를 신탁회사가 인수하여 맡았다가 일반인에게 매출하였다. 일반인으로부터 금전 등의 재산을 수탁하여 관리하고 이를 사업자금으로 재투자하는 등의 금융기관의 역할을 신탁회사가 하게 되었다. 전업 신탁회사도 있지만, 미국에서는 주요 은행들이 신탁업을 겸업하였다.

- 과거에는 신탁, 증권, 은행 업무의 경계가 모호하였다. 현재 한국에서 사채를 인수하거나 발행하여 일반에 매출하는 행위는 주로 증권사에서 하고 있다.

금전을 수탁 관리하는 일은 은행의 신탁부, 증권사의 신탁팀에서 하는 업무다.

미국의 영리목적 신탁제도가 일본을 거쳐 한국에 도입되어 한국의 신탁업이 시작되었다. 일본에서는 미국의 법인신탁제도를 모델로 하여 일본 흥업은행이 1905년 담보부사채 신탁업

---

21) 지금의 유언대용신탁과 유사.

무를 시작하면서 근대적 신탁영업이 시작되었다. 1910년에 일본의 신탁회사인 후지모토 합자회사가 한국에 진출하면서 신탁제도가 국내에 도입되었다.

해방 이후 1961년 12월에 최초로 「신탁법」과 「신탁업법」을 제정하고 시행하면서 한국의 신탁법이 본격화되었다. 최초 1961년 5개의 시중은행이 신탁업을 겸하여 영위했다. 1968년 일반 시중은행의 신탁업 겸영이 폐지되고 신탁업을 전문으로 영위하는 한국신탁은행이 설립되었다.

1983년 지방은행의 신탁업 겸영허가, 1984년 시중은행 겸영허가로 은행이 신탁업을 겸하여 영업할 수 있게 되었다. 1991년 부동산 전문 신탁회사 제도가 도입되었다. 2005년에는 증권회사, 2007년도부터는 보험사도 신탁업 겸영을 시작했다.

현재 신탁업은 부동산전문 신탁회사, 시중은행, 지방은행, 증권회사, 보험사가 영위하고 전부 금융회사이다. 신탁업만을 수행하는 전업 신탁회사는 부동산신탁회사다[22].

그림 4-13 신탁제도의 발전과정

중세	1822	1893	1905	1910	1861	1984	1991	2005
Use 제도	Trustee act 제정	최초의 미국 영리 목적 신탁 회사	일본 흥업은행 담보부사채 신탁	한국에 근대적 신탁 도입	한국 신탁법 제정	시중은행 신탁업 겸영허가	부동산 전문 신탁 회사제도 도입	증권사, 보험사 신탁업 겸영

* 자료: 금융투자협회(2012).

2) 신탁구조 및 종류

신탁은 위탁자(委託者)가 자신의 자산을 신탁회사에게 그 소유권을 위탁하고, 신탁회사이자 수탁자(受託者)는 그 소유권을 수탁 보관하며 신탁보수를 수취한다. 발생되는 수익은 위탁자가 지정한 수익자가 수익하는 구조다.

---

22) 금융투자협회, 2012, 「알기쉬운 신탁상품 이야기」 참고.

그림 4-14 **신탁 기본구조**[23]

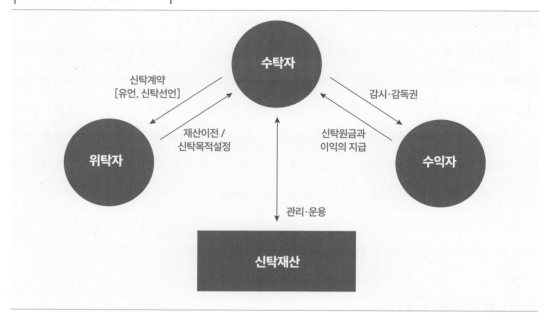

계약 당사자의 책임과 권리는 신탁계약서로 합의한 바에 근거한다. 신탁재산을 처분 또는 분양하여 환가 또는 정산하는 경우 금전을 수익자보다 우선하여 수익하는 자를 우선수익자라 한다. 수탁자는 교환이나 양도, 담보로 활용이 불가한 유가증권으로서 우선수익권증서를 우선수익자에게 교부한다[24].

---

23) **위탁자:** 신탁사에 재산을 맡긴 자 / **수탁자:** 신탁재산을 관리·처분하는 자(신탁사) / **수익자:** 신탁행위에 따라 신탁이익을 받는 자
24) 우선수익권, 수익권에 대한 질권은 신탁계약서에 따라 수탁자의 승인 없이 제3자에게 양도될 수 없다.

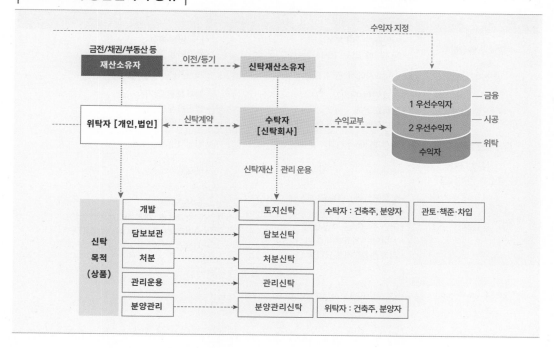

그림 4-15 부동산신탁의 종류

3) 부동산담보신탁

담보신탁은 부동산을 신탁회사에 신탁한 후 신탁회사가 발행한 수익권증서를 담보로 하여 위탁자가 금융기관으로부터 자금을 차입하며, 신탁사는 담보물관리 또는 대출회수를 위한 담보물처분 업무를 수행한다.

담보신탁은 토지의 소유자가 그 소유권을 신탁회사에 이전하되, 그 수익권에 대하여 수익자에 우선하여 수익을 향유하는 자('우선수익자')가 있는 신탁계약이다. 대출기관이 담보대출을 하는 경우 채권보전을 위해 신탁을 요구한다. 대출기관은 우선수익자가 되고, 소유권을 위탁한 원래 소유자(주로 그 대출의 차주)가 수익자가 된다.

대출약정상의 기한의 이익 상실사유가 발생하면 우선수익자는 위탁자의 의사와 관계없이 신탁회사에게 담보의 처분을 요청할 수 있다. 신탁사는 부동산을 처분하여 우선수익자에게 수익금을 먼저 지급하고, 필요한 비용을 집행한다. 잔여 금액은 수익자에게 지급하여 정산한다.

근저당 제도와 유사한 부분이 있으나, 각각의 장단점이 있다.

표 4-7 담보신탁과 근저당 비교

구분	담보신탁	근저당
담보권 설정방식	• 신탁등기(소유권 이전) • 등기부상 '갑구' 표시사항	• 근저당권 설정 • 등기부상 '을구' 표시사항
담보가치 보전	• 신탁회사에서 관리, 보전	• 채권기관에서 관리, 보전
채권 실행방법	• 절차 간편/단기간 소요 • 온비드 공매 • 담보부동산의 고가 매각 가능	• 절차 복잡/장기간 소요 • 법원을 통한 경매 • 담보부동산의 고가 매각 어려움
파산재단 구성 여부	• 파산재단에서 제외	• 파산재단에서 제외
신규임대차 후순위 권리요청	• 배제가능	• 배제불가
소요경비	• 등록면허세(6,000원), • 지방교육세(1,200원) • 국민 주택채권 매입 면제 • 신탁보수(채권액의 0.3% 수준) • 지상권 설정이 필요없음	• 등록면허세, • 지방교육세: 채권 최고액의 0.24% • 국민주택채권: 채권 최고액의 1% • 지상권 설정이 필요함

* **자료:** 코람코자산신탁 홈페이지.
* (2024, www.koramco.co.kr/trust/trust_02Page.do) 참고.

신탁재산의 처분절차는 신탁사별로 내부 규정에 따라 약간의 차이가 있다. 먼저 우선수익자가 공매를 요청하면, 신탁사는 채무이행최고 내용증명을 위탁자에게 발송한다. 공매를 위한 감정평가를 진행하며, 공매시작 가격, 일정, 회차별 할인가격을 우선수익자와 협의한다. 협의 후 주요 일간지 또는 한국자산관리공사에서 운영하는 '온비드(onbid.co.kr)'에 공고한다.

입찰자가 다수인 경우보다 높은 가격으로 입찰한 입찰자를 매수의향자로 정한다. 매수의향자와 부동산매매계약서를 협의하고, 매수의향자가 매매계약에 따른 계약금을 납부하면 매매계약이 유효한 것으로 본다. 매수의향자가 정한 기한 내 잔금을 납부하면 매수자에게 소유권이전을 실행한다. 매매대금으로 우선수익자의 채권을 변제하고 남은 금액은 감정평가 비용, 온비드 광고비 등 비용을 지급한다. 이후 남은 금액이 있다면 위탁자에게 지급하고 신탁종료합의서를 체결하면 처분 및 신탁이 종료된다.

• 과거보다 채권보전의 수단으로 신탁을 선택하는 대출자들이 많이 늘었지만, 아직도 많은 대출자들은 근저당을 선택한다. 근저당의 경우 채권회수를 위해 법원경매를 거쳐 담보물을 매각한다. 판결을 받아 처분하는데 시간이 상당히 소요되는 단점이 있다. 전통적인 법원경매에 잠재 수요자가 많다는 생각에 채권보전으로 근저당을 선택하는 금융회사가 상당히 많다.

4) 관리신탁

관리신탁은 부동산의 소유권관리, 건물수선 및 유지 등의 제반 부동산의 관리업무를 신탁회사에서 수행한다. 신탁사에게 소유권을 이전하고, 신탁회사는 위탁자 또는 지정한 대리인의 지시하에 대상 부동산을 관리하는 신탁상품이다. 수익자를 지정하여 부동산의 수익을 신탁사가 지급하도록 하게 할 수 있다. 목적에 따라 갑종관리신탁과 을종관리신탁으로 구분한다.

갑종관리신탁은 수탁자가 신탁된 부동산을 일임 관리하는 신탁이다. 신탁사는 소유권의 보전 관리뿐 아니라 임대차, 시설물, 세무관리 등 일체의 관리를 한다. 을종관리신탁은 신탁사가 단순히 소유권의 보전 관리만을 하는 상품이다. 부동산의 실제 관리는 여전히 위탁자가 진행한다.

5) 처분신탁

처분신탁은 처분방법이나 절차가 까다로운 부동산에 대한 처분업무 및 처분완료 시까지의 관리업무를 신탁회사가 수행한다. 부동산을 처분할 목적으로 소유권을 신탁사로 이전하며, 매도과정에서 매수자의 신뢰가 필요한 경우 진행한다. 신탁사는 이전받은 부동산에 대하여 매수예정자와 직접 부동산매매계약을 체결한다. 잔금이 납입되고 위탁자가 승인하면 최종적으로 매수자에게 소유권을 이전하여 거래를 완결한다.

6) 토지신탁

(1) 의의와 종류

토지신탁은 신탁재산인 토지부동산 등의 부동산에 신탁회사가 신탁회사 책임으로 개발부동산의 준공확약 및 자금 등을 투입하고, 개발사업을 시행한 후 분양하거나 임대운용하여 그 수익을 수익자에게 교부하는 것으로 '개발신탁'이라고도 불린다. 토지신탁에는 신탁회사가 형식적으로 건축주의 지위가 되어 개발을 진행하지만 자금조달과 실질적인 사업진행은 위탁자가 책임을 지는 관리형 토지신탁, 개발사업자 및 시공사의 책임준공의무에 대해 신탁사가 책임을 지는 책임준공확약형 관리형 토지신탁, 책임준공의무 외에 개발사업에 필요한 자금조달까지 신탁사의 책임으로 진행하는 차입형 토지신탁으로 나누어진다.

신탁재산은 수탁자의 고유재산과 구분하여 관리하여야 한다[25]. 신탁재산은 강제집행이 금지[26]되고, 위탁자와도 독립되며 수탁자는 그 재산을 신의 성실의 원칙에 따라 관리[27]한다.

토지를 수탁하고, 건물을 완공하여 원시취득한 후 수분양자 또는 매수자에게 소유권을 직접 이전할 때까지 신탁사가 소유권을 보전 관리한다. 신축한 부동산의 소유권이 수분양자에게 안정적으로 이전된다는 점에서 토지신탁의 의의가 있다.

그림 4-16 **토지신탁 종류**

(2) 토지신탁의 참여자와 업무

토지신탁은 최초 토지를 위탁한 위탁자, 위탁자에게 자금을 대여한 우선수익자, 공사를 담당하는 시공사, 그리고 신탁사가 토지신탁계약의 계약주체이다. 이외에 신탁사는 설계회사, 감리회사 등 용역회사, 분양계약의 상대방인 수분양자와 계약관계를 형성한다.

---

25) 신탁법 제37조(수탁자의 분별관리의무)
26) 신탁법 제22조(강제집행등의 금지)
27) 신탁법 제32조(수탁자의 선관의무)

수익자는 부동산개발사업자로, 부동산개발사업 전반의 업무를 관리한다. 우선수익자는 순위가 존재하는 대출채권의 채권자이다. 제1순위 우선수익자가 제2순위 우선수익자보다 먼저 변제받는다. 시공사는 별도 위탁자, 신탁사와 체결한 공사도급계약에 따라 공사를 완료하고(기성) 그에 따라 대가를 지급받는 건설회사다. 여러 용역회사는 대가를 받고 용역을 수행한다. 수분양자는 분양계약에 따라 신탁사에게 분양대금을 납부하고, 완성된 건물의 소유권을 이전받는다.

신탁사는 여러 참여자들과 계약관계를 유지하고, 계약서와 자금, 소유권을 관리한다. 용역계약에 따라 용역비가 지급되는지 서류로 확인한다. 시공사의 기성금 지급에 문제가 없는지 확인하고, 기성금을 지급한다. 참여자 상호간 오해가 있는 경우 이를 중재하거나 소송을 진행한다. 완성된 부동산을 수분양자 등 권리자에게 소유권을 직접 이전한다.

(3) 시공사의 책임준공의무

책임준공의무란 "시공사가 천재지변, 전쟁 등의 불가항력적 이유를 제외하고 여하한 사유로도 공사를 임의로 중단하거나 지연시킬 수 없는 의무"를 말한다. 공사도급계약서에 책임준공의무를 기재하지만, 다양한 이유로 공사포기, 공사중단, 공사지연이 발생한다. 대출자들은 시공사의 책임준공이 준공을 담보하기에 불충분하다는 사실을 경험적으로 안다.

· 책임준공의무를 계약서에 명기하는 이유는, 약속하고 지키지 않는 것에 대한 책임을 묻고자 함이다. 판례에서도 책임준공의무 미이행과 관련하여 시공사가대주에게 손해배상의무를 부담하는 판결이 다수 존재한다.(서울고등법원 2014.9. 26. 선고 2013나75283 판결, 대법원 2010. 3. 11. 선고 2009다20628 판결등)

(4) 관리형 토지신탁

신탁사가 분양, 시공, 자금의 관리를 하는 토지신탁을 말한다. 말 그대로 관리를 하므로, 실제 의무와 책임은 전부 개발사업자(위탁자)에게 있다.

분양의 경우, 신탁사는 분양계약의 당사자로 분양계약서와 계약을 관리한다. 잔금이 납입되어 계약조건이 완성되면 소유권을 수분양자에게 이전한다. 시공에서 기성에 따른 서류상 검사를 실시하고 기성금을 시공사에게 지급한다.

신탁사는 선관주의 의무에 따라 자금을 관리하고, 계약서에 맞게 자금이 지급되는지 확인 후 집행한다. 단, 우선수익자가 있는 경우 우선수익자의 동의 없이는 자금이 지급되지 않는다. 신탁사의 모든 행위의 전제조건은 우선수익자의 동의이다.

(5) 책임준공확약형 관리형 토지신탁

시공사가 책임준공 미이행 시 채무인수를 할 수 있을 만큼 신용이나 자산이 충분하지 않을 수 있다. 개발사업자가 대출이 가능할 수 있도록 신탁사가 위탁자를 대신해 건축주 자격으로 사업을 추진하고 시공사가 책임준공 불이행 시 신탁사가 대출금융기관에 대해 책임준공 의무를 부담하는 상품이 책임준공확약형 관리형 토지신탁이다.

책임준공확약형 관리형 토지신탁은 시공사의 책임준공기한에 6개월을 추가한 기간 동안 책임준공되지 않아 발생된 대출자의 손해를 신탁사가 배상하기로 하는 조건이 포함된 관리형토지신탁이다. 시공사의 책임준공과 다른 부분은 채무인수 조건이 없는 점이다. 손해에 대한 범위도 다른 해석이 가능하여 불완전한 상품이다.

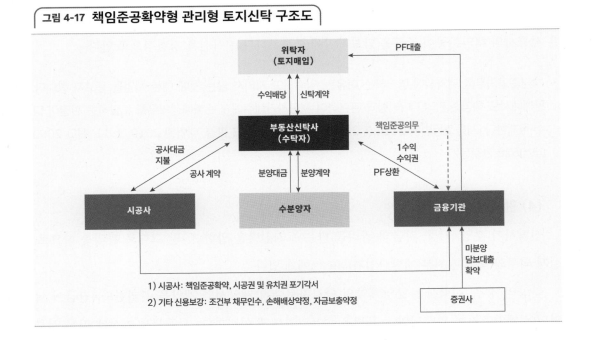

그림 4-17 책임준공확약형 관리형 토지신탁 구조도

(6) 차입형 토지신탁

신탁사의 대여금으로 신탁사업의 목적을 달성하는 신탁방식을 말한다. 자금집행이나 신탁차입금의 인출에 대한 규정이 추가되고, 신탁사가 차입과 자금의 집행에 있어 큰 권한을 가지고 있다.

표 4-8 책준형과 차입형 신탁 비교

구분	책준형	차입형	비고
신탁수수료	매출액의 2% 이내	매출액의 5% 이내	신탁계정대 금리 약 6%
조달책임	사업주	신탁회사	경상적 상황에서 책준형 사업 신탁계정대 발생 가능성 낮음.
리스크 유형	미준공위험	미준공위험 + 미분양위험	본원적인 위험 수준 차입형이 높음.
위험 발생 빈도	매우 낮음	상대적으로 높음	책준형 상품 출시 이후 위험 사례 극히 적음
위험 총량	자기자본 대비 큼	자기자본 대비 양호	위기 상황에서의 충격 책준형이 클 것으로 예상

* 자료: 한국신용평가(2023).

신탁사의 판단에 의하여 자금이 인출되거나 인출되지 않을 수 있으며, 한도대출의 형태를 취하고 있다. 시행사는 신탁사와 긴밀히 협조하여 사업에 필요한 자금에 대한 그 필요성을 자세히 설명하고 협의하여 늦지 않게 대출금이 인출될 수 있도록 하여야 한다.

차입형토지신탁은 신탁사 단독으로 차입하는 구조와 신탁사가 대주단의 일부로 구성되는 경우(흔히 "하이브리드 신탁"이라 부른다)로 나뉜다.

다른 신탁구조의 경우 우선수익자의 독립된 처분권한이 명기되어 있다. 차입형토지신탁의 경우 우선수익자가 존재하더라도 신탁사의 차입금이 있으면, 전부 상환된 후에 우선수익자가 처분에 대한 권리를 주장할 수 있다.

2. 부동산신탁 현황

한국의 부동산전문 신탁회사는 현재 총 14개다. 부동산전문 신탁회사는 금융위원회의 인가를 받아야 업을 영위할 수 있다. 기존의 존재하는 회사를 인수하는 것도 쉽게 허가가 나지 않고, 신규 설립하는 경우 더욱 어렵다. 오랫동안 11곳이 존재하다가 3개 회사[28]가 2019년도에 새로 인가를 받아 영업을 개시하였다.

---

28) 한국투자부동산신탁(주), 신영부동산신탁(주), 대신자산신탁(주).

책임준공확약형 관리형토지신탁이 2016년 출시되고 확대되면서 기존 관리형토지신탁이나 차입형 토지신탁 위주였던 개발사업 신탁이 크게 변했다. 신탁사가 대출자에게 책임준공에 대한 추가적인 신용보강을 제공하는 책임준공확약형 관리형토지신탁(이하 "책준형 신탁")이 많아졌다.

부동산신탁사는 2024년 현재 14개로 금융계열과 비금융계열로 구분이 가능하다. 책준형 신탁은 신탁사의 유사 신용공여 상품으로, 대출자는 금융계열신탁사를 선호한다. 금융계열과 비금융계열[29]의 부동산개발사업대출 관련 취급규모의 차이가 발생했다.

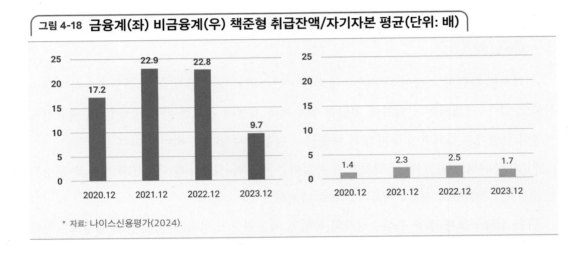

그림 4-18 **금융계(좌) 비금융계(우) 책준형 취급잔액/자기자본 평균(단위: 배)**

* 자료: 나이스신용평가(2024).

각 상품별로 참여하는 시공사의 수준은 차입형과 책준형이 다르다. 주로 차입형 토지신탁의 시공사는 시공능력이 우수한 시공사가 많이 참여하였고, 책준형 신탁의 경우 이보다는 열위한 시공사가 주로 참여했다.

---

29) **금융계열**: 교보자산신탁, 대신자산신탁, 신한자산신탁, 우리자산신탁, KB부동산신탁, 하나자산신탁, 한국투자부동산신탁.
     비금융계열: 대한토지신탁, 무궁화신탁, 코람코자산신탁, 코리아신탁, 한국자산신탁, 한국토지신탁.

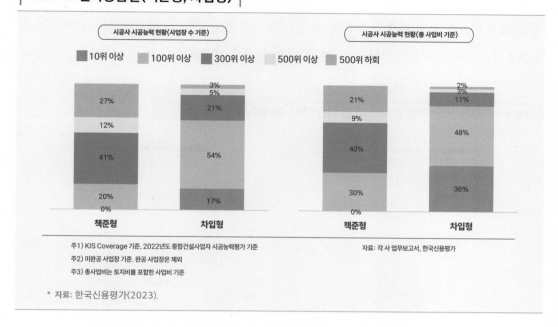

그림 4-19 신탁상품별(책준형, 차입형)

시공사 시공능력 현황(사업장 수 기준)

시공사 시공능력 현황(총 사업비 기준)

■ 10위 이상   ■ 100위 이상   ■ 300위 이상   ■ 500위 이상   ■ 500위 하회

주1) KIS Coverage 기준, 2022년도 종합건설사업자 시공능력평가 기준
주2) 미완공 사업장 기준. 완공 사업장은 제외
주3) 총사업비는 토지비를 포함한 사업비 기준

자료: 각 사 업무보고서, 한국신용평가

* 자료: 한국신용평가(2023).

분양성과 측면에서도 책준형 신탁의 분양성과가 좋지 않은 것으로 나타났다. 시공사뿐 아니라 신탁사의 신용까지 공여되면서 대출기관이 체감하는 위험이 낮아졌다는 해석이 가능하다.

그림 4-20 책준형과 차입형의 분양성과

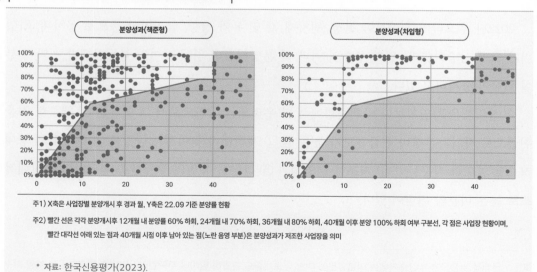

분양성과(책준형)

분양성과(차입형)

주1) X축은 사업장별 분양개시 후 경과 월, Y축은 22.09 기준 분양률 현황

주2) 빨간 선은 각각 분양개시후 12개월 내 분양률 60% 하회, 24개월 내 70% 하회, 36개월 내 80% 하회, 40개월 이후 분양 100% 하회 여부 구분선, 각 점은 사업장 현황이며, 빨간 대각선 아래 있는 점과 40개월 시점 이후 남아 있는 점(노란 음영 부분)은 분양성과가 저조한 사업장을 의미

* 자료: 한국신용평가(2023).

책준형 상품은 대출기관에게 최소한 담보물은 완성될 수 있다는 믿음을 주었다. 분양성에 크게 의존하지 않고 대출이 진행될 수 있는 논리를 만들었다[30]. 새로운 상품의 취급과 부동산경기 호황으로 부동산신탁사는 우수한 영업실적을 자랑했다.

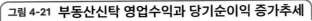

그림 4-21 부동산신탁 영업수익과 당기순이익 증가추세

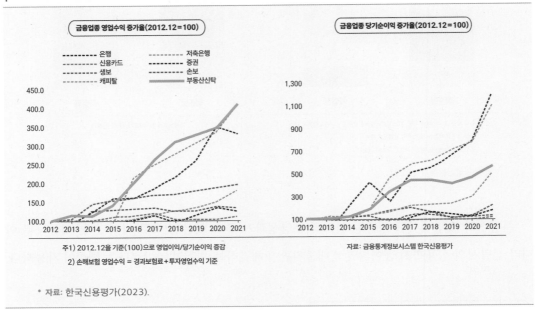

주1) 2012.12을 기준(100)으로 영업이익/당기순이익 증감
2) 손해보험 영업수익 = 경과보험료 + 투자영업수익 기준

자료: 금융통계정보시스템 한국신용평가

* 자료: 한국신용평가(2023).

2022년 우크라이나-러시아 전쟁, 원자재 값 및 유가 상승, 금리인상 등으로 공사비, 사업비가 크게 상승하였다. 원가 상승의 여파 및 분양시장의 침체로 여러 부동산개발 신탁에 부실 위험이 증가하고 있다.

부실위험은 차입형보다는 책준형에서 더 우려되는 상황으로서 그 이유는 ① 책준형 집중취급으로 자기자본대비 취급규모가 높은 점 ② 계획대비 늦어지는 공정률 ③ 시공사의 상대적으로 열위한 시공능력 ④ 저조한 분양성과 ⑤ 다양한 유형의 부동산을 취급하면서 상대적으로 높은 미분양 위험이 있다.

---

30)　전체적 부동산가격 상승기에는 미분양분에 대한 담보대출도 활발히 일어나 주택건설사업대출 대출자들의 채권 회수가 용이했다.

- 다시 부동산개발사업 부실위험이 사회적 이슈가 되었다. 부동산개발 담보대출(브릿지대출)위험에서 공사비 증가로 인한 준공위험, 입주위험으로 위험은 전이되고 있다. 과거와 가장 다른 점 중 하나는 책임준공확약형 부동산신탁의 부실이다.

🏠 참고문헌

- 금융위원회, 금융감독원, 2023, 부동산PF의 질서있는 정상화를 차질없이 추진하고 있습니다. 2023. 7. 4. 금융위원회, 금융감독원 보도자료..

- 금융투자협회, 2012, 알기쉬운 신탁상품 이야기, p. 17-19, 36-41.

- 대한국토도시계획학회 부동산정책연구회 제1차 세미나, 2023, 최근 Project Financing 위험 변화와 대응방안 p. 9 그림 1-10 편집.

- 메리츠종금증권 부동산금융연구소, 2010, Real Estate Market Report.

- 법제처, 2024, 조세특례제한법 시행령 제104의28.

- 삼성증권, 2023, 비은행권, 업권별 상이한 PF 대출구조, Sector Update 부동산 p. 15.

- 이갑섭, 이현석, 2012, 은행과 저축은행의 부동산PF 대출특성 비교분석, 부동산학연구

- 이현석, 신종칠, 박성균, 2011, 시장변화에 따른 부동산PF 개선방안 연구, 도시행정학보

- 자본시장연구원, 2023, 국내 증권업 부동산PF 위험요인과 대응방안, 이슈보고서 23-10 p. 2.

- 제18집 제1호 p. 111.

- 제24집 제1호 p. 109.

- 지방행정연구원, 2022, PFV 출자 타당성 검토 매뉴얼, p. 4-7, 11, 23-28.

- 진홍기, 2008, 프로젝트파이낸스의 이론과 실무, 일감 부동산법학 제3호 p. 9-11, 19-20.

- 통계청 국가통계포털(kosis.kr) 통화금융통계(2014~2023).

- 한국기업평가, 2006, 프로젝트 파이낸스, 평가방법론 p. 361 표1 재구성.

- 한국신용평가, 2023, 시공사 부실위험이 부동산신탁사로 전이될 경우 위험수준 및 대응력,KIS Special Report p. 1-4, 10-13.

- 한국은행, 2023, 최근 우리나라의 금융안정 상황 평가, 한국은행 금요강좌 제912회 p. 21.

🏠 연습문제와 토론주제

1. 개발사업금융의 정의는 무엇인지 설명하시오.

2. 비소구금융의 의미를 설명하시오. 개발사업금융이 비소구금융인 이유는 무엇인지 설명하시오.

3. 개발사업금융과 기업금융의 차이점을 설명하시오.

4. 부동산 개발사업 과정을 사업 단계별로 설명하시오.

5. 부동산개발사업의 대출 상환위험 분산기법이 어떻게 발전하였는지 설명하고, 위험 분산기법을 예를 들어 설명하시오.

6. 프로젝트금융투자회사를 설립하여 개발하는 방식과 시행사가 단독으로 개발하는 방식의 장단점을 설명하시오.

7. 신탁의 의미에 대해 설명하시오.

8. 신탁의 기본구조를 설명하시오.

9. 토지신탁의 종류와 책임준공확약형 관리형토지신탁에 대해 설명하시오.

10. 한국의 부동산개발사업이 진정한 의미의 비소구금융인지 논하시오.

11. 대출자에게 있어 부동산개발사업의 다양한 위험 중 어떠한 위험이 가장 큰 위험일지 그리고 어떠한 방법으로 위험을 방지할 수 있는지 논하시오.

12. 프로젝트금융투자회사를 설립하여 개발사업을 하고자 하는 사업주체의 전략에 대해 논하시오.

13. 토지신탁을 하지 않고 시행사가 모든 자금관리를 하면 어떠한 문제가 발생할 수 있는지 논하시오.

14. 책임준공확약형 관리형토지신탁이 차입형토지신탁보다 분양성과가 좋지 않은 이유에 대해 논하시오.

소형 가구를 위한 주거용 오피스텔 개발
- 방이동 '벨 솔레' 오피스텔 사례 -

1. 프로젝트 개요

　서울시 송파구 방이동 소재의 부지로서 용도지구는 일반상업지역으로 구분되며, 일반업무시설 용도로 계획된 대지이다.

　본 개발사업은 세부적으로는 대지면적 1,630.00㎡(493.08평), 건축면적 905.22㎡(273.82평), 건폐율 59.53%, 용적률 873.16%를 적용하여 총 연면적 18,054.21㎡(5,461.40평)로서 지하 4층 ~지상 19층인 총 289세대와 근린생활시설로 계획되었다. 이 사업은 2020년 3월 준공 및 입주예정으로 진행 중인 프로젝트이다. 시행은 JLK Holdings, 부동산 신탁 업무는 생보부동산신탁, 시공은 포스코 ICT에서 맡았다.

* 조감 사진 및 위치도

출처: 벨솔레 분양홍보 브로슈어.

* 잠실 BEL SOLE 사업 개요

대지위치	서울 송파구 방이동 41-8번지 외 5필지
지역/지구	일반 상업지역/지구단위계획구역/상대정화구역/대공방어협조구역
용도	오피스텔, 오피스, 근린생활시설
대지면적	공부상면적 1,630.00m² (493.08평) 도로기부채납 109.40m² (33.09평) 계획면적 1,520.60m² (459.98평)
건축면적	905.22m² (273.82평)
규모	지하4층~지상19층 오피스텔 289실
용적률 건폐율	용적률 873.16% (법정 933.7% 이하) 건폐율 59.53% (법정 60% 이하)
연면적	18,054.21m² (5,461.40평)
주차대수	계획: 183대 / 법정: 157대

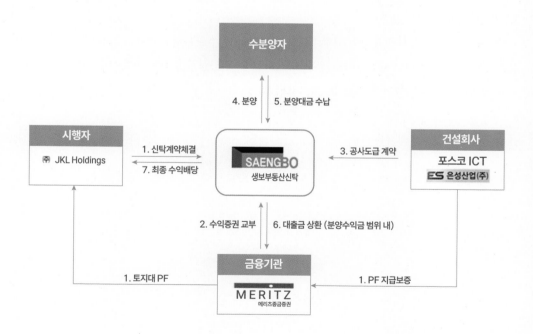

2. 수분양자 예상 투자 수익률

2017년 기준 서울의 오피스텔 가격은 전년대비 약 2.8% 상승해 지난해 3.0%보다는 낮게 나타났다. 서울지역 오피스텔은 가격 상승 등의 영향으로 임대수익률이 지속적인 하락세를 보이고 있다. 지난 7월 임대수익률이 5% 이하로 떨어진 이후 2018년 3월 말 기준 4.82%를 기록하고 있다. 오피스텔 신규 입주물량은 오피스텔이 준주택으로 지정된 2012년 이후 꾸준히 늘어나고 있는 추세로 최근 3년 평균 연간 약 3만 호가 공급된 것으로 나타났다. 이 중 서울의 비중은 55% 수준으로 2018년에는 1.3만 호, 2019년에는 0.8만 호가 공급될 것으로 나타났다. 그동안의 공급증가로 인해 수급불균형 문제가 발생할 수는 있지만, 서울지역의 경우 공급량은 점차 감소하고 있기 때문에 큰 우려는 나타나고 있지 않다.

수분양자의 입장에서 각각 자기자본 100%, 자기자본 40% 투자의 상황을 가정하여 볼 때 투자수익률을 비교하여 보면 다음 표와 같다. 자기자본 100%의 투자상황을 가정하여 17.4평형의 상품을 분양받고, 보증금 1,000만 원에 인근주변시세를 월세로 가정하였을 때, 110만 원 수준의 임대를 하게 되면 임대수익 4.02% 투자 수익률을 기대해볼 수 있고 자기자본 40%일 경우에는 연 5.70%를 기대해볼 수 있다.

투자수익률의 지속성은 풍부한 배후수요와 입지여건 및 수요자의 니즈를 고려한 차별화된 유니트 구성과 관리 운영방식으로 제공되는 서비스시설 및 주차공간의 충분한 확보로 향후에도 지속적으로 예상 투자수익률이 확보될 것으로 기대된다.

자기자본 100%		자기자본 40%	
분양평형	17.4평형	분양평형	17.4평형
분양가격	17.8백만 원/평	분양가격	17.8백만 원/평
세대가격	309.72백만 원	세대가격	309.72백만 원
부가가치세	30.972백만 원	부가가치세	30.972백만 원
임대보증금	10백만 원	임대보증금	10백만 원
중도금대출	-	중도금대출(60%)	185.832백만 원
실 투자금액	268.748백만 원	실 투자금액	82.916백만 원
월/임대료	0.9백만 원	월/임대료	0.9백만 원
연/임대수익	10.8백만 원	연/임대수익	10.8백만 원
연/대출이자	-	연/대출이자	6.875백만 원
연/순수익	10.8백만 원	연/순수익	4.733백만 원
투자수익률	4.02%	투자수익률	5.70%

3. 개발자의 개발이익

개발사업에 대한 총수입에서 총지출을 차감한 경상이익을 통해서 성공 여부를 판단해볼 수 있다. 통상적으로 성공적인 개발사례로 판단하는 기준을 개발 적정이윤 10% 정도로 인식하고 있다. 본 개발사례의 경우에는 오피스텔, 상가 개발 프로젝트로서 총수입 약 1,013억 원, 총지출 약 882억 원, 경상이익 131억 원 달성으로 13%의 경상이익률을 기록하였다.

수익으로서 오피스텔은 17.5평, 17.4평, 15.1평, 10.9평의 네 가지 유형으로 평당 17.8백만 원에 분양하여 약 863억 원의 매출이 발생하였고, 상가는 평당 지하1층은 8백만 원, 지상1층은 44백만 원, 지상2층은 17.5백만 원에 분양하여 150억 원 매출이 예상된다.

지출로서는 토지매입비용으로 평당 72.48백만 원 460평을 매입하여 33,340백만 원을 지출하였다. 그 외에도 직접공사로 26,215백만 원, 분양제비용 6,664백만 원, 제세공과/부담금으로 1,443백만 원, PF관련비용과 이자비용으로 13,308백만 원 등을 지출하였다. 총수입 1,013억 원에서 총지출 882억 원을 공제하여 경상이익 131억 원, 이익률 13%가 예상된다. 개발자는 개발이익을 현 13%보다 더 상회하는 이익을 확보할 수 있었음에도 불구하고 주차장 시설이나 서비스시설 및 고급 마감재 사용 등의 건축비에 비용을 많이 투자하여 거주자 주거환경의 질적 향상에 노력을 기울였다.

매 출	오피스텔	86,289,000,000	289실
	상가	15,059,000,000	3개층 517평
	합계	101,348,000,000	VAT 별도
매 출 원 가	토지관련비용	36,213,000,000	제비용 포함
	직접공사비	26,215,000,000	지상 및 지하층 평균공사비
	간접공사비	2,013,000,000	철거/설계/감리/인허가 등
	분양제비용	6,664,000,000	세대당(10,000천원) + 상가수입 7%
	제세공과금/부담금	1,443,000,000	보존등기비 포함 1.4%
	기타제경비	2,337,000,000	관리비 및 수수료
	금융비용	13,308,000,000	PF이자 및 수수료
	합계	88,194,000,000	VAT 별도
세 전 손 익	세전 개발이익	13,154,000,000	매출대비 13%

4. 오피스텔의 개념과 오피스텔 제도 변화

　오피스텔은 최근 1~2인 가구와 같은 소형가구의 증가로 인한 부족한 수요를 충족하기 위한 역할을 담당하고 있다. 주거측면에 있어서 오피스텔은 다소 모호한 법적 특성을 갖고 있기 때문에, 일반주택에 비해서는 유연한 규제를 적용받는 소형주택으로 인식되고 있다. 본 연구에서는 지속적으로 공급량이 증가하는 주거용 오피스텔의 개념과 제도변화의 이해를 통하여 사례연구의 방향을 선정하고자 한다.

1) 개념

　오피스텔(officetel)이란 업무와 주거를 한 단위 실내에서 해결하는 복합용도 건물을 가리키는 합성어이다. 오피스(office)와 호텔(hotel)로 이루어진 복합어로 업무를 주로 하며, 건축법 시행령 제3조의 5 관련 별표1 용도별 건축물의 종류에 따르면 '분양하거나 임대하는 일부 구획에서 숙식을 할 수 있도록 한 건축물로서 국토해양부 장관이 고시하는 기준에 적합한 것'을 말한다. 오피스텔은 주거시설을 갖춘 사무실로서 업무시설로 분류되어 건축법의 적용을 받는다.

2) 오피스텔의 제도변화

1970년대와 1980년대 도심 내 산업은 제조업에서 서비스업으로 전환되었고 낙후되었던 도심 곳곳에선 재개발 사업이 진행되었다. 이 과정에서 업무용 건축물들이 대량 공급되었다. 특히, 1980년대 중반 사무실 과잉 공급으로 공실이 발생하자 면적을 작게 구획하고 주거 가능시설을 구비한 사무실이 오피스텔이라는 이름으로 분양되었다.

오피스텔은 건설 초기 업무시설과 주택을 엄격히 구분하고 있던 건축법상 불법 건축물이었지만, 1985년 주거기능을 포함한 오피스텔에 대한 근거조항을 건축법에 신설하면서 양성화되었다. 건축법상 근거조항이 신설된 이후에도 지자체별로 혼동이 발생하자 건설부는 1988년 따라 수없이 규제강화와 완화를 거듭해오고 있다. 대표적으로 발코니와 바닥난방 설치, 전용출입구 설치, 욕실기준에 대한 건축기준이 변화해오고 있다. 오피스텔 건축기준에 대한 주요변화를 표로 작성하면 아래 표와 같다.

* **오피스텔 건축기준 변화**

고시일자	업무면적 비율	욕실기준	바닥난방	기 타
1988. 6. 18.	70% 이상	욕조설치금지 (샤워기 포함) 1.5m² 이하	온돌/온수온돌 난방금지	중앙 집중식 난방
1995. 7. 19.		욕조설치금지	삭제	삭제
1988. 6. 8.	50% 이상	욕조설치금지		-
2004. 6. 1.	70% 이상	욕조설치금지 욕실 1개 이하 (3m² 이하)	온돌/온수온돌 /전열기 난방 금지	-
2006. 12. 30.			전용면적 50m² 이하 가능	-
2009. 1. 23.		욕조설치금지 욕실 1개 이하 (5m² 이하)	전용면적 60m² 이하 가능	-
2009. 9. 29.			전용면적 85m² 이하 가능	1.2m 이하 여닫이창문 설치 시 안전시설설치
2010. 6. 9.	삭제	삭제		피난 및 설비 기준강화
2013. 12. 13.				전용출입구 기준 변경
2014. 5. 28.				세대간 층간소음방지용 경계벽 및 바닥설치
2015. 4. 30.				전용, 공용면적 산정기준변경

* 출처: 박미정, 「소규모 오피스텔 물리적 환경구성요인의 중요도 분석」, 연세대학교 석사학위논문, 2017. 재인용.

특히 정부는 2010년 오피스텔을 준주택으로 지정하여 업무중심에서 주거중심으로의 이용실태를 반영하고자 했다. 준주택이란 주택법상의 주택으로 분류되지는 않고 있으나, 사실상 주거용으로 이용되고 있는 시설을 의미한다. 주택법 제2조에 준주택제도를 신설하여 오피스텔을 준주택에 포함시키고, 건축기준 완화, 기금대출 지원, 임대주택 사업에 주거용 오피스텔 포함 등 적극적인 공급확대를 추진했다. 정부는 1~2인가구의 지속적인 증가와 시장수급에 따라 준주택개념을 도입해 오피스텔을 소형주택의 대체제로 활용했다. 건축규제의 완화와 정책지원을 통해 주거용 오피스텔의 공급은 점차 확대되었다. 정부의 정책지원을 통한 공급확대와 더불어 전세난을 거치면서 오피스텔은 소형가구를 위한 주거대안으로 자리 잡았다. 하지만 여전히 오피스텔은 관련법상 업무용 시설이기 때문에 취득세가 아파트보다는 무겁다. 또한 전용률에 있어서도 차이가 있기 때문에, 실수요자들은 구매 시 주의를 기울일 필요가 있다. 일각에서는 오피스텔이 사실상 주택 역할을 하는 만큼 준주택이 아닌 주택으로 완전히 편입하는 방안을 검토해야 한다는 주장도 나타나고 있다.

출처: 이현석 편저, 2018 부동산개발 사례연구, 건국대학교 출판부, 2018, pp.209-238 요약.

Real Estate Development

제5장
부동산금융과 프롭테크[1]

- **구성**
  - 제1절 배경
  - 제2절 4차 산업혁명과 데이터 자본주의 출현
  - 제3절 부동산금융의 혁신과 프롭테크의 성장
  - 제4절 프롭테크의 현황과 과제

- **목적**   4차 산업혁명 및 프롭테크에 대한 이해

- **용어**   4차 산업혁명, 프롭테크, 데이터 자본주의

- **핵심**   **4차 산업혁명과 프롭테크 기술의 부동산시장 영향**

  - 4차산업혁명과 데이터 자본주의는 부동산시장을 변화시키고 있다.
  - 프롭테크는 부동산과 기술의 합성어다.
  - 융복합, 초연결, 초지능은 프롭테크의 핵심이다.
  - 한국 프롭테크는 마케팅 플랫폼에 편중되어 있다.
  - 한국 스타트업은 수익실현방안이 주로 IPO에 의존하기에 생존율이 낮다.

---

1) 본 장은 '한국 부동산 금융: 성과와 과제(2023), 박영사' chapter 12에 수록된 원고임.

🏢 제1절 배경

산업혁명은 18세기 증기기관 기반의 기계화 혁명을 시작으로 19세기 전기에너지 생산을 통한 대량 생산체제, 20세기 컴퓨터 및 인터넷 기반의 지식정보 혁명 순으로 발전해왔다. 기업성장전략은 설비투자 대비 생산량 증가와 평균 생산비 감소 등 규모의 경제와 수직·수평적 확장을 통한 생산과 공급 효율화였다. 21세기 이후 산업환경에서는 빅데이터, IoT(internet of things), AI(artificial intelligence) 등 정보통신 기반의 산업간 융복합(convergence), 초연결(hyper connectivity), 초지능(super intelligence)이 4차 산업혁명의 핵심요소로 떠올랐다. 산업과 업종, 채널 간 상품과 서비스가 융복합되면서 새로운 비즈니스가 등장한다. 기존 노동력과 자본투입을 통한 생산성 위주의 산업자본주의에서, 데이터 수집, 저장, 분석 및 활용 역량을 통해 데이터 투입량과 디지털 기술혁신중심의 데이터 자본주의 개념으로 산업의 근간을 변화시키고있다.

프롭테크(proptech)는 부동산과 정보통신기술(ICT: information communicationtechnology)이 융복합된 의미로 서로 다른 경영과 기술 등을 결합하여 신기술·신제품·신서비스를 통해 사업화 능력을 높이는 활동이다. 초연결은 IT(informatiom technology)발전에 따른 인터넷과 모바일의 보급을 통해 사람과 사람, 사람과 사물, 사물과 사물을 플랫폼으로 연결하여 시공간의 제약을 극복하고 새로운 성장기회와 가치를 창출하는 상호 활동이다. 초지능은 기계학습 알고리즘으로 자율적으로 대량의 데이터와 상호작용을 통해 스스로 학습하는 컴퓨터 기술을 의미한다. 초지능은 데이터와 인공지능 등을 통해 새로운 공간환경을 제공하는 가상공간, 메타버스, 인텔리전트 빌딩, 스마트시티 등을 그 예로 들 수 있다.

4차 산업혁명과 데이터 자본주의는 부동산산업 전반의 생태계를 혁신시키고 있다. 본 장은 부동산과 금융, 디지털 기술로 연결되는 프롭테크에 대해 성장 배경, 유형과 현황, 그리고 발전 방향에 대해 분석하고 향후 국내 부동산금융과 프롭테크의 성장 방향에 대해 살펴보고자 한다.

🏢 제2절 4차 산업혁명과 데이터 자본주의 출현

1. 4차 산업혁명의 특징

4차 산업혁명은 IoT, 빅데이터, AI, 로봇 등 ICT 기술 고도화로 인한 사회 변혁을 의미한다. <그림 5-1>에서 보는 바와 같이 과거의 산업혁명은 수력·증기 등 동력기관도입을 통해 대량생산 체제로의 전환을 가능하게 하였다. 이후 전자와 IT기술을 접목한 자동화 기능을 통해 제조 분야의 급격한 생산능력을 개선시켰다. 디지털을 핵심으로 반도체 생산 및 저장능력의 발전, ICT 고도화 등을 통해 생산 공정 이외 설계, 생산, 유통 등 기업의 공급사슬 전반에 영향을 미쳤다.

제조업의 패러다임은 「하드웨어 중심의 제조·판매」에서 「하드웨어·소프트웨어·서비스의토털 제공」의 개념으로 변화하고 있다. 4차 산업혁명은 외부 환경변화에 즉각적으로 움직일 수 있는 가상물리시스템(CPS: Cyber Physical System)을 통해 발생된 정보를 축적·재분석하여 「산업의 융복합적 사업영역」을 새로이 창출하는 개념이다.

그림 5-1 **산업혁명의 혁신단계[2]**

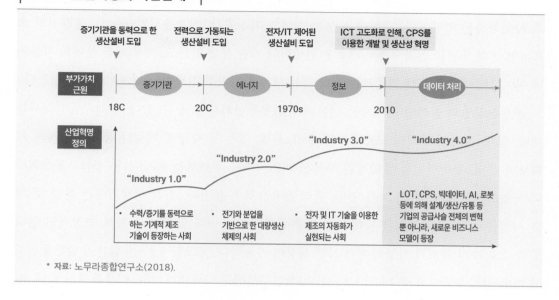

* 자료: 노무라종합연구소(2018).

4차 산업혁명의 핵심은 산업과 정보통신기술의 융복합, 사람과 사물과 공간에 대한 융복합, 초연결, 초지능 등이다.

그림 5-2 **산업혁명의 핵심분야**

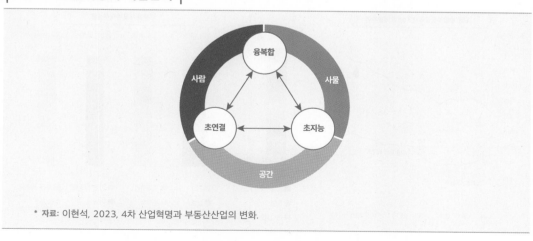

* 자료: 이현석, 2023, 4차 산업혁명과 부동산산업의 변화.

---

2) CPS(cyber physical system)란 센서, 인공지능, 데이터 포멧, 통신 시큐리티 등의 IT기술을 이용하여 현실 세계가 긴밀하게 결합되는 시스템.

융복합은 서로 다른 기술과 경영이 결합하면서 신제품과 서비스를 개발하여 새로운 분야로 사업화하는 역량이다. 김형태(2012)는 실제와 가상공간, 정보통신기술(ICT), 온라인과 오프라인 등의 채널과 연결되면서 새로운 현상이나 기술 등을 만들고, 서로 다른 분야의 사물이나 아이디어 결합을 통해 기존과는 전혀 다른 새로운 가치를 창출하는 과정이라고 설명한다.

부동산산업의 융복합 사례로는 일본의 종합부동산회사를 들 수 있다. 종합부동산회사는 개발, 임대, 운용의 수직적 프로세스와 주거, 상업, 업무 등 수평적 기능간 융복합을 통해 기획부터 운영, 관리까지의 종합적인 부동산 비즈니스를 전개하는 회사이다. 종합부동산회사의 사업모델은 개발·분양, 보유·임대, 관리·운용으로 구분된다. 시장 성장기에는 분양 및 개발 사업을 통한 매각 수익을 확대하고 시장 침체기에는 임대 및 관리를 통해 안정적인 임대 및 수수료 수익 확보가 가능해 안정적인 성장이 가능하다. 〈그림 5-3〉은 일본 종합부동산회사 매출 상위 5개 기업 중 미츠이부동산의 수익구성비를 나타낸다. 미츠이부동산의 임대, 매각, 수수료 수익은 균형있는 비율을 구성하고 있다. 시장 변동성에 대응하며 부동산 위기 시점에서도 미츠이부동산이 지속 성장할 수 있었던 이유이다.

그림 5-3 일본 종합부동산 상위 5개 기업 매출추이 및 미츠이부동산 수익구조

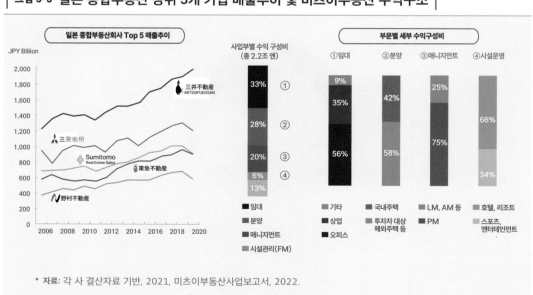

* 자료: 각 사 결산자료 기반, 2021, 미츠이부동산사업보고서, 2022.

임대, 매각, 수수료 수익모델은 각각 수익과 위험의 크기가 다르다. 임대수익은 초기 투자 위험은 크나 장기적으로 안정적인 수익을 기대할 수 있다. 매각수익은 위험이 높은 반면 수익도 크다. 수수료 비즈니스는 낮은 위험과 낮은 수익을 보인다. 미츠이부동산을 비롯한 일본의 종합부동산회사의 위험과 수익의 균형있는 사업 포트폴리오 구축은 부동산산업의 수직적 프로세스와 수평적 기능간 융복합 모델에 기반하고 있다.

부동산산업의 타 산업과의 융복합 대표 사례는 리츠와 부동산저당증권(MBS)이다. 리츠는 금융과 부동산이 융합하여 부동산의 최대 단점인 유동성 문제를 해결한다. 부동산저당증권(MBS) 등 부동산과 금융이 융합된 다양한 투자 상품을 만들어 부동산 투자시장의 규모를 확대시켰다.

초연결은 시공간의 제약을 극복하면서 공간과 사물과 사람을 상호 연결하여 새로운 성장 기회와 가치를 창출한다. O2O(online to offline)와 공유경제 등 새로운 플랫폼비즈니스 모델을 만들어낸다. 산업간 경계가 약화되면서 기존의 경계가 뒤섞이는 빅블러(big blur)현상이 나타나고 있다. 리테일 기업은 물류나 클라우드 비즈니스로 확장되거나 반대로 물류기업이나 클라우드 기업이 소비재 플랫폼 등을 운영하며 산업간 경계가 무너지고 있다. 전통적으로 진입장벽이 높았던 건설, 도시, 부동산시장은 스마트시티의 개념으로 확장되면서 구글, 알리바바 등 데이터를 기반으로 한 ICT 기업들이 도시 및 부동산 영역까지 확장하고 있다.

초지능은 데이터와 상호작용하여 스스로 학습하는 빅데이터나 인공지능(AI: artificial intelligence)의 개념을 말한다. 초지능은 IoT와 인공지능을 지렛대로 경제시스템과 산업구조의 최적화, 사이버 세계와 물리적 세계를 네트워크로 연결해 하나의 통합시스템으로서 지능형 CPS를 구축하고 사람과 사물, 공간, 시스템이 초연결되어 상호의존도를 강화시킨다. 테슬라는 전기자동차 회사로 단순하게 보면 화석연료에서 전기배터리로의 동력 전환을 의미하지만, 그 이면에는 데이터와 인공지능이 융복합된 독자기술인 자율 주행이 자리잡고 있다. 하드웨어로서의 자동차 엔진 판매가 아닌 소프트웨어 개념의 운영서비스 판매 비즈니스 모델이다. 테슬라는 운송수단(mobility)과 ICT, Data, AI로 연결된 하나의 운영 서비스 플랫폼으로 볼 수 있다.

2. 4차 산업혁명으로 인한 부동산시장 변화

4차 산업혁명의 성장과 함께 등장한 개념이 디지털 트랜스포메이션(DT; digitaltransformation) 이다. 기존 3차 산업혁명까지는 제조와 생산성의 생산량을 높이고 자동화하는 개념의 기술 혁 명이라면 4차 산업혁명은 기술과 접목을 통한 신분야 및 비즈니스 확장으로 연결된 부분이다. ICT의 정보처리 용량 및 기술의 혁신으로 데이터 처리 및 저장능력이 개선되고 인공지능과 빅 데이터, IoT(사물인터넷), 블록체인(분산형 대장) 등의 기술을 성장시켰다. 기술의 진화를 통해 고 객의 편리성 및 비즈니스의 범용성이 개선되고 비용 경쟁력이 생기면서 새로운 부가가치 창출 등 다양한 분야 및 업계까지 적용, 확장되고 있다.

4차 산업혁명으로 인한 부동산 투자시장의 변화는 디지털 기술 활용을 통해 자산과 프로 세스 효율화 및 고객에게 새로운 가치를 제공하며 부동산산업의 패러다임을 혁신시키고 있 다. 기술 혁신으로 인한 소비와 공간, 라이프 스타일의 변화 등 폐쇄적인 상업용 부동산 투자 시장에도 디지털과 연계된 새로운 섹터와 투자 방식 등 많은 변화와 혁신이 이뤄지고 있다.

자산을 반드시 소유해야만 한다는 고정관념이 깨지고 있다. 부동산과 고객을 상호 연결 하는 플랫포머들의 등장으로 자산을 소유하지 않아도 부동산사업을 영위할 수 있고 소유가 아닌 이용과 공유의 개념으로 자산의 활용방식이 변화하고 있다. 아마존은 온라인으로 성장 해 리테일 기업들을 위협하였다. 아마존 풀필먼트라는 거대 물류시스템과 클라우드 시스템 을 통해 물류센터와 데이터센터라는 새로운 부동산 투자섹터의 시대를 열었다. 반면, 기존 리테일 시장은 위기를 겪고 있다. 2016년에는 160년 전통의 미국 메이시스(Macy's) 백화점이 100여 개 이상 지점의 폐쇄를 결정했다. 시어스(Sears) 백화점은 최근 3~4년 사이에 지점을 절반으로 줄였고 2017년에는 70년 전통의 토이저러스(Toysrus)가 파산했다.

상업용 부동산 투자시장에서 안정적인 핵심 자산으로 여겨지던 오피스마저도 코로나19 로 인해 재택근무가 확산되고 Zoom과 Teams와 같은 영상회의 시스템의 성장으로 전통 오피 스에 대한 자산 가치와 투자 매력이 하락하고 있다. 〈그림 5-4〉는 글로벌 상업용 조사 회사 인 그린스트리트의 가격 모델로 환산된 2023년 미국의 상업용 부동산자산가치 추이이다. 미 국의 최근 정점 및 3개월 이전 시점 대비 각 섹터별자산가치가 얼마만큼 변화했는지를 보여 주는 내용이다. 전체 상업용 부동산시장은 정점대비 -15% 자산가치가 하락하였으나 오피스는 정점 대비 -25% 하락한 것으로 나타나고 있다.

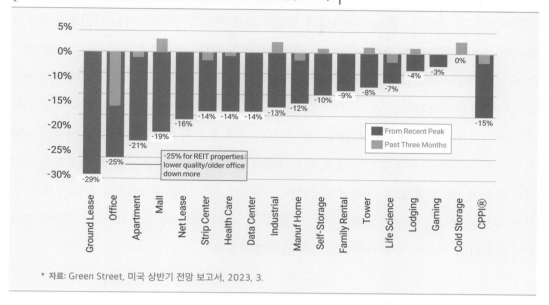

그림 5-4 미국 섹터별 상업용 부동산자산가치 변화(CPPI)

* 자료: Green Street, 미국 상반기 전망 보고서, 2023. 3.

<그림 5-5>와 같이 안정적으로 생각했던 오피스 자산도 사업환경 및 대체 기술로 위상이 흔들리며 투자 매력도는 급격히 떨어지고 있다.

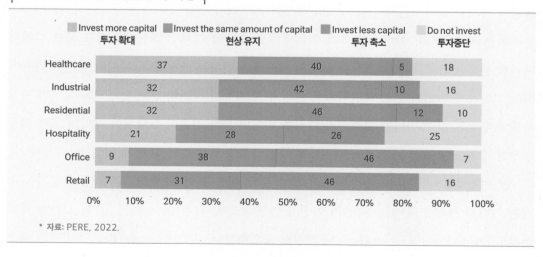

그림 5-5 투자자 섹터별 투자 의향

* 자료: PERE, 2022.

기술의 발전은 전통적인 부동산자산을 위협하는 동시에 새로운 성장 섹터 시장을 만들어 가고 있다. 넷플릭스나 유튜브 등의 콘텐츠 플랫폼은 멀티플렉스 영화관들을 위협하고 있다. 콘텐츠의 제작 및 편집, 특수 효과제작을 위한 스튜디오 파크라는 로운 부동산 투자상품이 등장하고 있다. 바이오, 헬스케어 산업의 성장과 함께 라이프사이언스라는 바이오산업과 부동산이 융복합된 새로운 형태의 투자 시장이 주목받고 있다. 블랙스톤이 투자한 바이오매드는 바이오 클러스터를 조성, 클러스터를 운영하는 부동산 리츠와 해당 클러스터에 입주하는 바이오 회사들에 투자하는 VC(venture capital)를 통해 부동산과 바이오 스타트업의 성장을 통한 수익실현을 동시에 도모하고 있다. 데이터센터 운영 중심의 회사였던 디지털 리얼티와 에퀴닉스 등은 자산 운용업 확대를 통해 데이터센터의 투자, 리츠 상장 등을 통해 성장을 도모하고 있으며 ESR 또한 물류 이외 데이터센터 투자까지 투자 상품의 라인업을 확대하고 있다. 기술 혁신은 부동산에 많은 영향을 미치고 있다. 입지 기반의 부동산에서 산업, 기술의 성장 사이클에 따라 자산의 성장 사이클도 함께 달라지고 있다.

3. 데이터 자본주의의 출현

4차 산업혁명의 뒤를 이어 등장한 개념이 '데이터 자본주의'이다. Viktor Mayer-Schonberger 옥스퍼드대학교 교수는 2018년 '데이터 자본주의'(Reinventing Capitalism in the age of Big Data)를 발표한다. 자본주의는 화폐 가치를 중심으로 움직였으나, 앞으로는 데이터의 가치가 자본의 가치를 높여주는 역할을 대체하며 자본주의 핵심이 될 것이라는 내용이다. 데이터 자본주의는 사람, 재화, 설비·인프라가 인터넷에 연결되어 디지털 데이터화되고 해당 디지털 데이터 분석을 통해 경영/비즈니스 모델의 혁신을 실현하는 개념이다. 디지털 혁신을 가능케 하는 기반은 빅데이터이다. 디지털화로 인해 수집 가능한 데이터 양이 확대되고 데이터 저장 능력이 향상된다. 데이터간 연결성과 비정형 데이터 분석 기술이 향상되어 데이터 기반 의사결정의 정확도 및 내부 프로세스 개선으로 사업의 효율성을 높일 수 있게 되었다.

챗GPT는 빅데이터를 통한 데이터 축적과 분석, 이를 통한 AI 알고리즘을 통해 문자(text) 기반 이미지 생성을 통해 AI 시장의 혁신을 예고하고 있다. JP Morgan은 '17년 AI기반 계약 분석도구인 CON(contract intelligence) 챗봇을 도입하였다. 골드만삭스는 '16년 소비자의 대출 및 저축 계좌를 제공하는 AI기반 자금세탁방지 솔루션 'Marcus'라는 플랫폼을 개발하였다. 해당 플랫폼의 AI를 사용하여 대출을 인수하고 신용도 분석을 통해 대출자의 행동 예측에 활용하고 있다. 모건스탠리는 고객 재무분석 및 자산운용 서비스에 Open AI의 차세대 멀티 모달(multi-modal) GPT-4를 활용한다는 발표를 하는 등 AI를 활용하는 사례가 증가하고 있다.

부동산산업은 데이터 축적 및 활용도가 타 산업 대비 낮은 수준이다. 〈그림 5-6〉은 글로벌 경영컨설팅 기업 McKinsey의 글로벌 주요 산업별 디지털화와 디지털 기술응용 수준의 분석 결과다. 부동산산업에 중간, 건설업은 하위수준인 것으로 나타났다. 세부 디지털화 영역 중 부동산산업의 디지털 자원(digital asset, 데이터 포함) 축척 정도는 하위 수준으로 나타났다.

부동산금융 투자업이 데이터 활용도가 낮고 비정형 데이터의 의존도가 높은 이유는 다음과 같다.

① 부동산 본연의 특성: 부동산은 동일 입지의 동일 자산일지라도 거래 시점, 거래 대상, 거래 방식 등에 따라 자산별 가치 차이가 나타난다. 동일 아파트의 경우에도 동, 층, 향에 따라 가치가 달라지고 거래 시점, 대상에 따라 자산 가치의 가치가 다르게 나타난다.
② 거래 특성: 부동산은 주식, 채권과 같은 타 금융상품과 달리 개별 거래, 가치에 대한 정보와 데이터가 실시간으로 공개되거나 축적되지 않는다. 따라서 데이터 기반의 분석 결과보다는 직관과 분석자의 감과 경험에 데이터를 맞추는 형태가 많다.
③ 정보의 폐쇄성: 부동산 투자시장은 주식, 채권과 같은 주요 전통 자산군과 다르게 증권거래소와 같은 '중앙 거래소'가 존재하지 않는다. 따라서 네트워크와 정보력이 핵심 역량이 되어 임대, 매매를 위한 정보 확보만으로도 경쟁력이 되었다.

부동산은 같은 자산이라 할지라도 보는 사람이나 시점에 따라 자산 가치 및 평가가 달라진다. 정보의 폐쇄성이 높은 상업용 부동산은 데이터 수집의 어려움으로 누가 어떻게 정보를 만들어 내느냐에 따라 결과가 달라질 수 있다. 글로벌 부동산시장의 경우, 상장 리츠가 활성화되고 MSCI, GSA, Prequin, PMA 등 부동산 데이터를 수집, 분석 중심의 플랫폼 기업들의 성장으로 시장 및 거래, 자산에 대한 데이터 수집 및 분석이 활발해졌다.

국내 상업용 부동산 데이터는 글로벌 투자자들의 요구에 부응하여 젠스타 및 알스퀘어 등 자산관리 및 임대차 회사들을 중심으로 데이터를 수집하고 판매하는 기업들이 확대되고 있다. 우리 정부의 정보화 추진전략 중 하나인 '마이데이터' 사업과 '부동산사업 진흥 계획('20)',

'부동산 신사업 육성 기본 방안('21)' 등 공공 데이터의 개방, 부동산 빅데이터 구축 등을 통해 부동산금융산업 내 디지털화도 확대될 것이다. 부동산 데이터의 디지털화는 불투명성과 비대칭적 정보의 불평등성을 해소하면서 부동산산업의 선진화에 기폭제가 될 것으로 예상한다.

그림 5-6 산업별 디지털화 수준

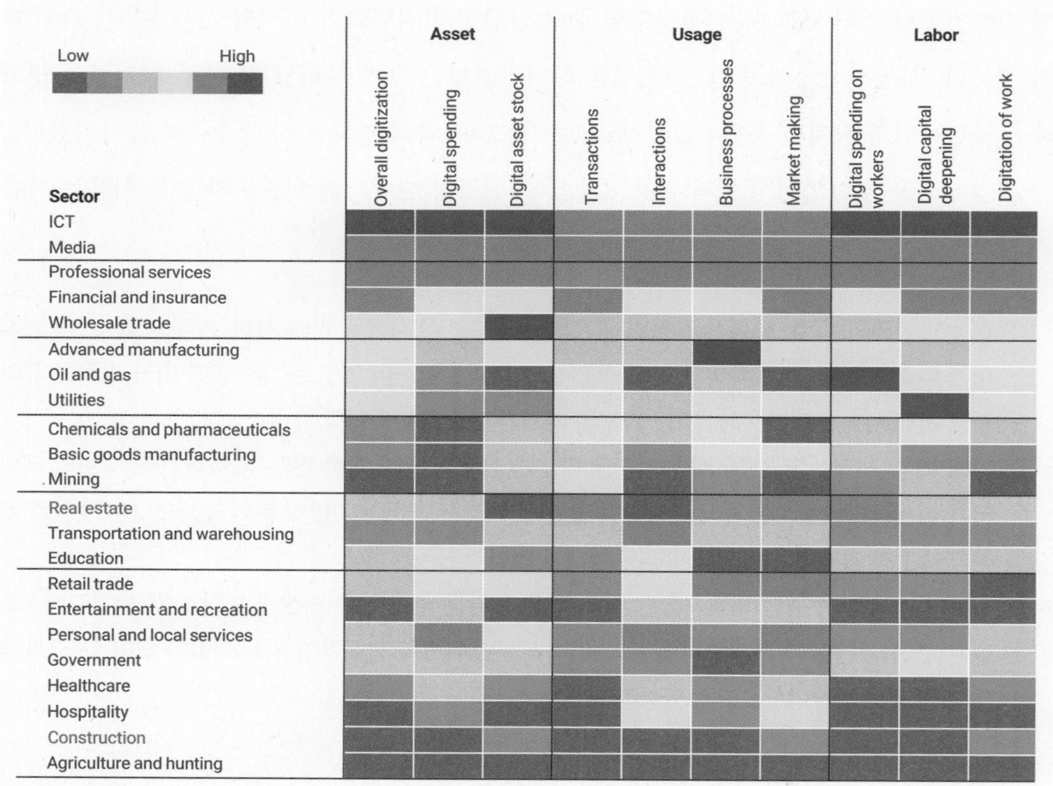

Low ▮▮▮▮▮▮ High

Sector	Asset			Usage				Labor		
	Overall digitization	Digital spending	Digital asset stock	Transactions	Interactions	Business processes	Market making	Digital spending on workers	Digital capital deepening	Digitation of work
ICT										
Media										
Professional services										
Financial and insurance										
Wholesale trade										
Advanced manufacturing										
Oil and gas										
Utilities										
Chemicals and pharmaceuticals										
Basic goods manufacturing										
Mining										
Real estate										
Transportation and warehousing										
Education										
Retail trade										
Entertainment and recreation										
Personal and local services										
Government										
Healthcare										
Hospitality										
Construction										
Agriculture and hunting										

* 자료: 대신증권 리서치센터, 2023, 프롭테크 산업 101 Series 부동산산업, 데이터 없는 성장은 없다, P.8 재인용.

📥 제3절 부동산금융의 혁신과 프롭테크의 성장

1. 부동산금융의 혁신

부동산금융은 부동산업의 밸류체인 중심의 수직적 프로세스와 투자형태에 따른 수평적 프로세스로 구분하여 볼 수 있다.

수직적 프로세스는 개발단계와 관리·운영단계로 나눠 볼 수 있다. 완공 전 개발 자산에 대한 투자 비용은 부동산의 시장가치(market value) 대비 낮게 설정된다. 개발단계의 부동산금융은 단기의 고위험 고수익(high risk/high return)형 금융 구조이다. 안정화 이후 부동산에 대한 관리·운영단계의 금융은 장기적이고 상대적으로 위험성이 낮다.

수평적 분류는 <표 5-1>과 같이 투자형태를 자본투자와 대출투자로 구분하고 공모시장과 사모시장으로 분류할 수 있다. 가장 큰 비중을 차지하는 시장은 사모시장 대출이며, 부동산과 금융의 융합이 가속화되면서 공모시장의 비중이 계속 증가하고 있다.

표 5-1 부동산금융의 수평적 분류

구분	공모시장(public market)	사모시장(private market)
자본투자 (equity investment)	공모 상장 리츠(REITs)	직접투자, 합작투자, 사모리츠
대출투자 (debt investment)	부동산저당증권(RMBS, CMBS)	건설금융(PF 대출)

부동산금융의 혁신은 부동산과 금융이 융합된 리츠나 펀드, 부동산개발에 금융적 신탁을 결합한 개발신탁(토지신탁), IT산업과 결합된 부동산정보 혁신 등 다른 산업과 화학적 결합을 통해 새로운 수요와 가치를 창출하는 혁신적 변화를 이끌어내고 있다.

부동산금융 시장 내 투자와 자금조달 관련 융합된 분야는 핀테크와 연계된 부동산핀테크를 들 수 있다. 핀테크는 금융(financial)과 기술(technology)의 결합어로 결제, 송금, 자산관리, 투자 및 대출 관련 업무를 블록체인, 가상화폐 등의 기술을 핵심요소로 하는 금융 서비스이다. 핀테크가 적용되는 분야는 결제, 송금, 자산관리, 증권형 크라우드, 대출형 크라우드 펀드, 암호화폐 등이다.

핀테크는 부동산과 금융, 기술을 연계하여 사용자 참여와 이용 편이성을 바탕으로 부동산자산을 금융상품화한다. 공모 리츠와 같이 소액으로 상업용 부동산투자가 가능한 금융 상품을 만들어냈다. 부동산 핀테크의 대표적인 모델은 P2P(peer to peer)와 STO(security token offering) 등이다. P2P모델은 토지나 건물주들이 필요로 하는 자금을 자산 담보로 개인들간 대출을 연계해주는 중계 플랫폼이다. 증권형토큰(STO)은 자산 소유권을 디지털유동화증권(DABS: dgital asset backed Securities) 발행을 통해 수익증권을 개인들에게 매매할 수 있는 거래모델이다. 자산의 소유권을 투자자에게 매각하여 지분에 해당하는 배당과 매각 수익을 얻을 수 있는 거래소이자 운영 플랫폼 모델이다. 기관투자자 중심의 전통적 부동산 투자 금융방식에서 블록체인 기술을 활용, 부동산자산의 조각투자를 통해 공모 리츠 이외 개인투자자들도 쉽게 상업용 부동산 투자를 가능케 한 방식이다.

국내 핀테크 관련 분야는 초기 대출형 상품으로 테라펀딩과 같은 P2P 상품을 중심으로 성장을 했었고 카사 코리아 및 룩센트블록 등 중소형 부동산의 조각투자를 통한 증권화토큰 시장으로 이어졌다. '18년에 설립된 카사 코리아는 금융규제 샌드박스에 따라 분산 원장 기술(블록체인) 기반의 디지털 증권 은행에 대한 사업특례를 받았다. 중소형 오피스 및 개인이나 기업들이 보유한 자산을 디지털 유동화 증권 발행을 통해 공모를 진행했다. 카사코리아는 시리즈 B까지 투자를 받았으나 시리즈 C투자가 어려워지면서 '23년 2월에 대신증권에 인수되었다.

빅데이터, 인공지능과 사물인터넷, 증강현실(AR), 가상현실(VR), 블록체인 등 발전된 기술 활용을 통해 저평가되거나 활용되지 않은 부동산자산의 가치향상 및 새로운 투자상품 개발이 예상된다.

2. 프롭테크의 특징

프롭테크는 부동산(property)과 기술(technology)의 합성어로 빅데이터, 인공지능, VR·AR 등 IT 기술을 건설, 부동산업에 접목시킨 새로운 형태의 산업과 서비스를 의미한다. 프롭테크는 융복합, 초연결, 초지능이라는 디지털화를 통해 전통 부동산업을 혁신시키는 방식이다. 부동산산업은 아날로그 산업의 대표주자로 개발, 건설, 운용관리, 중개 등 대부분 사람의 손이 가야 작동하는 인력 집약적 구조가 특징이다. 프롭테크의 개념은 단순히 부동산업무에서 정보기술(IT)을 이용하는 것뿐만 아니라 부동산과 관련된 개별 사업·서비스에 대해 다양한 첨단기술을 활용하여 새로운 부가가치를 창출하는 개념으로 정리할 수 있다.

프롭테크는 변화단계를 거치며 성장하였다. Excel, ARGUS, CAD 등 PC기반의 소프트웨어를 활용했던 1990년대부터를 'Proptech 1.0'으로 정의할 수 있다. 상업용부동산 업계의 정보 및 분석을 제공하는 CoStar가 이 시점에 설립되었다. 온라인 기술의 도입으로 종이 및 정보지나 광고 등에서 보던 부동산이나 물건 정보가 인터넷으로 열람 가능하게 되었다.

Proptech 2.0은 2006~2017년 해당 시기로 이커머스, Open API, 빅데이터, IoT, VR, 공유경제 등 다양한 플랫폼 비즈니스가 중심이다. 데이터의 평가 및 분석, 임대관리 소프트웨어, 물건 관리 시스템, VR을 활용한 가상 모델링 등이 해당된다. 2005년 Trulia, 2006년 Zillow, 2007년 Zoopla가 출현한다. 주택 매매와 임대물건의 정보를 사이트에 올리면 임차인이 검색하는 방식의 등장이다. 물건정보의 공개 이외 중개인매칭, 임대관리 및 테넌트 관리 등의 서비스도 이에 해당된다. 직접 부동산 재고를 보유하지 않아도 매칭 수수료를 받을 수 있는 마켓플레이스형 비즈니스 모델이 중심이다.

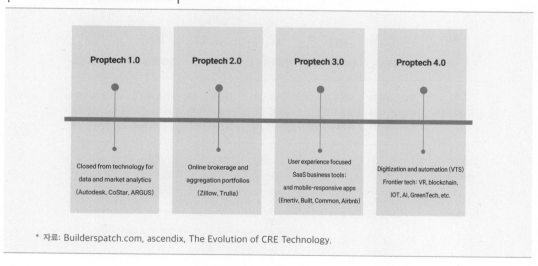

그림 5-7 **프롭테크의 진화단계**

Proptech 1.0	Proptech 2.0	Proptech 3.0	Proptech 4.0
Closed from technology for data and market analytics (Autodesk, CoStar, ARGUS)	Online brokerage and aggregation portfolios (Zillow, Trulia)	User experience focused SaaS business tools; and mobile-responsive apps (Enertiv, Built, Common, Airbnb)	Digitization and automation (VTS) Frontier tech: VR, blockchain, IOT, AI, GreenTech, etc.

* 자료: Builderspatch.com, ascendix, The Evolution of CRE Technology.

핀테크, 블록체인, AI 등 신기술과 접목한 부동산 서비스에 해당되는 부분이 Proptech 3.0으로 현재 시점에 해당된다. Proptech 3.0은 사용자 경험이 기술 자체만큼 중요한 역할을 하여 인터페이스가 스마트하고 고객 중심적으로 변화하였다. 이전 단계가 마케팅 플랫폼 중심의 B2C 대상이었다면 Proptech 3.0 단계는 B2B 중심의 프로세스 효율화, 비용절감, 시간단축 등 이용자 관점에서의 효율성이 특징이다. 마켓플레이스형 모델에서 자산의 트렌젝션, 서비스 구독모델 등의 확장을 통해 거래 정보의 투명성과 효율화 및 사업모델 확장까지 실현 가능하게 되었다.

최근 논의되고 있는 Proptech 4.0과 관련된 내용은 AI, VR, 블록체인 등을 활용한 지속가능성(green tech)과 가상공간(메타버스)이다. 지속 가능성(그린 테크)은 세계최대 탄소 배출원 중의 하나인 상업용 부동산의 탈탄소화를 위한 기후변화 대응 솔루션이 이에 해당된다. 건물은 탄소 배출량의 약 40%를 차지하며 그중 절반은 상업용 부동산에서 발생한다. 석유와 가스를 제외하면 상업용 부동산은 탄소를 배출하는 단일 산업 중 가장 높은 비중을 보인다. 탈탄소·넷제로를 측정하기 위한 데이터에서 탄소 배출 추적, 에너지 효율성, 물 소비 및 자산 및 운영자 전반에 걸쳐 생성된 ESG 지표를 분석하기 위한 소프트웨어 시스템 등이 중요해질 것으로 예상된다.

그림 5-8 건설부문 생애주기별 온실가스 배출량

구분	자금조달	개발시행 및 설계	건설자재 생산	시공	운영 및 유지보수	리모델링
배출유형	오피스 사용 및 통행 발생에 따른 에너지 사용	오피스 사용 및 통행 발생에 따른 에너지 사용	시멘트 생산 과정에서의 에너지 사용	건설 활동, 자재 수송과정에서의 에너지 사용	건물 사용 및 개보수에 따른 에너지 사용	리모델링을 위한 자재생산 및 건설 활동 등
배출비중(%)	0.1%	0.2%	28.3%	2.0%	68.6%	0.7%

내재 탄소 (Embodied Carbon)

운영 탄소 (Operational Carbon)

건설 부문 온실가스 배출의 약 97%

* 자료: 국토교통부, 국제에너지기구(IEA), 이지스자산운용 투자전략실.

자산운용사들은 서로 다른 지역에서 데이터를 수집하기 때문에 일관된 방식으로 분석, 측정, 관리하는 것은 매우 어렵다. 고객은 에너지, 물 및 폐기물을 측정하고 데이터를 단일 시스템에 통합하기를 원한다. 에너지와 자원 관련 데이터 측정 및 관리시장은 성장할 것으로 보이는 이유이다. AI 또는 디지털 트윈과 같은 디지털 도구를 활용하면 탄소 배출뿐만 아니라 비용 절감에 도움이 될 수 있다.

미국의 운용사 Hines는 건물의 에너지 효율 중요성을 창업 초기부터 인지하며 1999년부터 ENERGY STAR와 파트너십을 체결, 상업용 부동산의 에너지 효율 및 온실가스 저감 운동에 동참하였다. 이후 건물 에너지 효율성 표준 수립, 2005년 건축가 William McDonough와 협업을 통해 'Hines Sustainable Tool'을 구축하였다. 이외 재생 에너지(바이오가스) 전력 생산 업체 제휴 및 에너지 데이터의 실시간관리 솔루션 회사에 투자 등을 선진적으로 추진하였다.

그림 5-9 **하인즈 탄소중립 및 ESG 관련 솔루션**

Hines T3
T3 Project
"Timber, Technology, Transit"

- 목조 오피스 프로토타입을 Mass화 하기 위해 브랜드 T3 론칭('17)
- 목재를 연결한 공법, 공사 기간 단축
- 탄소 배출 적은 친환경 오피스 표준 확보 및 설계사 파트너십 통해 목재 활용문제(화재, 조명, 소음) 해결

Hines Green Office Program(Hines GO)
- 내부 지속가능성 관리를 위한 자체 프로그램으로 LEED와 ENERGY STAR를 포함하여 관리 항목 구축

| 에너지 효율 | 실내 공기 질/직원 복지 | 출장 및 통근 |
| 재활용 관리 | 리모델링& 건설 | LEED 인증 |

* 자료: 하인즈 HP, 이지스자산운용 투자전략실.

가상공간(메타버스)과 관련해 McKinsey&Company는 디지털 세계와 물리적 세계가 혼합되면 2030년까지 약 6500조(5조 달러)의 가치를 창출시킬 수 있다고 전망한다. 가상공간은 변화 속도가 느린 부동산의 특성과 빠르게 진화하는 블록체인의 기술결합을 통해 디지털 부동산자산으로 상품화되어 NFT(non-fungible token)로 거래 가능하다. 부동산과 블록체인의 접목은 계약 방식과 프로세스의 간소화 및 신속한 처리를 통해 정확하고 안전한 거래 및 소유권 기록을 보장하는 동시에 거래 투명성을 높인다.

자산 토큰화를 통해 일반 투자자도 소액으로 투자 가능하고 증권형 토큰 거래소를 통해

바로 유동성을 확보할 수 있다. 자산의 소액화 이외 분산투자도 가능하다. 공모 리츠와 같은 성격을 지니지만 실물 자산 이외 가상 공간에 투자하기 때문에 자산 소싱, 개발 및 준공까지의 기간 리스크 축소 및 투명한 거래가 가능하다. 미국 콜로라도 주에 위치한 세인트레지스 아스펜 리조트(St. Regis Aspen Resort)는 클라우드펀딩 플랫폼 인디고고를 통해 리조트 밸류에이션의 18.9%에 해당하는 지분을 토큰화해 약 1천 8백만 달러의 모금에 성공했다. 해당 공모는 미국 SEC 규제에 따라 증권형 토큰을 발행하는 방식으로 투자자들은 아스펜 코인을 지급받았다. 아스펜코인은 미국 대체거래소(ATS) 라이센스를 가진 템플럼 마켓에 상장돼 거래 가능하다. 증권형 토큰 관련해서는 아직 초기 단계이고 많은 과제 및 이슈가 산적해 있지만, 블록체인의 기술을 활용한 디지털 자산화는 이후 부동산금융 투자시장의 새로운 상품으로 자리매김할 것으로 예상된다.

그림 5-10 세인트레지스 아스펜 리조트 증권화 구조

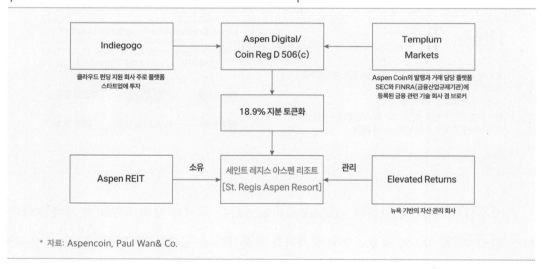

* 자료: Aspencoin, Paul Wan& Co.

　　프롭테크의 특징은 그 범위와 적용 대상이 광범위하다는 점이다. 공간의 소유나 임대, 공유, 투자 개념을 포함하여 광범위하게 적용되어 부동산산업과 자산의 이용효율을 고도화하기 위한 비즈니스 자체의 디지털화로 정의할 수 있다. 프롭테크의 특징을 고려, 디지털 부동산의 확대를 위한 주요 과제는 <표 5-2>와 같이 정리할 수 있다.

표 5-2 프롭테크의 특징 및 디지털 부동산 확대를 위한 주요 과제

구분	검토내용
① 소유주와 이용자의 분리	• 부동산 특성상 자산/서비스 구입자(소유자)와 자산/서비스 사용자(임차인)가 다른 경우가 많음. • 유저인 입주자만을 고려한 서비스는 오너의 입장에서 불필요한 추가 비용지불 및 서비스 향유가 어려워 미스매칭 발생
② 명확하지 않은 수익구조	• 프롭테크 기업의 이익구조는 표면적인 부분과 실질적인 부분의 차이가 발생. 유저 및 트래픽 수가 많더라도 실제 부동산 거래가 발생하지 않으면 수익에 영향을 줄 수 있음. • 가격 가시화, 감정평가, 크라우드 펀딩 등은 실제 부동산 거래 발생 여부에 따라 수익구조가 달라짐
③ 서비스 고객의 세분화	• 서비스 대상은 소비자 대상의 B2C, 사업자 대상의 B2B, 최근 B2B는 B2B2C와 B2B2B로 세분화사업의 비즈니스 모델과 서비스 대상의 차이 발생 가능
④ 낮은 회전율	• 공유형과 같이 마스터리스(전대)를 기반으로 임차할 경우, 안정적이지만 이윤이 작아 회전율이 높아져야 함. • 입지 특성에 따라 회전율 및 운영 모델이 달라질 수 있음
⑤ 소액화의 운영문제	• 소액화한 부동산의 관리, 운영을 누가 담당할 것인지의 문제, 크라우드 펀딩 사업자가 파산시 문제화, 의사결정자가 없는 부동산을 운영하는 데 있어 exit의 난이도가 높음
⑥ 정보의 투명성 문제	• 가격의 가시화, 감평 등은 웹사이트 및 인맥을 통해 정보를 취득, 웹상 가격은 모집가격, 계약 가격과의 차이를 보정할 수 있는 기술 필요
⑦ 부동산 IT인재의 부족	• 부동산업, B2B 부동산업에 대해 잘 알고 있는 IT엔지니어 부족으로 부동산 업계의 규범과 풍습에 따른 미스매칭 발생. 부동산업은 IT업계와 다른 방식의 정보를 다루는 경우가 많아 부동산과 IT의 간극을 매울 수 있는 인재 필요

* 자료: 일본 부동산테크협회, Limar estate 대표이사 발표 자료 재인용.

3. 프롭테크의 유형

Baum(2017, 2020)은 부동산 핀텍크, 공유경제, 스마트 부동산 등으로 구분한다. 부동산 핀텍크는 부동산의 매매를 효율화하는 플랫폼으로, 공유경제는 부동산자산 활용을 효율화하는 플랫폼이며, 스마트부동산은 운용과 관리를 효율화하는 기술기반의 플랫폼으로 정의한다.

프롭테크는 제품, 서비스 또는 콘텐츠 제공에 대한 혁신적인 관리를 중시하는 비즈니스 모델(business model)과 소유자와 개발자에게 방어 가능한 지적 재산권을 제공하는 혁신적 소프트웨어, 하드웨어 및 기술에 치중하는 제품(product) 중심으로 나누어 볼 수 있다. 에어비앤비, 위워크, 직방 등은 비즈니스 모델 중심이고 제품 중심은 AR, VR을 비롯한 테크기술을 적용한 제품과 소프트웨어라 할 수 있다

그림 5-11 프롭테크의 유형

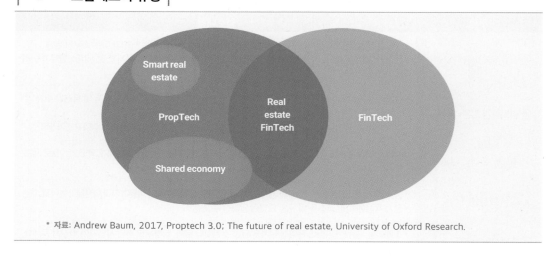

* 자료: Andrew Baum, 2017, Proptech 3.0; The future of real estate, University of Oxford Research.

프롭테크의 유형은 수익모델에 따라 크게 1) 중개 및 임대 영역, 2) 부동산관리 영역, 3) 프로젝트 개발, 4) 투자 및 자금조달 영역으로 구분할 수 있다.

1) 중개 및 임대 영역

중개 및 임대 영역은 부동산 정보를 기반으로 개별 부동산에 대한 물건정보 등재부터 데이터분석, 자문, 중개, 광고 및 마케팅에 이르는 매매, 임대 정보 제공을 통해 수익화하는 모델이다. 국내 프롭테크의 사업모델은 직방, 다방, 호갱노노, 알스퀘어등과 같은 중개 플랫폼 서비스 중심의 기업들이다. 중개 및 임대 플랫폼은 부동산의시세 및 데이터, 정보 제공과 거래 중개를 통해 플랫폼 중개 수수료와 광고 수익을 주요 비즈니스 모델로 한다. 직방과 다방 등은 국내에서 중개 플랫폼을 제공하면서 고객들의 트래픽 확보와 이로 인한 광고수익을 목적으로 성장하였다. 직방의 경우 시리즈 E까지 투자를 받으며 투자 측면에서는 성공적이었으나 인수합병을 통한 성장 이외 본업의 성장 측면에서는 정체되어 있다. 알스퀘어 및 패스트파이브의 경우, 인테리어 사업을 중심으로 플랫폼 임차인 대상 신규 서비스 확대를 통한 밸류체인사업을 확대시켰다.

프롭테크 분야의 선행하고 있는 미국은 GAFA의 부동산판으로 불리는 'ZORC'(Zillow, Opendoor, Redfin, Compass)이다. 2011년 질로우(Zillow), 2017년 레드핀(Redfin), 2020년 오프

도어 등이 NASDAQ에 상장했다. 해당 기업들은 부동산 정보 서비스 제공 이외 직접 부동산 중개를 하거나 자체 기준을 마련해 저평가된 주택을 직접 매입하는 단계까지 사업 모델을 확장했다. 온라인 주택거래 서비스인 '아이바이어(iBuyer)'는 실거래가 및 부동산 정보를 기반으로 자체 AI 기술을 활용, 밸류에이션 프로그램을 통해 예상 주택가격을 산정한다. 산정된 가격 제안을 통해 매도자는 중개사 없이 빠르게 부동산을 매각할 수 있는 모델이다. 중개 수수료와 거래 시간을 줄이고 저가에 매입한 부동산의 간단한 리모델링 후 매각해 수익을 창출한다. 일부 업체들은 자사 보유 주택을 판매하면서 대출·보험까지 제공하는 통합 서비스까지 제공하고 있다.

질로우는 동종 업계 2위인 투루리아(Trulia)와 물건가격산정 툴을 보유한 제스티메이트(Zestimate)를 인수하였다. 주택의 매매와 임대 데이터의 검색 플랫폼으로 성장하며 2018년부터 대출 제공과 계약 서비스를 추가적으로 확대시켰다. 주택 구매와 관련된 고객의 니즈에 초점을 맞추고 중개에서 거래 및 금융 사업을 추가, 2018년 Zillow Offers라는 판매자를 위한 자체 아이바이어(iBuyer) 서비스를 시작하였다. 그러나 2021년 질로우는 주택 가격과 대차대조표 변동성을 예측할 수 없다는 이유로 Zillow Offer 서비스를 종료하였다.

Opendoor는 Opendoor Labs Inc가 공개한 온라인 매입 재판매 플랫폼을 주요 사업으로 부동산업계 최초의 보증부 부동산 서비스를 제공하였다. 타경쟁 기업 대비 현금확보 역량을 기반으로 업계 최초 보증 서비스를 제공, Opendoor에서 집을 사면 30일간 캐쉬백 보증과 2년간의 수선 보증을 제공하며 온라인 감정에서 매각, 현금화까지 2일 정도의 시간에 간단하고 빠르게 매매 가능하다.

레드핀(Redfin)은 정보 우위에 있는 부동산업자나 에이전트 퍼스트 업계에서 '사용자 퍼스트'로 이행을 차별화 포인트로 하고 있다. 기술을 활용하여 자사 에이전트의 업무 효율을 개선하고 수수료 비율을 낮춘다. 플랫폼과 중개업 모두 운영하고 있어 MLS(multiple listing service)라는 부동산 데이터베이스 시스템을 자체적으로 구축, 활용하고 있다. 중개사들로부터의 신선한 데이터를 즉시 자사 사이트에 반영시켜「부동산 추정 가격의 산출 정밀도」와「자사 사이트 게재 물건의 선도」를 유지하며 매각 수수료의 효율화를 도모하고 있다.

컴패스(Compass)는 유니콘 기업 중 가장 자금이 많은 회사 중 하나이다. 중개 서비스를 제공하여 구매자와 판매자를 연결하는 마켓플레이스 플랫폼 역할을 중심으로 한다. 25,000명 이상의 중개인과 67개의 부동산 거점을 보유, 부동산 매매 및 임대에 필요한 정보를 집계하고 시각화된 플랫폼을 운영한다. 해당 플랫폼에서 에이전트 또는 브로커의 상세 정보가 게재되어 있다. 경력·학력 등 외 과거 매매 경험·과거의 계약 이력·어떤 물건의 에이전트를 하고 있는지 등도 소개되어 있다. 컴패스는 타경쟁업자가 소개할 수 없는 자사 사이트 한정 물건 'Compass Exclusives'을 가지며 고객용(BtoC)과 부동산업자용(BtoB) 서비스를 모두를 전개하며 사업을 확장하고있다. 국내 주택 플랫폼 기업들과 유사한 정보 제공 및 플랫폼 사업을 전개하고 있지만, 단순 광고 수익에 의존하지 않고 "고객기점"에서 필요로 하는 전후방 사업 영역까지 사업을 확장했다는 점, 자체 데이터 및 분석, 평가 모델과 시스템을 구축했다는 점을 차이점으로 들 수 있다.

블랙스톤은 오피스 빌딩의 온라인 임대를 하는 VTS(view the space)에 투자했다. <그림 5-12>와 같이 VTS는 소유자, 운영자, 중개인 및 임차인을 단일 플랫폼으로 통합하여 운영한다. 자산과 관련된 모든 이해관계자들이 필요로 하는 데이터와 서비스를 하나의 플랫폼 안에서 해결 가능하게 한다. 자산 관리, 공실관리 및 임차인 모집, 임대차 계약 및 임차인 지원 서비스를 플랫폼에 가시화시켜 놓았다.

Boston Properties의 CIO Jim Whalen의 인터뷰 내용에 의하면 VTS활용을 통해 순유효 임대료 약 10% 상승, BROOKFIELD GERMANY의 경우에는 VTS 구현 이후 단일 플랫폼에서 거래 정보를 중앙 집중화하고 워크플로우를 표준화하여 거래를 17% 더 빠르게 실행시킬 수 있었다고 한다. 숙박시설의 매칭 플랫폼 야놀자가 이후 노후화된 모텔의 인테리어 및 운영 시스템으로 확장한 사례 및 오피스 임차를 기반으로 성장한 알스퀘어의 인테리어 사업 확장, 상업용 데이터 플랫폼 구축 등은 단순 마케팅 플랫폼에서 기존 비즈니스의 수직적 확장의 성공 사례로 볼 수 있다. VTS의 사례와 비교해보면, 이해관계자 입장에서 AM, PM, LM 등이 각기 수행하고 개별 투자자 및 임차인들에게 리포팅하는 방식이 아닌 고객 입장에서 필요한 데이터와 서비스 제공을 통해 비용 효율화 및 자산 수익 개선에 도움을 준 점은 벤치마킹해야 할 부분이다.

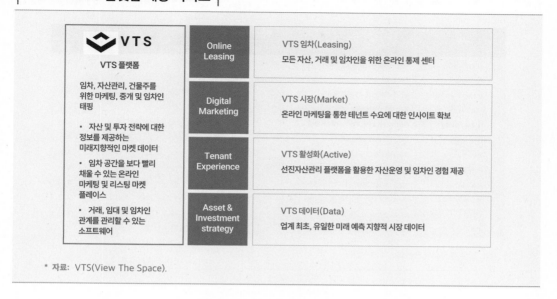

그림 5-12 VTS 플랫폼 제공 서비스

VTS **VTS 플랫폼** 임차, 자산관리, 건물주를 위한 마케팅, 중개 및 임차인 태핑 • 자산 및 투자 전략에 대한 정보를 제공하는 미래지향적인 마켓 데이터 • 임차 공간을 보다 빨리 채울 수 있는 온라인 마케팅 및 리스팅 마켓 플레이스 • 거래, 임대 및 임차인 관계를 관리할 수 있는 소프트웨어	Online Leasing	VTS 임차(Leasing) 모든 자산, 거래 및 임차인을 위한 온라인 통제 센터
	Digital Marketing	VTS 시장(Market) 온라인 마케팅을 통한 테넌트 수요에 대한 인사이트 확보
	Tenant Experience	VTS 활성화(Active) 선진자산관리 플랫폼을 활용한 자산운영 및 임차인 경험 제공
	Asset & Investment strategy	VTS 데이터(Data) 업계 최초, 유일한 미래 예측 지향적 시장 데이터

* 자료: VTS(View The Space).

2) 부동산 관리 영역

부동산관리 영역은 에너지, 사물인터넷(IoT), 센서기술 등 스마트 기술을 기반으로 한 임차인과 건물을 관리하는 서비스이다. 부가가치가 낮은 PM 관리 수수료 체계로 인력의 효율적 관리가 수익의 기반이다. 이외 업무 프로세스를 효율화하여 시스템화하거나 센서나 IoT 활용 등을 통해 업무의 효율화를 도모한다. 미국과 국내 프롭테크가 플랫폼 중심으로 성장했다면 일본의 프롭테크 기업은 부동산관리 효율화를 중심으로 성장하였다. 초고령사회로 부가가치가 낮은 영업 및 관리업의 인력 소싱 문제가 있었고 IT지식 한계로 업무 효율을 개선시키기 어려웠다. 일본의 프롭테크는 미국이나 한국과는 달리 B2B 중심의 업무 지원 및 관리 중심의 솔루션 및 서비스 중심으로 성장하였다. 〈그림 5-13〉은 일본 프롭테크 기업의 기업 수 추이를 대상별분야로 구분하여 업체수 변화를 살펴본 내용이다. 공간 공유(space sharing)와 클라우드펀딩 관련 기업수가 증가하였으나 여전히 업무 관련 지원 서비스와 솔루션 비중이 높은 것을 알 수 있다.

그림 5-13 일본 프롭테크 업체수 추이

구분		특징	부동산 Value-Chain					업체 수(개)				
			조달	소싱	개발	영업	관리	2018	2019	2020	2022.8	증감
B2C	Crowdfunding	복수 투자자로부터 자금을 모아 부동산에 투자	●					10	16	19	34	▲24
	Renovation	기획/설계/시공/AS 원스탑 서비스, 업자 매칭	○	○	●			21	22	24	22	▲1
	Marketplace-Media	물건 정보 플랫폼 및 부동산 미디어				●		33	34	43	23	▼10
	Matching	물건 소유자와 테넌트 매칭 서비스				●		31	32	39	46	▲15
	Space Sharing	부동산이나 공실 쉐어 서비스 (디벨로퍼 관심)				●	●	19	26	28	59	▲40
	Loan Insurance	부동산 취득 론/보증 서비스 제공	○			●		6	9	10	12	▲6
B2B	Property-Info	부동산 관련 데이터(등기부등본, 개요서, 임대료 등)		○				5	9	10	13	▲8
	Price Estimation	부동산 가격, 임대료 측정, 시장 전망 제공			○			16	18	20	21	▲5
	Management Tool	부동산 PM 업무 효율화, CRE 정보 정비 등(iPaaS)				●		41	50	60	66	▲25
	Brokerage Tool	매매/임대 중개 업무 지원 서비스 툴, RPA 포함				●		31	36	47	53	▲22
	VR·AR	VR/AR 견학 서비스, 관련 데이터 가공				●		19	20	20	39	▲20
	IOT	부동산 IOT 설치, 데이터 분석 (건설업체 관심)					●	31	33	32	29	▼2

* 자료: 일본 부동산테크협회.

3) 프로젝트 개발 영역

프로젝트 개발은 건설, 인테리어 디자인 관련 분야에 기술 적용을 통해 효율적인 공정 및 비용관리 등을 지원하는 사업모델이다. 건설업 관련 콘테크와 인테리어 분야가 해당된다. 콘테크의 대표 기업은 카테라(Katerra)와 프로코어이다. 카테라는 IT와 건축을 접목시킨 건설기술(construction technology) 방식을 보유, 설계부터 자재 납품, 현장조립, 시공 등 일련의 프로젝트 과정에서 IT 기반 기술인 BIM(building information modeling: 빌딩정보모델링), ERP(enterprise resourceplanning: 전사적 자원관리), Robotics 등을 활용함으로써 효율성을 높였다. 프리패브(prefabrication)와 모듈공법을 도입, 사전에 공장에서 벽, 문 단위의 반조립품 형태로 제작, 현장 조립을 통해 공기 및 비용을 2/3 수준으로 절감할 수 있다. 하지만 카테라는 건설사와 도급업체와의 하청구조를 혁신하지 못하고 과도한 공급망 확대로 도산에 이르렀다. 프로코어(procore)는 클라우드 기반의 건설관리 소프트웨어기업으로 프로젝트 관리, 안전관리, 자금관리, 인력관리 등 건설 프로젝트에 필요한 솔루션을 제공, 관리자와 현장 간 통일된 데이터 공유를 통해 '건축운용시스템(construction OS)'이라는 오픈 클라우드 플랫폼의 개발을 통해 급성장하였다.

성장이 기대되는 분야는 3D 프린터를 활용한 건설 분야이다. 3D 프린팅을 이용한 건설은 별도의 도면 제작이나 출력 없이 정보 입력만으로 건설 가능하므로 빠른 제작 시간, 높은 품질 및 안정성과 함께 건설 폐기물을 줄일 수 있다. 건설 3D 프린터를 다루는 플레이어는 스타트업부터 콘크리트 메이커, 대기업 건설사까지 다양하다. 미국 주택건설회사 레나(Lenar)와 3D 프린팅 건설 스타트업 아이콘(Icon)은 2023년 3D 프린팅 주택 단지의 입주 분양을 예정하고 있다. 조성되는 주택 단지는 총 100채 규모, 146&196m² 면적에 옥상에는 태양열 패널이 설치된다. 1채당 가격은 평균 약 45만 달러(약 5억 9040만 원)로 예상된다. 3D 프린터의 강점은 주택 건설 기간이 약 5&7일로 매우 짧고 주택 벽체 제작 시 건설 현장 작업자가 3명만 있으면 된다는 점이다. 기존 목조 기반의 주택 건설 기간은 약 16주가 소요되고 건식벽체 설치기에 필요한 인부는 6~12명 수준으로 3D 프린터를 활용해 공정기간과 인력을 대폭 줄이며 건설 폐자재 문제도 일부 해결했다.

ICON의 CEO인 제이슨 발라드(Jason Ballard)는 CNBC와의 인터뷰에서 3D 프린팅 및 자동화, 오프사이트 사전 제작 등 기술혁신을 통해 기존 건축 대비 두 배 이상 빠르게 집을 지을 수 있다고 한다. Mighty Buildings는 3D 프린팅 생산 공정이 건설 폐기물의 99%를 제거하고 기존 건설보다 30-40% 저렴하다고 주장한다. 패널 기반 시스템은 현장 시공 시간을 절반 이상 줄이며, 혁신적인 콘크리트 무함유 재료활용으로 벽의 60%가 재활용 재료로 주택의 평방피트당 재료 사용량이 적고 기존방식의 건축 주택 대비 폐기물 발생량이 적다. 사전 생산 및 조립 준비 키트는 준비 및 소싱 시간을 최소화하여 부족한 자원과 공급 제약 상황 대비 추가적인 이점을 제공한다. 향후 인력 소싱 및 환경 에너지 문제 등을 고려 시 3D 기법을 활용한 개발 방식은 건설 및 부동산 업계에 혁신적인 영향을 미칠 것으로 예상한다.

4) 투자 및 자금조달 영역

투자 및 자금 조달 모델은 핀테크 기술이 부동산시장과 접목하면서 블록체인 기술을 활용해 투자 및 자금조달 솔루션을 제공한다. P2P 및 디지털 수익증권(DABS)을 발행해 부동산 수익증권 서비스를 제공하는 STO 사업모델에 해당된다. AI 알고리즘 활용을 통해 투자 자문 및 로봇 어드바이져를 수행하고 있는 핀트, 파운트, 쿼터백, 두물머리 등이 이에 해당된다. 디지털 부동산시장이 형성되고 현재 STO기업들과 금융권 기업과의 협업을 통해 해당 시장은 향후 보다 활성화되고 커질 것으로 예상된다.

🏢 제4절 프롭테크의 현황과 과제

1. 글로벌 프롭테크 현황

　글로벌 스타트업 투자 데이터 조사 전문기관 Dealroom의 데이터에 의하면 글로벌스타트업 관련 투자는 10년 동안 약 22% 성장하였다. 2018년을 기점으로 4차 산업혁명, 글로벌 빅테크 기업의 성장과 유동성 공급이 확대되면서 소프트뱅크를 필두로 스타트업들의 투자 및 인수 합병에 대한 투자 시장 규모가 급격히 증가하였다. 2021년 약 985조 원(734bil USD)[3] 규모로 기존 투자 규모 대비 약 2배 정도 확대되었다. 그러나 2022년 이후 금리 상승 및 유동성 축소로 VC투자 시장은 급격히 위축되고 있다.

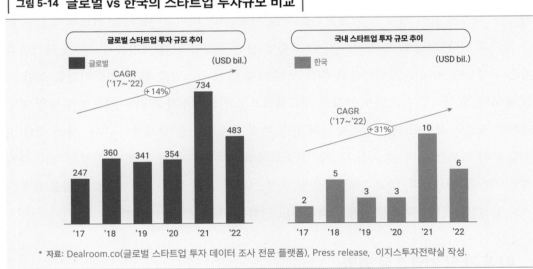

그림 5-14 　글로벌 vs 한국의 스타트업 투자규모 비교

* 자료: Dealroom.co(글로벌 스타트업 투자 데이터 조사 전문 플랫폼), Press release, 이지스투자전략실 작성.

　〈그림 5-14〉에서 보듯이 글로벌 대비 국내 시장 규모는 1% 수준으로 미비하지만 성장률 측면에서는 글로벌 대비 2배 정도의 높은 성장률을 나타내고 있다. 2021년 투자시장 규모는 약 134조 원(10bil USD) 규모로 증가하였다. 배경에는 소프트뱅크의 야놀자 관련 투자 영향

---

3)　원달러 환율 1USD=1,341.50KRW, 23년 5월 1일 기준으로 계산.

및 정부의 스타트업 육성 자금의 유입으로 전체 스타트업 투자 시장의 성장률은 글로벌 대비 급격히 성장하였다.

국내 스타트업 특성은 〈그림 5-15〉와 같이 GDP 규모 대비 투자규모는 낮은 수준이나 성장률은 높게 나타난다. 규모 대비 유니콘 비중이 높게 나타나고 있다는 점과 업체당 투자규모가 낮은 수준인 국내 스타트업 기업의 특징은 유니콘 기업과 그 외 기업들간 양극화 현상이다.

> **그림 5-15 GDP 비중 대비 투자금 성장률[4](좌), 유니콘 비중 대비 업체당 투자금[5](우)**

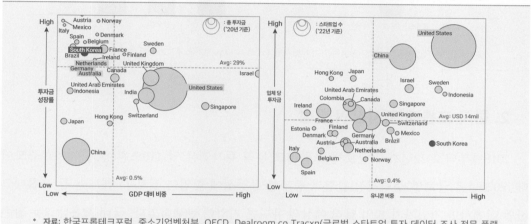

> * 자료: 한국프롭테크포럼, 중소기업벤처부, OECD, Dealroom.co Tracxn(글로벌 스타트업 투자 데이터 조사 전문 플랫폼), Press release, 이지스투자전략실 작성.

국내 스타트업들의 생존율은 타 글로벌 국가 대비 OECD 평균 보다 낮은 수준이다. 스타트업 설립 이후 5년간 경영을 지속하는 스타트업 비중은 30% 수준밖에 되지 않는다. 〈그림 5-16〉에서 보듯이 수익 실현 방안 대부분이 IPO 비중이 압도적으로 높은 것도 스타트업 생존율이 낮은 원인 중의 하나이다.

---

4) GDP 대비 비중은 '17~'22년 스타트업 투자금액 CAGR 기준, 투자금 성장률은 '22년 스타트업 투자금액÷'22년 국가별 GDP 계산 수치

5) 업체당 투자금 = '22년 총 벤처 투자금 ÷ '22년 투자 업체 수, '22년 기준 유니콘 비중 = 유니콘 업체 수 ÷ 총 스타트업 수

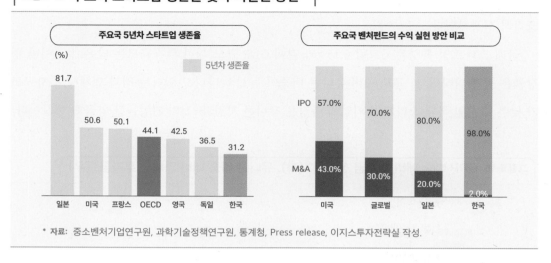

그림 5-16 주요국 스타트업 생존율 및 수익실현 방안[6]

주요국 5년차 스타트업 생존율

(%)
5년차 생존율

일본 81.7
미국 50.6
프랑스 50.1
OECD 44.1
영국 42.5
독일 36.5
한국 31.2

주요국 벤처펀드의 수익 실현 방안 비교

	IPO	M&A
미국	57.0%	43.0%
글로벌	70.0%	30.0%
일본	80.0%	20.0%
한국	98.0%	2.0%

* 자료: 중소벤처기업연구원, 과학기술정책연구원, 통계청, Press release, 이지스투자전략실 작성.

2. 한국 프롭테크 시장의 특성

2018년부터 2022년까지 글로벌 프롭테크 누적 투자액은 약 116조원(98.7bil USD) 규모이다. 2020년은 글로벌 주택시장 활황과 풍부한 유동성에 힘입어 질로우, 레드핀 등 프롭테크 산업 내에서만 기업가치 10억 달러 이상의 유니콘 기업이 탄생하였다. 국내 프롭테크는 짧은 역사에도 불구하고 2022년 누적 투자액 5조원을 달성했다. 글로벌 프롭테크 투자 규모 대비 국내 프롭테크 투자 규모는 미비하지만 성장률 측면에서는 글로벌 시장의 하향 추세 대비 국내 시장의 성장세는 지속하고 있다.

<그림 5-17>과 같이 스타트업 투자 시장 내 프롭테크가 차지하는 비율은 국내 시장이 높게 나타나며 프롭테크 투자 국가 순위도 미국 다음으로 한국이 높게 나타나고 있다. 직방, 야놀자, 버킷플레이스 등 부동산 관련 기업에 대한 3,000억 이상의 대형 투자실적이 반영된 부분과 소프트뱅크 벤처스가 투자한 국내 스타트업 중 부동산 관련 프롭테크 비중이 높은 부분도 영향을 미친 것으로 보인다. 야놀자 이외 가상자산 소셜 플랫폼인 비씨랩스, 인테리어 콘텐츠 공유 서비스인 오늘의 집을 운영하고 있는 버킷플레이스, 건축주에게 법률 검토부터 기

---

6) 생존율은 '21년 기준.

획설계, 견적준비, 건설사입찰, 공사관리, 공사대금 안전관리, 유지보수 관리까지 제공하는 통합 건축플랫폼인하우빌드 등에 투자를 진행하였다.

그림 5-17 프롭테크 투자 규모 추이[7]

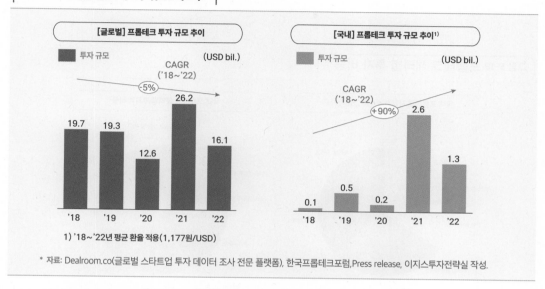

[글로벌] 프롭테크 투자 규모 추이 (USD bil.)
투자 규모
CAGR ('18~'22) -5%
'18 19.7 '19 19.3 '20 12.6 '21 26.2 '22 16.1

[국내] 프롭테크 투자 규모 추이[1] (USD bil.)
투자 규모
CAGR ('18~'22) +90%
'18 0.1 '19 0.5 '20 0.2 '21 2.6 '22 1.3
1) '18~'22년 평균 환율 적용(1,177원/USD)

* 자료: Dealroom.co(글로벌 스타트업 투자 데이터 조사 전문 플랫폼), 한국프롭테크포럼,Press release, 이지스투자전략실 작성.

그림 5-18 프롭테크 투자 비중 및 투자 대상 국가

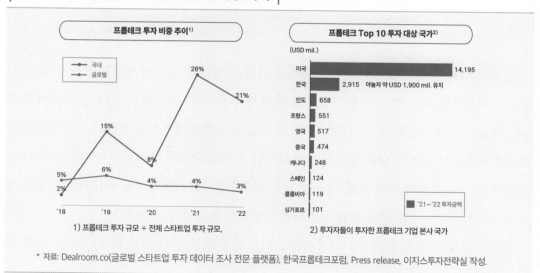

프롭테크 투자 비중 추이[1]
국내
글로벌
'18 5% 2% '19 15% 6% '20 8% 4% '21 26% 4% '22 21% 3%
1) 프롭테크 투자 규모 ÷ 전체 스타트업 투자 규모,

프롭테크 Top 10 투자 대상 국가[2]
(USD mil.)
미국 14,195
한국 2,915 야놀자 약 USD 1,900 mil. 유치
인도 658
프랑스 551
영국 517
중국 474
캐나다 248
스페인 124
콜롬비아 119
싱가포르 101
'21~'22 투자금액
2) 투자자들이 투자한 프롭테크 기업 본사 국가

* 자료: Dealroom.co(글로벌 스타트업 투자 데이터 조사 전문 플랫폼), 한국프롭테크포럼, Press release, 이지스투자전략실 작성.

---

7) 국내 프롭테크 투자규모는 '18~'22년 평균 환율 적용(1,177원/USD).

<그림 5-19>와 같이 국내 프롭테크의 영역별 비중을 보면 글로벌 대비 중개 및 임대 플랫폼 등의 마케팅 플랫폼에 편중되어 있다. 기존 산업의 자원과 프로세스, 업무 등 효율성이나 편의성 개념에 대한 접근보다는 사업적, 마케팅적 측면에 편중되어 투자 및 비즈니스가 이루어져 왔다.

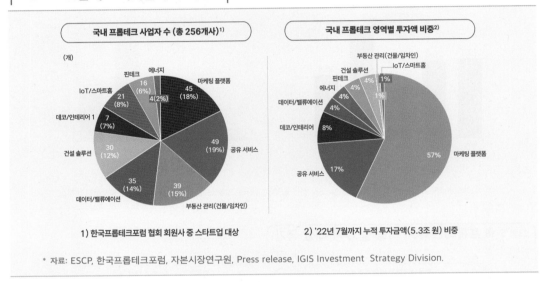

그림 5-19 **프롭테크 섹터별 투자 비중**[8]

국내 프롭테크 사업자 수 (총 256개사)[1)]

(개)

- 마케팅 플랫폼 45 (18%)
- 공유 서비스 49 (19%)
- 부동산 관리(건물/임차인) 39 (15%)
- 데이터/밸류에이션 35 (14%)
- 건설 솔루션 30 (12%)
- 데코/인테리어 1 (7%)
- IoT/스마트홈 21 (8%)
- 핀테크 16 (6%)
- 에너지 4 (2%)

국내 프롭테크 영역별 투자액 비중[2)]

- 마케팅 플랫폼 57%
- 공유 서비스 17%
- 데코/인테리어 8%
- 데이터/밸류에이션 4%
- 에너지 4%
- 핀테크 4%
- 건설 솔루션 4%
- 부동산 관리(건물/임차인) 1%
- IoT/스마트홈 1%

1) 한국프롭테크포럼 협회 회원사 중 스타트업 대상

2) '22년 7월까지 누적 투자금액(5.3조 원) 비중

* 자료: ESCP, 한국프롭테크포럼, 자본시장연구원, Press release, IGIS Investment Strategy Division.

비즈니스 모델 측면에서 글로벌 프롭테크 기업은 데이터 제공/중개에서 시작해 연관 산업으로 확장하며, 독보적 기술을 기반으로 자체 솔루션 제공 등 차별화 전략 등을 가지고 있다는 사실이 국내 기업과의 차이점이다. 국내 기업은 마케팅 방법으로 트래픽 기반의 플랫폼 중심의 사업들이 많았기 때문에 투자가 안되거나 경기가 나쁘면 존속하기 어려운 경우가 많이 발생한다. 대부분의 수익 실현(exit) 방안이 IPO 중심으로 OECD 평균 스타트업 기업의 생존년수보다 작다는 점은 국내 프롭테크 관련 기업들의 특징이자 한계이다.

유동성이 높고 풍부했던 2021년까지는 스타트업 투자를 받기 쉬운 환경이었다. 금리 인

---

8) 글로벌 투자액 기준은 '21~'22년(12 month trailing), 국내 투자액 비중은 '22년 7월까지 누적 투자금액(5.3조원) 기준으로 산정.

상, 유동성 위축, 신용경색 등 경기 침체와 금융권의 투자 시장 위축으로 VC투자자금 규모가 축소되고 실제 펀딩이 일어나지 않아 경영적으로 어려움을 겪거나 매각, 도산하는 기업들이 증가하고 있다. 기존 밸류에이션 기준이 MAU(monthly active users; 월간 활성 사용자 수)였다면 이제는 사업모델의 완성도를 높이는 쪽으로 투자 기준도 변화되면서 프롭테크 산업의 혁신 및 변화가 필요한 시점이다.

3. 한국 프롭테크의 전망과 변화 방향성

금리인상과 경기 침체에 대한 불안으로 스타트업 투자에 대한 일방적 확대 분위기는 가라앉았지만, 향후 산업 및 기술의 혁신 방향성을 고려하면 프롭테크는 여전히 높은 성장성이 기대되는 분야이다. 부동산산업은 타 산업 대비 폐쇄적이고 시장 변화에 둔감한 분야이다. 빅블러 현상이 확대되고 업계간 경계가 모호해지면서 ICT 등 기술력 있는 플레이어들의 부동산업에 대한 진출 확대 및 경쟁 강도가 더욱 강해질 것으로 예상된다. 프롭테크가 가진 융합과 혁신의 개념을 기존 부동산산업에 보다 적극적으로 접목하여 선진화시켜야 한다. 누적되어온 전통 부동산시장과 산업의 불투명성과 불합리성을 해결하고 혁신하는 계기로 삼아야 한다.

정책 측면에서 기존 제도 및 업종과의 마찰을 고민해야 한다. 사업 간 융복합과 신기술 적용에 대한 인센티브를 폭넓게 제시해야 한다. 기득권 고수 및 전통 산업의 활로는 신기술을 적용한 프롭테크의 획기적 성장을 통한 과실을 함께 공유하는 방안이 마련된다면 포용이 가능할 것이다.

우리 부동산산업은 업역 간의 벽이 높다. 공간과 부동산을 새로운 시각에 맞추어 재정의하고 글로벌 변화추세에 어울리는 정책 수립이 요구된다. 종합부동산서비스의 육성 등과 같은 부동산의 융복합화를 위한 실질적 지원방안이 필요하다. 공간 관련제도와 법체계는 용도의 분리를 최선이라 생각했던 전통적 공간계획의 개념에 근거를 두고 있다. 주거, 상업, 업무, 공업지역에 대한 벽은 높고 규제는 촘촘하며 용도의 혼재와 전환은 쉽사리 용인되지 않는다. 벽은 낮추고 시대에 뒤떨어진 규제는 과감히 정리함으로써 속도 빠른 현실로의 탄력적 대응이 절실하다.

우리의 프롭테크는 중개와 공유경제에 편중되어 발전하고 있다. 글로벌 핵심기업의 성장

속도와 규모에 비교할 때 이제 걸음마를 뗀 초보 수준이다. 마케팅 플랫폼 중심의 국내 프롭테크 기업은 IPO 및 투자를 기반으로 생존해왔기 때문에 투자를 받지 않으면 개별 기업의 경쟁력만으로 생존하기 어려운 구조이다. 단순한 정보 제공 이외 독자적인 데이터 확보 및 분석, 차별화된 솔루션 기반의 경쟁력 확보가 시급하다. 프롭테크 기업 투자시 기술 역량의 평가가 어려워 정량적으로 수치화할 수 있는 플랫폼 방문객수, 직원수 등과 같은 외형적 성장에 편중되어 투자되어 왔다. 향후 프롭테크의 성장 방향성은 효율화, 지속가능성 및 디지털자산 쪽으로 변화하고 있다. 인력 및 자원 효율에 대한 글로벌 트렌드가 강화되고 있는 시점에서 부동산자산의 투자, 운영 및 관리 효율화를 위한 디지털화가 필요하다. 탄소 중립 및 ESG 경향이 강화되는 가운데 건물의 에너지 효율 및 3D 프린트와 같은 개발 프로세스 및 자원의 효율화가 요구된다. 온라인 성장으로 인해 오프라인 자산들이 몰락했던 것처럼 입지와 물리적 규모로 오프라인 기반으로 성장해왔던 부동산업도 디지털 자산화에 의해 위협받을 수 있다. 치열한 경쟁에서 살아남기 위해서는 지적재산에 기반한 독자적 기술이 필수이며 이를 토대로 한 제품 중심 프롭테크로의 집중이 요구된다. 한국을 테스트베드로 삼아 글로벌화를 노리는 전략이 국내의 한정된 수요의 불리함을 극복하는 길이다.

부동산산업은 사람에 대한 의존성이 높고 사회적 파급력이 큰 산업으로 국가의 기간산업이다. 부동산은 산업을 담는 그릇이며 사회의 기본 인프라이다. 그럼에도 부동산정책은 늘 투기억제가 최우선 과제였고 부동산은 규제해야 할 대상이었다. 프롭테크는 기술혁신을 통해 부동산산업을 투명화, 효율화, 선진화할 대전환의 기회를 제공한다. 국가경쟁력 강화 차원에서 프롭테크에 관한 관심과 지원이 필요한 때다. 초연결성과 초지능성을 바탕으로 우리 시장에서 검증한 제품과 비즈니스 모델을 가지고 글로벌시장에 진출하여 국가경쟁력 강화에 기여하고, 국내시장에서는 소비자와의 연결성을 높여 부동산산업을 투명하고 효율화할 수 있도록 프롭테크에 관심을 가지고 성장과 확대를 지원해야 한다.

🏠 참고문헌

- Andrew Baum(2017), Proptech 3.0; The future of real estate, University of Oxford Research.

- Ascendix(www.ascendixtech.com)

- Aspencoin(www.aspencoin.io)

- Bain Capital Ventures(2018.2.13.), The Future Of Real Estate Tech: How We Got Here And What's Next In An Exploding New Ecosystem, Forbes 보도자료.

- Builderspatch(www.Builderspatch.com)

- Dealroom.co(www.dealroom.co)

- Green Street(2023.3.), 미국 상반기 전망 보고서.

- Hines(www.hines.com)

- Icon(www.iconbuild.com/)

- Mighty Buildings(www.mightybuildings.com)

- Paul Wan& Co(www.pwco.com.sg)

- PERE(2022), 투자자 섹터별 투자 의향.

- Tracxn(www.tracxn.com/)

- VTS(www.vts.com/)

- 강준희(2021.9.13.), KDB미래전략연구소 산업기술리서치센터, 국내 프롭테크 산업 동향 및 전망, Weekly KDB Report.

- 경제협력개발기구(OECD. www.oecd.org)

- 과학기술정책연구원(www.stepi.re.kr)

- 국제에너지기구(www.iea.org/)

- 국토교통부(2021.11.), 부동산신산업 육성방안, 보도자료.

- 국토교통부(www.molit.go.kr)

- 김성환(2029.9.), 프롭테크와 부동산서비스의 발전, 국토 제455호.

- 김형태(2012), 융복합산업 및 기술시대에서의 산업공학의 역할, 대한산업공학회, p.13.

- 노무라종합연구소(2018), 산업혁명 발전단계.

- 노유나·심진보·최병철·하영욱(2017.6.) 대한민국 제4차 산업혁명.

- 미츠이부동산, 사업보고서, 2022(www.mitsuifudosan.co.jp)

- 삼정KPMG(2019.2), 글로벌 증권산업의 디지털 혁신동향과 국내 시사점.

- 송재만(2023), 혹한기 VC 시장 현황과 향후 전망, 하나금융경영연구소, Financial Focus, 제13권3호.

- 아카기 마사유키(2020), 부동산 테크로 변모하는 부동산 비즈니스, 일본 부동산테크협회.

- 이경자(2022.9.16.), 프롭테크, 삼성증권.

- 이유경(2023), 프롭테크 산업 101 Series, 대신증권 리서치센터.

- 이현석(2016), 부동산 융복합 산업으로 육성 방향, 국토 제415호.

- 이현석(2019), 4차 산업혁명과 부동산산업의 변화, 부동산 포커스, 한국감정원.

- 이현석(2021), 가속화하는 제4차 산업혁명, 변화하는 상업용 부동산, 국토, 국토연구원.

- 이현석(2022), 프롭테크의 현황과 발전방향, 부동산산업을 바꾸는 기술, PROPTECH, 한국프롭테크 포럼·한국부동산분석학회.

- 일본 부동산테크협회(www.retechjapan.org)

- 중소기업벤처부(www.mss.go.kr/)

- 중소벤처기업연구원(www.kosi.re.kr/)

- 최수석(2019), 부동산 핀테크(FinTech) 산업의 현황과 과제, 국토 제455호.

- 타니야마 토모히코(2021), 부동산 기술의 생태계와 전망, 비트리얼티.

- 통계청(www.kostat.go.kr/)

- 하나금융경영연구소(203), AI의 등장으로 변화하는 금융산업, 12호.

- 학제간 융합 연구회(2006). 학제간 융합연구회 최종 보고서. 산업자원부. p.4.

- 한국프롭테크포럼(www.proptech.or.kr)

- 한아름(2022), 국내 금융업의 프롭테크 시장 진출 현황 및 시사점, 자본시장포커스, 20호.

🏠 연습문제와 토론주제

1. 4차 산업혁명의 핵심은 융복합, 초연결, 초지능이다. 각각의 내용을 파악해 보고 이로 인한 산업의 변화를 설명하라.

2. 4차 산업혁명은 부동산시장에 상당한 변화를 주고 있다. 부동산시장에서 섹터별 주요 변화와 부동산산업에의 영향을 분석하고 미래에 대해 전망해 보라.

3. 데이터 자본주의의 정의와 기본 개념은 무엇인가? 데이터 자본주의의 확산에 따라 부동산산업에 미칠 영향을 분석해 보라.

4. 부동산금융은 공모시장과 사모시장, 자본투자와 대출투자로 나누어 볼 수 있다. 각각의 특징을 살펴보고 핀테크와의 연계를 통한 효과를 제시하고 이유도 함께 설명하라.

5. 프롭테크의 정의와 역사를 설명하고 유형과 성장배경을 설명하라. 핀테크와의 연계에 대한 가능성과 파급효과를 분석해 보라.

6. 글로벌 프롭테크의 성장 과정을 살펴보면서 한국의 프롭테크 현황과 미래를 전망해 보라.

팝업스토어(Pop-up Store)에 대하여
- 입지특성간 비교 중심으로 -

1. 세대교체에 따른 가치관의 변화

미국의 여론조사기관 해리스(Harris)는 전 세계적으로 연간 지출이 1조 4천억 달러(한화 약 1674조)에 달하고 2020년까지 총 소매 매출의 30%를 차지할 것이라고 예상되는 밀레니엄 세대(1980년대 초반~ 2000년대 초반에 태어난 세대)는 소유보다는 체험을 통해 자신의 정체성이 드러난다고 생각한다고 발표했다. 이러한 세대별 가치관의 변화는, 소비패턴이나 경제 활동에 자연스럽게 영향을 미치게 된다.

밀레니엄 세대는 두 번의 금융 위기를 직접 지켜보며 성장해 학자금 대출, 고용 불안정 등 경제적 부담을 크게 느끼는 세대이다. 그러나 동시에 종전에 없던 물질적 풍요로 경제적 수준과 크게 상관없이 어느 수준의 소비 생활을 누리고 있기도 하다. 때문에 과거에 과거에 물건을 구매하고 소유하는 것이 과거만큼 특별하지 않게 되었다. 대신 '희소성의 법칙'은 물건이 아닌 경험에 적용되어, 경험에 더욱 큰 가치를 두게 되었다.

동일 기관이 진행한 설문에 따르면 밀레니엄 세대의 77%가 인생에서 잊을 수 없는 대체 불가능한 기억은 특정한 경험으로 인해 만들어진다고 응답했다. 동일한 리서치 자료는 78%의 밀레니엄 세대가 멋있는 물건보다 멋있는 '경험'에 돈을 지출하는 쪽을 선택했다. 또한 전체 소비에서 여행, 공연, 소셜 이벤트 등의 문화적 경험에 지출하는 비중이 1987년 이후 70% 가까이 성장했다고 한다. 소유보다 경험을 중요시하는 가치관의 변화가 소비 패턴의 변화로도 나타나고 있는 것이다.

소비자의 가치관의 변화가 소비 패턴의 변화로 이어지는 것 중 가장 괄목할 만한 것은 기능적 소비에서 감성적 소비로의 변화이다. 감성 소비란 가격 및 품질 에서 오는 만족감보다 소비를 통한 경험 자체에서 느끼는 정서적 만족감을 바탕으로 감성에 호소하고 공감을 얻을 수 있는 주관적이고 심리적인 소비 행태를 지칭하는 말이다. 아울러 단조로운 공간을 탈피하고자 하는 소비자의 니즈를 나타내는 '카멜레존'이라는 용어도 등장하고 있다. 더 이상 소비자들은 단순한 구매 행위를 위해서는 좀처럼 기존 매장을 찾지 않는다. 이미 온라인 쇼핑이라는 훌륭한 대체재가 있기 때문이다. 다시 말해 소비자들은 온라인으로는 즐길 수 없는 경험을 오프라인에 요구하는 소비 트렌드를 따르고 있다. 디지털 클라우드 서비스 제공업체 아바나데(Avanade)와 이케이엔(EKN)의 소매업 연구보고서에 따르면 2020년까지 전통적인 형태의 매장이 50% 이상 축소되고 팝업스토어와 테마형 매장은 증가할 것으로 보인다는 연구 자료로 알아 볼 수 있다[9]. 따라서 기업은 상품을 판매하기만 하면서 고객을 기다리는 게 아니라, 감성 소비를 즐길 수 있는 환경을 제공하여 적극적으로 고객과의 접점을 확보하고 브랜드 경험을 제공할 수단을 고민하고 있다.

* **팝업스토어 버즈 추이**

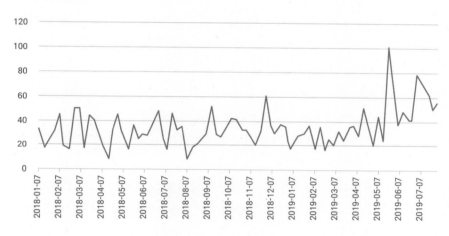

출처: 구글 트렌드.

구글 트렌드에 따른 버즈 추이를 보면, 팝업스토어가 꾸준히 관심을 받아오고 있다는 사실을 확인할 수 있다.

2. 팝업스토어의 발전

현재 팝업스토어는 음료수부터 명품에 이르기까지 1년 365일 내내 열린다고 해도 무방하다. 일반적으로 짧은 시간에 매출을 극대화하거나 상품의 시장가치를 테스트하기 위한 수단으로 주로 쓰이는데, 요즘 팝업스토어는 뭔가 다른 부분이 존재한다. 수익을 창출하는 것이 아니라 되려 마이너

---

9) 출처: Chosun.biz(http://biz.chosun.com/site/data/html_dir/2017/12/18/2017121801533.html)

스로 팝업스토어를 마무리 한다거나, 뉴페이스의 상품 가치를 확인하는 것이 아니라 되려 상품성이 확인되야만 팝업스토어라는 수단을 사용하는 것처럼 보이기도 한다.

이는 팝업스토어가 과거와 동일한 모습을 유지하고 있을 뿐 아니라 경우에 따라 그 모습을 바꾸어 가고 있다는 것을 나타낸다. 백화점은 팝업스토어의 반응에 따라 기간을 한정적으로 두지 않고 탄력적으로 조절하고 있다. 또한 과거에 백화점을 비롯한 대형 쇼핑몰 실내에만 주로 존재했었던 것을 벗어나, 성수동의 S팩토리 갤러리에서 열리는 문샷(연예기획사 YG의 화장품회사)의 지디(GD) 향수 팝업스토어, 한남동 카페 퍼스에서 열렸던 탐스슈즈 팝업스토어, 그리고 서울올림픽공원 88 잔디마당에서 열린 유니클로 팝업스토어 등 언제 어디서나 우리는 팝업스토어를 더 자주 더 다채로운 모습으로 어느 곳에서나 만날 수 있다.

고객을 좀 더 끌어들이기 위해 반짝 열렸다 사라진다는 팝업스토어 고유의 정체성 외에 기간, 장소, 나타나는 방식 등의 변화를 통해 기업들은 점점 팝업스토어를 발전시키고 있다. 기업이 소비 트렌드에 발 맞추는 방안으로 팝업스토어를 활용함에 따라 팝업스토어가 소비 생활에 미치는 영향력도 더욱 커질 것으로 예상된다.

유지헌 외(2015)의 연구에서 242개의 패션 팝업 스토어를 대상으로 조사한 결과 패션 주체 팝업스토어는 2007년에 처음 등장한 이후로 2012년까지 그 수가 지속적으로 증가하였고, 2013년에는 전년 대비 14.4%, 2014년도에도 전년 대비 10.9%가 증가하는 등 팝업스토어의 수가 급격히 증가하였다. 유통업체에서 주최한 팝업스토어 또한 2013년부터 이전에 비해 높은 비율로 증가하여 이때부터 팝업스토어가 하나의 마케팅 트렌드로 자리잡았음을 알 수 있다. 한마디로 팝업 스토어는 이러한 현대 소비 트렌드와 공간에 대한 욕구에 적절하게 대응하고 있는 전략이다.

3. 사례 분석 대상

본 연구에서는 다양한 사례들 중 국내 사례 3개를 집중적으로 분석하고, 해외 사례 3개를 간단히 언급한다. 분석대상 개요는 다음 표와 같다. 팝업스토어의 특징상 이미 없어진 매장일 수도 있는 점을 감안해 관련 블로그, 뉴스 기사 등을 통해 이미지와 내용을 수집하였다.

상기와 같은 대표 사례를 선정한 이유를 간단히 밝히면, 각 입지선정의 이유가 명확한 사례들이기 때문이다. 첫 번째 그룹 같은 경우 각 나라의 대표적인 도시인 서울 강남의 LG U+를 선정해 분석할 것이며, 두 번째 그룹은 우리나라 백화점 중 가장 적극적으로 운영 중이어서 그 효과가 검증된 롯데백화점을, 마지막 그룹에서는 기존의 상점을 잘 살렸다고 평가되면서 대부분 대기업인 팝업스토어 시장에서 살아남아 의미가 있는 제주맥주 사례를 선정하여 분석할 것이다.

	LG U+	롯데백화점	제주맥주
대표 이미지	 출처: 아주경제	 출처:제니하우스 코스메틱	 출처: 트위터 @Drawyourmind_
진행시기	19.03~19.05	상시	18.06.01~31
위치	서울 강남	롯데타워몰	서울 연남동
관련상품	5G 기술	다양	식음료
유사해외사례	아디다스	중국 백화점	에코버

첫 번째 그룹의 사례로 LG U+를 선정한 이유는 강남에 위치해 있기 때문이다. 가로수길이나 홍대 등 팝업스토어가 많이 열리는 지역은 다양하지만, 중심업무지구이자 편리한 교통으로 많은 사람들이 오가는 도심의 역할을 대표적으로 하는 지역은 강남이다. 밀집되어 있는 사무용 고층 빌딩과 출퇴근 시간의 인구이동 밀도로 이를 판단할 수 있다. 따라서 도심의 특징을 뚜렷하게 나타낼 수 있는 강남에서 진행된 팝업스토어 중 규모와 효과가 컸던 LG U+를 대표 사례로 선정하게 되었다. 이 사례는 국내가 최초 도입한 5G기술을 주요 소재로 활용하고 있으며, 도입 후 즉시 개점하여 해당 기술을 체험해볼 수 있도록 하였다. 해외 사례인 아디다스 스탠스미스는 대기업의 양상을 전형적으로 나타냈기 때문에 선정하였다.

백화점 중 특히 롯데 백화점을 대표로 꼽은 이유는 팝업스토어 활용에 가장 적극적이기 때문이다. 롯데백화점은 지난 2012년 6월 본점 2층에 52㎡(약 16평) 규모로 1~2주마다 새로운 브랜드가 릴레이 형식으로 매장을 채우는 방식인 팝업스토어 공간인 The Wave를 열었다. 이 위치에서 진행되는 팝업스토어는 주단위, 월단위 등 다양하게 기간이 구성되고, 상품은 주로 패션, 굿즈 등의 상품, 식품이 전시된다. 롯데백화점은 팝업스토어가 백화점업계의 핵심 마케팅으로 현대, 신세계와 경쟁이 치열해져 그 점유율을 차지하고자 별도의 공간을 구성한 것으로 보인다. 이러한 마케팅으로 인해 백화점은 매출액을 높일 수 있는데, 더웨이브에서 행사를 진행한 브랜드의 절반 이상이 기존 목표치보다 매출액을 초과달성했다. 즉, 이들은 기존의 백화점이라는 공간에 변화를 줌으로써 오프라인시장에서 직접 보고 느낄 수 있는 상품의 매출 극대화를 이끌어냈다. 다음 표는 더웨이브의 운영 현황을 나타낸 표이다.

	오픈	위치	면적	운영방법	매출 현황
본점	12.06.29	2F	약 16평	MD1팀주관	16억원 (주간평균 5,000만원, 일 700만원)
잠실	13.03.15	1F	약 18평	MD2팀주관	1억 7,000만원 (주간평균 8,500만원, 일 120만원)
결과	▶ 백화점 최초 개발 5건 (패션비치웨어, 마조앤새디, 롯투스, 카네샤, 북촌상회) ▶ 백화점 미도입 블내드 20건 (파슨스, 달링유, 육심원, 나인걸 등) ▶ 해외라이징 브랜드 9건 (바비, V73, 플스부티 등)				

해외 사례로 중국의 백화점을 꼽은 이유는, 백화점이 이제 막 새로 생겨나고 있는 중에도 대형 쇼핑몰이 팝업스토어 일반적인 유통채널로 여겨진다는 점을 제대로 보일 수 있기 때문이다. 과거로부터 팝업스토어의 매장 형태 유형의 누적현황에서, '유통업체 입점형'이 가장 높은 비율을 차지하였다. 이는 유동 고객이 많고 접근성이 높은 유통업체의 장점과 함께 유통채널을 확장시키는 기회로 활용이 용이하기 때문인 것으로 사료된다[10]. 신규 백화점에서도 보편적으로 나타나는 것을 비교·확인함으로 그룹별 특징을 명확히 나타낼 수 있었다.

세 번째 그룹의 대표 사례는 기존 상점 건물의 단적인 이용뿐만 아니라, 주변 상권과의 관계를 돈독히 하고 조화를 이루었다는 점에서 제주 맥주를 선정했다. 제주 맥주는 팝업 스토어를 연 상점 건물 외에도 잔디밭에 피크닉 존을 설치하고, 옆에 있는 건물도 제주 맥주의 트레이드 마크 색인 민트색으로 칠하며 그 외 상점들을 활용했다. 이는 브랜드 아이덴티티를 견고히 하는 데 도움을 주며, 팝업 스토어의 특징을 두드러지게 나타낼 수 있다고 생각하여 대표 사례로 선정하게 되었다. 에코버는 수익성을 내는 것보다, 브랜드 이미지를 만드는 데에 집중한 운영방식을 보여주었다.

---

10)　패션 팝업스토어의 연도별 변화 추이 및 유형 특성(유지헌 외, 2015, P.832)

출처: 신종칠 편저, 2019 부동산개발 사례연구, 피데스부동산개발사례연구센터, 2019, pp.309-358 요약.

Real Estate Development

부동산개발 과정

[Real Estate Development Process]

제6장
부동산개발 기획 (1단계)

• 구성	• 제1절 부동산개발 구상 및 구체화 • 제2절 개발부지 결정 • 제3절 개발전략 수립과 개발참여자 • 제4절 개발타당성 분석
• 목적	실현가능하고 성공적인 개발 구상 및 구체화 수립된 개발 계획에 대한 시장타당성 및 경제성타당성에 대한 정확한 분석
• 용어	개발구상, 개발구체화, 부지협상 및 매입, 개발전략, 참여자, 파트너십, 시장분석, SWOT분석, 재무타당성분석, 건축계획, 사업계획서
• 핵심	**부동산개발 기획단계의 아이디어와 타당성검토** • 훌륭한 아이디어는 시장에서 나온다. • 나쁜 아이디어로 부동산개발의 성공은 없다. • 아이디어 창출에는 창의, 직관, 흥미가 요구되나 핵심은 시장조사다. • 아이디어 구체화는 법적, 재무적, 물리적 타당성을 개략 검토하는 단계다. • 개발부지의 선정 시, 핵심은 발품(legwork)을 파는 것이다. • 개발타당성은 비용·수익의 양적 검토와 지속 가능성의 질적 검토로 나뉜다. • 시장조사와 개발타당성의 목적은 사업 시 분석자료 제공, 자금조달자에게는 확신 부여, 인허가권자 및 지역사회에게는 사업의 긍정적 효과 및 인식 제고 등이다.

🏢 제1절 부동산개발 구상 및 구체화

1. 부동산개발 구상(Inception)

1) 배경

부동산개발 구상은 기획단계에서 가장 먼저 수행하는 과정이다. 주변 환경, 대내·외 여건, 경제 환경, 법률적 제한 등 개발하고자 하는 개발사업마다 고유의 특성을 갖고 있어 많은 데이터를 수집하고 아이디어를 도출하는 과정을 수반한다. 부동산개발 특성상 개발목적과 용도가 부동산별로 상이하여 획일화된 프로세스가 존재하지 않는다. 개발사업자는 개발구상에 대한 통찰력을 갖기 위한 배경 지식을 갖추어야 한다. 필요 시 전문가의 의견과 도움 받아 개발사업에 해당되는 여러 변수에 대한 정확한 이해와 체계적이고 정확한 시장조사를 수행해야 한다. 부동산개발 구상은 개발사업자의 새로운 통찰력에 대한 배경지식과 경험이 병합되어 만들어진다. 과거 진행했던 개발 사업에서의 시행착오에 대한 피드백 과정은 많은 아이디어를 생성하고 촉매제와 같은 역할로 활용된다. 성공적인 부동산개발 사업을 위해서는 위험회피, 개발이익 극대화, 수익성 제고, 개발사업의 실현가능성 및 상품의 경쟁력(차별화) 확보 등을 위해 개발구상에 많은 시간을 할애해야 한다. 부동산개발 구상에서는 브레인스토밍(brainstorming) 등 여러 방법을 통해 사용자 및 공공대상 등의 시장의견 청취 및 전문가의 의견을 취합하는 과정을 거친다. 개발에 대한 아이디어를 도출하고, 개발사업자의 지식과 과거 진행된 여러 프로젝트 경험을 참고하여 최적의 아이디어를 발굴하고 개발에 가장 적합한 개발방식을 구상하게 된다. 대내외적 상황과 개발사업자의 창의력에 따라 다양한 형태로 진행되기 때문에 개발형태, 사업주체, 개발주체, 지역, 시설 등에 따라 여러 형태로 진행된다.

이에 대해 James Graaskamp(2004)는 개발구상을 다음과 같이 설명하고 있다[1].

- **James Graaskamp의 장소론(Situs)**

  "부동산개발사업은 주위 환경에 영향을 받으며, 주위 환경 또는 개발사업에 영향을 미친 사업의 용도는 장소, 사용자, 자본의 성격과 조화시키는 과정에서 윤리적 책임감, 도덕적 해이 등이 발생하지 않도록 경계해야 한다."

개발형태에 따라 초기의 개발구상에 대한 아이디어는 개략적이고 추상적일 수 있다. 주변 환경 및 모든 프로젝트 단계에 영향을 미치게 되므로 개발사업자는 개발에 대한 관련된 경험을 참고하고 최신의 개발 유형과 추세에 친숙해야 한다. 개발사업자는 개발구상을 진행하는 과정에서 다음과 같은 사항을 고려해야 한다.

- **최적의 아이디어가 사용자에게 적정하고 지역사회의 가치를 증가시킬 수 있는가?**

  개발사업에 있어 이윤확보도 중요하지만, 개발을 통해 사용자와 지역사회의 가치를 증대시킬 수 있어야 한다.

- **어디에서 개발 구상에 대한 힌트를 얻는가?**

  좋은 개발사업 구상을 도출하는 데 있어 요행이나 기술을 없다. 확실한 것은 최대한 활용할 수 있는 사전지식과 기초정보가 필요하며, 기초 정보는 개발사업자의 경험과 함께 시장에 대한 이해와 경험에서 제공된다.

- **아이디어를 창출한다는 것은 예측이 불가능하고 직관적으로 생각될지 모르나 그 일부분은 정확한 목적을 갖고 있으며, 조직적이고 계산된 것일 수 있다.**

  미래에 대한 계획과 시장조사를 통해서 개발사업자는 사용자 및 지역사회가 원하는 것이 무엇인지, 개발에 대한 구상이 추상적이고 실현 불가능한 구상은 아닌지, 소비자들이 개발 상품을 구입하거나, 임차할 수 있는 충분한 니즈를 갖고 있는지를 고려해야 한다.

---

1) James R.DeLisle, "Graaskaamp : A Holistic Perspective" reprint, Runstad Center Resl Estate Stusies, College of Architecture and Urban planning, Universty of Washington, August 2004, p.5.

표 6-1 형태별, 사업주체별, 개발주체별 개발 유형 분류

구 분		내 용
형태별	신개발	토지조성개발(간척사업 등), SOC사업, 택지조성사업, 건축물 신축 등
	재개발	도시재개발사업, 재건축사업, 기존 건물의 증개축, 용도개발 등
사업 주체별	공공개발	국가, 지방자치단체, 한국토지주택공사, 수자원공사 등이 주체
	민간개발	건설업체, 부동산소유자, 전문개발업체, 금융업체 등이 주체
	민관합동개발	공공부문과 민간법인이 합동으로 개발하는 사업 (관광단지, 휴양단지, 사회간접시설)
	주민조합공공개발	주민조합과 공공부문이 시가지 조성, 도시 및 부도심 개발
	주민조합민간개발	주민조합과 민간법인이 리조트, 대형쇼핑몰 등 도심재개발 형태로 개발
	합동개발	공공, 주민조합, 민간법인이 도시개발, 대규모 역세권 등 개발
개발 주체별	개발자	개발자가 토지 소유권을 확보하여 개발하는 방식
	지주	지주가 단독 또는 공동으로 개발하는 방식
	특수목적법인	프로젝트 금융과 개발사업 특수 목적법인이 추진하는 방식
	신탁	신탁업법에 의한 신탁회사가 지주의 의뢰를 받아 추진하는 방식
	교환	토지소유자가 부지를 제공하거나 완공 후 일부 소유권을 취득하는 방식

* 자료: 부동산 개발 전문인력 사전교육자료 (한국부동산개발협회), 2023.

2) 부동산개발 진행단계

부동산개발사업은 사업특성상 장기간의 사업으로 개발과정에서 개발사업자는 정보를 탐색하고 그에 따른 의사결정을 진행한다. 따라서 여러 단계의 절차를 거쳐 완성한다. Miles(2015)는 부동산개발 과정을 8단계로 설명하고 있다[2]. 개발에 대한 아이디어를 수집하고 채택하는 개발에 대한 아이디어 구상 단계(Inception of idea)를 1단계로, 수집한 아이디어에 대한 구체적인 시장조사를 통하여 개발에 대한 구체적인 계획을 수립하고, 해당 부지를 매입하는 등 개발아이디어에 대한 구체화 단계(Refinement of the idea)를 2단계로 설명하고 있으며, 구체화된 아이디어를 확정하고 개발에 대한 재무타당성 등을 정확히 분석하고

---

2) Mike E. Miles Laurence M. Netherton Adrienne Schmitz, "Real Estate Development Principles and Process", Fifth edition. Urban Land Institute. 2015.

개발사업보고서로 정리하여 제3자에게 개발에 대한 물리적, 법률적, 재무적 타당성 등을 설득하는 과정인 타당성 검토 단계(Feasibility Study)를 3단계로 설명하고 있다. 개발에 참여하고 있는 참여자인 금융기관, 시공사, 설계자, 정부 및 행정관청의 개발 인허가 담당 이해관계자들 등과 해당 개발에 대한 참여조건 등을 협의 진행하는 계약 및 협상 진행단계(Contract Negotiation)를 4단계로, 이러한 참여자들과 협의된 상황과 조건을 반영하여 계약체결을 진행하는 과정(FormalCommitment)을 5단계로 설명하고 있다. 계약체결을 통해 선정된 시공사 및 공사관계자들의 역할과 공사를 진행하는 신축단계(Construction)를 6단계로, 완공된 개발부동산의 준공 및 오프닝, 판매(Opening, Marketing, Sales and Leaseing)하는 과정을 7단계로 설명하고 있다. 마지막으로 공사완료 후 개발 부동산에 대한 가치를 증대하고 효율적인 관리를 수행하는 자산관리 단계(Property, Asset and Portfolio Management)를 8단계로 나누어 설명하고 있다.

표 6-2 Miles 외(2015) 개발 8단계

단계	내용
Stage1	Idea Inception 아이디어 구상
Stage2	Idea Refinement – 아이디어 구체화
Stage3	The Feasiblity Study – 타당성 검토
Stage4	Contract Negotiation – 계약 협상
Stage5	Formal Commitment – 계약
Stage6	Construction 시공
Stage7	Completion and Formal Opening – 완공 및 오프닝
Stage8	Property, Asset and Portfolio Management – 자산관리

Miles 외(2015)는 부동산개발 전체 과정을 이론적으로 8단계로 세분화하여 설명하고 있지만, 개발사업자의 역할과 개발참여자의 참여 관점을 고려하여 개발 실무에서는 부동산개발 과정을 3단계인 기획단계, 시공단계, 마케팅 및 자산관리단계로 구분한다.

기획단계는 개발 부동산에 대한 아이디어 구상, 구상한 아이디어에 대한 구체화 및 타당성 분석 업무를 수행한다.

시공단계에서는 공사수행 단계로 선행 단계에서 수립한 개발 계획 및 타당성과정을 참여자들과 업무를 실행하는 단계로 시공사의 선정, 금융기관의 선정, 정부기관 및 해당지역 관공서에서의 개발 인·허가 등을 통해 실제적으로 신축·개축·증축 등을 진행한다.

마케팅 및 자산관리단계는 개발 계획에 따라 완공된 개발부동산에 대한 매각·분양 또는 사용자를 구하는 마케팅 활동과 부동산의 지속성과 가치증대 업무를 수행한다.

표 6-3 개발실무 3단계와 Miles 외(2015) 개발 8단계 비교

실무에서의 개발 3단계	Miles(2015) 부동산개발 8단계 『Real Estate Development. Fifth edition』
1. 기획단계	1단계 : 아이디어 구상 (Inception of idea)
	2단계 : 아이디어에 구체화 (Refinement of the idea)
	3단계 : 타당성 검토 (Feasibility Study)
2. 시공단계	4단계 : 계약 및 협상 (Contract Negotiation)
	5단계 : 계약체결 (Formal Commitment)
	6단계 : 신축 (Construction)
3. 마케팅 및 자산관리단계	7단계 : 준공 및 오프닝 (Opening, Marketing, Sales and Leaseing)
	8단계 : 자산관리 (Property, Asset, Portfolio Management)

3) 개발 구상 도출 과정

최고의 번뜩이는 아이디어는 만화 캐릭터에서 갑자기 불이 켜지는 머리 모양의 전구에 비유한다. 개발사업은 불행히도, "아, 바로 이거야!" 하는 즉흥적이고 단순한 경우는 찾기 힘들다. 대부분의 개발구상은 개발사업자의 경험을 통한 직감력, 창의력과 더불어 정확하고 체계적인 시장조사를 통해 수집된 자료와 결합하여 도출된다.

성공적인 개발사업을 만들기 위해서는 올바른 아이디어를 예견하는 것이며, 이러한 아이디어가 어렵고 불가능하지 않다면 올바른 방향으로 발전시켜 아이디어를 지속적으로 고민하고 반복적인 수정 과정을 통해 해당 사업에 맞는 최적의 개발구상을 도출하는 것이다. 개발사업자는 어디서 아이디어를 얻는가, 도출된 아이디어를 진행하기 위해 분석할 가치가 있는 것인가를 항상 고민한다. 좋은 아이디를 찾는 획일화된 방법은 없다. 모든 사람들이 각각 다른 데이터를 가지고 각각 다른 진행 방향을 가지고 있기 때문이다.

홀륭한 아이디어를 도출하기 위해서는 배경지식과 대내외적 상황 판단이 필요하며,개발사업자의 배경지식과 경험은 개발구상의 촉매 역할을 한다. 개발사업자의 경험과 많은 정보를 서로 조합하는 과정들을 계속 반복하고 수정하는 과정을 거치는 것이 개발구상 단계에서의 핵심요소다.

그림 6-1 **최적의 아이디어 도출**

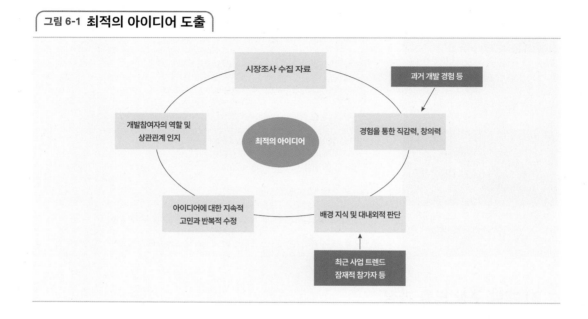

개발하고자 하는 이유는 다양하다. 개발된 지역일 수도 있고, 재개발이 필요한 지역일 수도 있으며, 건물이 현재의 모습대로 남아 있길 원할 수도 있다. 부지를 새롭게 쓰길 원할 수도 있어 원래 있던 건물들을 확장하거나, 추가적인 신축을 원하는 등 다양한 동기로부터 시작된다. 기업 입장에서도 매출의 증가 및 필요로 인해 사무 공간 및 생산 시설을 확대하고자 할 때, 보유중인 부동산에 대해 개발을 통해 확하거나 재구성한다.

개발사업자는 아이디어를 구상하고 충분한 경험과 즉각적인 반응하기 위해서는 수요변화와 최근 트렌드에 대해 잘 알고 있어야 한다. 성공적인 개발을 위해서는 개발사업자 스스로가 최근의 환경을 파악하고 있어야 한다.

그림 6-2 개발 구상 배경

많은 경험과 배경지식
- 급격한 변화에 대응하기 위함
- 경제, 사회 심리 통계학적 트렌드와 지식의 조화
- 필요한 인재 배치를 위한 우호적인 인간관계

지주와 투자자를 통한 아이디어 획득
- 부지에 맞는 용도를 찾는 경우
- 재개발을 원하는 경우
- 개발 기회를 모색하는 경우

Graaskamp's Situs Theory
- 부동산 개발 프로젝트: 주위 환경에 영향을 미치고, 주위 환경 또한 개발 프로젝트에 영향
- 프로젝트의 용도는 장소, 사용자, 자금원의 성격과 조화

(1) 아이디어 구상 동기

아이디어 구상단계는 전체 개발 기간에서 많은 시간과 노력을 할애할 정도로 중요하다. 아이디어 구상은 다양한 경로를 통하여 나타난다. 개발사업자는 이러한 기회에 대응할 수 있는 기초지식을 갖고 있어야 하며, 개발 관련된 경험과 최근의 산업 변화를 파악하고 있어야 한다. 변화의 수용은 개발과정에서 주도적인 역할을 하며, 개발구상을 주도적으로 할 수 있도록 해주며, 토지 소유자, 사용자 또는 자본 확보의 유무 등이 개발 아이디어 구상에 도움이 되기도 한다.

표 6-4 개발 요구와 개발 필요성

개발 요구	개발 필요성
사용용도를 찾는 부지를 발견하는 경우	• 특정 부지 소유자가 해당 부지를 개발 • 이미 개발되어 있어 재개발 • 물리적 수명이 존재하더라도 새로운 용도변경 • 기존 건물에 대한 증, 개축
특정 용도로 사용될 부지를 발견하는 경우	• 기업이 확장되거나 신제품을 생산하거나 • 조업상의 재구조화 등 새로운 공간을 필요
개발기회를 찾는 자본이 존재하는 경우	• 투자자본의 수익을 창출하기 위한 개발용도

(2) 예비타당성

개발구상의 사전적 작업으로 필수적으로 검토하여야 할 부분은 개략적인 가치와 가격의 비교 검토이다. 개발사업자는 가격(price)과 가치(value)에 대한 개념에 대해 이해하고 있어야 한다. 가격(price)이란 과거 또는 현재의 해당 부동산의 값어치를 수치로 표현하는 반면, 가치(value)는 미래, 즉 개발을 통해 완성되었을때의 값어치를 수치로 나타내는 척도이다. 개발구상 단계에서 개발사업자는 개발 아이디어로 도출된 개발구상이 현재의 가격보다 미래의 가치가 높다고 확신을 갖는다면 검토를 진행해 볼 수 있다.

개발사업자의 확신이라 함은 경제적 증가를 포함하여 유·무형의 가치상승 모두를 포함한다.

그림 6-3 개발 구상 단계의 내부적 판단

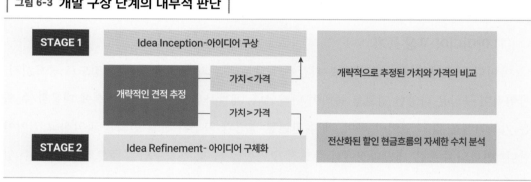

개발사업에 대한 예비타당성은 비용과 가치를 단순 비교하는 절차로 많은 개발아이디어 중 일부분만 현실화 된다. 개발사업자는 개발이익 추정치를 예측하고, 토지매입비용, 건축비용 등 사업에 필수적으로 필요한 비용을 예측한다. 개발구상단계에서의 수지분석은 다음과 같은 특징과 과정을 내포하고 있다.

- **아이디어 구상 단계에서 비용-편익에 대한 간단한 분석은 개략적인 수치로 표현되며, 정확하고 세분적인 자료는 아니다.**
  개발구상의 수지분석은 할인현금흐름 분석을 수행할 만큼 세부적이지 않다.

- **해당 부지에 대한 대략적인 비용-편익을 수행한다.**
  대략적인 토지매입비용, 부지개발비용, 공사비용, 임대료 등 총비용을 산정하여 순영업이익(NOI) / 자본환원율(Cap.rate)을 통해 가치 산정하고, 비교분석을 진행한다.

- **개발자는 간단한 가치와 가격비교를 통하여 개략적인 견적 테스트를 진행한다.**
  개발구상에서는 완벽하고 최적의 아이디어를 도출하고자 하는 목적이 아니다. 가치추정에 대한 큰 그림을 그리는 것이 중요하며, 미래 개념인 가치(value)가 현재 및 과거 개념인 가격(price)보다 높다면 개발구상을 구체화한다.

The Back-of-the Envelope Pro Forma [3]
• 비용과 가치를 단순 비교하는 1단계의 마무리 절차
• 초기의 수많은 개발 아이디어 중 극히 일부만 현실 반영
• 운영수익 추정치 : 임대가능면적*면적당 예상매출액 − 예상 운영비용
• 비용 추정치 : 토지 매입가격, 기간시설비용, 건설비용 등의 합
• 운영수익 추정치와 비용 추정치 비교

(3) 시장조사 및 전략적 의사결정

개발사업자는 왜 사업을 수행하는지, 인력은 얼마나 충당할 수 있는지 등에 대해 활용할 수 있는 협력자의 조력과 확실한 아이디어를 가지고 시장조사 및 대내·외적위험에 대해 전략적으로 접근해야 한다.

- **시장조사에 따른 전략적 의사결정을 통하여 아이디어 구상**
  개발회사, 기업의 부동산부문, 전문교육을 받은 전문가들은 계획수립, 시장조사를 전략적 도구로 활용

- **전략적 계획은 기업의 규모나 형태, 자금동원능력 등 판단**
  개발에 대한 정확한 목적을 설정 및 목적 달성을 위한 개발구상에 적합한 접근방법(수단)을 결정

- **대내·외적 위험요인 등 판단**
  개발을 진행하는데 발생할 수 있는 내부 구조적 위험 및 경제환경 등 외부환경에 따라 변화하는 등 외부적 위험통제

---

3) Miles 외(2015), p.178.

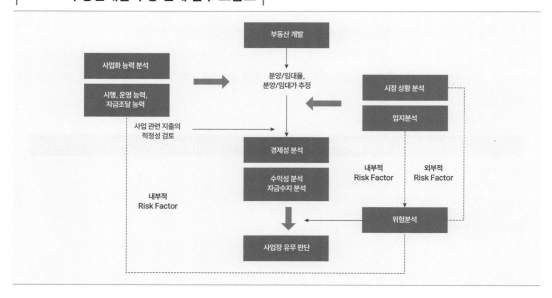

그림 6-4 부동산개발 구상 단계 업무 흐름도

4) 개발구상 도출을 위한 다양한 기법

개발구상을 위한 아이디어는 여러 가지 요소들을 고려하여 장시간의 분석을 통해 도출된다. 개발사업자의 경험과 외부 의견을 반영하여 즉흥적으로 갑자기 떠오르기도 한다. 창의성 있는 아이디어를 도출하기 위해 여러 가지 기법들을 활용하면 개발 구상에 많은 도움을 받을 수 있다. 아이디어 도출을 위해 쓰여지는 기법으로 브레인스토밍(Brainstorming), 그룹프로세스(Nominal groupprocess), 델파이 방법(Delphi method), 환경스캐닝(Environmental scanning), 포커스그룹(Focusgroup), 설문조사(Surveys) 등의 기법이 활용되고 있다[4].

(1) 브레인스토밍(Brainstorming)

브레인스토밍은 주어진 기간 안에 많은 창의적인 아이디어를 만드는 것이 목적이다. 브레인스토밍은 다수가 참여해도 되고 혼자서 진행해도 되나 많은 사람과 협의하고자 할 때는 지켜야 할 네 가지의 규칙이 있다.

---

4) Miles 외(2015), p.182.

① 다양한 아이디어를 낼 수 있도록 유도한다.

② 최대한 많은 아이디어를 기록한다.

③ 현실적으로 생각하고 비판하지 않는다.

④ 기록한 아이디어를 조합한다.

상기와 같은 규칙으로 주어진 시간동안 가능한 가장 창의적인 아이디어 생산에 전념하는 방법이다. 처음에는 모든 아이디어가 받아들여지며, 현실성은 보류되며 완성 후에 아이디어 리스트를 면밀하게 연구하고 가장 유망한 아이디어 조합을 선택한다.

일정한 시간 동안 가능한 많은 양의 창의적인 생각을 만들어내는 방법

- 이상한 아이디어도 모두 수용
- 모든 아이디어를 적고, 그 가치에 대한 판단을 유보하고, 가능한 한 많은 아이디어를 나열
- 종료 후 자세한 연구, 최적의 아이디어 조합 선별

* 사진 출처: pixabay.

(2) 명목 집단법(Nominal group process)

그룹프로세스는 기록한 아이디어의 중요도 순으로 순서를 정하며, 서로 토론 후 추가, 삭제하기도 한다. 해결책을 도출하는 방법으로 팀원들의 의견 개진에 따라 아이디어의 우선순위를 정하는 작업으로 외부 전문가의 의견을 들을 수도 있다. 상호토론 집단에서 아이디어에 대한 자세한 분석을 통해 우선순위를 정하는 기술이다. 합의과정에서 유용성은 개발사업자가 의견을 제출한 사람들과 함께하고자 하는 의지에 달려 있으며, 공통목표를 중요시하는 공공개발에 많이 활용되고 있다.

그룹 구성원들의 아이디어 중에서 우선순위를 설정하는 방법

- 순서
① 일체의 토의 없이 독자적으로 아이디어 작성
② 한 사람씩 아이디어 제출, 한 곳에 기록
③ 비밀투표
④ 프로젝트 선정
- 합의가 중요한 공공개발에서 사용

* 사진 출처: pixabay.

(3) 델파이 기법(Delphi method)

델파이 기법은 연구문제에 대해 전문가 집단을 대상으로 반복 서면질의를 통해 의견 조사를 진행하여 전문적 의견을 모으는 작업이다. 회의방식에서 나타나는 상사의 일방적인 회의 진행 등에서 나타나는 단점을 보완해 준다. 개발사업자는 이 기법을 활용하여 복잡한 질문에 대한 시장 전문가의 정보에 입각한 의견을 얻을 수 있다.

부동산개발의 중요한 요인으로 공간의 구성, 수요와 공급을 예측 등의 아이디어를 얻기 위해 다양한 전문가 집단, 정치인, 시장조사원 및 중개인 등을 대상으로 일련의 질문을 준비한다. 이에 대한 전문가의 반응을 조사한 후, 준비된 질문과 제시된 답변을 분석하여 전문가들에게 자신의 견해를 다른 사람들과 비교하고 의견을 수정할 것을 요청할 수 있다.

- 가정: 우수한 전문가는 전문분야에 대해 합리적이고 대안을 제시하며, 회의방식보다 서면을 통한 앙케이트 방식이 올바른 결론에 도달할 수 있는 가능성이 높다.

델파이 방법을 반복 진행하여 여러 의견 수렴을 통해 여러 전문가의 의견이 반영하여 결론을 도출할 수 있다는 장점을 가지고 있다. 특히 복잡한 사안이거나, 전문가의 수가 적거나, 개발 구상에 대한 팀원들 간에 상반된 의견이 발생할 때 전문가의 여러 의견을 모을 수 있다. 개발 의견에 대한 문제가 복잡하거나 전문가의 수가 적거나, 팀에 반감이 존재할 때 사용한다.

(4) 환경스캐닝 (Environmental scanning)

지역, 국가적, 국제적 환경과 자연재해 등의 여건을 조사하고 여건 변화의 영향을 예측하는 방법이다. 개발사업에 영향을 미치는 환경적 요소, 주요경제지표, GDP의 분기별 변동, 금리의 변동 등을 고려하여 분석하는 기법이다. 이 방법은 의견을 취합하는 과정에서 지역적 요소, 국가적 요소, 글로벌 환경 등의 요소를 모니터링 및 가능한 영향을 예측하는 작업을 진행하여 광범위한 자료 수집 및 전략적 조직계획을 수립하는데 유용하나, 아이디어 도출에 시간이 오래 걸린다는 단점을 갖고 있다. 여러 요소의 상호간의 영향을 분석하는 민감도분석과 함께 사용되기도 한다.

(5) 포커스 그룹(Focus groups)

구상에 대해 8~12명의 잠재적 사용자의 의견 및 요구 사항을 직접 청취한다. 흥미로운 아이디어가 많이 나오며, 사용자의 니즈를 사전에 파악할 수 있는 장점을 갖고 있다. 통상 8명에서 12명의 참가자가 2시간가량 토론을 하는 방법이며, 사회자는 신중하게 질문과 목표를 신중하게 준비하여 토론을 리드한다. 만일 참가자를 잘못 선택하면 잘못된 결과가 나올 수 있는 약점을 가지고 있다.

소수의 응답자와 집중적인 대화를 통하여 정보를 찾아내는 소비자 면접 조사

- 순서
① 면접자 8~12명 선정, 한 장소에 모여 토론
② 진행자의 진행 아래 토론하여 자료를 수집
- 잠재적 소비자 확인 및 요구에 맞도록 프로젝트 수정
- 자유로운 분위기
- 적절한 응답자 선정

* 사진 출처: pixabay.

---

(6) 설문조사(Survey)

조사를 할 때 소비자들이 관심이 많은 사람들한테 의견을 조사하기 때문에 효과적으로 정보를 얻을 수 있다. 프로젝트의 아이디어를 창출, 진행 중인 아이디어를 수정하는 데 쓰이는 방법으로 잠재 고객에게 전화하거나 방문하여 상품의 종류 및 구매의지 등 잠재 고객의 프로필을 모을 수 있는 장점을 갖고 있다. 다만, 현장에서 많은 유사사례를 방문하고 매우 작은 홍보, 과도한 자료, 부정확한 자료, 급변하는 상황 등에 대한 적절한 대처가 필요하다.

현재 거주자와 잠재 수요자를 대상으로 설문조사를 하는 방법

- 고객 만족도를 평가하기 위해 현재 거주자와 잠재 수요자를 대상으로 조사
- 새로운 아이디어 생성과 프로젝트 수정에 유리
- 고객 프로필 작성, 잠재 수요자 정리

* 사진 출처: pixabay.

표 6-5 아이디어 도출방법 유형

브레인스토밍 (Brainstorming)	명목 집단법 (Nominal group process)	델파이 기법 (Delphi method)
*목적 주어진 시간동안 최대한 많은 수의아이디어를 창출 ***규칙** 1.가치판단 X 2.가능한 많이 3.주제에 맞도록 4.아이디어 조합 찾기 ***마무리** 목록을 더 자세히 연구 ↓ 가장 유망한 아이디어 조합 선택	***목적** 아이디어 우선순위 결정(보다 자세한 분석) ***규칙** 1.침묵 속에 아이디어 작성 2.진행자는 문제를 명확하게 설명 3.아이디어 나열 4.그룹 선호도에 따라 의견선별 5.비밀투표 ***마무리** - 목표와 목표달성을 위한 행동 방침을 협의할 때 유용 - 공공부문 개발에 자주 사용	***목적** 전문가의 의견제시(일관된 답변 도출 기대) ***규칙** 1.전문가들을 위한 일련의 질문 준비, 이에 대한 의견을 구함 2.답변 취합 후 비교 정리 3.전문가들에게 해당 내용을 다시 제공하며 의견수정 요구 4.과정 반복(의견차이 감소, 일관적인 의견으로 수렴) ***마무리** - 문제가 복잡한 경우 - 전문가 분산, 소수인 경우 - 팀 내 반감이 있을 경우 ⇒ 매력적으로 사용 가능
환경스캐닝 (Environmental scanning)	포커스 그룹 (Focus groups)	설문조사 (Surveys)
*목적 1.최근 등장하는 이슈 발생 2.현재 트렌드 확인 3.미래의 전략 수립 ***예시** 경기 침체 영향 등 - 분기별 GDP 변화 - 주요 금리변화 등 ***마무리** - 적극 권장하나, 시간이 오래 걸림	***목적** 잠재적 소비자 그룹의 욕구충족 (미래개발을 위한 아이디어) ***과정** 광범위하고 흥미로운 아이디어 생성을 위한 자유로운 생각의 흐름 허용⇒ 토론진행 ***사회자** - 선입견 없이 유연한 사고 필요 - 주제에 대한 충분한 지식요구 ***마무리** - 참가자들을 잘못 선정하면 잘못된 결과가 나올 수 있는 문제점 존재 - 더 많은 과정으로 테스트 될 아이디어를 찾고 논의하는데 도움	***목적** 신제품 및 프로젝트에 대한 아이디어 생성 및 진행 중인 프로젝트의 수정 ***과정** 기존 거주자 또는 세입자를 대상으로 설문조사를 실시 (영업소 방문, 전화 등) ***마무리** 프로젝트에 어느 정도 관심 있는 사람들의 프로필이 만들어짐

5) 개발사업자 관점의 위험관리

개발사업자는 개발을 진행함에 있어 발생할 수 있는 위험요인들을 파악하고 위험을 회피하거나 최소한 감소시키기 위해 개발구상 단계부터 여러 요소를 고려해야 한다. 개발시기, 참여자의 협력, 개발자 자신의 개발 의지와 태도, 경제 환경을 포함한 대내·외적 여건 등을 감안해야 한다. 개발사업자는 아이디어 구상단계에서 위험을 줄이기 위해 몇 가지 원칙을 제시한다.[5]

- 개발사업자 현재 위치를 정확히 판단해야 한다. (Know yourself)
  정직하게 자신의 재정적, 지적, 정서적 능력 등을 평가하여야 하며, 금융기관, 임차인, 건설회사 등에 좋은 포지션을 갖는 데 도움을 받을 수 있다.

- 개발사업자 자신에 대한 이미지를 알아야 한다. (Know your image)
  개발에 대한 대중의 인식을 염두하고, 다른 사람의 호응을 얻을 수 있도록 개발사업을 진행해야 한다.

- 참여자들과 팀워크 구축 및 조직화해야 한다. (Know your team & Coordinate)
  참여한 구성원의 활동과 기능을 조정해야 하며, 아이디어가 실현 가능하고 경제적이라 판단되어 개발을 진행하고자 하였을 때 참여자의 기능을 잘 조정하여 팀워크를 구축함으로써 다음 단계에서 결정적인 역할을 하게 된다.

- 부동산 윤리의 준수가 필요하다. (Behave ethicaiiy)
  투철한 직업윤리와 대인관계를 갖도록 노력하고, 문제가 발생했을 때 빠른 해결을 위해 법에 의존하는 것이 힘들기 때문에 사적 관계와 개발윤리는 개발사업에 진행과정에 매우 중요하다.

- 국내·외적인 금융환경을 이해해야 한다. (Keep current & Attention to global financial cycles)
  개발 사업의 경우 국내외 경제동향, 시장동향, 정치적 분위기, 제도의 변화 등에 민감하게 반응하고 있음을 인지하고 사전에 이에 맞는 선제적 대처가 필요하다.

개발사업자는 개발구상을 진행하는 과정에서부터 개발과정 전반의 위험관리가 필요하다. 개발과정에 있어 위험은 개발 초기 단계가 가장 크게 나타나며, 개발이 구체화되고 진행될수록 위험은 점차로 감소되는 특성을 가지고 있다. 초기 개발 구상 단계부터 위험 요인을 파악하고 제거 및 대처하기 위한 세밀한 계획을 수립한다.

---

5)　Miles 외(2015), p.185.

시장에서 최고의 위험관리 기술은 "하지마라.", "시장 경계 내에 머물러라"는 조언이 있다. 개발기간이 적게는 2~3년, 많게는 5년 이상 진행된다. 개발사업자는 현재의 사장파악도 중요한 판단의 기준으로 고려해야 한다. 목표로 하는 개발구상에 대한 평가는 현재의 시점이 아닌 개발이 완료된 후에 개발의 평가를 받는 점을 명심해야 한다.

그림 6-5 개발진행 단계별 위험곡선

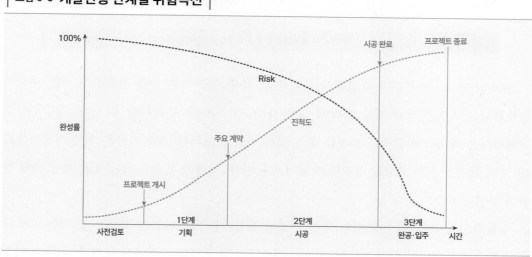

2. 부동산개발 구체화(Refinement)

1) 배경

개발구상에서는 정제되지 않고 다듬어지지 않은 다수의 아이디어가 제시된다. 개발구상의 구체화는 목적과 목표의식을 갖고 아이디어를 수정하고, 정교화하는 과정이다. 대부분의 개발 구상에 대한 아이디어는 구체화 단계에 이르지 못한다. 각종 제약 조건과 재무적 타당성에 대해 만족하지 못하기 때문이다.

예비타당성 분석이 어느 정도 만족되면 개발에 대한 구상을 구체화 한다. 구체화 과정은 보기에는 단순하지만 실제로는 복잡한 과정을 거치게 된다. 구체화 과정에서 문제가 예상되면 방대한 재원을 투입하기 이전에 포기해야 한다. 개발부지를 선정하여 매입하고 물리적

(physical), 법률적(legal) 타당성에 대한 결정이 구체화 과정의 목적이다. 예를 들어 오피스빌딩 건축이라는 아이디어에서 어떻게 어느 정도의 규모로 어떠한 특성을 갖고 어떠한 사용자를 대상으로 개발을 진행할 것인가에 대한 결정을 해야 한다.

1	중요한 가정이 무엇인지 식별

↓

2	이전의 아이디어를 적절하게 수정

↓

3	실사과정을 통해 아이디어 검증을 준비

물리적(physical) 목적과 관련해서는 마케팅, 금융, 관리측면 등을 검토한다. 개발구상이 구체화되는 과정을 통해 해당 개발에 대한 자신감과 확신을 증대시킬 수 있다. 개발구상의 구체화하는 과정에서 적정한 부지를 찾는 것이 가장 중요하다. 부지비용은 전체 개발비용의 10~30%, 많게는 50% 이상을 차지하고 있기 때문이다. 적합한 부지를 찾는 것은 개발 사업 성공의 결정적 요소다.

법률적(legal) 사항을 파악하여 주변 환경에 부합하는 개발사업이 진행될 수 있는지에 대해 검토가 진행되어야 한다. 개발사업자는 개발구상의 구체화 과정에서 물리적, 법률적 사항을 고려하여 다음과 같은 사항을 검토해야 한다.

표 6-6 개발 구체화 과정에서의 검토사항

구분	검토내용
개발구상 구체화	• 지역의 시장 환경을 분석하여 적합한 부지 물색 • 경쟁기업과 경쟁 프로젝트를 분석해 경쟁력을 극대화하기 위한 전략 구체화 • 개발사업에 대한 이해관계와 제약 사항 파악 및 공공기관/도시계획가 협의 • 부지 상황에 맞는 초기 설계 요건 결정 • 개발이 가능한 여러 부지 중 정해진 기준에 부합하는 후보지 선별 • 최종 선정 부지에 대한 매입협상과 매매계약 체결 • 지속적인 재무타당성 분석 개선 및 개선에 따른 수치 변화를 주기적 확인 • 건축에 대한 계획 및 용도 결정 • 사업 참여자의 사업 협의

개발사업자는 세밀하고 정확한 개발 구상을 위해 시장을 분할하고 차별화하여 검토해야 한다. 시장조사, 부지선정을 위한 계획 수립, 개발 과정에 참여하게 될 파트너의 역할에 대한

검토 등을 통해 개발사업은 구체화된다. 시장조사는 대내외적 개발 환경에 대한 검토, 지역 시장의 분석, 경쟁사 또는 경쟁상품에 대한 조사 등이 선행적으로 이루어져야 한다. 시장분석 항목에 대해 자세히 살펴보면 입지분석을 통해 입지/도시구조의 특성, 지형 및 지리적 특성, 주거/비주거 인구 통계적 특성, 사회경제적 특성, 경쟁 환경 등을 파악해야 한다. 환경 변화여건 분석을 통해 라이프 스타일의 변화, 즉 소득증가, 여가시간 증대, 부동산에 대한 가치의 변화, 지식/정보화/글로벌 경제환경 변화, 미래의 트렌드 등을 파악해야 한다.

이 외에도 사업 환경 분석을 통해서 부동산 시장의 거시적 특성과 미시적 특성, 개발자 개발방향과 주변 개발계획 및 공공부문의 사업추진 방향을 같은 방향으로진행될 수 있도록 해당 자료를 조사해야 한다. 기반시설 현황 분석을 통해서는 도로망 및 대중교통 현황 및 계획, 도로와 보행자도로의 동선분리, 교육/문화/체육시설/교육시설 등의 현황, 주변 환경과의 연계등을 조사해야 한다.

표 6-7 개발구상 단계 시장조사 항목

입지 분석	환경변화 분석
입지/도시구조 특성 지형 및 지리적 특성 주거, 비주거 인구 통계적 특성 사회경제적 특성 경쟁 환경 분석	라이프스타일 변화 (소득증가, 여가시간증대, 가치추구 등) 지식, 정보화, 글로벌 경제 변화 미래 트렌드 변화
사업여건 분석	**기반시설 현황 분석**
부동산 시장 (거시적/미시적) 산업환경 변화 추세 개발지의 지자체 사업추진 방향 주변 개발계획	도로망 및 대중교통 현황 및 계획 도로와 보행자도로 및 동선 분석 교육, 문화, 체육시설 현황 주변환경과 연계분석

부지 선정하는 과정에서는 선택의 기준을 정립하고, 해당 부지 매입이 어렵게 될 경우 대체 부지에 대한 평가 및 부지계약 협상을 어떻게 진행할 것인가에 대한 계획을 수립한다.

개발과정에 참여하게 될 파트너들에 대한 사전 검토도 이루어져야 한다. 공공부문은 인·허가 관청 등을 비롯하여 개발 관련하여 협의를 진행하게 될 협의체를 사전에 검토해야 한다. 소방관련 법규를 협의해야 할 소방서, 교통영향평가 등 교통시설관련을 협의해야 할 경찰서, 장애인을 위한 편의시설 설치 협의를 위한 장애인협회 등 개발과 관련된 공공단체와 사전 협의가 필요하다. 개발하고자 하는 프로젝트의 사회적 기여에 대해 사전 교감을 형성함으로써 개발 인·허가 과정을 단축할 수 있으므로 사전에 철저한 계획을 수립한다.

대략적인 시공사 선정에 대한 계획, 분양 또는 임차인 유치를 위한 계획, 건축설계자 및 감리 등 건축전문가 그룹 참여에 대한 계획, 자금조달에 대한 금융구조 및 금융사 또는 투자자 유치에 대한 계획 등 개발 과정에 참여하게 될 파트너들에 대한 사전 협의를 진행해야 한다.

사전 조사 및 계획 수립을 통해 개발사업의 약식가설계를 실시하고 타당성을 평가하여 개발사업을 구체화함으로써 개발자는 구상한 개발 계획에 대한 확신을 가질 수 있다.

2) 사업 환경 및 초기 타당성 검토

개발구체화 단계는 이해관계자들과 협의를 진행하여 실현가능성과 재무적 타당성에 대한 확신을 다져가는 단계이다. 개발사업자가 새로운 시장에 참여하는 경우 경쟁 정도를 확인해야 하고, 시장이 무엇을 원하고 있는지를 결정하는 것이 중요하다.

공공부분에서 요구하는 규제와 법률이 사업 진행에 결정적인 영향을 주기 때문에 부동산 시장의 경제상황과 정책변화, 경쟁상대 및 시장요구를 분석하여 사업 참여자 결정 및 네트워크를 구축해야 한다.

| 기관 | 경쟁자 | 시장분석 | 네트워크 |

개발구상을 구체화하는 과정에서 거시적 측면의 환경검토를 진행함과 동시에 재무적 측면에서 개발 아이디어에 초점을 맞추고 타당성을 검토하게 된다. 실현가능성을 평가하고 정확한 비용추정과 정확한 예상수익을 추정해야 한다. 구체화된 사업 수지분석을 위해 초기 자본조달, 부지매입비용, 건축비 등 총사업비용을 산정해야 한다. 분양 사업장인 경우 매각을 함으로써 벌어들일 매출액을 예상하여 사업수지표를 작성하고, 개발 기간 동안의 운영수익을 예상하여 개발을 성공적으로 수행할 수 있도록 보다 정확한 재무적 수치를 산출한다.

개발사업자는 시장조사와 재무적 수치를 통해 개발목적에 대한 잠재적 위험과 대가를 평가하고, 개발 환경 변화에 따라 지속적으로 수정작업을 진행한다.

📇 제2절 개발부지 결정

1. 개발부지 선정 및 매입

1) 개발부지 선정

부지 선정과 매입을 위한 조사 시 물리적(physical) 특성, 법률적(legal) 특성 및 개발인허가 상 장애요인에 대한 검토가 필요하다.

물리적 특성은 해당 부지가 갖고 있는 특성으로 토지의 형상이나 도로여건, 장애물, 지하 공간에 대한 검토 등을 말한다. 부지의 법률적 특성은 개발구상대로 개발될 수 있는지에 대한 법률적 제한 사항으로 「국토의 계획 및 이용에 관한 법률」 등 공법상의 제한사항 외에도 각종 영향평가, 활용용도 제한, 심의 허가 시 장애가 되는 요소가 없는지를 같이 검토한다. 해당 사항에 대한 체크리스트를 작성하여 물리적 특성과 법률적 특성을 상호 교차 확인함으로써 부지선정 단계에서 보다 정확한 정보와 개발 가능성에 대한 위험요소를 검토한다.

2) 물리적(physical) 특성

개발부지를 선정하는 과정에서 부지의 크기도 고려 대상이나 건물을 실질적으로 건축할 수 있는 부지형상 및 토양의 특성이 중요하다. 해당 부지가 매립을 통해 조성된 부지이거나 지중에 암반지형으로 형성되어 있을 경우 굴착이나 정지작업에 보다 많은 비용이 소요된다.

과거 사용용도 및 현황측량을 통해 부지 지중의 폐기물이나 역사적 유적지가 존재하는가를 고려해야 한다. 부지의 지중공간을 파악하기 위해서는 시험굴착 및 현황측량을 통해 개략적인 분석이 필요하다.

부지매입 계약에 특별한 언급이 있지 않는 한 지중공간에 대한 책임은 매수자에 있다. 부지의 매입결정 이전 폐기물 유무, 유적지, 지중의 토질 현황 등을 사전에 파악해야 한다. 개발 중 폐기물, 유물, 암반의 출현 등의 요인은 개발 지연을 초래하기 때문에 해당 부지 및 인접 부지에 대한 사전 환경검토를 고려해야 한다.

부지 매입 전 확인해야 할 사항 하나는 부지의 형태로 구상하고 있는 개발 부동산의 외형 및 인접 부지와의 경계가 정확한 것인지에 대해 검토해야 한다. 인접 부지와 해당 부지 사이의 침범 여부 등을 부지 매입 전 국토정보공사 및 사설기관 의뢰를 통해 정확한 경계를 확인해야 한다. 경계가 모호한 상태로 개발이 진행될 경우 법적인 분쟁 혹은 막대한 손해배상 위험 발생 소지가 있다.

주변 기반시설과의 연계 여부도 검토해야 한다. 상·하수도, 도시가스시설, 수전시설 등 사회기반시설이 갖추어져 있는지, 기반시설이 갖추어져 있지 않을 경우 설치비용을 고려한다. 도로의 접근성은 임대료 및 사용자와의 밀접한 관계를 가지고 있는 요소로 해당 부지 현재의 용도 및 이용 상황을 정확하게 파악하고 필수적인 기반시설의 존재 유무, 건축법 및 주택법 등 관련 법규의 다양한 건축규제를 만족시킬 수 있는지에 대해 사전에 면밀한 검토를 진행한다.

표 6-8 물리적 특성 요소 검토사항

구분	검토내용
지반 / 지질	연약지반, 매립지, 지형, 고저차 등
토지형상	토지이용의 효율성 (장방형, 원형 등)
기반시설	상하수도, 전기, 가스 등의 인입 여부
진입도로	진입도로 유무 및 전면상황, 도로접속
지장물	철거대상 건축물, 지하매설물, 폐기물
분묘	이장 분묘기수, 분묘기지권 등
철탑,송전	철탑유무, 이설가능성, 이설비용
문화재	지표상 문화재 유무, 주변 문화재 현황
토양오염	토양오염 처리비
하천 / 구거	사업부지내 하천, 구거 유무

3) 법률적(legal) 특성

부지매입 전 토지이용에 대해 법적으로 허용되는 범위 및 규제에 대해 검토한다. 부지매입 가격은 구상하고 있는 개발 용도의 법적 규제 및 제한사항 등에 영향을 받는다.

개발용도 및 개발가치에 크게 영향을 미치고 있는 건폐율, 용적률 등에 대해 검토하고 해당 지역 인·허가 기관에서 허용하고 있는 범위를 정확하게 파악해야 한다. 공법상의 제한사항은 각종 영향평가, 심의, 허가 등을 진행하는 데 있어 장애가 되는 요소는 없는지 확인한다. 「국토의 계획 및 이용에 관한 법률」은 해당지역의 용도 지역, 용도지구, 용도구역으로 구분하여 개발용도, 개발허용범위 등을 규정하고 있으며, 해당 지역의 지구단위계획으로 개발에 대한 가이드라인을 제시하고 있다.

표 6-9 공법상의 검토사항

구분	검토내용
용도지역, 지구[6]	대규모 판매시설 가능 여부, 고도/경관등 제한사항
용도구역	개발제한, 시가화조정구역 등
지구단위계획	대상여부, 불허용도 검토 등
국공유지 유무	매수 및 용도폐지 가능 여부
농지, 임대 취득	사업지내 농지의 취득 여부
토지거래	토지거래 신고, 허가구역
제한물권 유무	근저당, 가압류, 가등기 등
하자부동산	부재지주, 미등기 부동산
소유권 관련	지분소유, 상속재산, 종중재산 등

표 6-10 인·허가 관련 심의 검토사항

구분	검토내용
수도권 정비심의	• 과밀억제권역안의 인구집중유발 시설이 이전된 일정규모 (10,000㎡) 이상의 종전 대지에 인구 집중유발시설이 신설, 증설되는 경우 그 허가에 대하여 사전에 수도권 정비위원회 심의 필요
환경, 교통, 재해	• 적절한 진출입 동선, 오수 우수처리 가능성 등 환경, 교통, 재해 영향평가 필요
지정 및 매장문화재	• 부지인근(반경 300m 이내) 국가 또는 지방문화재 존재 시 문화재 현항 변경 허가 대상으로 사업부지 30,000m² 이상인 경우 문화재 지표조사 대상 구분

---

6) 해당 용도의 시설물 건축이 가능한 용도지역, 용도지구, 용도구역인지 여부 및 개발행위 허가 제한구역 여부 또는 기반시설부담구역으로 과다한 추가 부담 발생 가능성을 검토하여야 하며, 지구단위계획으로 해당 지역이 개발계획이 계획된 경우 지구단위계획상 개발 허용용도인지 불허용도인지 등 파악.

표 6-11 부동산 공부 서류

구분	검토내용
토지이용계획 확인서	• 국토계획법의 건축물의 용도나 규모를 결정할 지역, 지구, 구역 확인 • 다른 법률에 의한 지역·지구 등 군사시설구역 및 보호구역, 농업진흥구역 및 보호구역, 보전산지, 자연공원구역 및 보호구역,상수원보호 및 수질보전대책 특별권역 여부, 문화재구역 및 보호구역 여부 등 확인 • 도로의 형태, 도로의 너비, 도로에의 저촉 여부 등 확인 　대축척: 500:1이상으로 좁은 지역을 자세하게 표현 　소축척: 1200:1 이상으로 넓은 지역을 작게 표현 • 도로(저촉,접함), 공원 기타 등 도시군계획시설 포함 여부 • 토지거래허가구역 여부 (건축법시행령 별표1 및 국토계획법시행령 별표 2-27참조)
토지대장 (임야대장)	• 토지면적과 지목확인 • 토지분할 또는 합병기록 확인 • 토지등급 확인 및 개별공시지가 확인
건축물대장	• 건물의 규모(면적, 층수 등)와 구조 확인 • 준공일자와 사용검사일 확인 • 건물의 사용용도확인 및 건폐율, 용적률
지적도 (임야도)	• 토지(임야)의 형상 확인 • 도로와의 저촉 여부 확인 • 주변토지의 지목 및 형상 확인
등기사항(전부) 증명서	• 표제부: 부동산의 표시 (소재지, 면적 등) • 갑구: 소유권에 관한 표시 • 을구: 소유권이외의 사항, 용익물권과 담보물권(저당권, 유치권) 등
지형도	토지의 지형 및 고도 확인과 주변 실제 환경현황 확인
도시계획 총괄도	지적, 현황, 도시계획사항(지구단위계획)을 포괄적으로 편집 • 도시경계(도시계획구역 경계포함), 학교, 사찰, 공공기관표시 • 도로의 종류 (광로, 대로, 중로) 표시 • 용도지역/지구/구역을 색깔별로 표시, 도시계획시설 표시

표 6-12 인·허가에 필요 영향평가

심의평가	영향평가
토지적성평가	교통영향평가
수도권정비심의	환경영향평가
사전환경검토	재해영향평가
문화재지표조사	

4) 예비설계 검토 및 부지선정

부지취득에는 막대한 자금이 투입된다. 사전 개발사업 설계의 타당성 검토 과정은 필수적인 절차로, 기초 설계 검토를 통해 부지의 토양, 주차 공간, 건축한계선, 도로경계선 등을 확인한다.

설계과정은 건축심의 및 개발타당성 단계에서 수행하는 계획설계과정, 건축인·허가를 득하기 위한 기본설계과정, 시공사선정 및 신축과정에서 활용되는 최종적인 실시설계(착공설계)과정으로 3단계로 구분된다. 실시설계가 끝난 후에도 인·허가 및 신축에 관련된 심의 과정에서 기타 조건을 제시하는 경우에 따라 착공 전까지 수정하는 과정을 거쳐 최종 착공도면이 완성된다. 공사를 진행하는 과정에서도 현장과의 설계불일치 등을 수행하는 공종별 세부설계(shop drawing)도 설계의 일부분으로 수행된다.

표 6-13 예비설계 절차

단계	가설계 절차
1단계	대상 사업장의 공법상 행위제한을 확인하기 위해 토지이용계획확인서 발급
2단계	용도지역 등을 확인하고 시도 도시계획조례상 용적률·건폐율 확인
3단계	용적률과 건폐율을 적용하여 대략적인 층수, 바닥면적 및 연면적을 산출
4단계	주거용의 경우 공급면적을 기준으로 세대 수를 산출하며, 상업용의 경우 업종 및 공급면적을 기준으로 하여 공급호수를 산출하여 대략적 건축규모 산정
5단계	건축규모별 주차장 면적을 산정
6단계	대략적인 배치도 및 단면도 구성

개발사업자는 예비설계 후 계획설계를 진행한다. 계획설계는 해당 관청에 건축 인·허가 전의 심의용으로 도면을 작성한다. 건축설계사무소, 공학전문가, 토지계획전문가 등의 조언 및 협력을 통해 진행하며, 지질조사 등 물리적인 사전조사도 같이 실시한다.

건축심의는 건축 인·허가 전 해당 건축물의 법률적 요건 외 공공적인 요소와 경관적인 요소 등 커다란 그림에서 실시하는 심의 과정이다. 개발사업자가 구상하고 있는 신축 건물의 커다란 밑그림을 확정하는 단계다.

현황측량을 통해 지중의 토양, 암반 및 지하수 등의 흐름을 파악하여 건축물의 깊이를 고려한 지중공사 비용을 추정할 수 있다. 해당부지의 경사도를 파악하여 도로접근성 및 건물의 위치선정 등 사전 설계에 필요한 자료를 제공하여 신축과정에서 발생할 수 있는 위험요소를 검토한다.

설계전문가는 개발이 진행될 경우 초기 단계 개발 업무부터 준공 업무까지 개발전체 과정에 걸쳐 업무와 밀접한 관련을 갖는다. 개발사업자의 구상을 성공적으로 실현될 수 있도록 협력관계를 유지해야 하기 때문에 설계전문가의 선정은 매우 중요하다.

개발과정에서 설계전문가로부터 기대할 수 있는 요소를 정확하게 파악해야 한다. 개발사업자는 기획설계 단계에서 검토된 사항들을 고려하여 부지선정 과정을 진행한다. 최종 부지를 결정하는 과정에서 주거지와 직장과의 접근성, 교통여건의 접근성, 주변 편의시설의 접근성 등을 주의 깊게 검토해야 한다. 부지의 물리적, 법률적 특성은 해당 부지에서 건축될 수 있는 공간의 규모를 제약하며, 주변에 경쟁적인 개발 사업들이 일어날 수 있으므로 경쟁력 있는 부지를 선정하는 것이 중요하다.

적합한 부지를 취득하기 위해 개발자는 전산화된 자료와 도구를 활용할 수 있다. 지리정보시스템(GIS)은 개발이 어디서 일어나고 어떤 영향을 미칠지 예측하는 데 사용된다. 지리정보시스템(GIS)에는 공간상호작용 모델(중력모델)과 공간확산 모델로 분석을 실시한다. 공간상호작용 모델은 소매 사용의 만족도를 평가하는데 사용하기 위해 교통량 흐름, 상가 이용현황 및 쇼핑센터 수익을 예측하는 기능을 제공한다. 공간 확산 모델은 인구 이동, 지역의 성장 또는 쇠퇴, 새로운 지역의 개발을 예측하는 데 도움이 된다.

전산화된 도구와 모델들은 복잡한 공간정보를 시각화하고 미래의 기회를 예측할 수 있게 해준다. 정부 기관들은 미래의 성장을 지원하기 위한 정책과 프로그램을 개발하기 위해 이러한 모델들을 활용한다.

그림 6-6 전산화된 자료와 도구

1. 공간상호작용 모델 = 중력 모델
   • 소매 사용의 만족도를 평가
   • 교통량 흐름
   • 상가 이용 현황 및 쇼핑센터수의 예측

2. 공간확산 모델
   • 인구의 이동
   • 지역의 성장 또는 쇠퇴
   • 새로운 개발 지역 예측

개발부지의 선정은 사업의 시작이다. 개발부지의 여건에 따라 해당 사업의 성패를 좌우하는 만큼 검토된 다수의 개발부지 중 사업자가 원하는 부지를 선정하기 위해서는 시장영역 및 경쟁측면, 위치 및 인근지역, 유틸리티(utility), 물리적 조건, 법적규제, 규제환경 등의 여러 조건들을 상호 비교하여 평가해야 한다.

표 6-14 개발 부지선정 시 고려사항

구분	확인사항
시장영역 및 경쟁	인구, 일자리 증가추세 및 예측 / 경제적 특성
위치 및 인근 지역	주요 대도시 위치와 접근성 / 주변 환경의 질
유틸리티	상하수도 또는 정화조 / 전기 및 가스 시설
물리적 조건	가시성 및 접근성 / 현장 내 기존 구조물
법률적 규제	영역설정 / 규약 및 행위제한
규제환경	향후 인프라 구축 및 도입 / 인허가 승인 과정 및 일정

5) 부지 협상 및 매입

개발구체화 단계는 개발사업자가 확신을 갖을 정도로 세부적이고 정확한 타당성검토를 거치지 않은 단계이므로, 부지매입을 신중하게 진행해야 한다. 개발에 대한 계획이 노출될 경우 매수자는 높은 가격을 요구하게 될 여지가 있다. 충분한 검토를 위해 시간의 여유를 갖고 가격 검토가 완료되는 시점에 부지를 매입하려 하는 반면, 토지소유자는 매매 기간을 단축하고 높은 가격을 받기를 원한다. 부지 매입은 많은 자본투자를 동반하기에 개발자는 법적 근거와 소유권 이전에 대한 위험요소를 면밀하게 검토한다. 부적격 사유 발생 시 계약을 파기할 수 있는 조건을 고민해야 한다.

그림 6-7 부지매입목표

개발자의 목표	공통 목표	판매자의 목표
• 유리한 가격 • 위험을 분석하고 due diligence 를 수행하기에 충분한 시간과 조건 • 최소한의 현금 노출로 자금조달을 준비하는 옵션	조건에 따른 합의와 계약	• 높은 가격 • 부동산을 시장에서 회수하는데 필요한 최소 시간

부지 매입 협상과정은 최적의 기간을 판단하여 매도자와의 협상을 진행해야 한다. 개발 구상에 대한 아이디어가 구체화되고 타당성이 있는 것으로 판단된다면, 계약금 또는 가계약을 통해 "현재의 가격"에서 해당 토지에 대한 매입권을 획득하는 형식으로 계약을 진행한다. 토지 매입의 경우 일반 부동산 거래와 동일하게 계약금, 중도금, 잔금의 형식으로 진행된다. 개발사업자는 사업진행 및 부지매입에 따른 위험을 최소화하기 위해 매도자와의 협의를 통해 옵션을 부여하여 진행하기도 한다. 부지 매입 과정에서의 활용되는 옵션은 두 당사자 간의 계약으로 특정 자산을 미래의 일정 시점(또는 일정기간 내)에서 미리 정해진 가격으로 사거나, 팔 수 있는 권리로서 콜옵션은 매수자가 일정시점에 정해진 가격으로 매입할 수 있는 권리를 갖고 있는 형태다. 풋옵션은 매도자가 일정시점에 정해진 가격으로 매도할 수 있는 형태로, 권리 행사는 당사자에게 유리하다고 판단될 경우 진행되기 때문에 매수자는 콜옵션을 선호하고 매도자는 풋옵션을 선호한다.

옵션의 합의는 두 형태의 사이에서 이루어지며, 이를 통해 개발사업자는 충분한 기간 동안 시장에서 부동산을 매입할 수 있어 권리 취득과 부지매입, 자금조달 준비등 개발 프로젝트의 위험을 줄일 수 있다.

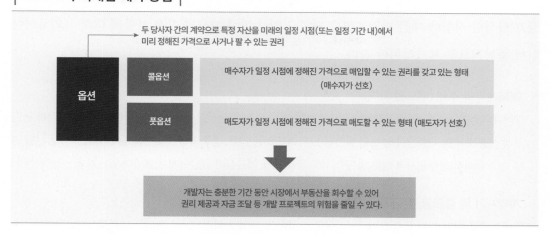

그림 6-8 부지매입 계약 방법

옵션 → 두 당사자 간의 계약으로 특정 자산을 미래의 일정 시점(또는 일정 기간 내)에서 미리 정해진 가격으로 사거나 팔 수 있는 권리

콜옵션	매수자가 일정 시점에 정해진 가격으로 매입할 수 있는 권리를 갖고 있는 형태 (매수자가 선호)
풋옵션	매도자가 일정 시점에 정해진 가격으로 매도할 수 있는 형태 (매도자가 선호)

↓

개발자는 충분한 기간 동안 시장에서 부동산을 회수할 수 있어 권리 제공과 자금 조달 등 개발 프로젝트의 위험을 줄일 수 있다.

매도자와 매수자의 양 당사간의 대략적인 합의가 이루어진다면 계약(또는 가계약)의 형식을 통해 해당 부지를 확보하게 된다. 계약서는 매매가격, 계약금, 계약금 환불의 여부, 협상 종료 조건, 중개보수 책임, 매도자/매수자의 책임, 소유권이전 등에 관련된 사항이 포함한다. 매수자와 매도자가 조건에 대한 합의가 일치할 경우 정식 매매 계약을 체결하게 된다. 이 과정에서 전체 금액에 대한 현금지불을 마무리 할 수도 있고, 매도자가 개발 과정에서 창출되는 가치 상승에 참여하는 투자자로서 공동사업(joint venture)계약의 형태를 취할 수도 있다.

부지매입 과정은 광범위한 참여자를 포함하여 다양한 협의를 필요로 한다. 부지매입시점은 부동산 경기변동 순환주기와도 연관성을 갖고 있으며, 매도자와 매수자가 상호합의를 통한 매매계약 및 이행을 전제로 한다. 가격적인 요소 이외에 매수자와 매도자의 부지 매매에 대한 목적이 상이하게 다를 경우, 협상 진전에 따라 매매협상은 수개월에 걸쳐 진행될 수 있으므로 서로에 대한 신뢰가 중요하다.

표 6-15 부지 구매자 및 판매자 특성

구매자 유형 (Types of Buyers)	판매자 유형 (Types of Sellers)
• **소매업자 또는 유통업자 등의 단일사용자에게 제품 제공하는 개발자** ⇒ 중개 커뮤니티나 시장성 있는 부지를 만든 토지 개발업자와 협상 • **개발 주기의 수직시공단계 전문 개발자** ⇒ 세분화되거나 개선되지 않을 수 있는 토지 취득 • **원시 토지 매입** ⇒ 권리나 개산이 제한되거나없는 부동산으로 인수과정이 길고 성공률이 낮음	• 대대로 재산을 보유하고 있지만 부동산업에 종사하지 않는 부류 • 희망을 갖고 가치증대를 위해 소극적 투자 차원에서 토지를 취득자 • 기관 운영에는 필요하지 않은 잉여 재산이 있는 기업 및 정부기관 • 압류를 통해 토지를 회수했을 가능성이 있는 금융기관 • 건설을 목적으로 하는 토지 구획을 만든 토지 개발자

부지선정이 완료되면 개발자는 부지매입을 위한 계약서 작성을 진행한다. 계약서의 경우 상호 합의한 사항에 대한 법적효력을 지니고 있는 만큼 다음과 같은 사항에 대해 유의하여야 하며 중점적으로 체크하여야 한다.

- **매매계약의 주체 (매도인 자격)**

  매매계약의 당사자는 매도인과 매수인으로 매도인은 토지의 진정한 소유자여야 한다. 매도인 자격과 관련하여 신중해야 할 사항은 구분소유 물건을 모두 매입하는 경우, 종중이나 종교단체 등 단체소유 부동산일 경우 매매 당사자의 대표자격 여부 및 구비서류 등을 통해 대표성이 정당하게 위임되어 있는지 확인해야 한다.

- **계약시기 및 중도금, 잔금지급 시기**

  법률적으로 해당 부지가 토지거래허가구역인 경우 토지거래 허가가 불허할 경우 해당부지의 매매계약은 소급적으로 무효이므로 부지매입에 있어 토지거래허가를 조건부로 하는 약정 체결이 필요하다. 제한물권 등 소유권 및 사용권을 제한하는 사항은 잔금지급 전 해제토록 하되 불가시 잔금 지급 시 금융기관의 해제동의서 등 해제에 관계되는 서류를 수령해야 한다.

- **명도관련**

  부동산의 명도는 잔금 지급 전에 하는 것이 통상적이나, 불가피하게 잔금 지급 후 명도가 이루어질 경우에는 임차인과 매도인 간에 체결된 제소 전 화해조서 수령 등을 통해 서류보완을 진행하며, 이에 대한 명도비용도 매매금액에서 공제한다.

- **하자담보책임**

  토지의 오염 및 지중 폐기물 발생으로 인한 정화비용 등 목적물의 하자로 인한 하자담보책임에 대한 규정이 필요하다.

- **위약벌 규정**

  토지의 소유자가 다수여서 불가피하게 시차를 두고 매매계약을 하는 경우 기계 약자의 번복으로 인한 해약을 방지하기 위해 계약위반 시의 위약벌을 높게 규정할 필요가 있다

🏢 제3절 개발전략 수립과 개발참여자

1. 시장세분화와 상품차별화

개발사업의 아이디어를 다른 참여자들과 논의하고 반응을 평가한 다음 개발사업자는 개발타당성에 대한 구체적인 검토를 진행한다. 개발사업자는 시장조사에 착수한다. 누가 개발된 공간을 이용하고 대중들이 개발사업에 대해 어떻게 생각하는지 고려해야 한다.

시장세분화 과정에서 시각을 좁혀 구체적인 검토를 진행한다. 수요를 분할하고 경쟁적인 기업으로부터 상품을 차별화한다. 경쟁사와 비교하여 개발사업자가 공급하고자 하는 개발상품이 제공하는 특징, 기능 및 이점을 고려하여 충분한 시장점유율을 확보할 수 있는 전략을 세워야 한다.

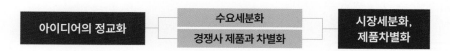

시장을 세분화하고 차별화하는 과정에서 수요자가 개발상품을 선택할 때 어떠한 요인을 중요하게 고려하는가에 대해 세밀하고 정확하게 조사하는 과정이 필요하다. 비주거용일 개발의 경우 공간 활용의 편리성, 효율성, 투자가치 등을 중요시한다. 주거용도의 개발은 안전성, 생활의 쾌적성, 생활의 질을 높이기 위한 커뮤니티 등 용도에 맞는 요소들을 중요시 한다. 개발사업자는 사용자의 요구가 반영된 개발이 진행될 수 있도록 정확한 정보를 파악해야 한다.

표 6-16 주거 유형별 차별화 요소

주거유형	특화구분	특화요소
비주거시설 상품개발	투자자	• 투자가치, 입지가치
	임차인	• 다양한구조, 편리한 주차공간, 효율적 관리
	공간구성	• 전용율, 실내공간, 연계성
	특성화	• 디자인, 편리한 동선, 효율적 공간 이용
주거시설 상품개발	가치프리미엄	• 주거가치, 입지가치, 저렴한 관리비
	생활프리미엄	• 안전, 안심시스템, 편리한 주차공간, 효율적 단지관리
	커뮤니티	• 공용공간고급화, 프라이버시, 효과적인 운용
	공간프리미엄	• 다양한 구조선택, 쾌적한 실내공간, 개성있는 디자인

2. 개발참여자 협력 및 위험관리

1) 파트너십 구축

개발사업자는 구상한 아이디어를 구체화하기 위해 많은 참여자와 전문가의 도움을 받고 의견을 수렴한다. 이는 개발사업자의 과거 개발 경험을 공유하였던 전문가 또는 개발사업자의 개발에 대한 계획을 사전적으로 공유할 수 있는 참여자를 선택하는 것이 바람직하다.

개발참여자 그룹은 시공에 참여하는 건설회사, 최종사용자인 임차인, 준공 후 관리를 책임질 관리자, 자금조달을 협의할 금융기관, 초기 혹은 후기 개발 사업에 참여할 투자자, 인허가 및 공공분야를 고려할 공공기관 등이다. 사전협의를 통해 결정하는 것이 중요하다. 개발구체화 과정은 참여자의 전문적인 의견을 반영하여 개발사업자가 구상하고 있는 프로젝트의 실현가능성을 높이기 위한 과정이다.

표 6-17 개발참여자와 역활

참여자	내용
건설회사 (Constructor)	• 프로젝트 초기 건문지식을 가진 사람을 결정 • 개발자가 원하는 수준의 공사 수행능력 확인 • 건설비용을 추정함으로써 사업을 구체화하여 실현가능성 파악 • 공사비용 산정 (약식/정식)
임차인 (End Users)	• 개발구상단계에서 세워진 시장수요를 위한 아이디어 구체화 • 초기 사용자들이 제안된 것을 정확하게 원하는 것이 아니라 사용자가 원하는 특징,기능 및 이점 등을 프로젝트 반영 • 사용자들의 요구를 맞추기 위해 필요한 테넌트 범위 결정
건물관리자 (Property Manager)	• 임차인 및 사용자를 만족시키기 위한 운영방안 수립 • 건물설계 시 운영비 절감 및 효율적인 건물관리방안 제시
대출기관 (Lenders)	• 개발진행을 위해 대출기관과 투자자의 자금조달 비율 결정 • 프로젝트 성격에 따라 대출기관의 대출유형 파악
투자자 (Investor)	• 투자자의 초기 개입은 건설업체 및 대출기관의 위험을 줄여 부채자금 조달비용을 낮출 수 있음 • 개발초기 투자자의 요구에 맞춰 아이디어를 구체화 • 개발초기 또는 후반에 투자자를 참여시킬 수 있는 방안 수립
고위험투자자 (High Investor)	• 개발 프로세스가 길어짐에 따라 벤처캐피탈과 같은 자본조달 계획 수립 • 건설 전 자본은 모으기 어렵고 비용이 높아 일부 개인 및 회사를 통해 조달
공공기관 (The Public)	• 정부, 지역, 시민단체 등 공공역활에 대한 계획 수립 • 프로젝트 가치향상과 신속한 인허가 처리 논의, 시장조사 시 공공적 측면을 고려하고 반영

그림 6-9 **개발참여자와 역할**

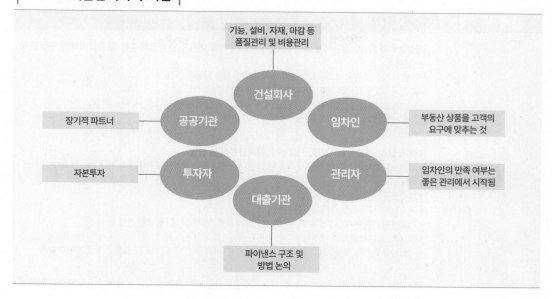

2) 개발구체화 과정에서의 위험관리

　개발사업자는 공식적으로 재원을 투입하기 전 가능한 금융지출 등 위험검토를 완료해야 한다. 개발사업이 해당 지역의 장기발전 계획과 일치하고 조화될 수 있다는 것을 보여줌으로써 지역사회가 개발사업을 수용할 수 있도록 사전 협의를 진행해야 한다.

　위험관리를 통해 시간 및 비용 투자를 최소화하고, 외부환경 및 규제 변화에 따라 개발을 포기할 여지를 마련한다. 부지 매입과정은 많은 자본이 투입된다. 개발참여자들에게 개발의 구체화 및 신뢰를 형성하는 단계로 개발이 불가능하거나 개발이 중단될 경우를 대비하여 투입 자본을 최소화 하는 등 이에 대한 위험 관리 계획을 수립해야 한다.

표 6-18 개발구상 및 구체화 과정 위험관리

단계	구분	내용
개발 기획 단계	개발 구상	**개발능력과 자금동원능력을 고려하여 안전하게 수익을 내기 위한 사업의 종류 및 규모에 대한 구상을 하는 단계** • 개발자 자신의 경험과 자금동원능력 등 자신의 한계를 정확히 관리 • 공공과 주민들의 민원 등 외부환경에 대한 정확한 이해 • 개발하고자 하는 사업의 적절한 경험과 업무능력을 가진 파트너들에 대한 정확한 판단 • 개발사업 초기부터 법률적 리스크에 대한 판단 필요
	예비 타당성	**예비타당성 검토는 법류검토, 시장분석, 경제성분석 등 진행** • 개발계획 자체의 적합성 체크, 공공부문 관련자들의 비공식적 의견 교환을 통해 사업 인허가에 대한 사전검토 • 상위법규의 검토 • 거시적/미시적 시장 환경에 대한 검토 • 가설계에 의한 면적을 대상으로 수지분석 진행 시 개발면적에 대한 정확한 검토 • 경제적, 행정적 위치의 가변성에 의한 주변환경지역의 생애주기 파악 • 사업성과 인허가가 불투명할 경우 부지 매입 전 '건축허가 사전결정제도'를 통해 건축 가능여부 확인
	부지 확보	**부지확보 방법에는 직접 매입하는 방식과 지주공동사업 방법 등이 있으며 옵션이나 기타 약정을 통하여 부지 확보 시 리스크 관리** *** 부지를 직접 매입하는 경우** • 부지의 용도지역·지구·구역 등을 검토한 다음 설계 인허가 가능여부 인허가 기관에 직접 확인 • 지적도를 통해 설계부지 모양과 인접토지화의 관계 확인 및 현장조사를 통하여 실용가능면적에 대한 체크 • 등기부등본을 통해 진정한 권리의 소유자 확인 • 대상부지 내 문화재 매장여부 체크 • 도시계획시설 부지의 경우 용도 전환 시 리스크 체크 *** 지주공동사업의 경우** • 최유효이용방안과 공동사업조건에 대한 검토 필요 • 각각 투자비에 대한 사업수익의 분배금액 및 방식 결정 • 사업타당성을 분석한 후 계약을 체결
	인허가 과정	**개발구상단계부터 인허가 가능 여부를 동시에 진행** • 인허가에 필요한 도시기본계획과 같은 상위계획과 관련계획 및 관련법규에 대한 정확한 이해 필요 • 개발자 스스로 직접 확인 필요 • 해당관청에서 설계 변경요구가 있을 경우를 대비 다수의 대안 준비 • 개발진행 시 제기될 수 있는 민원사항에 대한 사전검토 필요

* 자료: 부동산개발 전문인력 사전교육자료, 한국부동산개발협회, 2023.

🏠 참고자료

• 예비설계 및 사업수지분석

1. 용어 정의

· 연면적: 각층 바닥면적의 합

· 건폐율(밀도규제): 대지면적에 대한 건축면적의 비율 (건축면적/대지면적) (대지에 건축물이 둘 이상 있는 경우에는 이들 건축면적의 합계로 한다)

· 용적률(높이규제) : 대지면적에 대한 연면적의 비율 (연면적/대지면적) (대지면적에 건축물이 둘 이상 있는 경우에는 이들 연면적의 합계로 한다)

· 건축선: 도로와 접한 부분에 건축물을 건축할 수 있는 선

· 층고: 천정고 + 층간두께

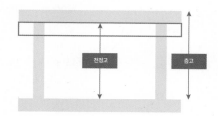

천정고: 즉 마루나 장판에서 천정까지의 높이
층간두께는 층간소음에 의해 두꺼워지는 추세
신규 분양 아파트: 천정고를 2300mm → 2400mm
층간 두께: 소음방지를 위해 290mm → 320~350mm
기존 아파트 층고: 2590mm 이내
신규아파트 층고: 2720 ~2750mm
일반 상가: 3600mm 이상

· 용도지역: 토지의 이용 및 건축들의 용도

건폐율(건축법 제55조 건폐율), 용적률(건축법 제56조의 용적률), 높이 등을 제한함으로써 토지를 경제적, 효율적으로 이용하고 공공복리의 증진을 도모하기 위하여 서로 중복되지 아니하게 도시·군관리계획으로 결정하는 지역

· 용도지구: 토지의 이용 및 건축물의 용도·건폐율·용적률·높이 등에 대한 용도

지역의 제한을 강화하거나 완화하여 적용함으로써 용도지역의 기능을 증진시키고 미관·경관·안전 등을 도모하기 위하여 도시·군관리계획으로 결정하는 지역

· 용도구역: 토지의 이용 및 건축물의 용도·건폐율·용적률·높이 등에 대한 용도

지역 및 용도 지구의 제한을 강화하거나 완화하여 따로 정함으로써 시가지의 무질서한 확산방지,

계획적이고 단계적인 토지이용의 도모, 토지이용의 종합적 조정·관리 등을 위하여 도시·군 관리계획으로 결정하는 지역

2. 예비설계 절차

· **1단계: 사업지의 공법상 행위제한을 확인하기 위해 토지이용계획확인서 발급**

네이버 등 포털 사이트 검색창에 "토지이용규제정보서비스" 검색 또는, 서울시(각시도)부동산정보광장 등에 접속한 뒤, [토지이용계획] → [토지이용계획열람]으로 들어가서 소재지를 입력한 뒤 [열람]을 클릭하면 조회된다.

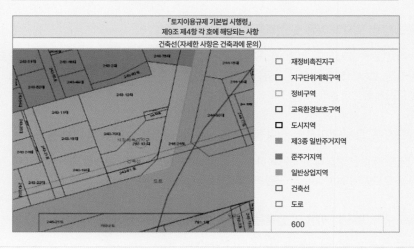

토지소재지	구의동 243-13	도로명주소(우편번호)	아차산로 417(05044)

· 토지　　　　　　　　　　　　　　　　　　　　　　　　　　　　　　　　　단위: m²

지목	(08)대	토지면적	348.6

· 토지이용계획

지역·지구 등 지정 여부	
「국토의 계획 및 이용에 관한 법률」에 따른 지역·지구 등	다른 법령 등에 따른 지역·지구 등
도시지역, 일반상업지역, 지구단위계획구역, 도로(접합)	가축사육 제한구역 <가축 분뇨의 관리 및 이용에 관한 법률>, 대공방어 협조 구역(위탁고도: 77-257m) <군사기지 및 군사시설 보호법>, 재정비촉진지구(구의·자양) <도시재정비 촉진을 위한 특별법>, 과밀억제권역 <수도권정비계획법>, 공장설립 제한지역(2016-11-28) <수도법>, (한강) 폐기물 매립시설 설치 제한지역 <한강수계 상수원 수질 개선 및 주민지원 등에 관한 법률>

「토지이용규제 기본법 시행령」 제9조 제4항 각 호에 해당되는 사항
건축선(자세한 사항은 건축과에 문의)

- □ 재정비촉진지구
- ■ 지구단위계획구역
- □ 정비구역
- ■ 교육환경보호구역
- □ 도시지역
- ■ 제3종 일반주거지역
- ■ 준주거지역
- ■ 일반상업지역
- □ 건축선
- □ 도로

600

* Tip : 축척 바꿔보기

확인도면 오른쪽에 축척이 나와있다. 사각형 안에 숫자를 바꿔 입력한 뒤 1부터 9999까지 축적을 조회할 수 있음.

1/100,1/200,1/300,1/400,1/500,1/600 으로 각기 나뉘어진 스케일자를 이용해 토지의 길이를 직접 측정해 보자.

토지이용계획 확인서를 열람하면 지목, 면적, 개별공시지가, 지역지구등 지정여부, 『토지 이용규제 기본법 시행령』제9조제4항 각호에 해당되는 사항, 확인도면, 범례, 유의사항, 지역·지구 등 안에서의 행위제한 내용 등을 확인 할 수 있다.

토지이용계획확인서는 한국토지정보시스템(KLIS), 온나라(www.onnara.go.kr) 에서도 열람이 가능하며, 사이트에서 제공하는 토지이용계획확인서 열람은 참고자료로만 사용 가능하다.

· **2단계: 용도지역 등을 확인하고 시도 도시계획조례상 용적률, 건폐율을 확인**

· **반드시 시도 도시계획 조례상 용적률 및 건폐율 적용**

· **법제처(www.law.go.kr) , 자치법률정보시스템(ELIS: www.ells.go.kr) 또는 시도 법무행정서비스에서 확인**

구분			국토의 계획 및 이용에 관한 법률 시행령		서울시 도시계획조례		
			건폐율	용적률	건폐율	용적률	(4대문안)
주거지역	전용주거	1종	50%	50~100%	50%	100%	
		2종	50%	100~150%	50%	120%	
	일반주거	1종	60%	100~200%	60%	150%	
		2종	60%	150~250%	60%	200%	
		3종	50%	200~300%	50%	250%	
	준주거		70%	200-700%	70%	400%	800%
상업지역	중심상업		90%	400-1500%	90%	1000%	600%
	일반상업		80%	300-1300%	80%	800%	500%
	근린상업		70%	200-900%	70%	600%	500%
	유통상업		80%	200~1100%	80%	600%	
공업지역	전용공업		70%	150~300%	70%	200%	
	일반공업		70%	200~350%	70%	200%	
	준공업		70%	200~400%	70%	400%	
녹지지역	보전녹지		20%	50~80%	20%	50%	
	생산녹지		20%	50~100%	20%	50%	
	자연녹지		20%	50~100%	20%	50%	

· **3단계: 용적률과 건폐율을 적용하여 대략적인 층수, 바닥면적 및 연면적을 계산**

· 3단계 : 층수, 바닥면적, 연면적 계산

  층수 :용적률 / 건폐율
  바닥면적 : 대지면적 × 건폐율
  연면적 : 대지면적의 합 (용적률 산정을 위한 연면적은 지하층 및 주차장면적을 포함하지 않음)

· *** 용적률 건폐율 연면적에 대한 예시**

· **건페율(60%), 용적률(200%)서울 2종 일반주거지역 대지면적 200㎡구입**

  지하 100m^2 (50m^{2}는 주차장, 50m^2 창고)
  1층 120m^2 (80m^2 사무실v, 40m^2 주차장)
  2층 120m^2 / 3층 100m^2
    · 건페율이 60%이므로 1층은 120m^2 이상 건축 못함
    · 용적률 계산 시 연면적 (300m^2) = 80+120+100 → 주차면적 제외시킴
    · 용적률 (150%) = [300(연면적) ÷ 200(대지면적)]×100 현황상 용적률이 150%이므로 200%까지 증축가능
    · 따라서 위의 건물을 4층을 100m^2 증축하면, 용적률(200%) = [400(연면적) ÷ 200(대지면적)]×100

· **4단계: 주거용의 경우 공급면적을 기준으로 세대 수를 산출하며, 상업용의 경우 업종 및 공급면적을 기준으로 하여 공급호수 산출 및 대략적인 건축규모 산정**

· 5단계: 건축규모별 주차장면적을 산정

대지면적(합계)	294.4m²
용도지역	도시지역, 제2종 일반주거지역 (7층 이하)
건폐율/용적률 (허용 가능)	60%/200%
용도	다가구주택, 다세대주택
건축한계선	해당 없음
조경면적	연 면적 합계 1,000m² 미만(대지면적 5% 이상)
대지 내 공지	· 건축선으로부터 1m 이상 6m 이하 · 인접 대지 경계선으로부터 0.5m 이상 6m 이하
공개공지 등의 확보	해당 없음
일조 등의 확보를 위한 건축물의 높이 제한	· 높이 9m 이하인 부분 → 인접 대지 경계선으로부터 1.5m 이상 · 높이 9m를 초과하는 부분 → 인접 대지 경계선으로부터 해당 건축물의 각 부분의 높이의 ½ 이상
부설주차장	**8대 연접하여 주차 가능** - 전용면적 30m² 이하 세대 당 0.5대 - 전용면적 60m² 이하 세대 당 0.8대 - 전용면적 85m² 이하 세대 당 0.75대 - 전용면적 85m² 이상 세대 당 0.65대 - 근린생활시설 시설면적 134m²당 1대

・6단계: 대략적인 배치도 및 단면도 구성

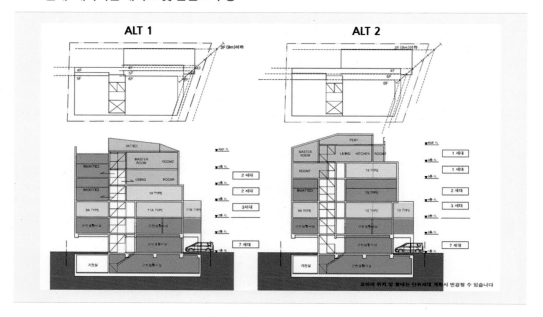

• 약식 사업수지분석 (The Back-of-the Envelope Pro Forma)[7]

1. 용어 정의

・ 매입부지(사업부지+제척부지): 토지대장상의 총면적으로 지주들이 파는 면적합

・ 제척부지(기부부지+유휴부지): 척도에서 제외되는 실 사용부지를 제외한 부지

・ 사업부지(캐드면적, 설계면적, 용적률계산면적): 사업에 실질적으로 사용부지

・ 기부체납부지: 사업허가를 위한 도로, 공원, 학교 등으로 지자체에 무상 제공되어야 하는 부지, 사용 허가 조건부로 제공되는 부지

・ 유휴부지: 사업을 하고 남게 되는 자투리 부지

---

7) Miles 외(2015), p. 178.

2. 사업수지분석 절차

- 1단계: 약식 가설계를 통해 건축규모를 확인

- 2단계: 수입항목 기입(산정된 건축규모별 분양가 또는 임대가 조사 및 입력)

층별		ALT 1 (주거 58%/ 근생 42%)						
		바닥면적	근린생활시설		주택			기전실
			전용면적	계단/복도	전용면적	벽체	계단/복도	
지하	지하 1층	177.25 (53.6평)	110.00	12.25				55.00
	소계	177.25 (53.6평)	110.00	12.25	0	0	0	55.00
지상	지상 1층	71.85 (21.7평)	60.00				11.85	
	지상 2층	137.63 (41.6평)	102.00	35.63				
	지상 3층	137.63 (41.6평)			102.00	9.18	26.45	
	지상 4층	103.41 (31.3평)			84.00	7.56	11.85	
	지상 5층	100.64 (30.4평)			81.00	7.79	11.85	
	지상 6층	37.64 (11.4평)			34.99	2.65	0.00	
	소계	588.80 (178.1평)	162.00	35.63	301.99	27.18	62.00	55.00
합계		766.05 (231.7평)	272.00	47.88	301.99	27.18	62.00	55.00

Unit	N	층수	전용면적		분양면적		보증금	월세	연세
			m²	py	m²	py			
전용 9A	2	2,3F	31	9.4	46	13.9	20,000	1,400	16,800
전용 9A Attic	2	4,5F	31	9.4	46	13.9	20,000	1,500	18,000
전용11A	2	2,3F	35	10.6	52	15.6	20,000	1,500	18,000
전용11B	2	2,3F	36	10.9	53	16.1	20,000	1,500	18,000
전용16	1	4F	53	16.0	78	23.7	30,000	1,800	21,600
전용26M	1	5,6F	85	25.7	126	38.0	30,000	2,500	30,000
계	10		404	122	597	181	220,000	16,100	193,200

※ 2층 근생에 9A, 11A, 11B 각 1호실 추가, 전용 9A 복층, 26M: Master room

2) 근린생활시설 분양가

Unit	N	층수	전용면적		분양면적		보증금	월세	연세
			m²	py	m²	py			
A	1	B1~1F	170.00	51.4	182.25	55.1	60,000	4,000	48,000
합계	1		170.000	51.43	182.25	55.13	60,000	4,000	48,000

- 3단계: 지출(비용)항목 기입

구분	항목					비고
토지관련비용	토지대	89.06 평	@50,530	4,500,000	72.0%	감정가격으로 추정(건물가 제외)
	재산세		0.4%	5,419	0.1%	과표*공정시장비율*세율-누진공제
	보존등기비		2.80%	44,509	0.7%	(공사비+설계감리비)*요율, 법무수수료 포함
	소유주가 토지 소유 상태에서 개발하므로 토지대(매입가정) 이외 부대비용은 소모되지 않음					
	소계			4,549,928	72.8%	
공사비	도급공사비	232 평	@6,000	1,390,381	22.2%	
	철거공사비	190 평	@180	34,240	0.5%	구의동 사례 180,000원/평(연면적)
	설계비	232 평	@194	45,000	0.7%	합의하여 결정(SID)
	감리비	6월	@2,500	15,000	0.2%	SID 대표님 의견
	자문비	1식	@5,000	5,000	0.1%	
	기타용역비	1식		100,000	1.6%	
	소계			1,589,621	25.4%	
간접공사비	상하수도원인자 부담금	766m²	@0	-	0.0%	일발생량 10톤 미만 미부과
	인입공사비			5,296	0.1%	도시가스 세대당 약 200천원, 전기 구의동 연면적 비율로 계산
	경계복원측량	294 평	@11	305	0.0%	구의동 사례 10.6천원/평(대지면적에 따른 단가)
	지질조사	2공		5,000	0.1%	2공 시추, 구의동 동일
	소계			10,601	0.2%	
금융	대출이자	대출기간: 5개월	4.2%	35,000	0.6%	보증금 들어오는대로 일부 상환
	소계			35,000	0.6%	
기타비용	신축 건물 취득세 외	1,594,926	3.16%	50,400	0.8%	취득세 2.8%, 농어촌 0.2%, 지방교육 0.16%
	예비비		1.0%	15,949	0.3%	공사비의 1%
	소계			66,349	1.1%	
매출원가 계				6,251,499	100.0%	

· 4단계: 전체공정별 현금흐름 배분

· 5단계: 수익지표 산출

	Total	0yr	1yr	2yr	3yr	4yr	5yr	6yr	7yr	8yr	9yr	10yr	11yr
I.총수입(Gross Income)			241,200	241,200	241,200	241,200	241,200	241,200	241,200	241,200	241,200	241,200	241,200
A.잠재총수입(Potential Gross Income)													
a.임대료_다세대주택			193,200	193,200	193,200	193,200	193,200	193,200	193,200	193,200	193,200	193,200	193,200
b.임대료_근린생활시설			48,000	48,000	48,000	48,000	48,000	48,000	48,000	48,000	48,000	48,000	48,000
c.관리비수입:임대료에포함													
d.보증금운용수익:대출상환													
II.총지출(Gross Expense)	6,251,499		33,527	34,464	35,429	36,428	37,447	38,502	39,589	40,708	41,880	43,048	44,270
A.토지비	4,549,928												
B.공사비(공사비+간접공사비+0yr이자+제세금)	1,701,571												
C.위탁관리비(PM&FM)			1,970	1,970	1,970	1,970	1,970	1,970	1,970	1,970	1,970	1,970	1,970
D.수도광열비·세대별부담													
E.임대소득세			85	85	85	85	85	85	85	85	85	85	85
F.재산세,종부세			31,240	32,177	33,142	34,137	35,161	36,215	37,302	38,421	39,574	40,761	41,984
H.운영예비비			232	232	232	232	232	232	232	232	232	232	232
III.보증금*	280,000												
A.보증금	280,000												
IV.NOI(영업이익)			207,673	206,736	205,771	204,777	203,753	202,698	201,611	200,492	199,340	198,152	198,930
V.Loan	2,000,000		1,533,302	1,533,302	1,533,302	1,533,302	1,533,302	1,533,302	1,533,302	1,533,302	1,533,302	1,533,302	
A.대출	2,000,000												
B.당해상환(사업후잔액)	248,501												
C.대출잔액			1,471,499	1,471,499	1,471,499	1,471,499	1,471,499	1,471,499	1,471,499	1,471,499	1,471,499	1,471,499	
D.이자비용 4.2%			61,803	61,803	61,803	61,803	61,803	61,803	61,803	61,803	61,803	61,803	
VI.감가상각비													
VII.재매각수익												7,675,504	
A.재매각가치(수익환원) T-CAP 2.5%												7,835,504	
B.매도경비 2%												160,000	
Cash Flow		Δ6,251,499	207,673	206,736	205,771	204,777	203,753	202,698	201,611	200,492	199,340	7,873,658	

RR	5.08%	양도차익	1,584,005
NPV	561,426	수익합계	2,031,003

구분		ALT-1	ALT-2
사업 기간		10년	10년
월 임대수익		20,100 천 원	20,600 천 원
자본금(토지감정가)		4,500,000 천 원	4,500,000 천 원
사업 기간 NOI 합계(영업 순이익)		2,031,003 천 원	2,083,383 천 원
사업 기간 이자 계		618,030 천 원	622,221 천 원
Equity 수익률(10년)		31.40%	32.47%
사업성 판단지표	내부수익률(IRR)	5.06%	5.37%
	NPV(순 현재가치)	561,426 천 원	734,372 천 원
자본이익	매출원가	6,251,499 천 원	6,251,480 천 원
	재매도가치	7,835,504 천 원	8,038,742 천 원
	양도차익	1,584,005 천 원	1,787,263 천 원

🏢 제4절 개발타당성 분석

1. 정의

개발타당성분석이란 개발과정에 있어서 여러 가지 형태의 위험요소를 통제하고 경제적, 재무적 등 다양한 측면에서의 평가를 하여 사업의 타당성을 결정하는 관리수단이다. 시장분석을 통해 해당 개발사업이 채택 가능한지에 대해 평가하고, 경제성분석을 통해 재무적으로 타당한지 여부에 대해 최종적인 투자 의사결정을 진행한다. 개발타당성 분석에 대해 James Grasskamp(1972)는 다음과 같이 기술하고 있다[8].

- "부동산분석가가 판단하기에 프로젝트의 세세한 제약 조건과 한정된 자원 속에서 행해지는 개발행위가 사업의 분명한 목적을 만족시키는 합리적인 가능성이 있을 때 해당 개발 사업은 '타당하다'고 볼 수 있으며, 특정한 제약과 한정된 자원의 상황에서 선택된 과정들이 적절한지 검증해 보았을 때, 추구하는 목표를 부합시키는 합리적인 가능성이 있다고 결론을 내리는 것이다."

타당성분석에서 개발사업자는 개발에 대한 아이디어가 객관적 시각에서 보편타당한지, 합리적인지, 적합한지에 대해 판단한다. '아이디어가 제대로 작동할 것인가'보다는 '아이디어를 실현시키는 구체적인 계획이 주어진 시간 내에 작동할 수 있는가'에 대해 초점을 맞춰야 한다.

개발타당성 분석의 특징으로

- 개발타당성이란 결코 확실성을 보장하지 않는다.

  목적을 달성할 가능성이 클 때 타당성이 있다고 정의하며, 개발타당성에서 긍정적인 결과가 나오더라도 반드시 해당 개발사업의 성공을 보장하는 것이 아니다.

- 개발하고자 하는 설정된 목표를 만족시키는지의 여부에 의해 결정된다.

  개발사업자의 명시적 목적뿐 아니라 기타 사업참여자들의 목적도 만족되어야 하며, 특히 공공부문 및 최종 이용자의 목적이 가장 중요하다.

- 선택된 사업경로와 이에 대한 적합성 검증이 되어야 한다.

  목표로 하는 개발기간 내에 성공적으로 개발사업이 성공적으로 완료될 수 있는지를 검토한다.

---

8) James A. Graaskaamp, "A Rational Approach to Feasibility Analysis", Appraisal Journal, October 1972, p. 515.

• 법률적 조건, 물리적 조건, 재무적 조건, 환경적 제약 등 구체적인 조건에 적합한가를 검증한다.

개발사업자가 부동산개발 타당성 분석에 들어가게 되면 사업포기 시 상당한 비용이 발생하므로 정확한 계획과 개발사업에 대한 객관적 자료들을 조사하여 추진한다. 개발사업에 대해 금융기관, 투자자, 인허가기관 등 제3자에게 개발사업에 대한 정확한 이해와 협조를 이끌어내기 위한 과정이 진행된다.

타당성분석 과정에서는 다른 사업 참여자들에게 사업의 실행 가능성을 공식적인 자료를 통해 보여줘야 한다. 세부적인 분석을 위한 추가적인 자금을 투입하게 되므로, 이전 과정인 개발 아이디어 구체화 과정에서 구체적으로 무엇을 조사할지, 어떠한 프로세스를 거쳐야 하는지, 어떠한 사업 참여자들과 협력해야 하는지 등을 결정해야 한다. 정확한 개발 목표를 수립함에 따라 시간적, 비용적인 측면에서 개발사업자는 개발에 대한 확신을 공고히 할 수 있다.

타당성 분석은 추가적인 단계에서 발생하는 위험들을 통제할 수 있는 다양한 수단을 제공한다.

표 6-19 개발타당성 단계 고려사항

구분	내용
개발타당성 단계	• 사업타당성 분석이란 무엇인가? • 사업타당성 분석은 어떻게 착수하여야 하는가? • 시장조사와 분석 • 예비설계 • 초기 건설에 따른 비용 추정 • 개발사업에 적합한 금융구조 수립과 투자자의 형태 • 건축인허가 및 기타 공공부문과의 관계 • 개발 타당성 단계에서의 위험관리

부동산개발 사업은 〈그림 6-10〉과 같은 절차로 진행되어 개발타당성 분석은 부지확보단계 이후에 실시한다. 제안된 개발사업이 중요하거나 시간적 여유가 있는 경우에는 개발사업을 추진하기 전에 먼저 타당성분석을 실시한 후 분석 결과를 통해 추진 여부를 결정한다. 사업타당성 분석 결과 사업타당성이 없다면 제안된 사업을 취소하거나 대안을 찾아야만 시간과 비용을 줄일 수 있다.

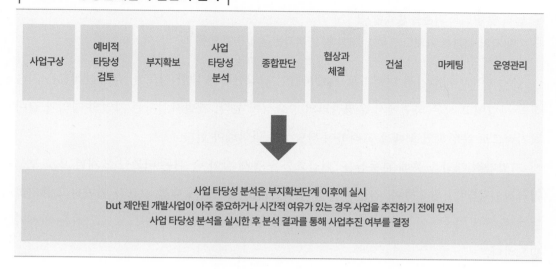

그림 6-10 **부동산개발의 일반적 절차**

사업구상	예비적 타당성 검토	부지확보	사업 타당성 분석	종합판단	협상과 체결	건설	마케팅	운영관리

사업 타당성 분석은 부지확보단계 이후에 실시
but 제안된 개발사업이 아주 중요하거나 시간적 여유가 있는 경우 사업을 추진하기 전에 먼저
사업 타당성 분석을 실시한 후 분석 결과를 통해 사업추진 여부를 결정

개발타당성 검토는 가치가 비용을 초과한다는 단순한 아이디어 차원 및 사업수지의 판단을 넘어 최선의 계획인지 여부를 판단하는 과정이다.

타당성 조사는 지속적으로 개선되고, 수정되며 추정치는 구체화가 된다.
프로젝트의 가치 > 프로젝트의 비용
'단순한 완성'

프로젝트의 모든 주요결정, 중요한 특징, 기능 및 이점을 검토하여
'최선'의 계획과 여부를 판단

타당성분석은 미래지향적 개념이다. 개발사업자는 과거 투자수익을 검토하고 개발프로젝트에 영향을 줄 수 있는 예상 인플레이션과 재무상태에 영향을 주는 개발환경 변화에 프로젝트가 전체기간 동안 발생하는 예상현금흐름을 기반으로 판단을 진행해야 한다.

James Grasskamp(1972)는 개발타당성의 충족요건으로 다음 사항을 제시했다[9].

---

9)   James A. Graaskaamp, "A Rational Approach to Feasibility Analysis," Appraisal Journal, October 1972, p.515.

- 프로젝트의 가치가 총 비용을 초과할 때
- 법적 및 윤리적 기준을 충족할 때
- 개발자가 성과를 가져오기 위해 재정 및 인적자원을 갖추고 있을 때

　장기적이고 기업가적 마인드로 개발사업이 타당한지에 대한 검토다. 부동산개발은 지속적인 사업이고 모든 국면에서 운영관리의 중요성이 높다. 개발사업자는 기업의 경영과 같이 장기적으로 운영하였을 때를 고려하여 타당성을 파악해야 한다.

　기업가적 개념을 통해 부동산을 "현금흐름을 통해 살아 숨 쉬는 비즈니스 개념"으로 보고 적극적인 관리가 필요하며, 건물의 수명이 길어지고 임차인에 대한 수요가 변화하고 증가하는 상황에서 지속적인 변화와 틈새시장 공략하기 위한 기업가적 마인드로 접근하는 자세가 필요하다.

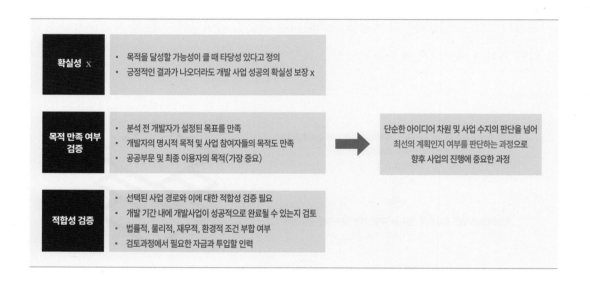

2. 과정과 절차

　타당성분석은 구상한 개발사업이 성공적으로 추진될 수 있는지 여부를 분석한다. 개발사업에 대한 최종적인 투자결정 여부를 판단하기 위해서 실시되며 구상한 개발사업에 대해 시장분석과 경제성분석을 진행한다.

시장분석의 목적은 시장에서의 채택 가능성을 평가하기 위한 것이며, 경제성분석은 시장분석에서 수집된 자료를 활용하여 수익성을 분석하고, 재무적으로 타당한지를 검토하는 것이다.

타당성분석은 분석요약, 시장분석, 예비설계, 재무적 비용 추정, 자금조달 및 조달원에 대한 정보 등 법률적, 지역적 조건을 조사 판단하고, 개발사업에 대해 확신과 가치를 추정하여 개발참여자들에게 객관적인 자료를 제시한다.

개발사업의 규모 및 복잡성에 따라 작은 부지에 대한 기존 계획안을 이용하는 경우에서부터 대규모 신도시 개발과 같은 큰 개발 사업까지 타당성분석의 분량, 범위, 비용 등은 급격하게 달라진다. 공공부문 및 인허가 관계가 복잡할수록 공공부문과의 상호작용 및 공공 부문의 협의가 사업초기부터 이루어져야 한다.

최근의 개발시장은 시장분석 과정에서부터 사용자의 관계가 복잡해지고 있다. 주민들의 민원 및 주변 환경과의 공생과 조화가 이루어질 수 있도록 해야 한다. 금융기관 및 투자자들은 타당성분석을 통해 재무적 수치를 요구하며, 보수적인 관점에서 개발사업의 최유효 이용 개념에 입각하여 평가한다. 개발사업의 가치뿐 아니라 완공후의 예상 가치를 평가할 수 있는 객관적인 자료로 활용한다.

개발사업자는 타당성분석을 통해 기술적, 재무적, 경제적으로 타당한 사업인가를 분석하고 평가한다. 개발구상한 개발계획이 실현 가능한지를 검토 분석하여 관계자들에게 보여줘야 한다. 실현가능성을 높이기 위한 요소별, 계획별 민감도분석, 적절한 위기관리 기법을 적용한 위험검토 등을 통해 각 참여자들이 사업에 대한 확신을 갖게 해야 한다.

표 6-20 개발 타당성 분석 필수요소 및 검토사항

필수요소	검토사항
• 개발사업 기본개요 • 지도 • 현장사진 • 시장조사 • 추정비용 • 개발스케줄 • 주요 참여업체에 대한 확정 • 자금조달 및 금융구조 등을 조사	• 개발사업의 구상과 목표시장 • 목표시장의 수요에 대한 세밀 분석 • 주요 특징 (외관디자인, 기능, 이점)에 대한 확인 • 현금흐름 할인모형(DCF)에서 적합한 정보 • 다양한 요소에 대한 민감도 분석 • 최적 상황에서의 위험분석과 위험회피 방안 • 사업참여자의 참여 여부

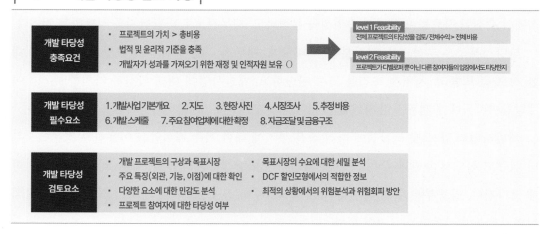

그림 6-11 개발 타당성 검토 과정

개발 타당성 충족요건	• 프로젝트의 가치 > 총비용 • 법적 및 윤리적 기준을 충족 • 개발자가 성과를 가져오기 위한 재정 및 인적자원 보유 ○

level 1 Feasibility
전체프로젝트의 타당성을 검토 / 전체수익 > 전체비용

level 2 Feasibility
프로젝트가 디벨로퍼뿐아닌다른 참여자들의 입장에서도 타당한지

개발 타당성 필수요소	1. 개발사업기본개요 2. 지도 3. 현장사진 4. 시장조사 5. 추정비용 6. 개발스케줄 7. 주요참여업체에대한확정 8. 자금조달및금융구조

개발 타당성 검토요소	• 개발 프로젝트의 구상과 목표시장 • 주요 특징(외관, 기능, 이점)에 대한 확인 • 다양한 요소에 대한 민감도 분석 • 프로젝트 참여자에 대한 타당성 여부	• 목표시장의 수요에 대한 세밀 분석 • DCF 할인모형에서의 적합한 정보 • 최적의 상황에서의 위험분석과 위험회피 방안

1) 개발타당성 분석 진행과정

개발타당성 분석 진행과정은 개발사업자가 사업구성은 갖고 있으나 토지를 확보하지 못한 경우와 토지는 확보하고 있으나 사업구상이 없는 경우로 나누어진다.

토지는 확보하고 있으나 개발에 대한 정확한 구상이 정해지지 않은 경우에는 부지에 적합한 최적의 개발업종을 선정하고 대상 업종을 참고하여 공부서류 검토 및 현장조사, 관련법규 검토, 입지분석, 시장조사 분석, 개발구상 설정, 건축계획, 재무적 타당성분석 등을 검토한다.

표 6-21 개발타당성 분석 검토사항

검토사항	내용	
선행 분석	• 공부서류 및 현장조사 • 관련계획 및 관련법규 검토	• 입지 및 시장분석
개발컨셉 설정	• 개발가능업종도출 • 개발가능업종평가 • 최적업종선정	• 사례분석(상권분석포함) • 개발전략 수립으로 개발콘셉트 확정
건축계획	• 토지이용계획확인 • 건축계획 • 업종구성 및 배치계획	• 동선계획 • 주차장계획
재무적 타당성	• 수입/비용추정 • 손익 및 현금흐름분석	• 투자분석 • 민감도분석

타당성분석은 사업계획서로 문서화한다. 사업계획서는 개발사업자가 구상한 개발사업에 대한 정확하고 축약된 보고서로 거시적인 경제동향, 부동산 동향, 광범위한 인구분석 자료로 시작하여 해당 개발부지 주변에 대한 미시적인 자료 분석을 통해 개발 사업지의 장, 단점을 분석한다.

표 6-22 개발사업계획서 구성

순서 및 항목	검토내용
1. 프로젝트 개요	• 개발 배경 및 목적 • 개발 주요 과제 수립 • 개발부동산에 대한 입지환경 및 시장분석 • 개발부동산 수익개선을 위한 사업수지분석 • 개발부동산 수익 실현을 위한 법률검토 및 가설계
2. 개발부동산 현황	• 개발부동산 개요 • 개발부동산 규모, 용도 및 범위 검토
3. 경제 환경 분석	• 국내외 경제환경 분석 • 국내 부동산 시장 분석 (거시적환경) _ 매매/임대 • 국내 부동산 시장 분석 (미시적환경) _ 매매/임대
4. 지역 환경 분석	• 개발지역 현황 • 개발지역 상권 / 업종 분석 • 개발지역 수요 분석 _ 인구 흡수율 및 통계분석 • 개발지역 공급 분석 _ 지역 재고량 분석 • 기반시설 및 건축 현황 • 실거래 사례분석 _ 매매 / 임대
5. 개발지역 경쟁상품 분석	• 경쟁 유사상품 현황 • 경쟁상품 대비 개발부동산에 대한 SWOT분석 (장점, 단점, 기회, 위협요인) • 개발부동산의 상품 차별화, 세분화 및 구체화
6. 예비설계 및 법규검토	• 개발 법규 검토 • 가설계 (예비설계)검토 (건축규모, 단면도, 조감도, 배치도 등 도출) • 개발 규모 검토 (대안별 규모검토)
7. 사업타당성 분석	• 개발 진행과정의 주요 가정 제시 • 개발 사업수지분석 • 대안별 사업수지분석 (사업성 비교, 민감도, 금리, 규모 등)
8. 금융조달 및 투자자 검토	• 자금 조달 계획 (금융기관, 투자자, 장단기 금융) • 개발 전, 개발기간, 개발 후 금융구조 도출
9. 개발 분석에 대한 종합의견 도출	• 개발구상에 대한 결론 도출

2) 검토 절차

(1) 공부서류 검토

개발타당성 검토를 위해 개발과 관련된 부지에 대한 공부서류를 확인한다.

공부서류					
토지이용 계획확인서	토지(건축물)대장 (임야대장)	지적도 (임야도)	등기사항 전부증명서	지형도	도시계획총괄 및 지구단위계획

(2) 개발구상의 설정을 위한 선행조사 및 분석

개발타당성 분석에서 대상 부지에 대한 공부서류를 검토한 후 현장조사를 토대로 하여 관련 계획 및 법규검토, 입지분석, 시장(상권)조사 및 분석, 예비설계검토, SWOT분석 등을 수행한다.

가. 관련계획 및 법률검토

개발계획을 세우기 위하여 먼저 대상 토지가 속한 지역의 상위계획과 관련계획 그리고 상위법규 및 관련법규를 검토한다.

국토종합계획 및 수도권정비계획(수도권인 경우), 해당 도시지역의 도시·군 기본계획과 관리계획에 부합하는지 여부에 대한 검토는 인·허가 측면, 장래 발전 가능성측면, 시장성측면, 수익성측면 등에서 적합한 개발방향을 설정하는 데 도움을 준다.

관련법규의 검토는 필수다. 시장분석과 수지분석을 통해서 사업성이 있다 하더라도, 해당 업종이 부지에 법률적으로 인·허가가 불가능하다면 무용지물이 된다. 상위법규에서부터 차례로 검토하여 법률적으로 타당한 개발업종을 최종적으로 선정해야 한다. 부동산개발 사업에서 검토해야 할 상위계획과 관련계획, 상위법규와 관련법규 및 기타 개별법 등은 다음과 같다.

표 6-23 부동산개발 관련 법규

상위계획 (국토종합계획, 수도권정비계획 등)		
도시·군 기본계획 및 도시·군 관리계획		
관련법규	• 국토기본법, 수도권정비계획법 (수도권지역에 한함) • 국토의 계획 및 이용에 관한 법률, 도시개발법, 택지개발촉진법 • 산지관리법, 농지법 • 건축법, 주택건설관련법규(주택법, 도시 및 주거환경정비법) • 판매시설관련 법규 (유통산업발전법) • 운동시설관련 법규 (체육시설의 설치·이용에 관한 법률) • 숙박시설관련 법규 (공중위생관리법, 관광진흥법) • 산업시설(산업입지 및 개발에 관한 법률, 중소기업창원지원법, 산업집적 활성화 및 공장설립에 관한 법률) • 노유자시설 (노인복지법), 청소년수련시설(청소년활동진흥법) • 기타 개별법(자본시장과 금융투자업에 관한 법률) 및 관련세법		

나. 입지분석

개발업종이 법률적으로 가능한지 여부와 최적 개발업종을 찾기 위해서 관련계획과 관련 법규를 통해서 몇 개의 개발가능 대안을 찾았다면 입지분석을 실시한다. 입지분석은 도시(지역)분석, 인근지역분석, 부지분석 순으로 실시한다. 제안된 개발업종이 입지적으로 적합한지 또는 법률적으로 가능하다고 채택된 개발업종 중에서 적합한 업종을 선별하는 작업이다.

다. 시장분석

개발구상의 구체화과정에서 시장조사는 단편적이고 시장전반에 영향을 분석한다. 반면 타당성분석 과정에서의 시장분석은 근거자료 및 통계자료를 토대로 개발하고자 지역을 중심으로 부동산 특성, 용도, 인구구성 등을 중심으로 해당 지역의 수요와 공급, 그리고 가격을 분석하고 예측하는 것이다. 분석은 거시적인 측면과 미시적인 측면을 나누어 분석한다.

현재와 미래의 대상 부동산에 대한 수요·공급분석과 흡수율분석(absorption rateanalysis)은 중요한 의미를 지니며, 시장에서 분양, 임대료 및 적정 개발 규모 등의 예측을 목표로 하고 있다.

시장분석은 그 속성상 지리적 범위를 결정해야 한다. 법률적으로나 입지적으로 적합한 업종들을 중심으로 시장 지역을 설정하며, 시장지역의 공간적 크기는 도시전체가 될 수 있으나, 경쟁부동산이 위치하는 지역사회나 인근 지역정도의 수준이 될 수도 있다.

구체화 과정에서 나타난 국내외, 지역별 등의 경향을 분석하여 특정 부동산에 대한 적합한 예상 흡수율 등을 결정한다.

부동산시장조사는 다음과 같은 3단계로 진행된다.

- **국가 거시적 경제조건 검토 및 향후 전망 + 지역, 도시, 근린지역, 개발**

  부지의 특성에 대한 면밀한 검토 및 장기적인 트렌드 고려 사업부지와 인근지역의 특성을 바탕으로 관련된 현재 국제 경제상황과 그 예상 동향을 분석하고 인구와 고용 증감 추세를 세분화하여 접근한다. 장기적 여건 전망과 국가 전체의 추세(직업구조 및 인구조사)는 잠재적 이용자를 예측하는 데 중요한 자료가 된다.

- **개발부동산의 특징, 기능, 편익 등을 경정하기 위해 유사 경쟁 부동산의 특성 검토**

  사업대상 물건과 직접적으로 대응되는 사례들을 찾아 비교 테이블을 작성하여 분석하고 현재 해당 시장에서 선호하는 기능들을 파악하고 향후 개발시 추가하거나 제외한다.

  비용과 시간이 많이 소요되므로 유사 부동산 개발 사례를 참고하여 짧은 시간 내에 유용한 정보를 습득하고 공간 이용자의 특정한 특징을 부여하고 가치를 확인한다.

- **분할된 시장과 대상 부동산에 대한 흡수율 예측**

  분할된 시장에서 흡수율을 예측하기 위해서 개발 부동산의 특성, 기능, 편익 등에 따라 개발 부동산을 세분화할 필요가 있다. 예측을 통해 개발부동산의 특징들에 가치를 부여할 수 있고 이용자의 만족율, 예상임대료 등을 예측하여 경쟁 부동산과 비교한다.

표 6-24 개발타당성 단계 시장조사 분석 항목

조사 항목	조사 내용
도시 및 지역분석 (urban and regional anailsis)	• 지역의 경제활동 • 경제기반분석 • 인구 및 소득분석 • 교통망의 분석 • 성장과 개발의 유형
인근지역분석 (neighborhood anailsis)	• 인근지역의 경제활동 • 교통의 흐름 • 인근지역에서의 개발사업의 현재의 경쟁력 • 인근지역에서의 개발사업의 미래의 경쟁력 • 인구적 특성
수요분석(demand analysis)	• 경쟁, 인구, 추세분석 (trend analysis)
공급분석(supply analysis)	• 공실률 및 임대료 수준 • 착공량 및 건축허가량 • 도시기반시설의 공급 • 도시계획 • 건설비용 및 금융상태

라. 기획설계 검토

기획설계는 조감도, 층별 도면, 전용면적, 분양호수, 주차, 환기시스템 등과 같은 구체적인 정보들을 보여준다. 정보가 구체적일수록 사업비용 추산을 수월하게 해주며 정확도가 향상된다.

기획설계는 수요자의 입장에서 매력적인지(시장성), 향후 운용 및 관리가 수월한지(관리의 편리성), 개발 시 비용(수익성) 등이 얼마나 들어가는지 등이 고려되어야 한다. 세 가지 요소 간의 균형이 잘 계획되었다면 공공기관과의 수월한 협조를 기대할 수 있다. 개발 예정 부동산의 디자인적 부분도 도시미관과의 조화 및 사업 수익성에 유의미한 영향을 미친다.

마. SWOT 분석

SWOT분석이란 강점요인(strength), 약점요인(weakness), 기회요인(opportun ity), 위협요인(threat)의 약자로서 서로 상반된 측면에서 개발사업의 장단점을 검토하는 방법이다. 강점요인(strength), 약점요인(weakness)은 미시적 개념으로 개발지 또는 개발물건 자체가 가지고 있는 특성에 기인한 요인으로 건물의 마감재 수준, 외부 디자인, 주변 환경과의 조화 여부 등에 대해 분석하는 것이다.

기회요인(opportunity), 위협요인(threat)은 거시적인 광의의 개념으로 개발사업자, 개발지역의 특성과는 관련이 없는 국내외 경제상황의 변동성, 금리환경의 변동성, 법규의 개정 등 불가항력 요소의 변화로 나타나는 요인으로 이해할 수 있다.

표 6-25 SWOT 분석 요소

	강점요인(Strength)	약점요인(Weakness)
내부적 요인	• 다른 프로젝트에 비해 본 프로젝트가 갖는 장점 예)역세권의 입지, 임대료가 높은 상업 지역위치	• 본 프로젝트가 갖고 있는 한계점 혹은 부정적 영향 예) 배후지역 인구부족, 진입로 협소로 인한 접근성 불량
	기회요인(Opportunity)	**위협요인(Threat)**
외부적 요인	• 프로젝트 외부 상황 중 본 프로젝트의 마케팅에 이점 요소 예) 금리변동에 따른 이자율 하락, 개발주변지에 신도시 건설예정	• 프로젝트 외부상황 중 본 프로젝트의 성패에 영향을 주는 부정적 요소 예) 부동산 규제강화, 주변 경쟁업종 개발로 인한 경쟁

표 6-26 개발 타당성 선행조사 분석 항목

관련 계획 및 법률 검토	입지분석	시장분석	예비 설계 검토	SWOT분석
정책적합성 개발방향 설정 인허가	도시분석 인근지역분석 부지분석	거시적검토 유사,경쟁 상품 흡수율예측	시장성 비용 관리편리성	강점(Strength) 약점(Weakness) 기회(Opportunity) 위협(Threat)

3. 개발전략 수립

개발사업자는 관련계획 및 법규검토를 통해서 법률적으로 타당한 개발 구상업종을 도출한 다음 해당 시설을 중심으로 입지분석과 시장조사 분석을 실시한다. 시장에서의 채택 가능한 시설들을 선별하여 대상 부지에 유치 가능한 유력 시설 및 개발 가능업종으로 선정한다.

개발구상한 업종에 대해 평가항목을 선정하고 입지성, 경쟁성, 시장성, 수익성, 건축가능성, 장래성 등의 항목들을 채택하게 된다. 개발전략을 수립하는 과정에서 개발자는 다음의 사항을 고려해야 한다.

표 6-27 개발전략 수립 시 고려사항

구분	내용
개발전략 수립	• 입지성은 지역 및 부지분석에서 입치측면을 고려하여 평가 • 시장성과 경쟁성은 시장분석과 현장조사에 의거하여 평가 • 수익성은 가설계에 의한 개략적인 수지분석을 통해서 가능 • 건축가능성은 건축 관련 법규와 현장조사에 의해서 가능 • 장래성은 업종의 과거로부터 현재까지의 추세를 분석함으로써 가능

개발시설과 최적업종이 선정되면 사례분석을 실시하여 최적업종의 사업성을 확인한 후 입지분석과 시장분석 결과를 토대로 기능, 외관, 전략적 측면을 고려한 시설물의 기본구조와 트렌드변화, 입지조건, 장래전망을 고려한 개발 테마를 조합하여 양자를 충족하는 시설물을 구성, 외관 및 개발이미지를 설정한다. 완성된 개발구상에 적합한 개발규모 및 목표 고객층을 설정하고 그들을 대상으로 한 포지셔닝 전략을 수립한다.

1) 개발규모설정

개발규모설정 시 수요측면에 기초한 적정규모를 계획하는 경우가 자주 있다. 그러나 주변 경쟁시설의 규모와 수익성 측면을 고려해야 한다. 개발규모가 커질 경우 효율적인 개발 관련된 조직과 업무의 효율성이 저하되어 수익률 창출에 어려움이 발생할 수 있기 때문에 수요적 측면과 재무적 측면을 고려하여 규모를 설정해야 한다.

2) 목표고객층 설정과 포지셔닝 전략

업종과 개발규모가 결정되면 효율적인 마케팅 전략을 수립하기 위하여 시설별로 목표고객을 설정하고 포지셔닝 전략을 수립한다. 개발시설이 단일기능 또는 단일 업종인 경우에는 업종이미지가 부각될 수 있도록 건물외관을 고려해야 한다. 다기능복합시설물을 개발할 때는 각 시설들의 개별적 포지셔닝 결정, 시설 간의 연계/보완성 등이 고려된 개발계획 수립이 필요하다. 포지셔닝을 결정하는 이유는 건축수준과 분양가 수준을 결정하여 효율적인 마케팅전략을 수립하기 위해서다.

4. 건축계획 수립

건축계획은 개발대상부지 내에서 기능별로 건축물의 구성 및 배치가 이루어질 수 있도록 적절한 위치에 적합한 건물을 배치해야 한다. 건축물에서의 업종구성 및 배치, 시설별 적정규모 산정, 동선계획을 함께 수립해야 한다. 건축계획 시 유의할 점은 건축물은 층별, 위치별 실현가능 부가가치가 다르므로 주어진 공간 내에서 최대의 부가가치를 창출할 수 있도록 구성/배치/레이아웃 등이 이루어져야 하며, 공간별 단위수익성, 고객접근성, 이동성 등을 고려한다.

대상 토지에 지구단위계획이 수립되어 있는 경우나, 지구단위계획을 수립하여 개발하는 사업의 경우에는 지구단위계획에 적합하게 시설계획을 하여야 한다. 개별 건축물은 국토계획법에 의한 법정 건폐율과 용적률을 구하고 시·군구별로 적용하고 있는 조례 한도 내에서 건축법규를 검토하여 배치계획, 평면계획, 입면계획, 주차장계획, 동선계획 등을 수립한다. 상세한 건축설계를 진행하기 전 개발지에 적합한 건축규모를 산정하고 경제성분석에 활용하고 기본설계 전 사전 시장조사를 통해 얻은 자료를 바탕으로 기획설계를 진행한다.

개발과정에 있어 훌륭한 건축물을 짓기 위한 방법은 기존 신축된 건축물을 방문하여 그 건축물의 공간적 기능과 어떻게 주변이 조화하고 있는지를 파악하는 것이다. 기획설계 단계에서는 외부입면도, 임대가능면적, 판매가능면적, 주차장, 냉난방형태 등에 관한 설계 등을 검토하게 된다. 기획설계는 개발구체화 과정에서 실시되는 약식가설계보다 세부적이며, 최종설계에 가깝게 검토된다.

비용절감을 위해 개발자가 구상하고 있는 개발용도에 대해 경험이 있는 기존에 설계한 팀을 이용하는 것이 효율적이다. 설계의 질을 높이고 완공된 부동산의 성공적인 임대와 관리를 수월하게 함으로써 개발가치를 높일 수 있으며, 사업에 대한 경험이 부족할 경우 사업위험을 줄일 수 있다.

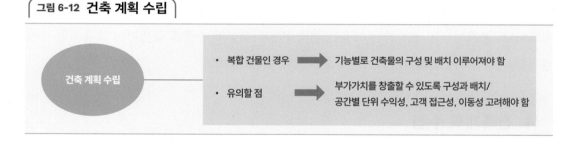

그림 6-12 **건축 계획 수립**

기획설계는 다음과 같은 요소를 고려해야 한다.

- Marketing appeal : 주요 임차인을 유치할 수 있는 "매력적 설계"
- Physical cost : 공사원가, 관리비용 등의 "물리적 비용" 고려
- Easy of ongoing management : 지속적인 "관리의 편의성"

기획설계는 시장의 수준과 안목을 만족시키는 시장성, 적정 수준의 비용, 관리의 효율성이 있어야 한다. 해당 지역에 맞게 디자인하고 주변 건물들과 풍경에 맞추어 잘 어우러지게 디자인되어야 한다.

복잡하고 혁신적일수록 개발사업자와 설계사는 많은 기술력이 요구되며, 그 과정에서 상호간의 소통은 필수다.

5. 경제성 분석

1) 재무타당성 검토

경제성 분석은 시장분석에서 수집된 자료 및 가설계를 통해 건축규모 확인 등을 통해 개발 규모에 대한 수입항목 및 지출항목 등을 파악하여 수지분석을 실시하는 것이다. 개발경제성을 검토하는 사업수지분석 방법에는 크게 단기사업수지분석방법과 장기사업수지분석방법으로 나눌 수 있다. 일반적으로 2-3년 이내에 모든개발 사업이 끝나는 사업은 단기사업이고, 5년 이상 걸리는 사업은 장기사업이다. 단기사업수지분석방법은 대부분 신축 전 분양을 진행하거나, 신축 완료 후 곧바로 매각하는 경우에 해당한다. 개발기간이 비교적 짧아 현금흐름에 대한 시간가치를 고려하지 않고 건축비용, 분양 및 임대에 필요한 판매관리비, 타인자본에 대한 이자 등을 고려한 비용항목을 수입항목에서 차감한 후 세전의 수지차를 투자비로 나누어 평균수익률을 계산하여 투자 여부를 판단한다.

장기사업수지분석방법은 개발이 완료된 후 5년 혹은 10년 이상 개발 부동산을 임대 등을 통해 운용한 후에 자산의 가치를 평가하여 매각되는 경우다. 미래 시점에 기대되는 수익과 비용을 현재가치로 환원한 값을 구하고, 이를 대상으로 투자분석을 하게 된다. 여기서 미래에 기대되는 편익에는 보육기간 중의 영업과 보유기간 말의 양도소득도 포함한다.

- 단기사업수지분석: 분양 및 매각을 전제로 2~3년의 개발 사업에 적용
- 장기사업수지분석: 현금흐름분석은 장기간에 걸친 임대사업이나 부동산 개발을 완료한 후 일정기간 동안 임대를 하고 매도하는 경우에 적용

표 6-28 사업수지분석 절차

단계	사업수지분석 절차
1단계	기획설계를 통한 건축규모를 확인
2단계	수입항목을 기입 (산정된 건축규모별 분양가 또는 임대가를 조사 입력)
3단계	지출(비용)항목 기입
4단계	전체 공정별 현금흐름을 배분
5단계	수익지표 산출

(1) 사업수지분석의 전제조건과 수입·비용 구성요소

분석의 구성요소에는 개발 사업을 시작하는 시점에서는 초기 수입과 지출 항목이 포함되고 건물이 완공되어 분양 및 임대 운영할 경우에는 경상수입과 경상지출 그리고 감가상각항목 등이 포함한다.

개발사업자는 수입항목과 비용항목을 구분할 경우 가능한 수입과 비용에 영향을 줄 수 있는 요인들을 고려하여야 정확한 사업수지분석을 수행할 수 있다.

표 6-29 사업수지분석 절차

구분	고려사항
수입(또는 비용) 추정	• 요구수익률 • 수입이자 및 지급이자 • 공실률 • 사업방법 • 유지수선비, 보험료, 감가상각비, 제세공과금 및 증가율 • 건축비 및 토지비, 기타 투입비 • 분양 및 임대수입금 • 기타(감가상각방법) 및 일반관리비

초기 수입의 자기자본과 타인자본은 개발자의 자금보유와 자금조달능력에 따라 달라진다. 초기 지출의 토지비는 실제로 구입 가능한 비용으로 산정하되 기존 소유한 토지는 현재 시점으로 토지금액을 평가해야 한다. 초기 지출의 건축공사비는 건축물의 수준(등급), 지역의 수준, 목표고객의 수준에 따른 포지셔닝의 수준, 예상임대료, 분양가 등과 공사에 투입되는 원가를 고려하여 결정한다. 경상지출 중 유지수선비는 건물수선유지에 드는 비용 이외에 일정 기간마다 계획적인 수선공사비를 포함하며, 유지수선비는 동종업종들과의 평균값을 조사하여 당해 제안된 건물과의 특성을 비교하여 결정한다.

보험료는 건물의 화재 보험료가 추가되며, 건축비에 소정의 요율을 곱하게 되는데 건물의 용도, 구조, 지역구분 등에 따라 다르게 산정된다. 감가상각은 사업의 업무에 제공되는 건물과 그 부속건물 등의 고정자산에 대해 내용연수에 따라 정액법과 정률법을 사용한다. 감가상각은 통상 건물부문과 설비부문으로 나누어 계산하는데 건물에 부속되어 있는 설비는 건물 전체에 대하여 정액법으로 감가상각도 가능하다. 기타 일반관리비는 통상 2~5% 정도로 개략적으로 산정된다.

개발사업의 가치평가와 타당성을 판단하기 위해서는 개발프로젝트에 소요되는 비용을 추정해야 한다. 개발에 소요되는 비용에는 토지매입비용을 비롯한 직접비용(hard cost) 및 간접비용(soft cost) 등이다. 소요되는 비용을 세분화하고 조사하여 정확한 비용을 도출하여야 개발타당성에 대한 신뢰가 증가되며, 개발과정에서 발생되는 비용의 증감으로 인한 위험을 감소시킬 수 있다.

　직접비용에는 토지매입 및 조성비용을 비롯한 건축물 완성에 필요한 비용이다. 간접비용은 개발자가 사업을 수행하기 위해 필요한 비용으로 금융비용, 마케팅비용, 상하수도 비용 등 다양한 항목으로 구성되어 있다. 개발사업자는 경제 환경의 변화에 따른 금리의 변화, 원자재가격 상승으로 인한 공사비 증가 등 사전에 예기치 못하는 상황에서 발생되는 우발비용에 대해서도 고려해야 한다. 우발비용은 총 개발비용의 5~10% 정도를 고려하여 예비비로 확보하여 개발 과정에서 예기치 못해 발생되는 위험에 대해 유연하고 적절히 대처함이 필요하다.

표 6-30 초기 수입/지출 비용 항목

구분	항목	세부항목		
초기수입	자기자본	자본금		
	타인자본	차입금		
초기지출	토지관련비용	•토지매입비용	•토지조성비용	
	건축관련비용	•토목공사비 •건축공사비	•전기/소방/ 설비/통신/조경	•설계비/감리비/ 측량비
	사업추진비용	•공사비 차입금	•민원처리비용	•컨설팅 비용
	제세공과금	•토지/건물 취득세	•근저당비용	•각종 부담금
경상수입	분양(매각)/임대수입	•임대료	•영업장 및 주차장 수입	
	보증금	•대여료		
	영업 수익	•이자수익, 부대수익		
	영업외 수익	•이자비용	•광고수입	•기타
경상지출	분양(매각)/임대 비용	•광고비	•인건비	
	일반관리비			
	유지수선비			
	보험료			
	재산세 등	•재산세, 종합부동산세		
	제경비			
감가상각비	건물/설비	•정액법	•정률법	

개발사업의 수익과 최종적인 가치의 평가는 순영업이익(NOI)을 산출하여 가치평가를 하는 직접법과 시간적 요소를 고려한 현가할인법(DCF)으로 가치평가를 진행한다. 직접법은 개발기간이 1~2년 사이에 완성되는 단기개발 사업에 적합하며, 5~10년과 같이 장기 개발사업의 경우에는 현가할인법(DCF)을 통해 가치 판단을 수행한다.

개발사업자가 개발완료 전/후 개발부동산의 매각을 고려한다면, 직접법으로 가치평가를 진행한다. 완공된 건물을 통해 일정 기간 운영을 통해 운영수익을 취득한 후 운영수익의 극대화를 통해 매각가치를 상승시킨 후 매각을 고려한다면, 현가 할인법(DCF)을 적용하게 된다.

개발사업자는 시장분석에서 작성했던 비교테이블을 통해 사업 물건에 적용시킬 기능과 편의시설을 확정하고 보정을 통해 합리적인 순영업이익(NOI)을 추정한다. 순영업이익(NOI)을 추정하는 과정에서 추정치가 많이 변동하면 할수록 예측에 대한 신뢰도가 떨어진다. 가치판단을 위한 비교 대상 물건 선정 시 해당 프로젝트와 유사한 비교 대상 선정이 중요하며, 개발하려는 물건이 특이할수록 주의해야 한다.

현가할인법(DCF)을 적용할 때 현금흐름 기간을 보통 10년으로 가정하나, 사업의 특성에 따라 조정이 가능하며, 시간 흐름에 따른 변화된 고려 요소 수정을 통해 가치판단을 해야 한다.

가치판단의 핵심적인 비용과 수익 흐름이 확정되면 금융비용, 분양률, 매매가격 등 개발사업에 민감하게 영향을 미치는 요소에 대해 다양한 민감도 분석이 필수다. 다양한 요소의 민감도 분석을 통해 개발자는 해당 요소의 변화에 따른 개발가치의 변화를 정확하게 판단해야 한다. 금리, 매매가격, 비용 등 개발가치에 영향을 주는 한계수치가 어디까지인가를 정확히 알 수 있다.

(2) 사업수지분석 방법

사업수지분석은 단기사업과 장기사업을 구별해야 한다. 단기사업은 2-3년 정도의 개발기간을 거치며 준공 후 매각 목적이거나 분양목적으로 진행하는 경우로 시간가치를 고려하지 않고 추정손익계산으로 수지분석을 하거나 단순히 총수입에서 총지출을 빼는 방법으로 수지분석을 한다. 장기사업은 3~10년 이상에 걸쳐 진행되는 사업으로 준공 후 일정기간 임대운영 및 해당 부동산을 사용 또는 임대운용한 후 매각을 목적으로 진행되는 사업으로 일반적으로 시간가치를 고려하여 현금흐름분석(DCF) 방법을 사용한다.

가. 추정손익계산서에 의한 방법

총매출액 (분양가액 또는 매각가액)

(-) 매출원가 (건설비용)

= 매출총이익

(-) 판매 및 일반관리비

판매비 (모델하우스 건립비, 광고비, 분양경비 등)

· 본사관리비 (일반관리비, 금융비용)

= 영업이익

(+) 영업외 수익

(-) 영업외 비용

= 세전순이익

(-) 세금

= 세후순이익

나. 수입, 지출에 의한 분석방법

총수입액에서 총지출액을 공제하면 세전수익이 나오고, 세금을 공제하면 세후수익이 발생한다. 수입으로서 분양가나 임대가격을 결정할 때는 시장 분석에서 결정한 가격으로서 경쟁가능 가격을 채택한다.

지출로서 토지구입관련 비용은 지출한 비용 및 취득과 관련된 부대비용을 적용하고 원가법에 의한 건축비용은 과거 유사한 비교사례를 근거로 개발하고자 하는 설계의 규모, 조건 등을 반영하여 개산견적방식을 적용하여 추정한다.

재무타당성에서는 확정된 공사비를 적용하기보다는 개략적인 건축비용을 추정한다. 신축시점까지는 설계 도서를 반영한 예정가격을 산정한다. 신축단계까지는 기간이 제법 소요되고 원자재의 상승 등을 감안하여 타당성 단계에서 건축비 추정은 개발자가 고려하고 있는 건축비보다 10~20% 정도 여유를 두고 추정하는 것이 바람직하다.

다. 현금흐름분석

현금흐름분석에는 이자비용(금융비용 및 타인자본비용)을 고려하는 방법과 이자비용을 고려하지 않는 방법이 있다. 대부분의 개발사업의 성격상 100% 자기자본을 갖고 하는 사업은 거의 없기 때문에 금융비용은 중요한 비용요소로 이자비용을 고려해야 한다.

영업수지를 계산한다는 것은 부동산투자에서 발생하는 현금수입과 현금지출을 측정하는 것이다. 계산절차는 가능총소득에서 공실액을 제하고 기타소득을 합하면 유효총소득이 되고, 유효총소득에서 운영비용을 제하면 순영업소득이 산출된다.

여기서 운영경비는 유지수선비, 재산세, 보험료, 광고료, 전기세 등이 포함된다. 순영업소득에서 대손충당금, 이자지급비용 및 감가상각액 등을 공제하면 세전현금 흐름이 산출되고 세전현금 흐름에서 세금을 공제하면 최종적으로 세후현금흐름이 도출된다.

가능총소득 (PGI : Potential gross income)
- 공실액
+ 추가발생소득 (주차장, 광고판, 이동통신 등)
유효총소득 (EGI : Effective gross income)
- 운영경비 (OE : Operating expense)
순영업소득 (NOI : Net operating income)
- 부채서비스액(금융비용) (DS : Debt service)
세전현금흐름 (BTCF : Before tax cash flow)
- 영업소득세 (제세금) (TO : Taxs from operating)
세후현금흐름 (ATCF : After tax cash flow)

부동산을 일정기간 운영을 하다가 처분하는 경우에는 처분으로 인한 양도소득은 지분투자자의 몫이다. 양도지분액의 계산방법은 매도가격에서 부동산 수수료 등의 매도경비를 공제하면 순매도액이 산출된다. 순매도액에서 미상환저당잔금을 공제하면 순매도액이 산출된다. 순매도액에서 미상환저당 잔금을 공제하면 세전 양도지분액이 되고 양도소득세를 공제하면 세후 양도지분액이 도출된다.

매도가격 (Selling price)

- 매도경비 (Selling expense)

순매도액 (Net sales proceed)

- 미상환저당잔금 (Unpaid mortage balance)

세전 양도지분액 (Before tax equity reversion)

- 양도소득세 (Capital gain tax)

세후 양도지분액 (After tax equity reversion)

라. 현금할인수지법(DCFM : Discounted Cash Flow Method)

현금할인수지법은 장래 예상되는 현금수입과 지출을 현재가치로 할인하여 서로 비교하여 투자를 판단하는 방법이다. 주로 장기간 소요되는 부동산개발사업이나 신축된 건물을 일정기간 투자운영을 통해 수익을 산출하는 경우에 사용된다.

현금할인수지법에서 투자지표로 많이 사용되는 개념이 내부수익률(IRR: Internal Rate of Return Method) 수치와 순현가(NPV: Net Present Value) 수치를 사용한다.

내부수익률이란 투자로 인한 미래 기대현금유입의 현가의 합과 기대현금유출의 현가의 합을 동일하게 하는 할인율인 내부수익률을 구한다. 투자자의 요구수익률과 비교하여 투자의사결정을 하는 방법이다. 발생되는 현금유입을 요구수익률(최저필수수익률)로 할인하여 얻은 현금유입 현가의 합과 투자비용을 요구수익률로 할인하여 얻은 현금유출 현가의 합을 비교하여 투자대상의 경제성을 분석한다.

마. 민감도분석

민감도분석(sensitivity analysis)은 수익성분석을 하는 모형의 구성요소가 변화함에 따라 그 결과치가 어떠한 영향을 받는가를 분석하는 기법이다. 다양한 구성요소 중 개발자가 중요도를 고려하여 순서를 나열하여 수치의 변화가 개발사업의 경제성에 얼마나 영향을 미치는지를 파악하여 사전에 재무적 위험을 판단할 수 있다. 분양가격, 분양률, 임대가격, 건축비용, 토지비용 등이 변화했을 때 수익성에 어떤 영향을 미치는지에 대한 분석이다.

재무적 타당성분석이 개발사업의 불확실한 성과에 대한 추정이나 예측에서 얻어진 것이기 때문에 위험을 줄일 수 있으며, 수익률에 가장 민감하게 영향을 주는 요소가 무엇인지 파악하기 위하여 실시한다. 수익률에 민감하게 작용하는 요소는 신중하게 처리해야 하고 민감하지 않은 요소에 너무 집착하여 사업이 지연되거나 중단되는 일이 없도록 접근해야 한다.

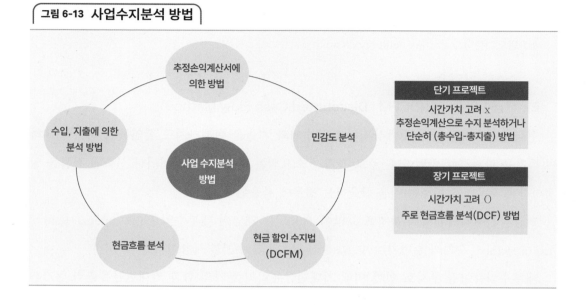

그림 6-13 사업수지분석 방법

- 추정손익계산서에 의한 방법
- 민감도 분석
- 수입, 지출에 의한 분석 방법
- 사업 수지분석 방법
- 현금흐름 분석
- 현금 할인 수지법 (DCFM)

단기 프로젝트
시간가치 고려 X
추정손익계산으로 수지 분석하거나 단순히 (총수입-총지출) 방법

장기 프로젝트
시간가치 고려 O
주로 현금흐름 분석(DCF) 방법

2) 금융조달 및 구조 결정

개발구상 구체화 단계에서의 금융조달과 투자자의 의견조율 단계다. 타당성검토 단계에서는 개발사업에 대한 자금조달이 대부분 확정되어 있어야 한다.

개발사업자는 추정가치를 통해 금융기관 등의 부채자금을 조달한다. 개발사업 특성상 높은 개발이익을 추구하며 그에 대한 위험을 부담한다. 자금조달 비용을 최소화하기 위해 금융조건 등을 파악하여 사업의 안정성을 도모해야 한다. 금융기관은 자금을 제공하는 대출자, 투자자 등은 예상 수익과 관련된 위험을 검토하고 DSCR, LTV, 개발사업의 장기적 안정성 및 유지가능성을 판단하며, 유사한 개발사업을 참고하여 낮은 위험과 높은 이자율, 대출수수료 등을 추구한다.

개발사업의 규모 및 성격에 따라 적합한 대출기관을 찾기 위해 대출자와 투자자의 특정관심사, 경험, 이미지 및 선호하는 포트폴리오 구성을 파악해야 한다. 대규모의 공공사업을 추진하는 경우에는 장기 자금운용을 취급하는 대형 생명보험회사, 연기금 등이 참여하며, 소규모 지역 개발사업의 경우에는 지역 생명보험회사, 시중은행 등이 담당하고 있다.

개발진행과정에서 금융조달은 토지취득 시 토지담보를 근거로 하는 일반담보대출이 있으며, 건설기간 동안 필요한 건축 자금대출, 개발완료 후 취급하는 장기대출로 나누어 볼 수 있다.

개발사업자는 금융기관과 투자자에게 목표시장, 설계, 사업비용, 자금조달구조 등에 대해 보다 구체적인 자료를 제공해야 한다. 자료를 근거로 개발사업자는 개발사업의 예상 가치를 이용하여 사업 참여에 대한 이해와 참여를 유도한다.

- 일반자금대출

  예상수익, 부채감당율(DSCR), 담보비율(LTV) 등 지속적 가치유지 가능성을 중요시 한다.

- 건설자금대출

  과거 거래가 있는 전문가에 의해 설계되고 건설되는 사업을 선호하며, 초기 건설에 따른 비용을 추정한다.

표 6-31 금융조달 유형

금융조달		
일반담보대출	건축자금대출	장기대출
토지취득시 토지 담보를 근거	건설기간동안 필요	개발완료 후 취급
• 예상수익 및 위험에 기초 • 예상부채감당율(DSCR,LTV) • 개발부동산의 지속적 가치, 유지가능성 검토	• 과거 거래 전문가에 의해 설계되고 건설되는 사업을 선호하며 초기 건설에 따른 비용 추정	• 장기적인 자금으로 안정적인 임대운영 및 자산관리 여부

적절한 자금공급원을 얻기 위해서 개발사업자는 금융기관과 투자자의 특별한 요구, 과거 경력, 평판, 사업 구성을 알아야 한다. 금융비용을 줄이고 부과되는 각종 제약조건 등을 최소화하여 사업의 유연성을 증대시켜야 한다. 금융기관의 유형마다 선호하는 개발사업의 유형이 다르다. 개발사업 기간, 개발사업 규모, 위치, 금융구조 등에 따라 적합한 자금조달을 고려한다.

개발사업에 적합한 금융기관과 투자자의 연결이 중요하다. 개발사업자는 금융기관과 투자자의 관심사를 정확하게 파악하여 이상적인 금융조달 구조를 만들어야 한다. 사업의 시장성, 사업전망, 기대수익을 고려하여 금융기관과 투자자에 대한 수요와 그들이 원하는 바를 알고 있어야 하며, 금융기관과 투자자에 대한 정확한 분석과 개발사업의 설계, 비용, 재무구조에 관한 자세한 자료를 제시해야 한다.

개발과정에서 자기자본을 넘어서는 금액을 조달하여야 하고 자기자본을 최소화하기 위해 노력해야 한다. 운영자금 조달에 있어 추정가치를 통해 금융기관으로부터 자금을 조달하게 되며 높은 개발이익을 위해 위험을 부담하며, 자금조달비용을 최소해야 한다.

금융기관 및 투자자 예상수익과 관련된 위험을 검토하고 사업의 장기적인 가치 유지능력 등을 추정한다. 경험이 있고 전문가에 의해 설계되고, 단순한 사업구조를 선호하며 낮은 위험과 높은 이자율 수수료를 추구한다.

개발사업자는 총투자비 규모를 결정해야 한다. 투자비에는 토지매입비(제세금포함), 공사비(직/간접공사비 포함), 영업비(광고홍보비 포함), 제세공과금(각종부담금 포함), 금융비용 등이 있다. 금융조달 방법은 자기자본, 차입하는 방법, 분양 등 영업을 통해서 조달하는 방법이 있는데, 분양자금과 금융기관에서 빌려오는 자금이 많은 부분을 차지한다.

자금조달방법은 자기자본(주식,채권 등 직접조달), 타인자본(투자자금 및 금융기관 조달(CF/PF)) 등에 의하며, 주거용 부동산 개발사업의 경우 금융기관을 통한 PF가 활용된다.

3) 개발타당성 분석 과정에서의 위험 관리

부동산개발에 대한 허가결정은 주변 주민들의 영향을 주며, 법적으로 하자 없는 개발사업도 지역사회가 반대하는 경우 어려움을 겪을 수 있다.

개발사업자는 정부기관으로부터 개발에 필요한 허가를 받아야 하며, 개발이 법의 명시적 요건을 만족하는 것 이외에도 정치환경, 경제환경 등을 잘못 판단하거나 지역사회의 장기적 이익에 반하지 않도록 유의해야 한다.

타당성분석 시 정부기관과의 사전 협의를 진행함으로써 개발사업의 승인과정 등 사업기간을 단축할 수 있다. 부정적 측면으로 예상치 못한 정치 환경의 변화와 담당공무원의 인사변동 시 행정적 어려움에 발생할 수 있다. 사업타당성 결정과정에 공공부문을 대표할 수 있는 사람을 포함시키는 것도 하나의 방법이다. 개발사업의 목적을 제대로 이해하면서 개발기간이 지연되지 않게끔 지원자로서의 역할을 수행할 수 있기 때문이다.

개발사업자는 개발사업을 기업운영과 물리적 공간의 건설의 조합으로 생각함으로써 개발사업이 사용자의 요구에 맞아야 하고, 개발 후에도 지속적인 요구에 부응할 수 있도록 해야 한다. 개발과정에서 특정용도로 개발사업이 진행되지 못할 경우 차선의 용도로의 대안을 검토하여 개발과정이 살아있는 유기체처럼 보고 사업타당성을 검토해야 한다.

타당성 검토는 사업 위험이 어느 정도이고, 임차인과 관여 업체에게 부담이되는지 파악하는 것이 중요하다. 주요임차인 확보, 임차인의 높은 신용도, 장기투자자 등의 사전 확보는 사업의 위험을 줄이는 데 도움이 된다.

사업타당성 기간 동안에 조달된 자금 형태로 참여자간의 사업의 위험분담이 결정된다. 대출자와 투자자는 다른 선호를 가지고 있다. 건설자금 대출자는 빠른 지분투자, 엄격한 자금관리 절차 및 변동금리, 개발사업자와 지분투자자의 보증을 요구한다.

투자자는 각자의 이익을 추구하게 되며. 자금투입을 가능한 늦추려 한다. 추가적인 사업자금을 다른 자금원을 통해 조달하게 되므로 개인적으로 채무가 발생하는 것을 원치 않으며 세후 수익을 극대화하려 한다.

설계안을 영업, 마케팅, 건설전문가 및 공공기관과 공식적으로 검토하는 것도 위험을 줄이는 방법이다. 개발사업자는 설비 및 기타 기반시설의 이용가능성을 확인하고 사업이 법적으로 하자없이 지역사회 전체에 바람직하더라도 공공에서 기반시설 및 공공서비스를 제공해 주지 않을 수 있으므로 빠른 논의를 해야 한다. 기반시설 설치비용을 고려할 때 허가와 관련된 협력 이외에 기반시설 제공에 대한 대가를 요구할 수도 있으며, 공공기관과 합작사업을 통해 비용을 분담할 수도 있다.

선택한 건설업자가 인·허가 사항을 수행할 수 있는지 확인하고, 건축계약에서 인·허가 사항에 대해 보증하도록 하여 개발이 중단되지 않도록 위험을 관리해야 한다.

타당성 검토 단계에서 개발사업자는 다음과 같은 요인을 정확하게 판단함으로써 위험을 감소시킬 수 있다.

• 정확한 데이터 분석과 사용

가용성 높은 정보를 수집하여야 하고 수집한 정보를 바탕으로 한 정확한 데이터를 분석해야 한다. 정확도가 높을수록 개발위험을 감소시킬 수 있다.

- 개발사업 참여 금융조달 기관의 위험관리 방법 검토

- 사회기반시설 및 기본 인프라 사용 가능성 확인
  상하수도, 전기, 통신 등 사회기반시설이 설치되어 있지 않을 경우 비용이 증가될 수 있다. 공공부문과 논의를 조기에 시작하고 문서화하여 공식적인 서비스에 대한 확약을 받아야 한다.

- 비용분담
  공익을 제공하는 대가로 세금감면, 용적률상향과 같은 인센티브를 요구할 수 있다.

- 기타 세부 사항
  선정된 계약자가 합법적으로 건물 허가를 진행할 수 있는 업체인지, 과거 평판 사례를 살펴보아야 한다.

   개발타당성이란 경제성, 성공가능성, 주변과의 균형 발전 등 여러 가지 항목을 살펴보는 단계로 개발목적을 정의하는 것이 중요하다. 개발사업자는 시장적, 법률적, 물리적, 윤리적, 재무적, 참여 자원 등 한정된 자본과 노동력을 투입하여 개발목적을 만족시키는 합리적인 가능성이 타당한지 판단해야 한다.

   시장조사를 바탕으로 구체적인 개발계획을 수립하고, 예상 시간과 추정 비용을 계산하여 개발에 미치는 요인들에 대한 민감도를 분석하여 단계별로 일어날 수 있는 다양한 형태의 위험을 관리하도록 해야 한다.

   타당성분석에서 목표가 달성될 가능성이 높다 할 때 개발사업이 타당하다고 판단할 수 있다. 중요한 것은 사업의 진행 가능성과 재무적 타당성으로 위험을 고려한 예상수익이 다른 투자보다 높을 때 비로소 해당 개발 사업이 타당하다고 판단할 수 있다.

표 6-32 개발타당성 분석 과정 위험관리

단계	구분	내용
개발 기획 단계	개발 타당성 분석	**리스크를 관리하는 가장 중요한 기법으로 정확하고 세밀한 타당성분석은 개발 리스크를 감소시킬 수 있음** • 철저한 거시적 시장조사 후 미시적 시장조사 실시 • 분양성, 수익성, 장래성, 입지성, 건축가능성 등을 고려 분석 • 마케팅 전략을 고려한 개발 기본방향을 검토 • 개발계획 시의 건축계획 및 설계 → 사회기반시설 및 기본 인프라 사용가능성 확인 • 개발환경 변화를 예측하고 현금흐름분석 및 민감도 분석을 통해 정확한 경제성 분석 실시 • 참여기관을 설득 / 자료제공 → 신뢰확보 • 공익제공 및 세금감면, 용적률 향상 등 검토 • 공동벤처 및 공공/민간 파트너십으로 위험성 축소 진행 • 참여기관에 대한 법적인 요건 및 경험 검토

* 자료: 부동산개발 전문인력 사전교육자료, 한국부동산개발협회, 2023.

🏠 참고문헌

- 「국토의 계획 및 이용에 관한 법률」
- James A. Graaskaamp, "A Rational Approach to Feasibility Analysis," Appraisal Journal, October 1972.
- James R.DeLisle, "Graaskaamp : A Holistic Perspective"reprint, RunstadCenter Resl Estate Stusies, College of Architecture and Urban planning, Universty of Washington, August 2004.
- Mike E Miles, Gayle L. Berens, Mark J. Eppli, Marc A. Weiss, Real Estate Development - Principle and Process, Urban Land Institute, 4th Ed., 2007.
- Mike E Miles, Laurence M Netherton, Adrienne Schmitz, Real estateDevelopment - Principle and Process, Urban Land Institute, 5th Ed., 2015.
- 부동산개발 전문인력 사전교육자료, 한국부동산개발협회, 2023.
- 이현석 편저, 2018 부동산개발 사례연구, 건국대학교 출판부, 2018.

🏠 연습문제와 토론주제

1. 부동산개발 아이디어의 구상 정의에 대해 설명하라.

2. 아이디어 구상을 하기 위해 여러 의견을 수렴하게 되는데, 대표적인 의견수렴 방법에 대해 설명하라.

- 브레인스토밍 (Brainstorming)
- 명목 집단법 (Nominal group process)
- 델파이 기법 (Delphi method)
- 환경스캐닝 (Environmental scanning)
- 포커스 그룹 (Focus groups)
- 설문조사 (Surveys)

3. 개발기획단계인 아이디어구상 및 구체화 과정에서 발생할 수 있는 위험요인과 관리 방법에 대해 설명하라.

4. 아이디어 구체화 방법에 대해 설명하라.

5. 개발부지 선정 시 물리적 특성과 법률적 특성 등 여러 가지 사항에 대해 검토하여야 하는데, 검토하여야 할 내용에 대해 설명하라.

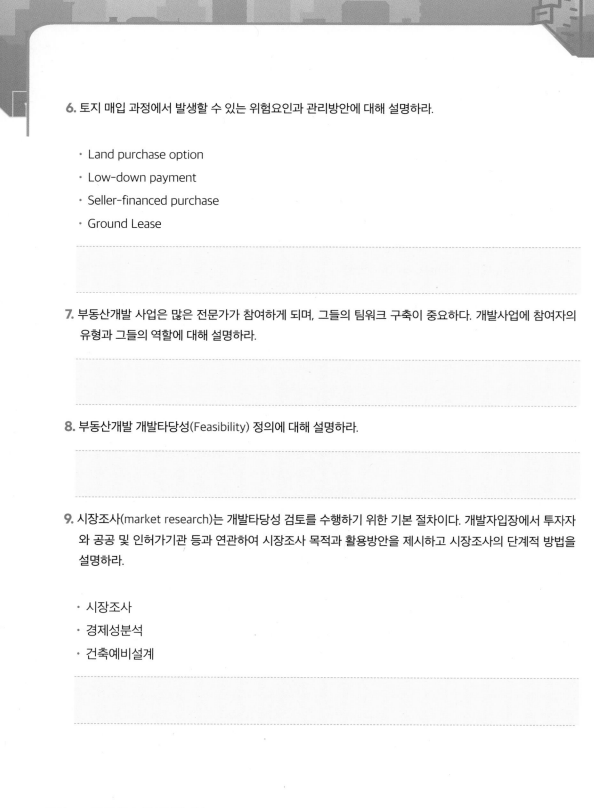

6. 토지 매입 과정에서 발생할 수 있는 위험요인과 관리방안에 대해 설명하라.

- Land purchase option
- Low-down payment
- Seller-financed purchase
- Ground Lease

7. 부동산개발 사업은 많은 전문가가 참여하게 되며, 그들의 팀워크 구축이 중요하다. 개발사업에 참여자의 유형과 그들의 역할에 대해 설명하라.

8. 부동산개발 개발타당성(Feasibility) 정의에 대해 설명하라.

9. 시장조사(market research)는 개발타당성 검토를 수행하기 위한 기본 절차이다. 개발자입장에서 투자자와 공공 및 인허가기관 등과 연관하여 시장조사 목적과 활용방안을 제시하고 시장조사의 단계적 방법을 설명하라.

- 시장조사
- 경제성분석
- 건축예비설계

10. 사업수지분석 방법에 대해 설명하라.

- 추정손익계산서에 의한 방법
- 수입, 지출에 의한 분석방법
- 현금흐름분석
- 현금할인수지법 (DCFM : Discounted Cash Flow Method)
- 민감도분석 (sensitivity analysis)

11. 개발타당성 검토를 통해 금융기관 등 참여자에 대해 제공되는 사업계획서에 포함되어야 할 항목과 그에 대한 내용을 설명하라.

12. 금융조달에 있어 단계별로 장·단기 금융을 조달하는데, 금융조달 방법 및 특징에 대해 설명하라.

13. 우리나라 주택개발사업과정에서 시공사와 시행사, 그리고 단기, 장기 금융기관의 역할에 대해 다이아그램(diagram)을 그려 설명하라. 그리고 각각의 특징을 비교 분석하고 문제점을 제시하고 개선방안에 대해 기술하라.

14. 개발타당성 과정에서 발생할 수 있는 위험요인과 관리 방법에 대해 설명하라.

🏠 참고자료

• G-Project 사업계획보고서

1. 사업개요

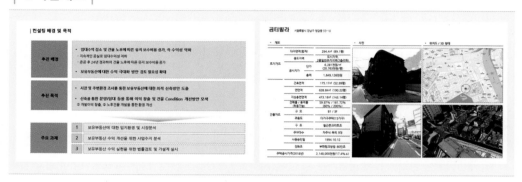

2. 경제환경분석

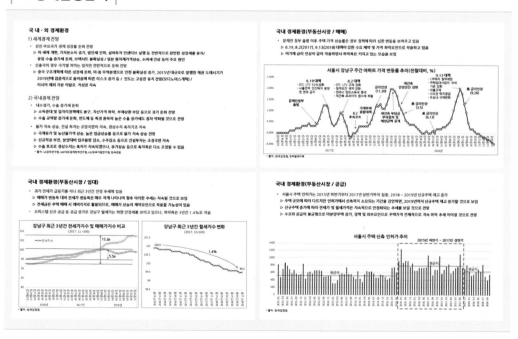

3. 지역환경분석

현황

- 대상지로부터 500m 거리에 청담역이 있으며, 2종 일반주거지역으로 인구밀도가 낮고, 지역 내 상업지역 대비 공시지가가 낮음

공시지가 (2018)

6,281,000원/㎡

상권 / 업종 분석

1) 상권 개요

- 개요, 분석범위

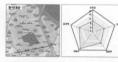

대상물건중심 반경 500m 상권

구매력은 높지만 성장성은 낮음
- 상권 매출규모, 건당 결제금액, 소비수준에서 높은 수준을 보이나, 매출 증감률, 강남구대비 상권 매출비중의 증가 측면에서 낮은 성장성
- 청담역 인근에 유동인구 밀집, 근린공원 및 본건 인근 유동인구 낮음

면적	업소수					서점별 평균 일평균매출/건수		인구			
	전체	음식	서비스	도/소매	선택업종	총액(만원)	건수	주거	직장	유동	
785,398㎡	937	335	251	336	15	8,347	244	13,852	24,586	54,554	

상권 / 업종 분석

2) 업종분석

- 업체 수 기준 강남구 대비 제조업, 협회 및 단체, 기타 개인서비스, 사회복지업, 부동산 임대업의 수준이 높은 것으로 나타났음

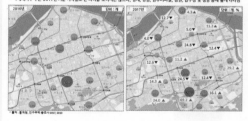

청담동
주요 10개 업종

업종	청담동	강남구	비율
제조업	194	1,747	11.1%
건설업	110	2,147	5.1%
도매 및 소매업	1,166	17,481	6.7%
숙박 및 음식점업	675	10,860	6.2%
출판 영상 방송통신 및 정보서비스	173	4,676	3.7%
부동산업 임대업	485	5,834	8.3%
전문 과학 및 기술 서비스업	511	9,187	5.6%
교육 서비스업	163	3,765	4.3%
보건업 및 사회복지 서비스업	243	2,962	8.2%
협회 및 단체, 기타 개인 서비스	418	5,145	8.1%
총 업체수	4,497	72,281	6.2%

지역 수요

1) 상가 밀도, 유동인구

- 상가밀도

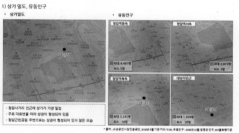

- 청담사거리 인근에 상가가 가장 밀집
- 주요 대로변을 따라 상권이 형성되어 있음
- 청담근린공원 주변에는 상권이 형성되어 있지 않은 모습

지역 수요

3) 거주 수요 변화 _1세대가구(부부, 형제 저매)

- 강남, 고속터미널, 잠원, 논현, 신정동의 인근은 감소 / 양재, 남부터미널, 대치, 매봉, 청담역 인근 증가
- 1세대가구 수는 2017년 기준 지역별로 큰 차이를 보이지는 않으나, 양재, 강남, 남부터미널, 잠원, 압구정 및 청담 등에 높게 나타남

기반시설 개선 및 신규 건축 현황

1) 인근 기반시설 개선

- GTX, KTX 삼성 · 수서 구간 연장 등 삼성역 중심으로 철도 교통 개선
- U-Smart Way 사업 계획으로 도로 교통망 개선 가능

- 삼성역 중심으로 GTX, KTX/신분당노선 역사 신설 · 확장 계획
- 삼성~동편사거리까지 복합환승센터 및 지하 쇼핑몰 계획
- 대상지에 미치는 영향은 제한적일 것으로 판단됨 (교통기여도로 등으로 상권 확장여도 계획된다)

4. 경쟁상품 조사

기반시설 개선 및 신규 건축 현황
2) 인근 신규 건축 현황 (청담동 2018 착공신고, 주택)

* 출처 : 강남구청 건축과

기반시설 개선 및 신규 건축 현황
2) 인근 신규 건축 현황 (청담동 2018 착공신고, 주택)

* 출처 : 강남구청 건축과

경쟁(유사) 상품 현황
1) 청담동 38 청담스테이

경쟁(유사) 상품 현황
2) 청담동 62-6 디에브스 청담

5. SWOT분석

SWOT 분석

- Positive
  - 기존 소유 토지를 활용하므로 관련 비용 Save 가능
  - 지역 임대료 수준이 이미 높으므로 매출 잠재력은 높음(비용절감 필요)
- Negative
  - 정책으로 대출이 제한되므로 구매력 하락 → 매매(분양)수요 하락
  - 장기간 정체된 지역이고, 별다른 호재가 없음

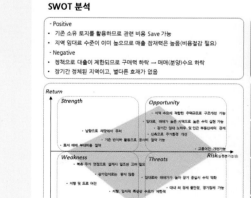

추진방향
1) 지역 여건에 맞는 저비용 고효율 재건축
2) 지역 수요에 적합한 규모의 "임대" 주택 공급
3) 공실 방어를 위해 입주자 관점에서 설계
4) 가을 이사철 시점에 맞추어 Project 종료

저비용 고효율
- 고급 Boutique 스타일 〈 Modern 깔끔한 스타일
- 기존 반지하 활용 공간 창출
- 부동산 통한 사전 수요층 Contact 등 효율적 전략 수립

임대주택 공급
- 정책, 경기 상황에 따라 매매수요 → 임대수요 전환
- 가격은 오르고, 수요는 하락하는 추세(매매)임대)
- 수요에 적합한 룸을 1.5룸 공급, 반지하 공간은 스튜디오 등 지역에 적합한 공간으로 개발

입주자 친화적 설계
- 살기에 편한 공간 조성
- 작지만 넓은 효율적 공간활용(복층, 돌출 베란다 등)
- 주요 수요층인 1인가구, 1세대 가구의 Needs를 반영한 설계

Project 속도 관리
- 인허가 → 착공 → 준공 → 임대 전 과정 속도 조절
- 초기 임대 완료 되도록 이사철 전에 준공 목표

6. 가설계 및 법률검토

법규검토

- 연접 주거 일조권 관련하여 사선제한이 있으며 주차는 총 8대 연접하여 가능함

대지면적(대지)	294.4㎡
용도지역	도시지역, 제2종일반주거지역 (7층이하)
건폐율 · 용적률 (최대가능)	60% / 200%
용도	다가구주택, 다세대주택
건축한계선	해당없음
조경면적	연면적 합계 1,000㎡ 미만 (대지면적 5% 이상)
대지내 공지	건축선으로부터 ··· 1m 이상 6m 이하 / 인접대지 경계선으로부터 ··· 0.5m 이상 6m 이하
공개공지 의무 확보	해당없음
일조 등의 확보를 위한 건축물의 높이제한	높이 9m 이하인 부분 / 인접대지 경계선으로부터 해당 건축물의 각 부분의 높이 1.5m 이상
부설주차장	8대 연접주차 가능 · 전용면적 30㎡ 이하 세대당 0.5대 · 전용면적 60㎡ 이하 세대당 0.8대 · 전용면적 85㎡ 이하 세대당 0.75대 · 전용면적 85㎡ 이상 세대당 0.65대 · 근린생활시설 시설면적 134㎡당 1대

건축개요

- 인허가 접수 도면 기준T - 1, ALT - 2 두 가지 안으로 구성함 (ALT 1 : 4층 및 5층 9평 타입을 복층으로 구성 / ALT 2 : 4층 전체를 복층으로 구성)
- 다세대주택 전체 1.5층으로 구성 / 지하 및 지상 1층은 근린생활시설로, 스튜디오 용도에 맞추어 설계
- 건폐율 약 50%, 용적률 200%(지상층 588.80㎡) 규모의 다세대주택 상업 복합 건물 신축 계획

구분	ALT - 1	ALT - 2
건축면적	147.63㎡ (44.66평)	141.09㎡ (42.68평)
면적 지상층 연면적	588.80㎡ (178.11평)	588.80㎡ (178.11평)
면적 지하층 연면적	177.25㎡ (53.62평)	177.25㎡ (53.62평)
면적 연면적 합계	766.05㎡ (231.73평)	766.05㎡ (231.73평)
건폐율	50.15%	47.92%
용적률	199.99%	199.99%
규모 계획	지하 1층, 지상 1층(근생), 지상 2층(근생) 지상3층 ~ 6층(다세대주택)	지하 1층, 지상 1층(근생), 지상 2층(근생) 지상3층 ~ 6층(다세대주택)
조경 면적	14.87㎡ (법정 14.72㎡)	14.87㎡ (법정 14.72㎡)
주차장	공동주택 6대 근생 2대	공동주택 6대 근생 2대

단면도

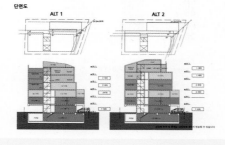

ALT 1   ALT 2

대안별 면적표

- 복층 구성에 따라 면적이 거의 동일함

(단위 : ㎡)

층별	바닥면적	ALT 1 (주거 59% / 근생 42%) 근린생활시설 전용면적	주택 계단/복도	주택 전용면적	주택 베란다	기본실	바닥면적	ALT 2 (주거 59% / 근생 41%) 근린생활시설 전용면적	주택 계단/복도	주택 전용면적	주택 베란다	기본실
지하 지하1층	177.25 (53.6평)	110.00	12.25	0	0	55.00	177.25 (53.6평)	110.00	12.25	0	0	55.00
지하 소계	177.25 (53.6평)	110.00	12.25	0	0	55.00	177.25 (53.6평)	110.00	12.25	0	0	55.00
지상1층	71.85 (21.7평)	60.00			11.85		71.85 (21.7평)	60.00			11.85	
지상 지상2층	137.63 (41.6평)	102.00	35.63				131.09 (39.7평)	96.00	35.00			
지상 지상3층	137.63 (41.6평)		102.00	9.18	26.45		131.09 (39.7평)		96.00	8.64	26.45	
지상 지상4층	103.41 (31.3평)		84.00	7.56	11.85		96.87 (29.3평)		78.00	7.02	11.85	
지상 지상5층	100.64 (30.4평)		81.00	7.79	11.85		100.26 (30.3평)		79.00	9.41	11.85	
지상 지상6층	37.64 (11.4평)		34.99	2.65	0.00		57.64 (17.4평)		54.99	2.65	0.00	
지상 소계	588.80 (178.1평)	162.00	35.63	301.99	27.18	62.00	55.00	588.80 (178.1평)	156.00	35.00	307.99	27.72	62.00	55.00
합계	766.05 (231.7평)	272.00	47.88	301.99	27.18	62.00	55.00	766.05 (231.7평)	266.00	47.34	307.99	27.72	62.00	55.00

7. 사업타당성 검토

주요 가정

투자비용	토지 : 토지는 소유상태이나 산축의 따라서 취득 제반비용의 등지 않고 Equity 투자 금액에 해당됨(감정가 45억) LOAN : 공사비 및 부대비용, 에버서 상당하는 금액 대출(30억 고 가정, 4.2% 대출이자 가정)
산축공사비	도급공사비 : 6,000천원/평 철거비 : 180천원/평 에버서 : 공 공사비의 1%
운영수익	임대료 및 관리비 : 영대료 및 관리비 10년간 고정 가정 임대율은 100%로 가정, 보증금 1년넣느 1년치느 대출 상환으로 소
운영비용	일반관리 : 관리비수수료 임대료에 포함, 입체 선관학이 외타관리율과, 정부전차, 건축, 소방, 전기, 보안, 동신 길) 재산세, 공부세, 임대소득세 : 다세대주택 경기 발내시업 세 등록, 연대료 및 공부세 연간 3% 상승 가정 공영비관리 : 일반관리비 및 연간 유지보수비(연면적 1,000원/평)
매각가액	① 운영기간 10년후 과 11년차 건물 및 토지 처분 가정 * 최근3년 유사지 그 Cap Rate 조사하여 선정함 ② 11년차 유업의상승된NOI / Cap Rate 적용 ② C/R 적용 * 매각수수료 : 최종 처분가격의 2% 상정
기타	할인율 : 4.0% (대내투 투 자감안 더 6% 대한 추후 분석 자료 해본 추또 투자 기대수익률)

사업 수지

- 토지비용 추정 추정 감정가 기준으로 상입, 공사비는 평당 6,000천원수준, 기타 현행 법률 및 당사 구의사 개발사례 바탕으로 산정
- ALT 1과 2가 거의 동일, 아래는 ALT 1 자료임 / 매출원가에는 토지가격이 포함되어있으며 / 부가세도 포함하지 않았음

대안별 임대료 결정

1) 다세대주택 타입별 가격 결정 ALT 1

UNIT	N	층수	전용면적㎡	전용면적PY	분양면적㎡	분양면적PY	보증금	월세	연세
전용 9A	2	2,3F	31	9.4	46	13.9	20,000	1,400	16,800
전용9B	2	2,3F	31	9.4	46	13.9	20,000	1,400	16,800
전용11A	2	2,3F	35	10.6	52	15.6	20,000	1,500	18,000
전용11B	2	2,3F	35	10.6	53	16.1	20,000	1,500	18,000
전용16	1	4F	53	16.0	78	23.7	30,000	1,800	21,600
전용26M	1	5,6F	85	25.7	126	38.0	30,000	2,500	30,000
계	10		404	122	597	181	220,000	16,100	199,200

2) 근린생활시설 분양가

구분	N	층수	전용면적㎡	전용면적PY	분양면적㎡	분양면적PY	보증금	월세	연세
A	1	B1~ 1F	170.00	51.4	182.25	55.1	60,000	4,000	48,000
합계	1		170.00	51.43	182.25	55.13	60,000	4,000	48,000

1) 다세대주택 타입별 가격 결정 ALT 2

Unit	N	층수	전용면적㎡	전용면적PY	분양면적㎡	분양면적PY	보증금	월세	연세
전용 9A	2	2,3F	29	8.8	43	12.9	20,000	1,400	16,800
전용 9B	1	4F	33	10.0	49	14.7	20,000	1,500	18,000
전용10A	2	2,3F	33	10.0	49	14.7	20,000	1,500	18,000
전용10B	1	4F	34	10.3	50	15.1	20,000	1,500	18,000
전용16	1	5F	48	14.5	72	21.8	20,000	1,800	24,000
전용26M	1	5F	84.99	25.7	125	37.8	30,000	2,500	30,000
계	10		407.99	123.4	593.8	179.6	200,000	16,600	199,200

2) 근린생활시설 분양가

구분	N	층수	전용면적㎡	전용면적PY	분양면적㎡	분양면적PY	보증금	월세	연세
A	1	B1~ 1F	170.00	51.4	182.25	55.1	60,000	4,000	48,000
합계	1		170.00	51.43	182.25	55.13	60,000	4,000	48,000

수익성 분석 세부내역 (ALT-1)

8. 금융구조검토

금융구조

- 본건은 **PROJECT** 의뢰인 1인 소유의 건물로 등기부 등본 기준으로 담보 대출 내역이 없는 **FULL EQUITY** 상태임

- 대상지 감정가는 **45 ~ 51억** 수준으로 **PROJECT** 시행을 위해 필요한 자금은 17억 ~ 20억 수준이고, 대출 규모 및 방법에 대한 부분은 소유주의 판단에 따른 결심이 필요

감정가 : 45 ~ 51억원[추정]

- 감정평가
  태평양 감정평가법인 : 45 ~ 46억 원
  삼창 감정평가법인 : 48 ~ 50억 원
  미래새한 감정평가법인 : 50 ~ 51억 원

Sh 수협은행
방화동지점

감정가의 70% 대출 가능 (약 35억 수준)
- 시설대 : 4% 초반 가능
- 신축자금 : 4% 초반 + 수수료 1% = 5% 초반 가능
  (30% EQUITY DEPOSIT 필요)

-------------------------------- 소유주 결정사항 --------

신한은행 SHINHAN BANK
성수동지점

감정가의 60% 대출 가능 (약 30억 수준)
- 차주 신용도에 따라 3% 중반 ~ 4% 중반

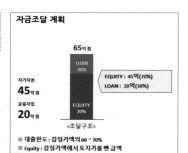

자금조달 계획

65억 원

LOAN 30%

EQUITY 70%

자기자본 **45**억 원

금융차입 **20**억 원

EQUITY : 45억(70%)
LOAN : 20억(30%)

<조달구조>

※ 대출한도 : 감정가액의 60 ~ 70%
※ Equity : 감정가액에서 토지가를 뺀 금액

9. 최종 결론

1. 개발사업 구조별 분석

사업구조	세금부담	리스크 & 자본	절세 및 운용
매각	법인세 22% (최고세율)	사업이익 상실	지방이전 대체취득 시 조세혜택 (이월)
법인 단독시행	• 사업이익: 법인세 22% • 보존등기비: 3.16%	• 사업리스크 단독부담 • 사업이익 단독 확보	• 일부 절세 방법 가능
SPC 공동사업	• 공동출자법인(SPC 등) 설립 출자에 따른 취/등록세 및 법인세 부담 발생 • 신설법인 사업이익 법인세부담 • 보존등기비 4.6%	• 사업리스크 회피 • 거래비용 과다 • 자본금 5천만원 이상	
지주공동사업	• DCRE 토지제공, 상대측 자금제공 형태 • 거래비용 미발생	• 사업리스크 분담 • 사업이익 분배	절세 조정 가능 (원가일부조정→건설사협조)
PFV 법인	• 출자시 평가차익 법인세부담 • 90%이상 배당시 주주배당세 부담 및 법인세 100% 감면 • 주주 매각차익 법인세부담 • 취등록세/보존등기비 50% 감면	• 사업리스크 분산 • 자본금 50억원 이상 • 자금차입 제한 없음 • 출자지분 제한 없음	• 주식매각차익 절세 가능 (재산세 일반과세) • 투자법인 부채비율 방지
리츠	• 자기관리: 세제혜택 없음 • 주택3년,비주택1년 처분제한 • 위탁관리: 처분제한, 90%이상 배당시 법인세100%감면, • 취등록세 30%감면 • CR리츠:주식보유제한 /처분제한 없음 • 법인세100%감면, • 취등록세30%감면	• 자본금70억, 1인주식30%내 주식공모 30%이상 • 자본금50억, 1인주식한도 없음, 주식공모 의무면책	• 공통:시장자본확보 가능 • 현물출자 50%이내, 재산세분리과세, 직접비용 절감 • 위탁관리: 상장요건 필요 • CR리츠:상장요건 불필요(상장 의무 없음)

2. 부동산개발 사업형태별 분석

사업형태	사업의 내용	적용용도	특징
분양사업	사업주체가 택지조성, 건물을 완성하여 구매자에게 판매	택지, 주택, 아파트	• 자금회수가 빠르며 경기에 민감 • 판매 노하우 필요
임대사업	사업주체가 건물을 건설임차인에게 임대	아파트, 오피스, 점포	• 안정수입, 절세, 배후수요 충분 할 경우 리스크 감소
자영사업	사업주체가 건물을 건설 사옥 등으로 활용	호텔, 점포, 레저 스포츠시설	• 임대사업과 비료하여 수익성은 높으나 리스크가 큼 • 사업 운영노하우 필요
운영위탁사업	사업주체가 노하우나 자금력을 가지고 있는 전문업체에 사업운영 위탁	호텔, 콘도, 편의점 점포	• 자영사업과 비교 수익성은 낮으나 리스크가 적음 • 노하우 획득 가능
부동산 유동화 사업	사업주체 부동산의 수익권 SPC 지분을 투자자에 판매	오피스, 임대주택 점포, 호텔, 물류시설	• 자금회사가 빠름, 사업구조 구축 노하우 필요 • 판매 사업운영 노하우 필요 • 자금조달 수단으로 유효
회원권, 이용권 분양사업	사업주체가 시설의 이용권을 회원이나 입주자에게 판매	골프장, 콘도 스포츠센터	• 토지건물의 소유권을 보유하고 자금회수 가능 • 경기에 민감, 판매 운영노하우 필요

3. 개발 방식별 권리분석

개발방식	개요	권리		사업 주체	기타
		토지	건물		
자체개발방식	토지소유자 직접추진	수분양자	수분양자	토지소유자	분양사업
지주공동사업	토지소유주와 개발주체 공동으로 추진	수분양자	수분양자	공동사업자	분양사업
일괄임대방식	토지소유자	토지소유자	토지소유자	토지소유자	2~3년 단위 임대계약 추진 임대 및 시설관리
토지신탁방식	신탁사 사업추진 지주 배당	신탁기간 중 신탁회사	신탁사 명의 등기	신탁회사	차입금 상환기간 목표 설정 중요
등가교환방식	토지수유자는 토지제공 개발사는 건물제공	지분비율에 따라 공유	공유자간 구분소유	개발사	토지/건물소유자에게 현상태로 토지/건물 반환 및 소유권이전
리츠방식	토지소유자 현물출자 (세제감면) 간접투자 시행방식으로 직접비 절감 및 리스크 분산	운영사업:리츠 분양사업:수분양자	운영사업:리츠 분양사업:수분양자	리츠	리츠별 처분제한 주택3년/비주택 1년

* 최근에는 지주공동사업 형태와 리츠/펀드방식에 대해 관심이 높아지고 있는 추세임.

4. 용도지역

대분류	중분류	소분류	세분류	내용
도시지역	주거지역	전용주거	1종	단독주택 중심의 양호한 주거환경을 보호하기 위하여 필요한 지역
			2종	공동주택 중심의 양호한 주거환경을 보호하기 위하여 필요한 지역
		일반주거	1종	저층주택을 중심으로 편리한 주거환경을 조성하기 위하여 필요한 지역
			2종	중층주택을 중심으로 편리한 주거환경을 조성하기 위하여 필요한 지역
			3종	중고층주택을 중심으로 편리한 주거환경을 조성하기 위하여 필요한 지역
		준주거		주거기능을 위주로 이를 지원하는 일부 상업기능 및 업무기능을 보완하기 위하여 필요한 지역
	상업지역	중심상업		도심, 부도심 상업기능 및 업무기능의 확충을 위하여 필요한 지역
		일반상업		일반적인 상업기능 및 업무기능을 담당하게 하기 위하여 필요한 지역
		유통상업		도시내 및 지역간 유통기능의 증진을 위하여 필요한 지역
		근린상업		근린지역에서의 일용품 및 서비스의 공급을 위하여 필요한 지역
	공업지역	전용공업		주로 중화학공업 공해성 등을 수용하기 위하여 필요한 지역
		일반공업		환경을 저해하지 아니하는 공업의 배치를 위하여 필요한 지역
		준공업		경공업 그 밖의 공업을 수용하되 주거기능, 상업기능 및 업무 기증의 보완이 필요한 지역
	녹지지역	보전녹지		도시의 자연환경, 경관, 산림 및 녹지공간을 보존할 필요가 있는 지역
		생산녹지		주로 농업적 생산을 위하여 개발을 유보할 필요가 있는 지역
		자연녹지		도시의 녹지공간 확보, 도시 확산의 방지, 장래 사용자의 공급 등을 위하여 보전할 필요가 있는 지역으로 불가피한 경우에 한하여 제한적인 개발이 허용되는 지역
관리지역	계획관리			도시지역으로의 편입이 예상되는 지역 또는 자연환경을 고려하여 제한적인 이용, 개발을 하려는 지역으로 계획적, 체계적으로 관리가 필요한 지역
	생산관리			농업, 임업, 어업생산 등을 위하여 관리가 필요하나 주변의 용도지역과의 관계 등을 고려할 때 농림지역으로 지정하여 관리하기가 곤란한 지역
	보전관리			자연환경보호, 산림보호, 수질오염방지, 녹지공간확보 및 생태계 보전 등을 위하여 보전이 필요하나 주변의 용도지역과의 관계 등을 고려할 때 자연환경보전지역으로 지정하여 관리하기가 곤란한 지역
농림지역				도시지역에 속하지 아니하는 농지법에 의한 농업진흥지역 또는 산지관리법에 의한 보전산지 등으로 농림업 진흥과 산림의 보전을 위하여 필요한 지역
자연환경보전지역				자연환경, 수자원, 해안, 생태계, 상수원, 문화재 등을 보전하고 수자원의 보호, 육성을 위해 필요한 지역

5. 용도지구 (용도지역 보완)

대분류	중분류	내용
경관지구	자연	자연경관보호, 도시의 자연풍치 유지
	수변	지역내 주요 수변 자연경관을 보호 유지
	시가지	주거지역의 환경조성과 도시경관 보호
미관지구	중심지	토지이용도가 높은 지역의 미관을 유지 관리
	역사문화	문화재와 문화적으로 보존가치가 큰 건축물의 미관관리
	일반	중심지, 역사문화 이외의 지역의 미관 유지
보존지구	역사문화환경	문화재, 전통사찰등 역사 문화적 보전가치가 큰시설 및 지역의 보호와 보존
	중요시설물	국방상 또는 안보상 중요한 시설물의 보호 보존
	생태계	야생동물서식처 등 생태적 보전가치가 큰 지역의 보호와 보전
시설보호지구	학교	학교의 교육환경을 보호 유지
	공용	공용시설을 보호하고 공공업무기능을 효율화
	항만	항만기능을 요율화 하고 항만시설의 관리운영 목적
	공항	공항시성의 보호와 항공기의 안전운항 목적
개발진흥지구	주거	주거기능을 집중적으로 개발 정비
	산업, 유통	공업, 유통물류기능을 중심으로 개발 정비
	관광, 휴양	관광, 휴양기능을 중심으로 개발 정비
	복합	주거, 공업, 유통물류 기능 및 관광기능 중 2이상의 기능 개발
	특정	주거, 공업, 유통물류외 특정목적으로 개발 정비
고도지구	최고	환경과 과밀방지를 위해 최고 높이 제한
	최저	토지이용을 고도화하고 도시경관을 보호 위해 최저 높이 제한
취락지구	자연	녹지, 관리, 농림, 자연환경보전지역안의 취락 정비
	집단	개발제한구역안의 취락 정비
방재지구	시가지	건축물 인구 밀집지역의 재해예방
	자연	해안변, 하천변, 급경사지 주변 등 건축제한을 통해 재해예방

6. 용도구역

구역	내용
개발제한구역	도시의 무질서한 확산방지, 도시주변의 자연환경보호, 도시민의 건전한 생활환경보호, 보안상(국방상) 도시개발제한 필요한 경우 (개발제한구역의 지정 및 관리에 관한 특별조치법)
도시자연공원구역	도시지역안의 식생이 양호한 사지의 개발 제한이 필요한 경우 (도시공원 및 녹지등에 관한 법률)
시가화조정구역	도시지역의 무질서한 시가화를 방지하고 계획적, 단계적인 개발을 도모하기 위하여 일정기간 동안 시가화 유보가 필요한 경우 (국토의 계획 및 이용에 관한 법률)
수자원보호구역	수자원의 보호 및 육성을 위하여 필요한 공유수면이나 인접한 토지를 지정 가능(수산자원관리법)
입지규제취소구역	도시지역에서 복합적인 토지이용을 증진시켜 도시정비를 촉진하고 지역거점을 육성이 필요한 경우(국토의 계획 및 이용에 관한 법률)

7. 건축물의 『건축법』상의 분류

1. 단독주택	8. 운수시설	15. 숙박시설	22. 분뇨 및 쓰레기처리시설
2. 공동주택	9. 의료시설	16. 위락시설	23. 교정 및 군사시설
3. 제1종근린생활시설	10. 교육연구시설	17. 공장	24. 방송통신시설
4. 제2종근린생활시설	11. 노유자시설	18. 창고시설	25. 발전시설
5. 문화 및 집회시설	12. 수련시설	19. 위험물저장 및 처리시설	26. 묘지관련시설
6. 종교시설	13. 운동시설	20. 자동차관련시설	27. 관광휴게시설
7. 판매시설	14. 업무시설	21. 동물 및 식물 관련시설	28. 장례식장

　　『건축법』에서는 건축물을 위의 표 같이 용도를 법률로 구분하고 있는데 용도별로 단독주택, 공동주택, 제1종근린생활시설, 제2종근린생활시설, 문화 및 집회시설 등 28개 시설로 분류하고 있다.

8. 도시 및 주거환경 정비법

유형	내용
주거환경 개선사업	도시저소득 주민이 집단으로 거주하는 지역으로서 정비기반시설이 극히 열악하고 노후불량건축물이 과도하게 밀접한 지역에서 주거환경을 개선하기 위하여 시행하는 사업
주택 재개발사업	정비기간시설이 열악하고 노후불량건축물이 밀접한 지역에서 주거환경을 개선하기 위하여 시행하는 사업
주택 재건축사업	정비기간시설은 양호하나 노후불량건축물이 밀접한 지역에서 주거환경을 개선하기 위하여 시행하는 사업
도시환경 정비사업	상업지역, 공업지역 등으로서 토지의 효율적 이용과 도심 또는 부도심 등 도시기능의 회복이나 상권활성화 등이 필요한 지역에서 도시환경을 개선하기 위하여 시행하는 사업
주거환경 관리사업	단독주택 및 다세대주택 등이 밀접한 지역에서 정비기반시설과 공동이용시설의 확충을 통하여 주거환경을 보전, 정비, 개량하기 위하여 시행하는 사업
가로주택 정비사업	노후, 불량건축물이 밀접한 가로구역에서 종전의 가로를 유지하면서 소규모로 주거환경을 개선하기 위하여 시행하는 사업

※ 가로구역 : 도로로 둘러 쌓인 일단의 구역.
1. 해당 지역의 면적이 1만제곱미터 미만.
2. 해당 지역을 통과하는 도로 (너비 4미터 이하인 도로 제외)가 설치되어 있지 아니할 것.
3. 노후, 불량건축물의 수가 전체 건축물 수의 3분의 2 이상일 것.
4. 해당 구역에 있는 기존 단독주택의 호수와 공동주택의 세대 수를 합한 수가 20이상일 것.
5. 층수 : 용도지역별 기준에 따름(2종일반주거지역은 15층 이하에서 시·도조례).

소형주택이란?

1. 소형주택의 정의

「주택법」에서 정의하는 '주택'이란 세대의 구성원이 장기간 독립된 주거생활을 할 수 있는 구조로 된 건축물의 전부 또는 일부 및 그 부속 토지를 말하는데, 이는 면적이나 규모 등의 구체적 기준을 근거로 한 정의는 아니다. 2000년대 들어 우리나라 인구 및 가구구조 변화에 따라 1~2인의 독립생활이 가능한 구조로 소형면적의 주택이 등장하면서부터 소형주택이라는 용어가 사용되기 시작하였다.

'소형주택' 공급 관련 규정은 「주택법」, 「도시 및 주거환경정비법」, 「도시 재정비 촉진을 위한 특별법」 등 다양한 법령에 제시되어 있다. '주택법' 제2조 5항, 6항에서 국민주택에 대한 기준과 규모를 제시하고 있는데, 국민주택 중 국가, 지방자치단체, 한국토지주택공사 또는 지방공사 외의 사업주체가 건설하는 주거전용면적이 $60m^2$ 초과 $85m^2$ 이하의 주택을 민간건설 중형국민주택이라 정의함에 비추어 소형주택을 구분하는 규모는 $60m^2$로 판단하며, 한편 '도시 및 주거환경정비법 시행령' 13조의 3에서 주택 건설 시 전용면적 $60m^2$ 이하의 소형주택 건설을 의무화하고 있다.

소형주택 정책동향을 보면 2009년 2월 도시형생활주택 시행을 위한 기준과 마련을 시작으로 활성화 방안을 확정하고 시범사업을 시행하였으며, 2010년 1월 1~2인 가구를 위한 소형주택 공급확대를 위해 도시형생활주택과 준주택의 각종 건설, 공급기준을 완화하고 주택기금 지원을 확대함과 동시에 도시형생활주택의 사업승인 요건 완화, 공동주택관리 선진화 등을 주요 내용으로 하는 주택법 하위법령이 국무회의를 통과하여 도시형생활주택과 일반주택 1세대 복합건축을 허용한다.

2011년 다세대 연립주택의 사업승인대상을 완화하여 주택건설 사업계획 승인대상 사업규모를 30세대 이상으로 확대하고, 리츠·펀드 등도 신규주택을 공급받을 수 있도록 하는 '주택법 시행령' 개정안을 마련, 도심 내 소규모 주택건설 사업이 신속하고 원활하게 이루어지도록 하였으며, 2012년 오피스텔도 임대주택 등록이 가능하도록 '임대주택법 시행령'을 개정하여 소형주택 공급활성화에 기여하였으며, 2014년 8월 오피스텔 분양계약자도 대한주택보증으로부터 분양보증을 받게 되어 납부한 분양대금을 안전하게 보호받게 되었다.

2. 도시형생활주택(2009년)

　1~2인 소형가구에게 공급하는 것을 목적으로 하는 대표적 주택의 유형은 도시형생활주택이다. 당초 1인 가구를 대상으로 하여 단위 세대를 원룸형으로 계획하도록 규정했었는데, 이후 단위세대를 2구획으로 계획할 수 있도록 허용하여 2인 가구까지도 대상으로 포함했고, 점차 대규모 사업화가 가능하도록 관련 규정이 개정되었다. 도입 당시부터 여타 부대·복리시설 없이 주차장만을 설치하도록 했으며 2013년까지 계속 주차대수 기준을 더 줄이는 방향으로 완화했다. 2011부터는 복리시설설치 를 장려하고 150세대 이상의 단지에 관리사무소, 어린이 놀이터, 경로당을 설치하도록 의무화하면서 주거공간으로서의 질에 대한 고려가 반영되었다.

　주택법 제2조 제4호의 정의에 따르면 도시형 생활주택은 국토의 계획이용에 대한 법률에 따른 도시지역에 건설하는 1세대당 주거전용 면적 85m² 이하로 300세대 미만의 국민주택규모에 해당하는 주택이다.

　주거환경과 안전 등을 고려해서 경계벽, 층간소음, 승강기, 복도 등 기타규정은 동일하게 적용하였다. 또한 필요성이 낮은 부대시설은 의무 설치대상에서 제외하여 관리사무소와 조경, 놀이터, 경로당 등 복리시설 규정은 설치의무 면제 또는 완화하였다. 진입도로와 주차장에 관한 규정도 완화하여 1인 가구를 위한 최소한의 주택이라는 개념을 갖고 있었다. 도시형생활주택의 종류는 단지형 다세대 주택과 독립된 주거로서의 기능이 가능한 원룸형 주택 그리고 전용면적 7~20m²의 규모에 공용 취사·세탁휴게실을 갖춘 기숙사로 한정했다. 처음에 도입된 세 가지 유형의 도시형생활주택 중 기숙사형은 주택으로서의 역할이 미흡하다고 여겨져 제외되고, 대신 다세대 주택보다 규모가 더 큰 연립주택을 2010년에 단지형으로 추가했다.

* 도시형 생활 주택의 개념

구 분	내 용		
주택법 제2조	300세대 미만의 국민주택규모(전용 85㎡ 이하)에 해당하는 주택		
시행령 제3조	국토의 계획 및 이용에 관한 법률에 따른 도시지역에 건설하는 다음 각 호의 주택 - 건축법 시행령 별표1에 의거 건축법상 공동주택 (아파트, 연립주택, 다세대주택)		
	단지형 연립주택	단지형 다세대	원룸형
	1개동 바닥면적 660m² 초과하고 층수가 4개층 이하이며 원룸형 주택을 제외한 주택	1개동 바닥면적 660m² 이하이고 층수가 4개층 이하이며 원룸형 주택을 제외한 주택	건축법상공동주택(아파트, 연립, 다세대)에해당하는주택으로서 - 세대별 독립주거(욕실,부엌 설치) - 욕실(보일러실)을 제외한 하나의 공간으로 구성 　다만 전용 30m² 이상 시 두 개의 공간으로 구성 - 세대별 주거전용면적 14~50m² 이하 - 지하층에 설치 불가
	건축위원회 심의 시 주택으로 쓰이는 층수 5층까지 완화		

출처: 국가법령정보센터(www.law.go.kr).

3. 준주택

2010년 주택법에서 '준주택(quasi-housing)'을 새롭게 규정했는데, 건축법 시행령의 건축물 용도 기준으로는 업무시설인 오피스텔, 다중이용시설인 고시원, 복지시설인 노인 복지 주택을 준주택에 포함했다. 주택법 제2조 1의1호에서는 준주택을 "주택 외의 건축물과 그 부속 토지로서 주거시설로 이용가능한 시설 등"이라고 정의하고 있다. 제각기 다른 시설로 분류되어 있는 건축물들 중 실제 주거의 역할을 하고 있는 건축물들을 골라 주택법을 통해 다시 한 번 규정지은 것으로, 이용자 계층과 시설의 형태가 서로 매우 이질적인 시설들을 한 범주로 묶은 것이다. 1~2인 가구의 증가, 고령화 추세를 반영하여 초소형 주거시설의 수요가 꾸준히 증가할 것으로 예상됨에 따라, 주택정책의 대상으로 파악하고 관리해야 할 필요성에 의해서 준주택 개념을 도입한 것이다. 주택은 아니지만 사실상 주거로 이용되고 있는 주거 유형들을 제도권에 포함시켰다는 의의를 가진다. 1~2인 가구와 같은 소형 가구가 지속적으로 늘어나고 있는 상황에서 실용성과 높은 접근성을 갖춘 오피스텔에 대해 주거의 한 형태로서 관리 방향을 설정할 필요가 있었다.

＊ 준주택의 종류와 범위

구 분	정의 및 용도 분류
기숙사	학교 또는 공장 등의 학생 또는 종업원 등을 위하여 쓰는 것으로서 1개 동의 공동취사시설 이용 세대 수가 전체의 50퍼센트 이상인 것 (「교육기본법」 제27조 제2항에 따른 학생복지주택을 포함한다)
고시원	「다중이용업소의 안전관리에 관한 특별법」에 따른 다중이용업 중 고시원업의 시설로서 같은 건축물에 해당 용도로 쓰는 바닥면적의 합계가 500㎡ 미만인 것 숙박시설 중 다중생활시설(제2종 근린생활시설 해당하지 아니하는 것)
노인복지 주택	노인복지법에 의한 노인주거복지시설로서 노인에게 주거시설을 임대하여 주거의 편의·생활지도·상담 및 안전관리 등 일상생활에 필요한 편의를 제공함을 목적으로 하는 시설
오피스텔	업무를 주로 하며, 분양하거나 임대하는 구획 중 일부 구획에서 숙식을 할 수 있도록 한 건축물로서 국토교통부 장관이 고시하는 기준에 적합한 것(업무시설 중 일반업무시설)

출처: 국가법령정보센터(www.law.go.kr).

4. 오피스텔 vs 도시형생활주택

* **오피스텔과 도시형생활주택의 차이점**

구 분	도시형생활주택	오피스텔
용도	주거시설	업무시설, 주거용은 주거시설로 간주
관련 법규	주택법	건축법
취득세	1.1%	4.6%
주택 수	포함	포함 안 됨 (단, 주거용 오피스텔로 사용하고 거주자가 전입신고를 할 경우 세법상 주택 수에 포함)
임대사업자등록	가능	가능
발코니	있음	없음
주차공간	가구당 1대, 원룸형은 0.5~0.6대	가구당 1대
전용률	70~80% 가량	50~60%

출처: 부동산 114.

　도시형생활주택은 주택법의 적용을 받기 때문에 1가구 1주택자 규정의 대상이 된다. 다만 전용면적 20m² 이하를 보유했다면 아파트 청약 시 무주택자로 인정된다. 반면 오피스텔은 주거용으로 쓸 수는 있지만 건축법이 적용되는 업무시설이다. 주택용도로 사용하지 않으면 1가구 2주택 대상에는 포함되지 않는다. 또한 도시형생활주택은 주택법의 적용을 받아 주택으로 인정되어 1.1%의 취득세율을 적용하지만, 오피스텔은 건축법의 적용을 받는 업무 시설을 기준으로 세금이 부과되기 때문에 취득세 감면 대상에서 제외되어 4.6%의 취득세율을 적용 받는다.

　전용면적에 있어서도 차이가 있다. 오피스텔은 전용률이 50%에 불과하지만 도시형생활주택은 아파트와 크게 차이가 없는 70~80% 수준의 전용률을 보이고 있다.

출처: 이현석 편저, 2018 부동산개발 사례연구, 건국대학교 출판부, 2018, pp.238-272 요약.

Real Estate Development

제7장
부동산개발 시공 (2단계)

- **구성**
  - 제1절 계약협상과 계약
  - 제2절 공사 관리

- **목적**

  개발기획자에서 개발관리자로 역할이 변화하며, 개발참여자와의 계약을 진행하고, 건축공사과정에서 발생하는 위험을 관리

- **용어**

  금융조달 및 유형, 설계사/시공사 선정, 가치공학(VE), 부동산생애주기비용(LCC) 시공계약유형, 원가관리, 공정관리, 품질관리, 안전관리

- **핵심**

  부동산개발 계약협상과 공사관리

  - 계약은 위험의 관리수단이다. 막대한 비용투입 전에 중단할 수 있는 마지막 기회다.
  - 설계관리의 핵심은 시장성, 관리성, 비용성이다.
  - 시공관리의 핵심은 비용, 시간, 품질, 안전이다.
  - 시공과 관리·운용에서 부동산생애주기비용을 낮추려는 가치공학적 생각이 중요하다.
  - 안전은 최우선 고려 대상이다.

🏢 제1절 계약협상과 계약

1. 계약협상

개발사업자의 역할은 개발이 진행되면서 변화한다. 초기 아이디어 구상, 구체화 및 타당성 단계에서는 개발에 대한 기획자(creator, promoter)의 역할이 중심이었다면, 실행단계로 접어들면서 시공사를 선정하고 건축행위를 진행하는 관리자(manager)의 역할로 중심업무가 변화된다.

자금집행에 있어서도 자금구조에 대한 계획을 수립하는 역할에서 자금집행 등에 대한 책임을 지는 일정 및 예산관리자의 역할로 변화된다.

개발사업자는 사업타당성 분석을 통해 시장분석 및 미래의 비용과 가치에 대해 분석한다. 추정가치가 비용보다 크면 해당 사업은 타당성이 있는 것으로 판단한다. 참여자들과 개발사업팀을 구성하며, 작성된 사업타당성 분석보고서는 개발사업에 대한 협상도구 및 협상단계에서의 조정 수단으로 활용된다.

그림 7-1 **개발사업자의 역할 변화**

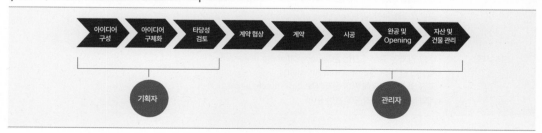

개발타당성이 완료되어 개발에 대한 확신을 갖게 되면, 개발사업자는 참여하게 될 파트너들과 제반 조건을 협의하고 계약을 진행한다. 주요 개발참여자로는 금융기관, 설계자, 시공사, 정부기관 등이 있다.

안정적인 자금조달을 위해 금융기관과 구조에 대한 제반 조건 및 자금 조달에 대한 확약을 진행한다. 신축 시공을 위해 시공사 선정 및 공사도급계약을 체결하며, 설계자 및 정부기관(인·허가관청)과의 협의를 통해 신축인·허가를 진행한다. 인·허가과정에는 주변 여러 환경단체 및 관련단체에 대해 개발계획을 설명하고 의견을 수렴하는 과정도 진행된다.

협의와 조건을 확정하는 과정에서 세부적인 내용들은 문서화한다. 필요한 내용들이 개별계약에 모두 포함되어 있는지를 확인하며, 개발참여자들의 관계가 명확하게 정해져 있는지 확인한다.

개발사업자는 계약 체결하는 과정에서 위험을 줄이기 위해 다음과 같은 사항을 고려해야 한다.

- 신축, 완공, 운영단계에서 나타나는 물리적, 금융, 마케팅, 영업관련 사항들에 대한 규칙을 정한다.
- 계약이 적절하게 이루어지고 상호 일관성이 있으면, 개발 사업에 대한 위험을 감소 또는 분산시킬 수 있다.

계약협상 과정은 대규모 건설비용 등 개발에 필요한 자금을 투입되는 전의 마지막 단계다. 세부적인 내용들을 명확히 하고 애매모호한 점이 없게 해야 한다. 개발사업자는 계약의 조건이 구상하였던 개발계획에 부합하는지를 확인해야 한다. 계약이 실행된 후, 참여자들이 중단할 경우 막대한 재정적 손실이 발생하기 때문이다. 개발참여자들과 계약을 통해 역할을 확정한다. 분배된 역할에 따라 책임과 권한을 명확히 함으로써 분쟁의 소지가 없도록 해야 한다.

표 7-1 공사 실행 전 검토사항

구분	내용
고려사항	• 금융결정에 관한 문제(arranging financing) • 환경에 대한 문제(environmental issues) • 설계와 시공사 결정에 대한 문제(decisions about design and contractor) • 주요 임차인 결정에 관한 문제(decision about major tenant) • 지분에 관한 문제(decision about equity) • 공공 및 정부기관에 관한 문제(The government as partner) • 계약실행 및 공사착공에 관한 문제

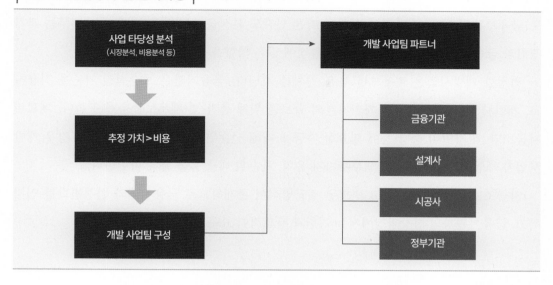

그림 7-2 신축공사 전 준비과정

사업 타당성 분석
(시장분석, 비용분석 등)

추정 가치>비용

개발 사업팀 구성

개발 사업팀 파트너

금융기관

설계사

시공사

정부기관

1) 금융조달 협의 및 유형

(1) 금융조달 협의

개발사업자의 자금력, 토지 소유권 이전 시점, 개발사업자의 상황 등에 따라 다양한 장·단기 자금조달 계획을 수립할 수 있다. 금융조건을 검토하여 적합한 금융기관을 선정하고 금융조건에 대한 협의를 진행한다. 장기대출은 선 약정, 후 건설자금 대출로 진행된다. 상황에 따라 건설자금 대출을 준비하고, 이후 장기 대출을 준비하는 것이 유리한 경우도 있다.

개발사업자는 금융조달로 이루어지는 부채, 자본 및 투자자 비중의 조정을 통해 위험대비 비용의 최적 균형조건을 금융기관 및 투자자와 협의한다. 개발수익과 위험은 부채 및 자금조달의 원천에 따라 차이가 발생한다. 토지확보단계에서는 사전대출(bridge loan)을 활용한다. 시공과정에서는 본PF(project financing)로 건축자금 및 사업비를 대출로 조달하며, 준공 후 개발을 완료하게 되면 부동산에 대한 담보대출로 자금을 조달한다.

개발 이전부터 토지를 확보하기 위해 담보대출이 있는 경우, 기존의 대출은 장기대출로 전환한다. 건축에 필요한 자금을 분양수익으로 조달하여 충당하고, 신축완료 후 건물을 포함하여 담보대출로 전환한다.

개발사업자는 타당성 검토 완료 후 금융구조를 확정한다. 대안 예측에 따른 현금흐름으로 금융기관의 이율 및 조건에 변화에 따른 민감도 분석을 수행한다. 대출가능 여부는 과거 경험과 금융기관과의 협력관계가 의사결정에 많은 영향을 준다.

적정한 개발사업은 비용보다 높은 가치를 지닌다. 금융기관은 보수적인 기준을 적용하고, 개발사업자 및 투자자의 자기자본의 확보를 위해 출자 및 채무보증을 요구한다. 계획된 자금조달 외 사업비 충당 등에 필요한 자금에 대해 선순위 대출로 조달이 어려운 경우 개발사업자 개인, 회사자금 융통, 외부투자자 유치, 차순위 대출 등을 통해 마련한다.

자금조달에 있어 다양하고 변화된 접근방식이 존재하므로 금융지식과 환경변화를 인지하고, 금융기관과의 협상과정에서는 경험과 창의력이 요구된다.

(2) 금융조달 유형

가. 건설자금 대출

건설자금 대출은 개발자가 본PF 대출확약을 받은 후 실행된다. 개발부동산이 완공되면 일정기간 내에 분양대금 등의 자금조달을 통해 자금의 상환이 완료된다. 건설자금 대출기관은 장기간의 시장위험을 부담하지 않는다. 대출기관은 시장분석 부분에 관심을 갖는다. 개발의 전반적인 사항을 판단하기 위해 사업타당성 분석보고서를 요구한다. 개발사업자의 경험과 평판, 설계자의 전문성, 시공사의 평판, 개발사업의 난이도, 사업과 관련된 위험 등을 사업보고서와 내부 자료를 통해서 검토한다.

건설자금 대출은 단기부채를 취급하는 기관에서 이루어지는 경향이 있다. 일반 금융기관(시중은행)이 주요 대출기관으로 참여한다, 개발사업자의 경험이나 실적이 부족한 경우, 금융위험을 상계할 목적으로 취급수수료, 높은 금리, 제한사항 등 엄격한 조건을 요구하기에 개발사업자는 금융조달 과정에서 금융비용이 증가할 위험이 있다.

대형 개발사업은 복수의 금융기관에서 건설자금을 조달한다. 금융규모가 크기 때문에 위험을 분산하기 위해 하나의 기관에서 단독으로 부담하지 않으려 한다. 금융 컨소시엄을 구성하여 금융을 조달한다. 자금조달 구조는 다양하나 보통 두 가지 방식으로 진행된다.

- 대표 금융주선기관(leading lender)이 대출을 결정하고, 공동 대출 참여 기관들을 직접 찾는 방식이다. 개발사업자는 각각의 대출기관들과 직접 관여하지는 않는다.
- 개발사업자가 각각의 대출기관과 개별적인 계약을 맺는 방식이다. 대출기관들 중 하나가 자문기관으로 선정되며, 개발사업자와 다른 대출자들의 중간역할을 한다.

후자의 경우가 자금조달을 실패할 위험이 크다. 하나의 대출기관이 금융조달에 실패할 경우 다른 대출기관을 찾기가 어렵기 때문이다.

건설자금 대출에 대한 이자율은 다양하다. 대표금리인 기준금리를 기준으로 하여 사업장의 위험과 성과를 측정하여 가산금리를 적용하여 결정된다. 금융기관에서는 고정금리보다는 기준금리와 연동하여 대출 금리를 결정하는 스프레드(spread)형태의 변동금리를 적용하여 위험을 줄이려 한다.

개발사업자는 금리가 시장 및 경제 환경에 따라 변화될 수 있기 때문에 금리 변동에 항상 주의를 기울어야 한다.

- 기준금리 (3개월 또는 6개월 금융채, 국채, COFIX, MOR) 등 + 가산금리

건축자금 대출은 건축기간 동안 쓰여지는 단기자금으로 개발사업에 인접한 시중은행 등이 참여하게 된다. 시장위험에 노출되어 있어 금융기관에서는 개발사업의 복잡성, 현장요소, 개발사업자 수행능력, 시공사 시공능력 등을 검토한다.

개발사업자는 토지확보를 위한 초기 대출과 사업비에 대한 자금 확보를 완료해야 건설자금 대출이 가능하다. 부족한 경우 건설자금 대출기관은 초기 대출기관과의 협의를 통해 후순위 조건으로 참여하는 방식을 취하기도 한다.

건설자금을 대출받기 위해 대출 기관에서 중요시 하는 자료는 사업타당성에 근거로 작성된 사업계획서다. 금융기관은 개발사업자가 제시한 사업계획서를 평기기준이나 심사기준에 따라 분석하고, 개발사업에 소요비용과 개발 후 예상되는 수요를 고려하여 대출을 결정한다. 위험을 줄이기 위해 개발사업자와 시공사에 추가담보나 보증 등 일정 조건을 요구하는 경우도 있다. 일정 조건이 만족한다는 가정에서 자금 대출이 이루어질 것임을 명시한다. 요구하는 일정조건이라 함은 개발계획, 임대차계약조건 및 충족, 분양률, 시공사에 대한 보증 및 책임준공확약 등이 있다.

사업예산 계획 수립 시 사업타당성 분석을 바탕으로 건설자금 대출기관과의 협의하에 건축에 필요한 항목들을 미리 정해 놓는다. 대출기관에서는 예산이 부족할 가능성이 있다고 판단되면, 특정 항목들에 투입될 비용에 대해 동의하지 않을 수 있다. 개발사업자는 자금 부족이 생기지 않도록 예산의 일부분을 비상유보금 항목으로 설정하여 부족분을 충당한다.

건설자금 대출기관

- **건설자금:** 부동산 PF사업에서 토지매입비를 제외한 개발 자금. 사업에 필요한 간접비용을 포함시킨 것.
- **건설 자금대출(construction loan):** 건축물 건설 기간 동안 필요한 단기의 건설자금 대출.
- 완공 이후에는 건축물을 담보로 하는 **장기대출**로 대환.

**건설자금 대출기관의
<업무 절차 & 대출 확정 여부>**

장기자금 대출확약

"장기자금 대출에 어느 정도로 의존하는가"

장기위험 부담X

장기자금 대출기관은 건설자금 대출기관에서 개발 부동산이 완공되면 **일정 기간 내에 건설자금을 지불한다는 보증**을 하게 되므로 건설자금 대출기관은 시장 또는 장기위험을 부담하지 않게 되기 때문

나. 장기자금대출

장기자금대출은 개발사업의 장기적 시장위험을 일부분 부담한다. 고정금리 30년 만기 대출로 원리금 분할상환하는 방식(fully amortized basis)과 5-10년 일정기간 내 자금을 이자를 납입한 후 원금을 일시에 상환하는 방식(ballon payment)으로 대출을 진행한다. 변동금리를 적용하므로 개발사업자는 대출금 상환시기와 장기대출로의 전환이 가능한지 파악해야 한다.

장기자금대출은 개발사업의 경쟁력 및 안정성을 대내·외적으로 보여준다. 장기자금대출기관은 개발 완료 후의 수요 등 해당 개발사업의 잠재력을 분석한다. 현금흐름이 운영경비와 부채상환액을 충분히 감당할 능력이 있는지 등에 대해 확인한다. 비효율적 관리가 부동산의 담보가치를 감소시킬 수 있기 때문에 임대차관리와 부동산 시설에 대한 관리능력을 중요시 한다.

대출이 결정되면 금융조건 및 지급방법 등에 대한 약정서를 작성하고, 개발사업자의 자금 대출 요청서를 근거로 자금을 집행한다. 대출약정서에는 대출금액, 이자율, 대출조건, 대출시점 등을 명시한다. 개발사업자는 장기 대출에 대한 구체적인 요구사항 및 전문성에 대한 이해가 필요하며, 다양한 금융구조를 해결할 능력을 필요로 한다. 대출의 규모와 대출 확약조

건은 건축자금 대출과 지분투자 협의 시 대출의 확정 여부에 따라 개발사업자의 지위가 강화된다. 금융비용과 제약조건이 우호적이지 않더라도 시장에서 검증된 금융기관과 장기대출 협의를 진행하는 것이 중요하다.

대출기관과 상호 협의가 확정되면 약정서에 날인하고 대출을 진행한다. 대출기관은 시장 분석 자료를 바탕으로 대출이 포트폴리오에 적합한지를 판단한다. 대출이 결정하게 되면 대출기관은 확약서(commitment letter)를 발행하거나 개발 사업자의 대출 신청서를 승인한다. 약정서나 승인서에는 이자율, 대출기간, 만기날짜와 대출기관의 조건 등이 명시되어 있다. 국내 PF의 경우 팀싯(term sheet)[1]을 통해 대출 조건을 명시한다.

장기대출은 승인된 계획과 임대 실적에 따라 차이가 나고 예상보다 좋은 조건으로 분양 또는 임대가 이루어진다면 추가대출도 가능하다.

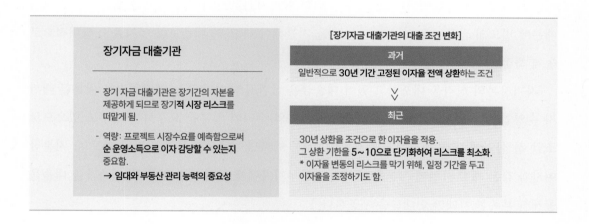

(3) 메자닌 금융

메자닌이란 건물에 있어 1층과 2층 사이의 중간에 위치한 공간을 의미하는 것으로 중간 역할을 말한다. 개발자금 조달에서 메자닌 금융은 정상적인 단계에서의 자금조달이 아닌 임시 사용되는 브릿지(bridge) 금융이다.

과거에는 개발자가 부족 자금을 충당하기 위해 투자자를 모집하거나, 신디케이트금융기

---

1) 금융약정 전 상호 협의된 조건표.

법을 통해 자금을 조달했다. 단기간 내에 프로젝트를 매각하는 투기적 개발에 이용되어 왔으나, 최근에는 개발자가 자신의 지분투자에 대한 조기회수 또는 지분투자를 대신할 자금조달 수단으로 활용된다.

건설자금 대출과 장기자금대출만으로 모든 개발비용을 충당할 수는 없다. 건설자금 대출의 경우 개발비용의 약 50~70%가 제공되며, 장기자금대출은 더 많이 제공된다. 투자자본 전체를 충당해 주는 경우가 거의 없기 때문에 다양한 환경과 변화에 신속하고 능동적으로 대처하기 위해 메자닌 금융을 활용한다.

메자닌 금융은 전형적인 금융보다 위험이 더 크기 때문에 메자닌 대출기관은 후순위 신탁증서(subordlinale deed of trust)를 요구한다. 선순위 대출기관(건설자금대출기관이나 장기자금 제출기관)들은 후순위 근저당을 허용하지 않으려 하기 때문에 메자닌 금융은 주로 개발사업자 개인의 담보를 제공받아 진행한다. 후순위의 담보지위로 인해 선순위보다 위험부담이 크기 때문에 별도의 금융비용(대출취급 수수료)을 지불해야 하고 타 대출보다 이자율도 상대적으로 높게 책정된다.

자기자본의 성격을 내포하고 있어 대출금을 상환될 때까지 또는 개발물건을 처분할 때까지 순영업이익의 일부와 처분 후에 개발사업자의 수익의 일부를 요구하는 경우도 있으므로 조달 전 실익에 대해 정확하게 검토해야 한다. 메자닌 대출기관은 개발자와 파트너, 지분참여자와 같은 개발 사업에 자본을 투자한 지분투자자에게 전체 개발 비용 및 건축자금 대출을 공제한 부족한 차액만큼 대출을 제공한다.

메자닌 파이낸싱

- 사업상 및 시행자의 경력 등을 기초하여 자금을 대출하는 금융 상품.
- 원래 3~5년 내에 파는 투기성 개발로 사용
- 경우에 따라 자본금으로도 변경 가능.
- 전체 개발비용과 건설 대출 자금(또는 장기 대출 자금)의 차이만큼: **부족한 개발비용의 75%** (많게는 전액을 제공)
- 지분 참여 이윤(Participation Interests)
- **"High Risk High Return"**

채권 / 주식

전통적인 파이낸싱 방법인 **건설자금 대출**과 **장기자금 대출**만으로 항상 모든 개발비용을 **충당할 수 없었음.**

↓

부족한 개발 비용을 충당하기 위해 **다양한 자본구조를 이용** → **파트너십**(Partnerships), **신디케이션**(Syndications), **사모 자본조달**(Private Placements) 등

↓

새로운 형태의 자금 조달방식 메자닌 파이낸싱이 도입

개발사업자는 자체 개발팀이나 회계법인, 증권사 등과 같은 전문 금융기관의 도움을 통해 가능한 자금 조달 방법을 검토한다. 금융비용에 따른 예상 수익을 예측하고, 관련 규정이나 각각의 의무조항들을 이해해야 하며, 대출기관들의 조건을 충족시킴으로써 금융비용을 낮추고 최적의 조건으로 자금을 조달해야 한다.

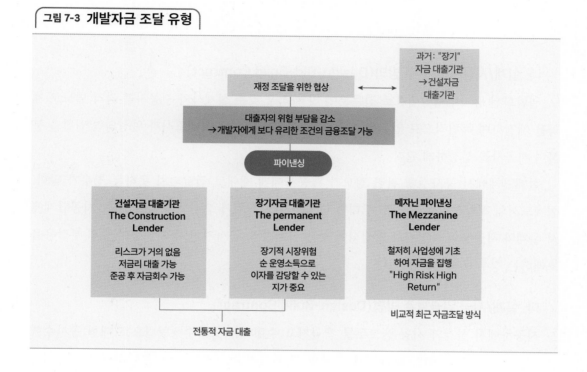

그림 7-3 개발자금 조달 유형

2) 설계사 / 시공사 협의 및 계약

개발사업자는 구상하고자 하는 건축물을 시공하기 위해 설계사와 시공사를 선정하기 위한 절차를 진행한다. 설계사는 초기의 계획설계부터 준공도서 작성까지 전체개발과정에 함께 협의를 진행한다. 시공사는 설계사와 개발사업자가 협의한 건축물을 시공하기 위해 규모, 용도, 건축실적 등을 고려해 선정한다.

설계와 시공을 별도로 진행하는 경우와 설계와 시공을 같은 회사에서 진행하는 경우 등을 고려해 협상 및 선정과정을 진행한다.

(1) 입찰방법

가. 자체운영 방법(Force Account Method)

시공사에게 공사를 도급하지 않고 자신의 조직 내에 공사 관리를 담당할 조직을 구성하여 인력, 자재, 장비구입 등 공사 관련 업무를 직접 수행하는 방법이다. 소규모 개발사업이나 기밀유지가 필요한 경우, 공사 중 빠른 대처가 필요하거나 빈번한 설계변경이 예상되는 신축 등에 사용되는 공사수행 방법이다.

나. 설계/시공 분리발주 방법(Design-Bid-Build Contract)

일반화된 공사수행방법으로 전문분야 및 자격을 갖춘 설계사와 시공사를 각각 별도로 계약을 체결하여 독립적으로 업무를 수행한다. 설계사에 의해 설계도서가 완성되면 입찰을 통하여 시공사를 선정하게 된다.

설계단계에서 공사수행 관련 정보가 시공사에게 제대로 전달되지 못하는 경우가 많다. 설계도서의 적합성 또는 완성도에 대한 별도의 검토 절차가 고려되지 않을 경우, 시공단계에서 설계와 시공상의 불일치가 발생되어 잦은 설계변경, 공사지연, 공사비증가 등의 부작용을 초래하는 경우가 발생할 수 있다.

다. 설계/시공 일괄발주 방법(Design-Build Contract)

시공사에서 설계와 시공을 모두를 책임지고 수행하는 공사수행방법으로 대형 공사수행에 적용되는 경우가 많다. 관련 법령의 보완 및 제도적 미비점이 많아 공사 과정에서 문제가 발생할 수 있다.

표 7-2 **설계/시공 일괄발주 방법의 일반적인 장단점**

장점	단점
설계자와 시공자의 통합된 기술력 활용 가능	개발자의 요구사항을 입찰안내서에 정확히 표현하기 위해서는 고도의 전문지식과 경험이 요구되며, 발주준비 단계에서의 발주자 업무량 가중
단일 사업자 시공으로 책임소재 분명	일괄사업자 경제적, 기술적, 관리적 위험증가
분리방식에 비해 사업일정의 단축이 가능	높은 기술력과 자금력을 필요로 하므로 중소규모 업체들의 참여 제한
설계단계에서부터 시공자가 참여하므로 시공성 향상, 신공법 적용, VE (Value Engineering) 등을 통한 사업예산 절감 가능	설계단계에서의 개발자 참여가 배제로 발주자의 사업목적과 불일치 설계도서 작성 우려

라. 대안입찰 방법

설계/시공 기술능력 개발을 유도하고 설계 결정을 통하여 공사의 품질을 향상시키기 위해 도입된 입찰방법으로, 원안과 함께 입찰자의 의사 및 설계검토를 통해 대안을 제시할 수 있다.

원안입찰서와 대안입찰서를 동시에 제출하게 되며, 원안입찰은 내역입찰방법으로 진행하며, 대안입찰은 입찰서, 대안설계서, 원안 및 대안부분에 대한 산출내역서, 대안설계 설명서, 대안설계 채택 사유 등을 제출한다.

원안입찰 설계에 대한 책임은 개발사업자에게 있으며, 대안입찰 설계에 대한 책임은 입찰자에게 있다.

표 7-3 설계입찰 유형별 특징

입찰방법	내용
자체운영방법	• 발주자가 도급없이 자체 공사관리 조직구성 • 자재 및 장비구입, 인원투입 등 공사 업무 직접수행
분리발주방법	• 설계사에 의해 설계도 완성 시 시공사 입찰 • 국내에서 가장 일반적인 수행방식
일괄발주방법	• 단일 업체가 설계와 시공을 모두 책임 • 주로 대형개발, 상업시설개발에서 채택
대안입찰방법	• 설계 및 시공기술발전, 공사품질 향상을 위해 도입 • 대안설계서에 따른 대안입찰서 제출 허용

(2) 설계 협상과 계약

개발사업자는 구상하고 있는 개략적인 예비설계안을 가지고 설계사 및 기타 건축 전문가들과 협상을 한다. 최종 설계안이 도출하기 위해 설계사의 역할과 업무범위에 대한 설계계약이 추진된다. 사업진행 가능성, 품질, 용도의 확정 등 설계전문가의 검토가 진행되지 않으면 자금조달이 어려울 수 있어 설계와 관련된 책임주체를 명확히 해야 한다. 사업구상부터 개발사업이 종료할 때까지 설계사 및 건축전문가의 도움을 받기 때문에 적정한 설계사의 선정은 개발사업의 성패를 좌우할 수 있다.

설계사의 역할에 따라 개발사업의 진행 여부가 결정되며, 계획설계, 기본설계, 실시(착공)설계 과정에서 공공기관과의 사업인허가를 취득하는 주도적 역할을 한다.

공사 진행과정에서도 설계변경에 따른 물리적, 법률적 적용 가능성에 대해 검토가 이루어진다. 공사가 완공된 후에도 공공기관으로부터 사용승인 및 준공도서를 작성하는 등 개발사업의 지속성 및 안정성에 대한 중추적 역할을 수행한다. 설계가 진행되면 설계기준에 따라 공사와 관련된 계약을 진행할 수 있다. 시공사 선정과정에서 설계사의 역할이 중요하다. 개발사업자의 구상과 아이디어가 설계도서에 표현되어야 한다. 설계 도서를 근거로 시공사가 선정하기 때문이다. 설계진행하는 과정에서 개발사업자가 설계에 대한 충분한 지식을 가진 경우와 개발자가 전적으로 설계에 대해서 전문가의 도움을 받아야 하는 경우로 나뉜다.

양자 모두 개발사업자가 구상하고 사업성 있는 개발사업을 진행하기 위해서는 개발사업자가 '원하는 것'(wants)과 건축 설계에 있어 물리적, 법률적으로 반드시 '필요한 것'(needs) 사이에 차이가 발생할 수 있다. 개발사업자는 '원하는 것'과 '필요한 것'에 대해 정확한 판단과 적용 여부를 검토해야 한다. '원하는 것'은 개발사업자가 구상단계부터 해당 사업을 통하여 지향하고자 하는 것이다. '필요한 것'은 설계를 진행함에 있어 지켜져야 할 법률적, 물리적인 부분으로 사업의 손실을 감내하더라도 필수적으로 들어가야 할 부분이다.

개발사업자는 '원하는 것'이 최대한 수용될 수 있도록 해야 하며, 예산, 공사기간, 현실적인 조건 등을 고려하여 개발구상을 수정해야 한다.

그림 7-4 '원하는 것'(wants) vs '필요한 것'(needs)

설계과정은 개발사업과 동시에 시작되어 준공 완료될 때까지 협의하고 같이 진행되어야 하므로 체크리스트를 작성하여 면밀하게 관리해야 한다.

표 7-4 설계진행 시 체크리스트

구분	내용
개요와 정의	• 사업명칭 및 위치 • 사업주 정보 • 사업개요 → 용도, 부지, 부지특성, 품질수준, 건물기대수명, 공기 등
개발조직 및 팀구성	• 개발자 프로젝트 관리조직 • 개발자 관련사, 의사결정권자 및 계약서 주안점, 사업조직도
컨설턴트/공사조직	• 사업관리조직 • 지명컨설턴트
설계목표와 제한요소	• 개발자 관련 내용 → 관련문서, 계약서 및 입찰조건, 건축물 이미지 　　　　　　　　　　설계건축물의 주용도: 사옥용 / 임대용 / 매각용
사업목표	• 프로젝트 경과 • 공기 및 완공일자 • 사업관리 → 품질관리제도, 회계보고, 현금유출입
시장성	• 건축물의 시장영역　　　　　　• 건축물의 수명 및 융통성 • 시장영역의 기대　　　　　　　• 내구성 　　　　　　　　　　　　　　　• 확장융통성
환경문제와 지역사회	• 환경에 대한 민감성　　　　　• 지역사회 기여도 • 환경에 대한 기여　　　　　　• 비용이익 분석 • 지역사회 인식　　　　　　　　• 정치적 요소
부지조건	• 부지위치　　　　　　　　　　　　　• 자연환경 및 특징 • 부지접근성 : 도로, 철도, 보행자, 기타　　→ 기후, 대기, 성질, 오염도, 소음, 조망 및 채광, • 부지소유권　　　　　　　　　　　　　　지형, 지진 위험, 지하수위 등, 부지 적합 수종 • 부지명칭 및 부지조사　　　　　• 유틸리티 설비 　　　　　　　　　　　　　　　　　　→ 용수, 하수 및 오수, 우수배수, 가스, 전기, 　　　　　　　　　　　　　　　　　　　　통신, 쓰레기 처리시설, 지역사회 기반시설
기능적 물리적 조건	• 건축물의 품질수준　　　　　　• 마감자재 • 기능적 상관관계　　　　　　　• 서비스 • 외부의 기능적 제한요소　　　　→ 임차면적, 관리방식, 운영시간, 확장기능, • 필요면적　　　　　　　　　　　　시스템 다양성 및 융통성, • 구조　　　　　　　　　　　　　　기계설비방식, 전기방식, 가스공급, 소방시 　→ 하중조건: 풍, 바닥하중,　　　　스템, 용수, 수직운송방식, 통신방식, 보안 　　　실배치 고려한 기둥간격, 기존 구조,　시스템, 식음 서비스, 기타 사항 　　　기존건물 기초, 자재선정기준
인허가	• 광역 인허가 관청　　　　　　• 보건 관련법 • 지역 인허가 관청　　　　　　• 면허 및 인가 • 문화재 관리국　　　　　　　　• 도시계획 심의 • 도소매시장 관련법　　　　　　• 건축허가
계약조건	• 입찰조건　　　　　　　　　　• 프로젝트 관련 보험 및 보장 • 필요 참여 파트너　　　　　　• 운영상 및 기능적 요구사항 • 계약 형식 및 조건　　　　　　• 설비관리시스템 • 품질관리제도　　　　　　　　• 사용자 요구사항

* 자료: 김창덕·나경철, "협력설계를 통한 건설 프로세스 개선방안", 건설관리학회논문집, 2001, p.147.

설계사 선정은 과거 경험 및 전문성을 토대로 입찰 혹은 수의계약 방식으로 선정한다. 통상 업무범위와 역활을 정확하게 정의하는 문서로 작성된다. 설계사 선정과정에서 설계입찰 안내서 및 지침서를 제시함으로써 입찰 전 설계사의 역할 및 업무범위를 명확히 한다.

설계입찰 안내서에는 건축물의 기능 및 공간구성계획(space program), 각 분야별, 공종별 설계지침과 설계도서 작성지침, 입찰참가자격과 낙찰자 선정기준, 계약일반조건과 특수조건, 기타 설계에 필요한 기본정보 등으로 구성된다. 개발구상한 건축물의 용도, 목적 등을 가급적 상세히 명기함으로써 설계자의 혼선과 실수를 최소화한다.

설계의 완성도를 높이기 위해 각 단계별, 분야별로 작성될 설계도면의 목록을 작성, 제시한다. 작성된 각 개별 설계도면의 전반적인 완성도, 분야 간 설계도면의 합치 여부, 시공가능성 등을 종합적으로 판단해야 한다. 설계 부속도서인 시방서, 각종계산서, 설계설명서 등을 작성해야 하며, 인·허가 및 사용승인까지 역할에 대해 인지할 수 있도록 계약협상 및 선정을 진행한다.

가. 예비설계_사업검토 단계

개발아이디어 구상단계에서 구상하고 있는 개발사업의 개략적인 윤곽을 파악하기 위해 예비설계를 진행한다. 소규모 개발일 경우 자체적으로 검토를 진행하나, 규모가 클 경우는 설계사에 의뢰하여, 개발사업의 진행 가능 여부에 대해 검토를 진행한다.

예비설계는 구상한 개발사업의 목적, 성격, 특성을 파악하고 사업일정, 사업예산, 주요 쟁점 사항, 부지여건 등을 담기 위한 기초자료다. '원하는 것'과 '필요한 것'의 갭을 최소화하고 우선순위를 결정한다. 설계제약 조건 파악 등을 거치면서 개발목적에 적합한 설계 계획과 기본전략을 수립하게 된다.

표 7-5 **예비설계 시 고려사항**

구분	내용	
예비설계	• 일정, 예산, 목표수준 • 주요 문제점, 우선순위 • 최종 목표까지 도달하기 위한 절차 • 현재까지의 프로젝트 관련 진행현황 파악 및 그 효용성 • 각종 정보의 정확성 및 필요 정보의 누락사항 파악 • 사업계획서 및 타당성 보고 체크 • 부지조사, 유사사례조사 자료, 지질조사보고서	• 개발공간에 대한 기능적 분석 및 규모와 같은 기초 계획요소 검토 • 관리운영에 필요한 요구사항 • 계약관련 문서 및 계약 일반, 조건 검토 • 용역 및 공사에 대한 과업범위, 설계기준 검토 • 환경 제약조건 검토 (지역·지구·지구단위계획 검토)

나. 계획설계 _ 건축심의 도면

계획설계는 컨셉설계(conceptual design)와 세부설계(schematic design)로 구분된다. 통상적으로 컨셉설계는 건축설계 위주의 작업이 이루어지고, 세부설계는 주로 구조, 전기, 소방, 설비, 조경 분야의 전문가와 병행하여 작업을 진행한다. 개발사업의 개요와 목표, 개발사업의 요약, 부지관련 자료 등의 분석부터 시작된다.

계획설계는 사업비 예측과 사업성 검토에 대한 자료 등을 토대로 진행되고, 개발사업자의 목표치를 비교 검토한다. 사업비가 예산 초과 시 규모의 축소, 주요공법, 주요 자재변경, 예산 추가확보방안, 프로그램 조정 등 초기 계획에 대한 재점검을 해야 한다. 계획설계를 토대로 사업의 최적화 방안을 점검하고 건물의 신축을 위해 관할관청에 신축을 위한 기초적인 건축심의를 진행한다. 심의에서 제기되는 제약조건, 필수조건 등을 반영하여 기본설계를 진행한다.

표 7-6 계획설계 시 고려사항

구분		내용
계획 (예비) 설계	배치 계획	• 부지 분석 자료 및 프로젝트 요구사항 검토 • 부지경계, 레벨, 기타 물리적 환경요소 확인 • 부지 접근 위치 및 동선, 교통영향 검토 • 초기 배치계획, 토공 및 토목공법, 우수계획, 토양 검토 • 옥외공간 및 조경계획
	건축 /구조계획	• 프로젝트 Brief를 분석하여 각 공간의 수평, 수직배치 • 내부동선 검토, 실별 기능 및 면적검토 • 매스, 입면, 의장계획 검토 • 구조계획, 기둥배치, Span 등 검토 • 구조안정성, 적재하중, 풍하중, 지진하중의 적용 적정성 검토 • 적정 층고 계획 검토 • 각종 건축관련 법규 만족 검토 • 내·외장 마감 콘셉트 및 마감 자재 적용 검토

다. 기본설계 _ 건축인·허가 도면

기본설계는 검토한 사업계획성 및 타당성에 대해 설계도서로 구체화하는 과정이다. 각 공종별 공법이나 부위별 마감재를 결정하고 신축 인·허가도 착수한다. 각 분야간의 협업과 원활한 협력이 요구되며, 실시설계팀과 업무협의를 통하여 실시설계 완성도 향상을 위한 방안을 수립한다.

기본설계 단계애서 공사비용에 대한 사업비 산출을 보다 정확하고 세밀하게 검토해야 한다. 건축심의 등에서 제시한 조건을 반영하여 설계를 변경한 후 기본설계를 확정한다. 개발사업자가 목표로 하는 사항과 사업예산을 고려하여 설계를 확정한다.

- 상세 공사비 견적 및 사업비 분석
- Value Engineering 항목 및 수준 결정
- Value Engineering을 통한 공사비 절감 노력

기본설계가 확정되면 설계를 토대로 관할관청에 인·허가를 진행한다. 각종 위험요인을 검토하여 파악하고, 대안 및 설계 우선 조건에 대한 검토를 통해 후속 단계에서의 설계변경이나 공사비 증감 요인을 최소화해야 한다.

표 7-7 기본설계 시 고려사항

구분	내용
기본설계	• 프로젝트 Brief, Site와 Space Program 해석에 대한 검토 및 확정 • 구조방식에 대한 결정 • 각종 설비방식에 대한 결정 • 시공순서 및 방법에 대한 검토, 주요 자재 스펙에 대한 상세검토 • 구조부재의 크기 확정 • 방수, 단열, 외부 디자인 및 자재 선정 • 주요 시스템, 자재의 스펙 검토 • 도면 치수를 확인할 수 있도록 작업을 하며 특히 평면도 등은 가능한 1/100 이상의 스케일로 작업

라. 실시설계 _ 시공사선정 및 착공도면

실시설계는 확정된 기본설계를 구체화시키는 설계과정이다. 공종별 공사에 필요한 상세도면, 시방서 및 계산서 등이 작성된다. 실시설계의 완성도는 시공사의 선정 과정이나 시공단계에 직접적인 영향을 미친다. 각 공종별 설계도서 간 불합치 사항을 파악, 제거하고 시공성을 확보함으로써 추후 시공단계에서의 설계변경, 공사비 변동, 공기지연 등의 요인을 최소화 한다.

표 7-8 실시설계 시 고려사항

구분	내용
실시설계	• 건축과 구조 부재, 구조 부재와 설비 시스템 간섭검토 • 2차 부재 및 자재의 세밀한 작업 검토 • 시공성 검토 • 공종 간 실시설계 도면에 대한 검토 및 검토의견 반영 여부 확인 • 시방서의 내용이 공사비에 미치는 영향 검토 • 도면과 시방서의 일치 여부 검토

작성된 실시설계도면과 시방서 등을 근거로 시공물량과 산출된 공사비 예산과의 비교를 통하여 조정 여부를 결정하고 최종 예산을 확정한다. 공사비를 산정하기 위해 설계사와 계속적인 협의를 통해 많은 자료와 데이터를 검토하여 공사비를 산정해야 한다. 공사비는 다양한 방법으로 산정된다.

• 개산견적(Analogous Estimating)

하향식(top-down) 방법으로 견적을 산출하며, 유사 신축에서 실제로 투입된 사업비를 참고로 하여 공사비를 추정하는 방법이다. 정보가 부족한 초기 단계에서 공사비를 추정하여야 할 경우 사용되는 방법으로 다른 방법에 비해 소요비용이 저렴하나 정확도가 떨어진다.

• 변수견적(Parametric Modeling)

건축물 특성별로 적용이 가능한 수학적 모델에 각종 계수를 적용하여 전체 공사비를 추정하는 방법으로 소요비용과 정확도에 차이가 많을 수 있다. 산정방법에 사용된 자료의 신뢰성이 높을 경우 정량화가 가능하여 정확도가 높은 결과를 얻을 수 있다.

• 세부견적(Bottom-Up Estimating)

개별공종별 비용을 산정한 다음 집계하여 전체 공사비를 산정하는 방법이다. 작업 단위를 세분화할수록 정확도가 높아지나 소요 비용 및 기간이 검토에 필요한 기간이 증가한다.

산출된 공사비가 사업예산에 비해 과다할 경우 대책 및 대안을 검토하며, VE(가치공학: Value Engineering) 항목에 대한 검토를 한다. 공사비 절감 방법 강구, 사업예산의 추가확보, 단가의 적정성 검토, 시공사의 입찰방법 및 조건 등 공사비 절감방안도 검토를 진행한다. 실시설계가 완료되면 시공사 선정에 필요한 설계도가 완성된 상태로 설계 과정에서 협의된 도면과 협의 내용은 문서화하는 작업을 병행한다. 시공과정에서 발생될 문제점에 대해 인지하여 설계과정에서 반영되도록 해야 한다.

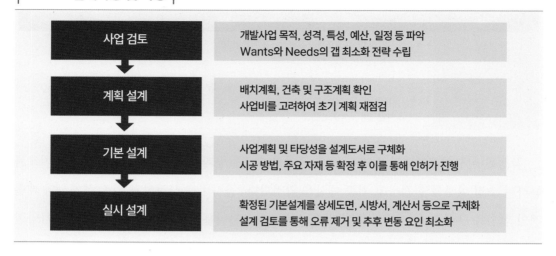

그림 7-5 설계과정 및 특징

사업 검토	개발사업 목적, 성격, 특성, 예산, 일정 등 파악 Wants와 Needs의 갭 최소화 전략 수립
계획 설계	배치계획, 건축 및 구조계획 확인 사업비를 고려하여 초기 계획 재점검
기본 설계	사업계획 및 타당성을 설계도서로 구체화 시공 방법, 주요 자재 등 확정 후 이를 통해 인허가 진행
실시 설계	확정된 기본설계를 상세도면, 시방서, 계산서 등으로 구체화 설계 검토를 통해 오류 제거 및 추후 변동 요인 최소화

(3) 공공부문(인·허가) 및 환경문제 협의

가. 공공부문(인·허가)

인·허가 업무는 관할관청 또는 관계기관과의 접촉을 통해 수행된다. 사업참여자들이 아닌 다른 주체의 의사나 의지에 의해 개발사업에 영향을 끼칠 수 있다는 점에서 중요하다. 인·허가 업무의 실패는 개발사업 자체를 불가능하게 할 수도 있다. 각별한 주의를 기울여야 하고 치밀한 사전 계획을 수립해야 한다. 인·허가 업무는 건축물의 규모, 용도, 특성, 지역, 층수 등에 따라 다르다. 인·허가 업무별 소요 시간도 차이가 있으므로 면밀한 검토와 대책 수립이 요구된다. 각종심의, 공청회 등을 통하여 전문가나 주민들의 의견을 수렴하는 과정에서 예기치 못한 조건 등이 제시될 수도 있다. 개발사업에 심각한 영향을 미칠 수 있으므로 충분한 자료 검토를 통해 인·허가 승인에 주의를 기울여야 한다.

인·허가 업무의 주체는 사업수행방식, 계약서의 내용 등에 따라 다를 수 있다. 대부분의 인·허가 업무 및 완공 후 사용승인 업무 담당은 설계사무소 또는 전문건설관리자(construction manager)기관에서 수행한다.

인·허가 시 제시된 제반 조건을 이행하지 않을 경우 불가피하게 설계변경을 유발하거나 일정지연으로 사업진행에 문제가 된다. 개발사업자는 체크리스트 및 인·허가 조건을 사전 파악하여 단계별 이행계획을 수립해야 한다.

표 7-9 주요 인·허가 사항

구분		해당관청	소요일수	관련규정
인·허가	에너지사용계획심의	산업통상부	약 70일	에너지이용합리화법
	환경영향평가심의	관할관청	약 120일	각 지방자치단체조례
	교통영향평가심의	관할관청	약 60일	도시교통정비 촉진법
	건축심의	관할관청	약 30일	건축법
	건축허가	관할관청	약 30일	건축법
	건축물 구조심의	관할관청	약 30일	건축법
	굴착·해체 심의	관할관청	약 30일	건축법
	지하안전평가	관할관청	약 4~6개월	지하안전관리에 관한 특별법
인증	친환경건축물인증 (녹색인증/에너지효율)	인증기관	예비인증 본인증	친환경건축물인증 심사기준
	초고속정보통신 건물인증	정보통신부	신청 후 20일	초고속정보통신건물 인증 심사기준
	지능형건물인증	IBS Korea	예비인증 30일 본인증 45일	지능형건물인증 기준

개발사업은 해당 지역의 정치적 상황에 매우 취약하다. 지역 기관의 허가를 필요로 하는 절차와 환경적 문제에 대한 이슈로 인해 인·허가 과정에서 많은 어려움이 발생한다. 금융기관에서는 인·허가 위험에 대해 인지하고, 공공부문에서 발생되는 위험을 대처할 것을 요구한다. 개발 초기 단계부터 공공기관과 논의를 진행하여 영향을 최소화해야 한다.

관할 관청으로부터 인·허가를 받은 경우 법률 및 규정의 변화에 관계없이 일정기간에 한하여 사업을 안정적으로 진행 및 공사를 진행할 수 있는 다음과 같은 권리를 '기득권(Vested Right)'[2] 이라 한다.

- 법률의 변경 등에 대한 우려 없이 개발을 진행할 수 있는 권리
- 개발사업에 대한 정확한 수수료, 비용 및 세금 등을 파악
- 개발사업을 진행할 수 있는 권리 보장

---

2) Miles 외(2015), p.289.

나. 환경 문제

수익성 및 공급위주의 개발은 무분별하게 진행될 우려가 있다. 공공기관에서는 환경문제를 고려하여 규제와 인센티브를 제공한다. 환경문제에 대한 고려는 지속가능한 개발을 유도하고, 지역사회의 긍정적 이미지 구축하게 해준다.

환경기준은 인·허가 과정에서 필수항목으로서 반드시 지켜져야 하는 항목이다. 환경기준이 사업비의 증가를 가져오더라도 용적률 등 인센티브 항목으로 사업의 수익성을 보전받기도 한다. 환경기준은 반드시 지켜야 할 의무가 있는 측면과 인센티브를 제공받음으로써 지속적인 개발환경과 공공부문과의 조화를 이루기 위한 측면이 상존한다.

개발과정에서 환경문제는 기존 건물의 철거과정에서 발생되는 유해폐기물, 석면 등의 유해성 물질에 대한 처리문제와 신축과정에서 지속가능한 부동산을 위해 적용되어지는 항목으로 구분된다.

「폐기물관리법」(환경부) 제1장 제1조에 "폐기물의 발생을 최대한 억제하고 발생한 폐기물을 친환경적으로 처리함으로써 환경보전과 국민생활의 질적 향상에 이바지 하는 것을 목적으로 한다"라 명시하고 있다. 「건설폐기물 재활용촉진에 관한 법률」(환경부)에서는 "건설공사 등에서 나온 건설폐기물을 친환경적으로 적절하게 처리하고 그 재활용을 촉진하여 국가 자원을 효율적으로 이용하며, 국민경제 발전과 증진에 이바지함을 목적으로 한다."라고 명시함으로써 건축물의 철거와 공사과정에서 발생하는 폐기물 처리에 대해 법규를 정하고 있다.

미국에서는 유해물질에 오염된 토지의 소유자 및 과거 소유자가 유해물질에 대한 처분이 합법적이었더라도 정화비용을 ① 재산의 현재소유자 및 운영자, ② 재산의 이전 소유자 및 운영자, ③ 위험의 처리 또는 처리를 주선한 사람이 전액 부담하도록 함으로써 유해물질에 대한 처리 관리에 대해 규정하고 있다.

석면은 1970년까지 많은 건축물에 사용된 건축자재로 국제암연구학회에서 1급 발암물질로 분류되어 흡입 시 석면폐, 악성중피종, 폐암 등을 유발할 수 있어 1990년대부터 철저한 관리하에 취급하도록 하고 있다.

석면문제는 주로 기존 건축물의 철거과정에서 발생되는 문제로, 「석면안전관리법」(행정부) 제1장 제1조에서 "석면을 안전하게 관리함으로써 석면으로 인한 국민의 건강 피해를 예방하고 쾌적한 환경에서 생활할 수 있도록 하는 것을 목적으로 한다.", 제5장에서는 건축물의 석면관리, 제6장에서는 석면해체 사업자의 주변관리를 명시함으로써 철거과정에서 발생되는 석면해체 등 사전 신고와 허가를 받아 진행하고 있다.

2. 가치공학(Value Engineering)

1) 개요 및 정의

가치공학(Value Engineering, 이하 VE)은 제조업에서 사용하는 생산성 향상 기법이다. 건설분야에서는 선진외국과 국내에서도 사용하고 있는 건설관리기법이다. 일부 건설회사에서 건축과정에서 VE를 실시해 왔으며, 최근에는 일정규모 이상의 공공부분 건설공사에서 VE 제도를 도입하여 확대 적용을 검토하고 있다.

건설공사에서 VE란 설계 및 시공의 운영체계를 종합 분석하고 개선함으로써 공사비를 절감함과 동시에 품질을 향상시키기 위한 기법이다. 시설물의 가치향상 및 효율성을 극대화하기 위한 수단으로 사용되어 왔으나, 건설 관련자들의 인식부족과 적용측면에서의 이해관계 등으로 인해 활성화되지 못하고 있다.

VE는 공사비 절감이라는 효과를 가져온다. 국내의 경우 「건설기술관리법」상에 설계 단계에서 VE를 적용할 수 있는 규정이 마련되어 있다.

VE는 단순한 비용절감을 위한 기법으로 잘못 인식되고 있다. VE는 대체안의 창출 및 개발에 있어 단순한 물량중심의 유형적(수리적) 사고를 기능중심의 무형적(효용성) 사고로의 전환을 꾀한 혁신적인 기법이다. 기능의 개념이 가치의 개념으로 확대되어 정립된 것이다. 제품, 시스템, 시설물에 대한 기능분석을 통하여 최적의 비용적 가치와 품질의 효용성을 높이기 위한 대체안을 개발하려는 노력이다.

건축분야에 접목하면 건설프로젝트의 가치는 시간, 비용, 품질에 의해 결정된다. 시공단계에서의 VE는 세 가지 요소의 상관관계를 파악하여 최적화하는 것을 의미한다. VE의 궁극적인 목표는 가치향상을 통한 건설프로젝트의 고부가치화에 있다.

적용 시기는 건설프로젝트 전체 단계에 걸쳐 적용할 수 있지만 일반적으로 다음의 2단계에서 수행된다.

첫 번째는 사전적(proactive) 의미로서 개발사업의 설계개념이 완료되는 시점에 적용되어 여러 설계 대안을 제시하고 사업의 목표를 결정하는 역할을 한다. 두 번째는 사후적(reactive) 의미로 상세설계가 거의 종료되는 시점에 적용하여 원 설계안의 특정 부문에 구체적인 대안이 제시하고 이를 반영하기 위한 재설계가 진행된다.

VE는 초기 설계부터 적용하는 것이 효과를 극대화하는데 유리하다.

그림 7-6 개발단계별 VE검토

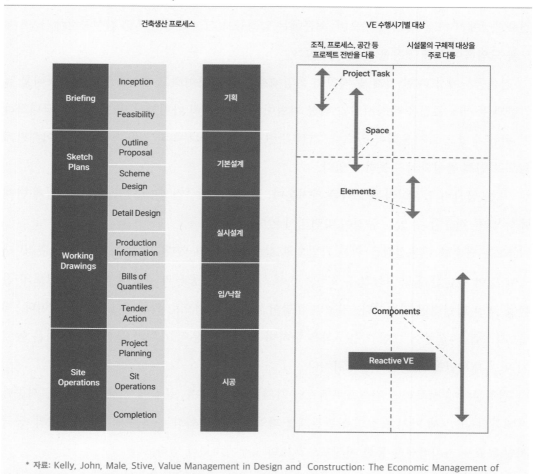

* 자료: Kelly, John, Male, Stive, Value Management in Design and Construction: The Economic Management of Projects, E & FN Spon, 1993. p.95의 그림을 재구성.

VE는 최적의 생애주기비용(LCC: life cycle cost)과 연계되어 최상의 가치를 얻기 위한 목적으로 수행하는 '사업의 기능분석을 통한 대안 창출 노력'이다. 불필요한 요소를 제거하거나 나은 기능을 부여하여 원가절감 효과를 얻는 데 있다.

생애주기비용이란 건축물의 전 사용기간을 통하여 비용의 합계를 말한다. 비용은 건축물의 계획단계부터 설계단계, 시공, 자산관리, 철거에 이르기까지 해당 부동산의 전 과정에 관련된 비용을 모두 포함한다.

- **VE적용을 위한 기능과 비용의 관계**
  시공과정에서 개발사업자는 최소의 투입비용으로 최대의 기능효과를 달성하기를 기대한다. 가치는 시설물의 기능(function)에 대한 비용(cost)의 적합성으로 V=F/C로 표현할 수 있다.

  V(Value Index) = F(Function) / C(Cost),

  V : 효용가치, 건축물가치의 척도

  F : 기능가치, 품질향상의 척도 (기능비용)

  C : 비용가치, Life Cycle Cost (총비용)

기능이란 사용자가 요구하는 미적 특성, 에너지 효율성 등 포괄적인 품질 수준이다. VE에서는 기능과 비용의 상관관계를 적절히 조절하는 기술이 요구된다. 가치공식에 의해 기능을 저하시키지 않고 최저의 비용으로 달성되는 ①부터 ④까지는 VE의 한 방법이다. 비용절감을 위해 기능이나 품질 등 여타의 가치를 희생하는 ⑤의 경우는 VE를 적용하기가 어려운 상황이다.

① 기능을 일정하게 유지하고 비용을 낮춘다.

② 기능을 높이고 비용은 유지한다.

③ 기능을 높이고 비용을 낮춘다.

④ 비용은 약간 높아지지만 기능을 그 이상으로 높인다.

⑤ 기능을 줄임으로써 비용을 낮춘다.

수식/구분	① 원가절감	② 성능향상	③ 가치혁신	④ 성능강조	⑤ 성능저하
V = F/C	→	↗	↗	↗	↘
	↘	→	↘	↗	↘

2) VE 검토의 필요성

설계과정에서는 필요치 않은 항목이 포함되거나 부분적인 과다 설계의 개연성이 상존한다. 설계를 진행하다 보면 시간이 촉박하고, 세세한 부분에 이르기까지 완벽한 검토가 이루어지기 때문이다. 아무리 설계를 잘 한다고 하더라도 건축과정에서 설계도와 공사현장에서의 허점이 있기 마련이다.

설계의 경우 일반적인 건축물에 관한 법적인 측면을 강조하는 경향이 있다. 건설공사를 진행하다 보면 현장마다 갖고 있는 기술적 문제 및 현장마다 다른 특성을 갖고 있어 일치하지 않는 경우가 많다. 신축과정을 면밀히 검토하고 전문가 집단의 의견을 청취하여 문제를 해결해야 한다.

표 7-10 VE 검토 이유

구분	내용
시간부족	설계 성과물 제출 일자 때문에 급하게 시간에 맞추어 설계 마무리
정보의 부족	최근에는 새로운 자재나 공법 등의 개발속도가 빨라 우수한 자재나 최신공법을 설계에 미반영
아이디어 부족	뒤늦게 아이디어가 떠오를 수 있으므로 재검토 시 반영 불가
잘못된 개념	착오 판단 및 착오 계산
습관적인 것	자기에게 익숙한 것에 대한 고정관념 때문에 전과 똑같은 공법, 재료 등을 사용
예산부족	예산이 부족할 때는 설계비를 과도하게 줄여서 설계하다 보면 설계가 허술해져서 공사비가 상승

3) VE 실시 시기와 효과

VE를 적용하는 시기는 빠를수록 개선 가능성이 커지며 사용되는 비용은 적어 효과를 극대화 할 수 있다. 사업의 윤곽이나 사업기본계획이 결정되는 시점인 기획단계나 계획설계단계에 적용하는 것이 가장 효과적이다. 사업의 내용이 구체적으로 정해져 있지 않기 때문에 참신한 대체안이 나올 가능성이 높고, 제안된 대체안을 수용할 수 있는 여지가 많기 때문이다.

VE의 효과는 제3자 입장에서 설계도서의 결합이나 누락, 기타 불필요한 항목 등 사업의 가치를 저감시키는 요소를 파악하여, 불필요한 비용을 제거하고 총제적인 품질향상을 도모하며 가치를 향상시키는 것이다.

(1) 설계 VE 대상

설계 VE는 시공 VE에 비해 보다 광범위한 영역을 분석대상으로 한다. 공법이나 재료와 같은 프로젝트 시스템 중 하위레벨에서 벗어나, 가치향상의 가능성이 크고 가치 개선의 효과가 큰 상위레벨을 대상으로 한다. 설계단계에 VE를 적용할 경우 사업의 초기단계인 계획설계부터 각 설계단계마다 범위를 설정하여 가치를 향상시킬 수 있는 대상을 파악한다.

(2) 시공 VE 대상

시공 VE의 분석 대상은 공사를 위해 작성된 각종 설계도서의 내용 중 대체안의 고려가 가능한 공법, 재료, 장비, 현장조직 등이다. 공사를 준비하는 과정에서 설계도서를 검토하거나 혹은 공사를 진행하는 과정에서 비용 또는 성능 측면에서 개선의 여지가 있는 사항이 시공 VE의 대상이 된다.

4) 생애주기비용(LCC : Life Cycle Cost)

부동산은 기획, 설계 및 시공으로 구분되는 단계를 거쳐 운용관리와 폐기처분단계로 이어지는 일련의 과정을 거치게 된다. 이를 부동산의 생애주기(life cycle)라고 하며, 이 기간 동안에 부동산에 투입되는 비용의 합계를 생애주기비용(life cycle cost)이라 한다.

부동산의 시설물을 유지 관리하는 비용이 생애주기비용의 많게는 75%~80%를 차지하고 있는 사실은 비용 발생 시기와 구성의 중요성을 보여준다. 부동산을 기획과 설계할 때부터 생애 주기비용의 대부분을 차지하는 유지관리비용을 최소화하는 경제적인 대안을 선택할 수 있는지에 대해 체계적 연구가 필요하다.

VE에 의해 도출된 여러 대체안을 평가하기 위해서는 각 대안에 소요되는 비용을 고려하여 상세한 경제성 평가를 하여야 한다. 사업의 공사비만을 고려하기보다는 장기적인 대안을 평가하는 것이 중요하다. 지나치게 낮은 공사비용은 수명의 단축을 가져오고 미래에 고비용을 발생시킬 수도 있기 때문이다.

고려된 대안 평가 과정에서는 돈의 시간가치(time value of money), 할인율, 생애주기 등과 같은 요인과 경제성 평가 절차가 고려되어야 한다. VE 대안들에 대한 경제성 분석(LCC분석)의 다음의 3단계를 거친다.

① 계획된 대안들을 확인하고 정의한다.

② 대안을 선택하였을 때 발생될 모든 비용에 대해 관계되는 구성요소들을 확인하고 정의한다.

③ 돈의 시간 가치를 고려한 할인율을 이용하여 모든 비용을 동일시점으로 변환하여 대안을 비교한다.

생애주기비용 평가 시 미래비용 및 상황에 대한 예측의 불확실성, 수집 데이터의 불완전성과 기존 데이터의 부족, 구체적인 절차와 기법의 미비 등을 이유로 평가를 적용하는데 상당한 어려움이 있다. VE와 더불어 생애주기비용에 대한 연구와 실제적용사례에 대한 자료의 축적이 필요한 부분이다.

5) VE 적용현황 및 문제점

건설 VE 활동에 있어 문제는 이론과 실제 현장 업무에서 발생하고 적용되는 차이로 인해 VE의 효율성과 효과성이 의문시 되고 있다는 점이다. 건축과정에서의 VE가 원래 목표에 부합되게 정착되기 위해서는 건축업계와 학계를 중심으로 세부 분야별 개선 노력이 이루어져야 한다.

부족한 설계기간과 신뢰할 만한 공사비 자료의 부족 등으로 VE 활동에 필요한 자료는 실시설계 완성단계에 이르러야 확보가 가능하다. 짧은 설계기간 동안 VE를 수행할 만한 시간적 여유가 없기 때문이다. 실시설계가 완성된 시점에서는 VE 활동을 통한 가치향상의 효과는 줄어들 수밖에 없다. 문제점을 해결하기 위해서는 국내 현실에 부합되는 VE 실시시기와 적용프로세스 등의 개발이 필요하다.

설계 VE는 사업전체의 배치나 향, 접근경로, 규모 등 광범위하고 물리적으로 규정할 수 없는 부분이 분석대상이 되는 경우가 많아 가능분석 단계에서 대상의 기능에 대한 평가를 판단하기 어렵다. 기능의 정의와 정리를 통해 대상의 기능을 명확히 규정한다고 하더라도 기능평가 단계에서 기능가치(F)와 비용가치(C)를 산정하기 어려워 실무자들이 기능분석을 꺼려하고 있다.

건축분야의 VE 중 시공단계의 VE는 분석대상이 주로 자재나 공법으로 부품이 주된대상인 제조업의 VE와 유사하다. 건축 VE 활동은 기능분석단계를 생략하거나 요식적인 행위에 그치는 경우가 많다. 경험을 바탕으로 한 아이디어 발상에만 치중하여 기능중심의 접근이라는 VE의 기본원칙에도 위배되어 분석 대상의 가치를 근본적으로 향상시킬 수 없다는 한계를 안고 있다. 실무자들이 건축현장 VE 적용 과정에서 실용적이면서도 효과적으로 활용할 수 있는 설계 단계별 기능분석 과정을 최적화 할 필요가 있다.

VE의 최종성과는 비용절감, 공기단축 등의 정량적인 측면뿐만 아니라 품질향상, 가치향상, 사용자의 요구만족 등 정성적인 측면도 평가되어야 한다. 최종성과는 데이터베이스로 구축되어 향후 사업에 활용된다. VE의 궁극적인 달성 목표는 시공에서의 효율성 제고이다. 목적이 달성되기 위해서는 파트너십에서 강조하는 '사업참여주체들의 참여와 협력'이 전제되어야 한다.

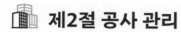 제2절 공사 관리

1. 시공사 선정

1) 계약 과정과 절차

시공사 선정과 관련하여 입찰계획, 입찰서류 준비, 입찰 및 낙찰, 계약체결, 설계변경, 계약의 해석 등의 업무를 준비해야 한다. 입찰준비를 위해 개발사업자는 계약의 방법, 시기, 금액 등을 기준으로 세부적인 설계도서, 시방서와 함께 제공될 입찰안내서, 입찰유의서, 계약일반조건, 계약특수조건 등 입찰관련 서류를 작성한다. 정부 계약의 경우에는 문서의 내용 및 그 구조가 규정되어 있다. 입찰공식문서로는 입찰초청서, 제안요청서, 견적요청서, 입찰고지서 등이 있다. 민간 입찰의 경우에는 개발하고자 하는 사업의 성격에 따라 입찰관련 서류를 준비한다. 입찰참여자들에게 입찰참여 의사를 확인하고 입찰참여의향서(LOI: Letter of Intend)를 제출하는 기업을 대상으로 입찰과정을 시작한다.

설계와 시공을 분리하여 입찰하는 경우, 입찰 및 계약과정은 다음과 같다.

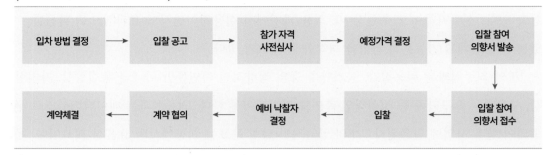

그림 7-7 시공사 선정 과정

입차 방법 결정 → 입찰 공고 → 참가 자격 사전심사 → 예정가격 결정 → 입찰 참여 의향서 발송

계약체결 ← 계약 협의 ← 예비 낙찰자 결정 ← 입찰 ← 입찰 참여 의향서 접수

입찰기간은 사업의 규모나 공사의 특수성 등에 따라 다를 수 있으나, 통상 3~5개월이 소요된다. 입찰결과는 입찰자가 제안한 내역과 입찰가격 등을 검토하여 결정한다. 선정방법은 개발사업의 특성이나 적합성을 고려한 중점 요소에 배점을 부과하여 1~2개의 우선순위협상자와 차순위협상자를 선정한다. 선정기준은 사업 목적과 일치 여부, 최저가, 일괄·대안 입찰 등 여러 방법이 있다. 낙찰자 선정은 최대한 사업의 성공 여부를 판단하여 결정한다.

입찰안내서 및 입찰유의사항에는 공사의 범위, 공사관리지침, 시공지침, 입찰참가자격 및 낙찰자 선정기준, 계약일반조건 및 특수조건, 기타 시공 및 공사비 산정에 필요한 정보 등으로 구성된다. 공사 수행 시 발생되는 각종 부대비용에 대한 부담 원칙을 명확히 규정하는 것이 중요하다. 입찰 참여자에 동일하고 공정한 조건을 제시하는 것이 핵심요소다.

시공사 선정은 실시설계도서가 완성된 이후에 진행하는 것이 바람직하다. 사업전체일정을 단축하기 위해 개발사업자는 설계와 시공을 동시에 진행하는 동시진행(fasttrack) 방법의 적용을 고려할 수 있다. 설계도서가 완성되지 않은 상태에서 시공사선정 및 시공을 진행하게 되는 만큼 위험이 커져 시공과 설계 간의 협력이 필요하다.

개발사업자의 설계, 시공능력, 사업일정에 따라 설계와 시공을 분리 진행하는 경우와 설계와 시공을 동시에 진행하는 경우가 존재한다. 계약방법에 따라 당사자 간의 책임과 권한관계 및 위험관리의 책임주체가 결정된다.

(1) 총액입찰계약(Firm Fixed Price or Lump-sum Contract)[3]

계약에 의해 합의된 총액으로 공사금액을 지급하는 방법이다. 시공자는 공사 중에 발생되는 각종 문제와 상관없이 계약된 금액으로 설계 도서를 기준으로 공사를 완성해야 한다. 총액입찰계약 방식은 시공자가 위험요소를 모두 책임지고 수행해야 한다.

표 7-11 총액입찰계약 장·단점

장점	단점
• 명확한 도면이나 시방서가 제시되므로 공사의 범위가 명확하며, 정확한 공사비 산출이 가능 • 개발자의 입장에서는 계약과 동시에 총공사비가 확정되므로 자금조달 및 집행 계획을 세우기 용이	• 입찰 전에 공사비 견적 및 공사에 필요한 설계도서가 완성되어 있어야 하므로 발주 준비에 장시간이 소요 • 개발자가 설계도서를 준비하여야 하므로 시공사의 경험이나 기술력이 프로젝트 접목 어려움 • 공사범위, 설계도서, 제약조건 등이 불분명할 경우 분쟁 소지

(2) 단가고정금액계약(Unit Fixed Peice Cnntract)

단가고정금액 계약은 공사항목별 개별단위금액으로 이루어지며, 수행된 공사의 항목별로 대가를 지급하게 된다. 공사 항목과 항목 단위금액은 산출내역서에 명시된다. 일반적으로 '단가계약'이라고도 한다.

표 7-12 단가고정금액계약 장·단점

장점	단점
• 계약사항의 변경 용이 • 개발여건, 시공방법의 변경 등 현장조건 및 여건의 변화 등 대처 용이	• 수행될 공사를 정확하게 기술 불가능 • 수행된 공사 검측 기술적 어려움 • 지불조건에 대한 타협이나 용역의 범위 결정한 기준에 논란이 발생

(3) 총액-조건부 가산보수계약(Fixed Price-plus incentive Fee)

목표공사원가(target cost), 목표이익(target profit), 목표공사비(target price), 최대한도공사비(ceiling price), 손익분담비율(share ratio) 등을 미리 정해두고 프로젝트 수행 결과에 따라 손익을 분담하는 방법이다. 목표공사원가 이하의 비용으로 공사를 마치면 잉여 이익은 손익분

---

3) 한미파슨스, "Construction Management A to Z", 보문당, 1990. pp.107-110 요약.

담비율에 의해 나눈다. 공사비 원가가 최대 한도 공사비를 초과하더라도 시공사가 받을 수 있는 최고 금액인 최대한도 공사비만 수령하게 된다.

이 계약방법을 적용하기 위해서는 계약 전 사업에 대한 충분한 정보와 각종 위험에 대한 관리계획이 전제되어야 하며, 주로 장기 사업에 적용된다. 시공자와 개발사업자가 사업에 내재된 각종 위험을 적정한 비율로 분담할 수 있는 계약으로서 시공자는 기대이익을 극대화하기 위해 사업수행에 있어 효율성을 높이려는 노력을 기울이게 된다. 시공자가 품질보다는 이익에만 집착할 여지가 있으므로 개발사업자가 자체 사업 관리조직을 보유하고 있지 못한 경우에는 시공자를 조정, 통제할 수 있는 관리자가 필요하다.

(4) 실비정산 변동보수계약(Cost-plus-incentive Fee)

시공자에게 지급되는 보수가 실비에 따라 변동되는 계약방법이다. 실제 공사비 원가에 대해 여러 단계의 범위를 설정하고 그 범위별로 정액 또는 정율을 적용하여 보수를 산정하는 방법이다. 계약 당사자 간에 추정공사원가, 보수금액, 손익에 대한 분담비율 등을 미리 정한 상태에서 계약을 하고 공사를 시행하되, 실제 공사원가가 추정공사원가에 미달하거나 초과할 경우 분담비율에 따라 추가이익을 확보하거나 손실을 분담한다.

장기간 소요되는 사업에 적용되는 계약방법이며, 시공자는 이익의 극대화를 위해 사업 수행 중 지속적 노력을 기울이게 된다. 손익에 대한 분담비율이 계약 당사자간의 위험 분담비율을 의미하는 경우가 많다. 내재된 위험에 대해서도 상당부분 파악된 경우에 한해 적용 가능하다.

(5) 실비정산 정액보수계약(Cost-plus-Fixed Fee)

공사비는 정산하여 지급하되, 보수는 계약에 의해 미리 정해진 금액을 분할하여 기성 지급 시마다 지급하는 방법이다. 설계변경 또는 공사범위의 변경 등으로 인한 계약금액 변경 시 보수를 산정하는 기준을 명확히 하여야 공사단계에서의 분규나 분쟁을 최소화 할 수 있다.

시공자의 보수는 사업의 범위가 변경되지 않는 한 고정이므로 공사원가를 절감하고자 하는 동기가 약해질 수밖에 없으며, 계약 상대자의 투입인원이나 기타 장비 등에 대한 사업관리자의 밀착관리가 필요하다는 점에서 공사도급계약보다는 용역계약 등에 적당한 계약방법이다.

표 7-13 시공사 공사도급계약 유형

계약방법	내용
총액입찰계약 (Firm Fixed Price or Lump-sum Contract)	• 계약에 의해 합의된 총액으로 공사비 지급 • 시공사가 부담하는 위험이 가장 큰 계약방법
단가고정금액계약 (Unit Fixed Peice Cnntract)	• 용역 항목별 금액을 책정하는 방법 • 수행된 용역의 항목별로 공사비 지급
총액-조건부 가산보수계약 (Fixed Price-plus incentive Fee)	• 목표/원가/이익 등을 정한 후 결과에 따라 손익 부담 • 계약 전 충분한 정보와 계획이 요구됨
실비정산 변동보수계약 (Cost-plus-incentive Fee)	시공사에게 지급되는 공사비가 실비에 따라 연동
실비정산 정액보수계약 (Cost-plus-Fixed Fee)	공정별 정산하여 공사비 지급

표 7-14 공사도급계약 유형별 위험 부담

총액 입찰계약	단가 고정금액계약	총액 조건부 가산보수계약	실비정산 변동보수계약	실비정산 정액보수계약

시공사 위험정도   개발사업자 위험정도

* 자료: 한미파슨스,"Construction Management A to Z", 보문당,1990. p.110.

2) 시공계약의 주요 항목

건설공사계약은 입찰과 낙찰의 과정을 거쳐 낙찰자와 체결되며, 법적인 성격은 공사도급계약에 속한다. 공사도급계약은 일정한 공사의 완성에 대하여 보수 지급을 합의함으로써 성립되는 계약이다.

공사도급계약은 요식계약으로 계약의 작성과 문서를 근거로 계약을 체결한다. 건설공사계약의 특수성을 감안하여 계약 당사자는 공사계약의 일반조건이나 특수조건, 설계도서, 입찰안내서, 입찰유의서 등의 작성과 보관이 요구된다. 단순한 계약문서의 작성과 보관 외에 계약당사자간 별도의 합의사항에 대해서도 문서화시켜 일정한 기간이 경과한 후 상호 입장 차이나 상반된 주장이 제기될 때 사실 여부를 확인할 수 있는 근거를 확보해야 한다.

개발사업자는 공사도급계약 이행과정에서 계약체결 당시의 필요한 각종 절차 준수, 서면 작성 및 보관에 보다 많은 주의가 필요하다. 계약문서에는 계약형태, 관습, 유형에 따라 다양

하게 존재할 수 있다. 다양한 계약 문서들은 상호보완적이다. 특정 내용을 지나치게 확대한다거나 특정 부분만을 인용하여 그 해석에 오류가 발생하는 사례가 많다. 해당 문서가 법률적 효력이 발생하는 계약문서에 포함되었는지 여부에 대한 명기가 필요하다.

표 7-15 공사도급계약 서류

구분	내용
계약서류	• 계약서 • 설계서 (설계도면, 공사시방서, 현장설명서, 구조계산서 등) • 입찰안내서 및 유의서 • 공사계약일반조건 • 공사계약특수조건 • 공 내역서 및 물량산출내역서 (입찰 성격에 따라 제공 및 계약첨부 여부 판단) • 계약당사자 간에 행한 통지 (질의응답에 대한 우편물, E-mail, SNS 등)

시공사 입찰 및 선정 시 협의된 내용을 상세하게 정의하여 계약효력을 발생하도록 하는 것이 중요하다. 비용분담 여부의 성격에 따라 필요한 서류들이 계약서와 계약 서류에 포함되도록 해야 한다. 입찰계약서는 표준도급계약서를 근거로 하여 사업의 특성에 따라 계약조건을 서술한다.

(1) 공정성 원칙

계약문서의 목적은 계약당사자 간의 계약의 성립이나 내용을 둘러싼 이견이 있거나 상반되는 주장을 할 경우 계약당사자의 진정한 의사를 확인하고 분쟁을 조기에 종료시키기 위한 것이다.

계약당사자 의사가 계약문서에 어떻게 표현되어 있는가가 중요하다. 보완자료나 소명자료 없이 계약문서에 명시되어 있는 내용과 상반되는 주장을 하는 경우 계약 상대방이나 분쟁의 해결권한을 가진 제3자에게 받아들여질 수 없다. 계약당사자의 진정한 의사가 계약상대방의 계약상 우월적 지위의 남용 등으로 인하여 왜곡되거나 제한되지 않아야 한다. 공적인 공사에 있어 국가나 지방자치단체 혹은 공공기관이 발주자로서 계약상 우월적 지위를 남용하여 시공사에게 일방적 내용을 담은 특약을 요구하는 경우가 빈번하다.

「건설산업기본법」제22조 제1항에서는 "건설공사에 관한 도급계약의 당사자는 대등한 입장에서 합의에 따라 공정하게 계약을 체결하고 신의에 따라 성실하게 계약을 이행하여야 한다."라고 규정하고 있다.

(2) 계약당사자

계약당사자는 계약문서에 도급인 또는 수급인으로서 서명날인한 자를 말한다. 계약문서 상의 명의자와 실제 계약체결을 담당한 자가 다른 경우라면 계약당사자가 누구인가에 따라 계약의 성립 및 이행과 관련하여 발생하는 모든 권리와 의무의 최종 귀속주체가 달라질 수 있다. 따라서 진정한 계약당사자를 확정할 필요가 있다.

신탁사업이나 공공공사의 경우 실제 도급주체와 계약체결 당사자가 다르게 나타나는 경우가 있어 분쟁해결을 위한 조정이나 중재 또는 소송절차를 밟을 때 당사자 적격이 문제가 될 수 있다.

(3) 설계변경

설계변경은 공사계약의 이행과정에서 빈번하게 일어나는 계약내용의 변경이다. 공사계약일반조건 등에서는 설계변경 사유를 다음과 같이 열거하고 규정하고 있다.

- "제OO조 (설계변경 등)" 예시
  1. 설계서의 내용이 불분명하거나 누락·오류 또는 상호 모순되는 점이 있을 경우
  2. 지질, 용수 등 공사현장의 상태가 설계서와 다를 경우
  3. 새로운 기술, 공사공법의 사용으로 공사비의 절감 및 시공기간의 단축 등의 효과가 있을 경우
  4. 기타 당사자간 설계서를 변경할 필요가 있다고 인정할 경우

설계변경은 건설클레임 혹은 분쟁원인으로 가장 빈번하게 등장하는 주요 문제다. 설계변경 시에는 그 절차를 준수하고 관련 자료를 확보하여 준공 후까지 보관할 필요가 있다. 설계변경이 빈번하게 발생하는 이유는 지장물, 암반조건 등에 대한 충분한 조사 및 분석을 위하여 시간 및 비용을 확보하기가 쉽지 않으며, 환경문제로 인한 민원의 제기, 정책 및 관련 법제도의 변경 등 때문이다.

정부에 책임 있는 사유 또는 천재지변 등 불가항력의 사유로 인한 경우를 제외하고는 공사도급금액을 증액할 수 없다는 점을 분명하게 인식하고 설계변경에 대한 요건 및 프로세스

를 계약서에 명확히 해야 한다. 충분한 검토 없이 시공사 선정 후 시공과정에서 인정되지 않는 추가공사비가 소요되는 일이 없도록 주의해야 한다.

(4) 계약의 해제·해지

계약의 해제는 유효하게 성립하고 있는 계약의 효력을 처음부터 있지 않았던 것과 같은 상태에 복귀시키는 법률행위를 말하며 소급효가 있다. 일방적 의사 표시에 의하여 계약을 해소시키는 권리를 '해제권'이라 한다. 계약의 해지는 계속적 성격을 가지는 계약에 있어서 그 효력을 장래에 향하여 소멸하게 하는 일방적 행위다.

계약의 해제와 해지는 그 법적 효력에 있어 차이가 있다. 공사도급계약의 경우 준공까지 일정한 기간이 소요될 뿐만 아니라 계약의 해제에 따른 원상회복을 사회경제적 측면을 고려하여 인정하지 않는 등의 계약상 특성으로 공공이나 민간계약서에서는 공통으로 표현하고 있다.

계약이 해제 또는 해지될 경우 개발사업자는 총공사비를 기준으로 공사를 중단한 당시의 공사기성률에 의하여 산정된 금액을 수급인에게 지급해야 한다. 미완성 부분에 대해서만 공사계약이 실효된다는 점과 보수액 산정기준을 실제 지출비용 등이 아닌 공사를 중단한 당시의 공사기성률에 의한다는 점을 분명히 함으로써 보수액 산정 시 불이익을 받지 않도록 해야 한다.

(5) 준공 (사용승인)

준공은 인·허가 관할 관청에서 법적인 요건을 갖추어 공사가 완료되어 허가를 내주는 것이다. 시공사는 공사를 완성한 후 해당 관할관청으로부터 준공검사에 합격한 때에 소정절차에 따라 준공금을 청구할 수 있다. 준공은 공사의 완성을 공식적으로 확인받는 것이며, 공사대금의 지급을 위한 전제가 되기 때문에 준공시점은 공사계약에 있어서 중요한 의미를 갖는다. 공사의 완성 여부에 대해서는 계약서상에 명확한 기준이 있을 경우 해당 규정의 의하여 판단한다. 규정이 없을 경우 계약서의 전체규정과 관행, 관련 법령 등을 종합하여 판단한다.

공사의 완성 후 시공사의 하자보수 등 사후관리를 위해 하자보증증권 및 입주자민원에 대해 시정이 될 수 있도록 하는 조항을 명기해야 한다. 준공 후 일정기간과 일정금액을 유보하여 준공 후 잔여공사에 차질이 없도록 관리해야 한다. 계약자간 공사완료에 대해 시점과 물리적 상태는 차이가 있을 수 있다. 개발사업자는 준공 후 하자현황표(punch list)를 작성하여

준공 후에도 원하는 품질의 시공을 보증하도록 하는 계약조항을 명기하는 것이 필요하다. 준공금(준공 마지막 공사대금) 5~10% 수준을 예치함으로써 잔여공사 및 하자부분에 대한 공사가 완료한 후 지급하는 조건으로 시공사와 협의를 진행한다.

- "제OO조 (준공급 지급 및 준공검사)" 예시

"수급인"은 주무관청으로부터 건축물 사용승인을 득하고 "도급인"의 준공검사에 합격한 후 "도급인"에게 공사목적물을 인도하고 공사목적물 인수증명서 수령을 하여야 한다(단, 준공금 지급 시 하자 및 보완작업 완료 여부를 확인하고, 인수인계일까지 하자 및 보완작업이 완료되지 않을 경우 5%의 준공금을(준공 후 45일 기일도래 적용배제) 하자 및 보완작업 완료 시까지 지급을 유보한다).

(6) 공사계약 특약사항 및 기타

개발사업자는 표준공사도급계약에 근거하여 일반적인 계약조건을 시공사와 협의하여 계약서에 내용을 정리한다. 그 외에도 입찰과정에서 시공사와 협의되었던 부분, 공사도면의 해석과정에서 나오는 차이, VE항목에 대한 처리방향, 금융기관과 신탁사에서 요구하고 있는 시공사의 책임준공확약, 유치권포기각서 등이 명시된 특약사항을 정리하여 본 계약에 첨부하여 체결한다. 시공사의 시공의견, 최신공법, 자재의 변경 등 협의된 내용을 상세하게 특약사항으로 명기한다.

금융기관과 투자자의 요청으로 시공사의 책임시공과 책임준공을 담보하기 위해 연대보증을 대신하여 책임준공확약을 체결한다. 연대보증은 시공사의 과도한 부채계상으로 인해 연대보증조건 대신 '책임준공확약서'로 갈음하고 있다. 개발사업자 입장에서도 책임준공확약을 통해 어떠한 경우라도 시공사의 귀책사유로 인해 개발사업이 중단되는 것을 방지하고 건축이 완성될 수 있는 안전장치로 활용하고 있다.

다른 조건으로 '유치권포기각서'를 징구하기도 한다. 유치권이라 함은 채권자가 채권의 확보를 위해 채무자 혹은 제3자의 재산에 채권이 회수될 때까지 상주하여 해당 부동산의 사용을 제한하는 집단적 행동이다. 채권·채무의 진실성과 입증성의 어려움으로 인해 소송으로 진행될 경우 오랜 기간 동안 부동산 사용을 못하는 경우가 발생되므로 개발사업자 입장에서는 재산적 손실을 가져 올 수 있다.

공사비 문제의 다툼으로 유치권의 명목으로 완공된 부동산에 상주하게 될 경우 법적인 해결 이전에 완공된 부동산의 활용을 하지 못하여 재산적, 정신적 피해가 발생하여 자칫 장기간 개발사업 완료가 어려워 질 수 있다. 서류를 통해 제약사항을 계약함으로써 최소한의 안정장치를 확보해야 한다.

설계가 완료되면 설계사무소 또는 견적산출 전문기관의 도움을 받아 상세 견적을 통한 내역서(BOQ: Bill of Quantities)를 작성한다. 내역서는 국가별로 Detailed Cost Breakdown, Item List 등 다양한 용어로 표현된다. 국내에서는 공사비 산출서로 내역서, 일위대가[4], 수량(공사물량)산출서, 관련 견적서 등으로 구성된다. 내역서의 산출 시기 및 용도에 따라 설계내역서, 도급내역서, 실행내역서 등으로 구분된다. 항목에 대한 단가는 조달청 또는 정부기관의 고시단가, 표준품셈[5]에 의한 일위대가 및 전문 업체의 기준으로 직접비를 산출하고, 제반 간접비율은 일반적으로 조달청의 공사원가 제비율을 적용하여 산출한다.

설계내역서상의 금액은 시장 실행 금액보다 높다. 설계내역서상의 금액을 적정공사비로 볼 수는 없다. 건축공사의 경우 실제 낙찰되어 계약하는 금액은 설계내역서상의 금액보다 낮은데, 설계 내역 금액 대비 실제 낙찰 금액의 비율을 '낙찰율'이라 한다.

표 7-16 공사도급계약 계약항목 및 유의점

계약항목	내용
공정성의 원칙	계약 관련 문제 발생 시 당사자의 진정한 의사를 확인 가능하여야 함
계약당사자	계약 문서에 도급인 또는 수급인으로서 서명 날인
설계변경	공사계약 이행 과정에서 자주 발생하는 내용의 변경 및 절차
계약의 해제	유효하게 성립한 계약의 효력을 처음부터 존재하지 않은 상태로 복귀
계약의 해지	계속적인 성격을 가지는 계약의 효력을 장래에 소멸하는 일방적인 행위
준공	공사의 완성을 공식적으로 확인
특약사항	계약사항 외 당사자 간 협의된 내용을 명기

---

4) 공사에 사용된 대금에 대한 명세를 기록한 문서(건축현장에서 단위 공사에 소요되는 재료비와 노무비를 합한 값).

5) 건설공사 중 일반화된 공종과 공법을 기준으로 하여 공사에 소요되는 자재 및 사용량을 정하여 공사의 예정가격을 산정하기 위한 기준.

2. 공사(Construction) 관리

신축건물의 공사분야는 크게 건축구조, 건축마감, 토목분야, 기계소방, 전기분야, 통신분야, 소방분야, 조경분야 등으로 나누어진다. 신축과정에서 건축 전문가인 감리 및 건설관리자(CM)의 도움을 받아 신축을 진행하면서 많은 조언과 협조를 구할 수 있다. 중요한 의사결정 및 공지지연 등으로 인해 발생되는 사업비의 증가는 개발 사업에 중대한 영향을 미칠 수 있으므로, 개발사업자는 개발에 주요한 영향을 미치는 부분에 대해 관리, 책임 및 관련된 업무를 수행해야 한다. 신축과정에서 사업에 대한 위험요인을 검토하고 이에 대한 책임주체임을 주지하고 공사 진행 과정에서 발생할 수 있는 업무에 대해 숙지하고 있어야 한다.

표 7-17 개발사업자의 공사관리 업무

구분	내용
원가관리	승인된 예산 내에서 필요로 하는 공사를 진행
공정관리	공사기간 내 완성하기 위해 자원 투입계획을 수립
품질관리	공사 진행 과정에서 품질 향상
안전관리	공사기간 내 현장에서 발생하는 사고 대비

1) 원가관리

(1) 원가관리의 정의와 개념

미국의 PMBOK(Project Management Body of Knowledge)[6]에 의하면 원가관리를 계획한 예산 범위 내에서 개발사업을 완료하기 위해 비용을 통제하는 제반 절차로 정의한다.

"Project Cost Management includes the process required to ensure that the project is completed within approved budget"

원가는 곧 비용이다. 원가관리가 사전에 수립된 비용을 관리하는 것으로 계획된 예산을 초과하는 사업은 존재할 수 없다. 분양이나 임대사업에서도 예산초과라 함은 수익성과 직결

---

6) PMBOK(Project Management Body of Knowledge): 프로젝트관리지식체계, 프로젝트와 관련된 작업표준

되며, 이는 사업의 존폐를 좌우한다. 최대의 관심사인 비용을 효율적으로 관리하여 승인된 예산 범위 내에서 개발사업이 차질없이 진행할 수 있도록 하는 것이 원가관리의 기본이다.

모든 단계에 걸쳐 많은 시행착오를 거치며 원가관리를 진행하고 피드백을 한다. 원가관리에 실패할 경우 치명적이며, 사업의 포기, 추가 재원 확보를 위한 혼란, 재설계, 시간과 돈의 낭비, 분쟁, 기회손실 등의 결과를 야기할 수 있다. 개발에 필요한 비용 원가를 구성하는 많은 항목 중 개발 부지를 획득하기 위한 부지매입비 및 공사비용은 개발 전체 사업비 예산의 70~80%를 차지한다. 부지매입비는 법률적, 물리적 환경을 고려해 고정비 성격의 사업비로 인식하는 반면, 공사비는 입찰과정 및 시공과정에서의 설계변경 등 비용의 변화요소가 많다.

시공과정에서의 원가관리는 개발사업의 전체의 예상비용을 예측하여 당초 예산과 대비하는 것이 주요 업무이다. 현재까지의 실투입비용과 예상되는 변경금액, 민원 및 분쟁 해결 비용 등 눈에 보이지 않는 비용까지 예측하여 개발사업 완료 시의 예상비용을 업데이트해야 한다.

금융기관 및 개발사업 참여자와 정보를 공유해야 한다. 예산 초과가 예상되면 절감방안을 수립해야 하고 예산이 남을 것 같으면 수준을 향상시키거나 잔여 예산소요 계획에 세워야 한다.

현장에서 공사를 진행하다 보면 설계 변경이 불가피하게 발생한다. 설계변경은 개발사업자 요청에 의한 변경과 설계도서와 현장상황의 불일치에 의한 설계변경이 있다. 변경사항이 발생하면 개발사업자는 다음과 같은 요인을 검토하여 의사결정을 진행해야 한다.

표 7-18 설계변경 시 고려사항

구분	내용
고려사항	• 시공사의 요청에 의한 설계변경으로 인한 비용 영향 • 설계변경의 타당성 검토 • 설계변경 비용 협상 및 합의 • 공사비 예산에 영향을 줄 수 있는 잠재적 변경 및 추가비용

기존의 원가관리는 주로 전체 사업 중 시공과정에 국한되어 관리되었다. 설계가 끝나고 제공된 설계도면을 근거로 공사비를 산출하고, 산출된 공사비 내역서를 기준으로 공사단계의 원가관리 업무가 진행되어 왔다. 원가관리가 전체 개발사업 기간 동안 발생되는 비용을 통제하고 조절해야 함에도 불구하고 단순히 원가관리를 시공과정에서 공사비에 대한 통제 혹은 조절로 한정하였다.

개발사업자 입장에서는 개발사업 전 관정에서 수행하여야 할 원가관리의 개념으로 확대하여, 기획단계, 설계단계, 공사단계, 운영단계 등 전반적인 기간 동안 수행되어야 할 업무로 봐야 한다.

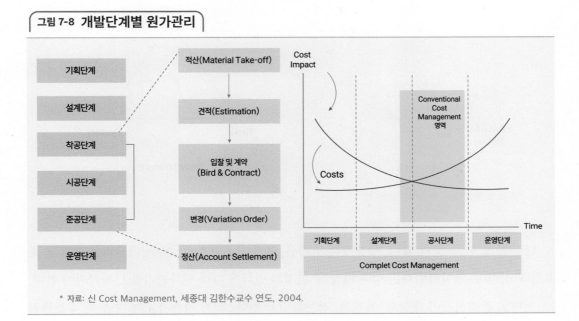

그림 7-8 개발단계별 원가관리

* 자료: 신 Cost Management, 세종대 김한수교수 연도, 2004.

(2) 원가관리의 중요성

원가관리는 과거 시공과정에서 발생하는 공사원가에 대한 관리와 통제 조정으로 인식하여 수행하였다. 개발사업의 규모가 커지고 개발목적이 다양하게 나타나며 개발사업의 분양, 임대 등 여러 가지 파생되는 영역으로 확대되어 변화하고 있다. 개발사업자가 수립한 예산에 따라 소요되는 비용을 최소화하기 위해 체계적인 절차를 수립하고, 이를 적용하는 일련의 과정이다. 개발사업 전체 단계에 걸쳐 계획수립, 예산통제, 분석, 피드백 및 예측 등을 지속적으로 반복하여 실제 투입원가(사업비 또는 비용)가 계획한 예산을 초과하지 않도록 해야 한다.

과거에는 해당 건축물에 대해 기능성, 예술성, 구조적인 안정성을 추구하였다면 패러다임의 변화에 따라 시간, 품질 및 비용적인 측면이 강조되고 있다. 시간과 품질은 비용과 직접적인 연관이 있기 때문에 시공과정에서 가장 중요한 요소는 비용을 통제하는 것이 원가관리다.

현재의 건설사업은 경제 논리에 따라 진행되며 비용을 통제하는 것이 중요한 요소가 되었다.

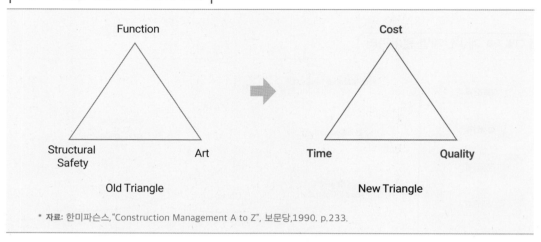

그림 7-9 건설사업 패러다임의 변화

Function

Structural Safety   Art

Old Triangle

Cost

Time   Quality

New Triangle

* **자료:** 한미파슨스,"Construction Management A to Z", 보문당,1990. p.233.

다양한 요구, 규모의 확대, 사용자의 만족을 위해 시공과정에서의 원가관리는 어렵고 중요한 과정이다. 개발사업자는 시대 배경 및 환경의 변화에 따라 원가관리를 변화시켜야 한다.

첫째로 건축시공이 대형화, 복잡화, 전문화되고 있다. 과거 경제규모가 작을 때의 건축시공은 단순하고 규모가 매우 작았다. 현재는 백층이 넘는 초고층 건축사업이 진행되고, 단일 개발사업에도 주거, 사무, 오락, 문화, 집회 등 다양한 용도의 시설물들이 혼합된 복합개발사업이 많아 전문성 있는 시공과정을 필요로 한다.

둘째는 고객의 눈높이나 기대 수준이 높다. 분양과 임차인을 유치하기 위해 모델하우스를 화려하게 꾸며 놓는 것이 능사가 아니다. 현재의 건축과정은 모든 것이 투명화되도록 법률적인 제도적 장치가 마련되어 있다. 고객은 많은 학습 과정을 거쳐 신축에 대한 이해가 빠르고 정확하게 투자 의사결정을 하기 때문에 시공과정은 투명하게 진행되어야 한다.

건축물에 대한 시공은 여러 이해관계자와 다양한 용도로 진행되는 만큼 건축과정에서의 원가관리의 중요성은 갈수록 커지고 있다. 개발사업자는 현대화, 미래화, 다양화되어 가는 수요를 충족하고 건축과정에서 사업성을 확보하기 위해서는 시공과정에서의 원가관리 계획 수립은 필수다.

(3) 공사기간 중 원가관리

건축자금은 공사가 진행됨에 따라 지급된다. 건설자금 대출은 공사진행에 대한 감리 또는 공사관리자(CM)의 확인 후 자금을 집행한다. 금융기관에서는 공사 진행을 담보하기 위해 전문가들과 LTA(lender's technical advice)[7] 계약을 체결하고 이를 확인한 후 기성에 대한 공사비용을 집행한다.

개발사업자는 유보금을 통하여 시공사에 의해 발생될 수 있는 손실을 대비한다. 시공계약서에서 통상 5~10%정도의 유보금 혹은 선급금을 통해 시공사가 공사를 완전하게 완료된 후 공사대금을 지불하는 조건으로 계약을 체결한다. 유보금은 개발사업자의 요구사항과 계약의 모든 사항을 이행하게끔 하는 위험 통제장치로 시공사의 채무불이행으로부터 개발사업자를 보호해 주는 역할을 한다.

시공사는 통상 월단위로 공사한 비용에 대해 기성금을 청구한다. 개발사업자는 시공사가 또는 모든 협력업체들의 기성을 검토하여 공정이 제대로 진행되었는지를 확인한다. 사업관리자(PM: Project manager)는 시공사가 청구한 내용이 계약 사항과 일치함을 확인하여 금융기관 또는 담당자에게 자금을 청구한다. 금융기관에서는 건축비용에 대한 청구서와 기타 비용들에 대해 자체적으로 혹은 전문가의 도움을 받아 공정을 확인한 후 자금을 집행한다.

개발사업자는 직접공사비(hard-cost)와 간접공사비(soft-cost)를 구분하여 적절한 시점에 자금을 집행한다. 직접공사비는 건물을 신축하기 위해 공종별로 들어가는 직접 사용되는 공사비를 말하며, 간접공사비는 개발사업을 진행하는데 필수적인 사업비 성격의 비용요소다. 설계비, 감리비, 이자비용, 보험료, 마케팅비용, 제세공과금 등이 해당된다.

표 7-19 직접공사비와 간접공사비 항목

직접공사비 (Hard-Cost)	간접공사비 (Soft-Cost)
철거비 대지조성비 신축공사비 조경조성비	설계비 감리비 이자비용 보험료 제세공과금 등

---

7) 월별기성금(단계별 공사금)을 요구할 때 적정한지 여부를 판단하는 기술지원

2) 공정관리

공정관리란 자재, 장비, 인원 등의 최적의 자원투입계획을 수립하고 관리하는 것이다. 신축사업을 구성하고 있는 요소작업들을 주어진 공기 내 완성하기 위해 공사에 관련된 정보를 분석한 후 시공방법을 결정하고 세부 일정계획을 수립한다. 공사가 진행됨에 따라 공기지연이나 조기완공 등 일정계획 변경에 대한 공기의 영향을 주는 요인을 사전에 분석하고 만회대책을 강구함으로써 생산성 증가, 품질향상, 공기지연 요소 등을 감소시키는 건설과정이다.

공사과정에서 기본자원을 효율적으로 계획, 운영하여 정해진 공기 내에 최소의 비용으로 안전하게 최상의 품질을 완성할 수 있도록 기획, 설계, 구매, 시공 및 시운전단계까지 세부적인 공정계획을 수립한다. 사업 수행 시 정확하고 과학적인 일정분석 자료를 제공한다.

(1) 공정관리 절차

공정관리는 계획수립기능과 통제 및 개선기능으로 구성된다. 세부적으로 기본계획 수립(project planning), 세부공정계획 작성(scheduling), 수행 및 통제(monitoring & controlling), 조치(correct action)의 순서로 수행한다.

그림 7-10 신축과정에서의 공정관리 절차

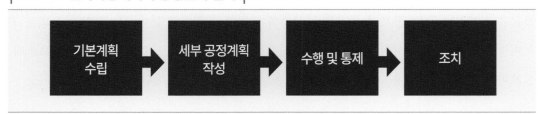

가. 기본계획 수립(Project Planning)

공사 전체 비용을 파악하여 전반적인 공사계획을 수립하는 단계다. 공사기간, 기술적인 제약조건, 노동력 동원 가능성, 자재조달, 장비투입상의 문제점 등 각종 공사관련 정보를 분석하고 과거 공사정보를 참고하여 요소작업의 분할, 공사물량 산출, 공사기간추정, 개략적인 예산 등을 수립한다.

나. 세부일정계획 수립(Scheduling)

수립된 공사계획을 수행하기 위해 세분화된 일정계획을 수립하는 단계다. 절대적 작업순서(hard logic)와 최적 작업순서(soft logic)[8]를 고려하여 작업 상호간 순서를 결정하고 작업가동률에 의한 단위 작업의 소요기간과 인력, 장비, 자재조달 등 공사일정과 관련된 모든 요소들과 연계된 일정계획을 수립한다. 신축 준공일과 예산에 맞도록 지속적으로 조정하여 현실적인 공정계획을 수립한다.

다. 수행 및 통제(Monitoring & Controlling)

공사를 수행하면서 주기적으로 작업진도를 파악하고 분석하는 단계다. 진도분석을 위해 수행 작업물량과 자재조달 현황, 인원과 장비투입 현황 등 공사 실적자료를 취합하는 작업진도를 측정하고 공사 실적과 계획을 비교, 분석하여 전체 공사일정에 대한 현황 정보를 제공한다.

라. 조치(Correct Action)

진도분석을 통하여 일정계획의 재조정 등 필요한 만회대책을 강구하는 단계다. 지연 작업에 대해 작업방법을 개선하거나 일정을 변경하여 계약 공사기간 내에 완료될 수 있도록 조치하고 원활한 공사 진행을 위해 실적 정보의 피드백을 실시한다.

(2) 공정계획 수립

대규모 프로젝트가 증가하면서 공사계획의 합리화와 과학적인 의사결정 및 예상되는 문제에 대한 사전관리가 더욱 중요해졌다. 합리적 공정계획은 목표관리의 방향제시, 원활한 의사소통, 자원의 효율적인 배분 및 활용, 일정에 따른 자원, 원가, 자재관리, 신공법개발 및 생산성향상 등을 가능하게 해준다.

가. 절대적 작업순서(Hard Logic)

절대적인 작업순서란 선행 작업과 후행 작업의 순서가 바뀔 수 없는 관계, 즉 작업진행과정이 필연적인 작업순서임을 지칭한다. 일반적으로 건축공사에서는 굴토 공사 → 기초공사

---

8) 절대적 작업순서(hard logic): 물리적으로 선후행 절차를 바꿀 수 없는 과정
   최적 작업순서(soft logic): 선 후행 과정을 유연하게 바꿀 수 있는 과정

→ 지하구조물공사 등과 같은 작업순서이다. 역타(top-down)공법[9] 등 공사기술의 발달로 그 순서가 바뀔 수도 있다. 지킬 수밖에 없는 당연한 작업순서가 절대적인 작업순서다.

나. 최적 작업순서(Soft Logic)

최적 작업순서란 여러 여건을 고려하여 최선의 작업순서를 정해 공정을 진행하는 것이다. '최적의 공사기간 또는 공사비 절감을 유도하는 작업순서' 또는 '품질 및 안전을 위한 필연적인 작업순서' 가 최적 작업순서가 된다.

인접구간의 굴착과 성토 공정이 절대적인 작업순서는 아니지만, 동시수행 또는 선·후관계를 가질 경우 건설장비, 공사기간 등을 함께 만족시킬 수 있어야 한다.

다. 현장조건 부합 작업순서

최적의 작업순서라도 현장조건이 특수한 경우 다른 형태의 공정이 최선이 될 수 있다. 작업순서는 현장조건에 따라 변경될 수 있다.

라. 사업여건(Constranints) 감안 작업순서

개발사업자의 사업계획에 따라 작업순서를 결정하는 요인이 상이할 수 있다. 도로 공사에서 특정구간의 조기개통이나 건축공사에서 부분 조기사용(beneficial occupancy) 등의 경우 별도의 작업순서로 진행한다.

(3) 공정관리 기법

공정관리에 관한 기술의 발상은 근대 경영학의 기원인 19세기 후반 Taylor, Gilbreth, Gantt 등이 활약했던 시대까지 거슬러 올라간다. Gantt가 봉도표(barchart)[10]를 고안했던 당시는 생산 공장에서의 작업연구, 시간연구가 성행하였다. 공정관리의 영역은 생산라인의 시간관리 개념이었다. PERT, CPM 등 Work Package법[11]의 개발에 의하여 사업관리에서 비용 및 품질과의 상호관계로 공정관리 기법은 영역이 확대되었다.

---

9) 도심지에서 주로 시공하며, 건물과 인접지반에 영향을 주지 않고 지상부, 지하부 공사를 동시에 진행하는 공법으로 공사기간 단축을 목적으로 함.
10) 막대그래프의 형태를 말하며, 기간별 변화된 수치들을 막대형태의 봉으로 나타냄.
11) 작업단위를 결정할 때 더 이상 분할할 수 없는 최소단위.

가. 간트 차트(Gantt Chart)

일반적인 공정관리 기법으로 횡축에 시간을, 종축에 단위작업을 나타내고 단위작업 계획을 시간표상에 막대로 표시하는 기법이다. 작성이 간단하고 시간적으로 명료하여 모든 사람이 이해하기 쉽고 공사 진도를 집계하고 기록하는데 용이하고, 자원사용의 현황을 감시하고 관리하는데 편리하다는 장점이 있다. 반면 작업 상호간 직접적인 연관관계 표시가 불명확하여 일정 변경에 따른 신축적인 대응이 부족하다는 단점이 있다. 공기지연에 대한 원인 분석이 불명확하다는 한계가 있다.

나. 마일스톤(Milestone) 기법

Gantt Chart 기법보다 다소 진보된 형태이다. 마일스톤 기법은 봉도표(bar-chart)에 표시된 작업을 수행함에 있어 중요한 시점에서의 공사명, 예정일, 착수일, 완료일 등을 구분한다. 일정관리를 세밀하게 구분하고 해당 공종에 대한 조치사항과 진척사항을 매주 또는 매월 확인하는 단계 관리기법이다.

마일스톤 기법의 특징은 작업완성기일의 달성 여부에 중점을 두며, 작업 상호간 선후 관계를 고려하여 공정표를 만들어 관리하는 기법이다. 하부공정별 작업완성 여부를 확인하고 공기지연 사유를 파악할 수 있는 장점이 있다.

다. PERT / CPM 기법

PERT(program evaluation & review technique) 기법의 연구 및 적용은 미해군에서 시작되었다. 1956년 Polaris 잠수함 건조계획을 계기로 대규모 신규 군사 발전계획을 담당할 특별사업국이 신설되었으며, 대륙간 탄도미사일 개발 사업을 위한 새로운 관리기법의 필요성이 대두되었다. 이후 민간으로 전수되어 민간사업 수행 시에도 PERT 기법이 활용되었다.

CPM(critical path method)는 세계 최대의 화학회사인 Dupont사가 1956년부터 신규설비가 증가하고 설비규모가 대형화되어 이에 대한 투자를 효율적으로 통제할 목적으로 새로운 관리기의 연구개발에 착수하게 되었다. 이 과정에서 발전된 기법이 CPM이다.

PERT/CPM 기법의 특징은 과거 경험하지 못한 새로운 신축공사를 처음으로 실시할 경우나 과거 경험치를 토대로 수치를 통해 미래를 예측하여 공정을 관리하는 기법이다.

PERT 기법은 확률적 모델로 신축공사 업무가 새로운 것이 대부분이므로 확률적 추정치를 기초로 하여 사건 중심의 확률적 시스템을 전개함으로써 최단기간에 목표를 달성한다. CPM 기법은 확정적 모델로 과거의 실적자료나 경험 등을 기초로 실증중심의 확정적 시스템으로 전개하여 목표 기일의 단축과 비용의 최소화를 한다. 최근에는 비용을 고려한 PERT/COST가 개발되어 총괄하여 PERT/CPM이라 한다.

표 7-20 PERT/CPM 기법의 장점

구분	내용
PERT/CPM	• 대체 공법에 대한 일정분석을 신속하게 평가 가능 • 시공 작업일정과 자재의 현장투입일정에 대한 기준을 제공 • 완공을 앞당겨야 할 경우 공기단축을 위한 지침 수립 • 공사기간 내 촉진시공이 필요한 작업에 대한 집중관리 가능 • 전체 공사를 시공하는데 필요한 공기를 상당히 정확하게 추정 • 장래 예측이 가능하며, 선제적인 관리 • 필요한 정도에 따라 얼마든지 프로젝트를 세분화하여 표시 가능

라. LOB(Line of Balance) 기법

LOB 기법은 일정하게 유지되는 공정진행률을 기울기로 하는 직선으로 반복 작업을 표시하여 전체공사를 도식화하는 기법이다. LOB 도표의 세로축은 공사의 층별현황을 나타내고 가로축은 공사기간을 나타낸다. 작업의 진행은 직선으로 표기되며, 기울기는 단위작업의 생산효율을 의미한다. LOB 공정표를 활용할 경우 반복 작업의 완료시점을 쉽게 확인할 수 있다.

수평적인 공사보다는 수직적인 공사를 진행하는 건축물에 유용하며, 초고층빌딩신축공사의 경우 수직화를 시각적으로 표시할 수 있어서 전체 일정을 파악할 수 있다. 여러 공종이 동시에 진행되는 마감작업에서는 작업의 생산성과 작업팀 및 작업공간을 고려한 공사기간 단축의 도구로 활용된다.

(4) 공정 진도관리

진도관리는 예상공정표와 실제공정표를 대비하여 공사 진행을 관리한다. 공사기간의 중 적당한 시기마다 실제진도를 파악하고 예정진도와 비교하여 예정보다 실제진도가 지연되면 시공속도를 높이는 조치를 강구한다. 진도관리는 공사진행을 예측하여 일정계획과 자원투입계획을 조정하는데 사용되며, 공사 재무계획을 위한 자료로도 사용된다. 변화하는 사업여건에 대해 신속히 대응할 수 있어야 하며, 시공사의 공사수행에서의 문제점에 대한 변경계획도 검토된다.

표 7-21 공정 진도관리 측정법

구분	내용
완료물량 측정 (Units Completed)	• 쉽게 측정이 가능하고 반복적 단위작업에 적합
진행단계별 측정 (Incremental Milestone)	• 순차적으로 진행되는 하부 작업군에 적합
시작/완료 구분에 의한 측정 (Start/Finish)	• 하부작업군 구분이 어렵거나 단위 작업 기간별 노력을 측정하기 어려운 작업에 적합
추정에 의한 측정 (Supervisor Opinion)	• 특정의 측정방법 적용이 어렵지만 상대적으로 중요하지 않은 작업에 적합
공사비 비율에 의한 측정 (Cost Ratio)	• 기간이 긴 또는 프로젝트가 진행되면서 지속적으로 진행되는 일식으로 예산이 잡히는 작업에 적합
가중치에 의한 추정 (Weighted or Equivalent Units)	• 서로 작업진도 측정 단위가 다른 몇 개의 하부작업으로 구성된 기간이 긴 작업에 적합

* 자료: 한미파슨스,"Construction Management A to Z", 보문당, 1990. p.305.

공사진행금액(기성금액) 측정은 아래와 산식으로 측정된다.

$$공사진행금액(기성금액 / Earned\ Value) =$$
$$공사진행율(Percent\ Complete) \times 실행예산(Budgeted\ Value)$$

개발사업자는 공사 진행과정에서 공사관리자(CM: Construct Mnanger)를 통해 일단위, 주단위, 월단위의 보고를 받으며, 공사 진행과정을 파악한다. 공사현장에서는 당일 공사투입인력에 대한 작업지시 및 안전관리 등을 숙지를 위해 일일 공사 전 사전 회의, 조회를 통해 공사를 진행하며, 개발사업자는 주간단위 혹은 월간단위로 회의에 참석하여 공사과정을 파악한다.

가. 일일공정보고

시공사는 당일 현장에서 수행된 모든 작업 활동에 대한 일일작업 보고서를 작성하여 익일 오전까지 보고한다.

구분	내용
일일공정 보고	• 일일 작업내용 및 명일 작업계획 • 일일 투입인원 (단위공사별, 작업지역별, 공종별), 투입장비 목록 • 공사수행지역 • 변경공사 사항이나 추가공사 사항 • 기타 사항 (돌발 사항, 민원 사항, 특수조건 및 환경)

나. 주간공정보고

시공사는 매주 현장에서 수행된 모든 작업에 대해 월요일부터 일요일까지(1주 단위)의 작업사항에 대해 주간공정보고서를 작성하여 차주 월요일 오전까지 보고한다.

표 7-23 주간공정 보고 내용

구분	내용
주간공정 보고	• 전주에 대한 실적과 향후 3주간의 공정계획 • 공사실적 및 차주계획 • 주요 장비 사용실적 및 차주계획 • 인원투입 실적 및 차주계획 • 주요 문제점

다. 월간공정보고

시공자는 매월 1일부터 말일까지 수행된 공사실적/진도와 차월계획을 포함한 모든 작업사항에 대해 월간공정보고서를 작성하여 익월 초에 보고한다.

표 7-24 월간공정 보고 내용

구분	내용
월간공정 보고	• 전월에 대한 실적과 향후 6개월간의 공정계획 • 공사실적 및 차월계획 • 주요 장비 사용실적 및 차월계획 • 인원투입 실적 및 차월계획 • 월간 품질 및 안전현황 분석 • 주공정 분석 및 지연공정 만회 대책수립

(5) 공기 단축 방안

공사기간 중에는 많은 제약요소와 계획되지 않은 요건으로 인해 공사가 지연되는 경우가 발생한다. 공사기간 지연은 개발사업자 입장에서는 금융비용의 증가 등 사업비의 증가를 초래한다. 분양 목적 사업일 경우 분양자와의 입주일지 지연으로 분쟁의 소지가 발생되며, 시공사 입장에서도 공사현장의 장기화로 인해 직·간접비의 증가로 공사비가 증가한다. 공정진도가 지연될 경우 부진사유와 만회대책 및 만회공정표를 시공사와 공사관리자를 통해 작성하도록 하여 관리해야 한다.

표 7-25 공사기간 단축방안

구분	내용
작업방법 변경	현장조건 대비 인원 및 장비의 효율, 장비 및 인력의 동선, 자재 수급방법 등 작업방법 검토
자원투입 증대	작업량 대비 단위시간당 장비능력 및 투입인력을 검토하여 추가 장비 및 인력 투입
공정중첩 방법 (Fast Track)	공정을 병행하거나 순서 조정을 통해 공기를 단축하는 방법

공정중첩방법(fast track)을 결정하는 과정에서 시공사의 능력과 자재의 수급에 대한 검토와 비용이 증가될 경우 시공사와 협의를 통해 진행한다. 원활한 협의와 협력이 안 될 경우 하자의 발생 등 좋지 않은 결과를 가져올 수 있다. 적용 전 작업장에 대한 환경, 안전, 법규, 민원, 비용의 증가 등 적용가능성을 검토한다.

표 7-26 공정중첩방법(fast track) 적용 필요성

구분	필요성
패스트 트랙 (Fast Track)	• 계약기간보다 조기에 건설이 완료될 필요가 있는 경우 • 이자율이 가파르게 상승하여 금융비용이 상승하거나 또는 임차인이나 공공부문을 만족시켜야 하는 경우 • 조기 완공을 목적으로 많은 공종이 동시에 추진이 필요한 경우

3) 품질관리

품질관리는 적절한 품질기준을 정하고, 기준에 달성되도록 통제하는 활동이다. 건설업은 제조업과 같이 장비가 설치되어 있고 적절한 업무환경이 갖추어져 있는 실내에서 제품을 생산과는 다르다. 다양한 환경, 자재, 팀원, 공법을 가지고 외부에서 생산을 한다. 외부 환경에서 제품을 만들어야 하는 작업으로 한정된 공간에서 동시에 여러 작업이 진행되어야 하는 복잡성을 가지고 있다. 일정 수준 이상의 품질을 갖춘 건축물을 만들기 위해서는 일반 제조공장에서 물건을 만들어내는 경우보다 세밀하고 철저한 관리가 필요하다.

표 7-27 건설산업의 특징 (제조업과의 차이점)

구분	건설산업	제조업
생산형태	수주생산 단품생산 (1회성)	대량생산 반복생산
생산여건	현장생산 (외부) 현지생산 (수시변경)	설비가 완비된 공장 고정
기능인력	고정되어 있지 않음	고정인력
제품종류	다양한 공사 유형	어느 정도 일정
표준화	고객의 요구수준 다양	용이함

- 제조업에 비해 복잡함.
- 실질적인 건축물 품질평가는 건설사용자와 유지관리자가 진행.
- 모든 사업참여자가 효율성을 고려한 품질 확보.

* 자료: 한미파슨스, "Construction Management A to Z", 보문당,1990. p.322.

건축물의 품질을 제대로 확보하기 위해서는 정해진 예산과 기간 내에 시공계획을 수립하고, 공정별로 시험과 검사를 거쳐 잘못된 사항을 시정해야 한다. 전적 관리활동을 통해 품질의 저하를 방지하고, 우수한 협력업체 선정이 중요하다.

표 7-28 품질관리 목적과 효과

목적	효과
시공 능률 향상	불필요한 요소제거 / 원활한 작업연결 / 장비가동률 향상
품질 및 신뢰성 향상	품질향상 / 불량률 감소 / 신뢰도 상승 / 신뢰성 높은 분석
설계 합리화	불합리한 요소제거 / 불량요인 제거
작업표준화	작업표준 설정, 준수, 개선

(1) 시공과정에서 품질관리 중점사항

시공과정에서 품질관리는 도면, 시방서 및 사전에 설정된 계획에 따라 관련 사항을 준비·확인하고 검사 및 시험과정을 반복함으로써 요구되는 품질수준을 유지하는 것이다. 시공과정에서 품질관리를 위해 주요 검토업무는 다음과 같다.

표 7-29 시공과정에서의 품질관리

주요업무	검토내용
협력업체, 즉 하도업체의 선정	• 우수업체를 대상으로 입찰 대상업체 선정 • 시방서, 계약서 등 계약서 내용과 품질중점관리 사항 기록
Kick off Meeting	• 시공사의 시공계획 검토 • 품질, 안전대책 검토 및 미진사항을 협의
착공 전 승인단계	• 인원 및 자재 투입계획 승인 • 자재의 재질 및 성능 검토 후 자재의 승인 • 시공계획서 및 Shop Drawing 승인 • 검사 및 시험계획서 작성 및 검사 시점 협의

시공과정의 단위 항목에 대한 품질관리 사례로 콘크리트 타설 작업의 품질관리에 대한 검토사항으로 사용자재의 적정성 여부, 사용량 및 배합비, 양생방법 및 양생기간 준수 여부, 시공 후 파손방지를 위한 보양 등 점검이 필요하다. 필요 시 공장방문, 샘플 확보를 통해 시방서, 도면과 비교하여 치수, 외관, 수량 등 육안검사를 실시한다.

(2) 시공사 및 하도급 업체 공사착수회의(Kick-off-Meeting)

현장의 품질관리 향상을 위해서는 시공사 및 협력업체의 품질의식이 중요하다. 적절한 관리가 이루어지지 않을 경우 비용과 성과만 생각하여 품질이 등한시되는 경우도 있다.

공사 시작 전부터 시공사나 협력업체의 품질의식을 향상시키기 위해서 공사착수회의(kick-off-meeting)를 진행한다. 시공과정에서 시방규정 및 설계도서를 숙지하고 시공사와 협력업체가 이행할 사항을 정확하게 규명한다. 품질방침 및 목표를 전달하고 달성 방안을 관계자와 협의하는 공사착수 전 회의이다.

표 7-30 공사착수회의(Kick-off-Meeting) 협의사항

구분	협의 내용	
공사착수보고 (Kick-off-Meeting)	• 현장개요 • 공사 조직 현장 조직표 • 공사 세부공정표 • 주요 공정의 시공절차 및 방법	• 주요 설비 보유현황 및 주요 장비 동원계획 • 주요 자재 및 인력투입계획 • 검사 및 시험빈도, 일정 등 품질관리대책 • 안전대책 및 환경대책

(3) 시공계획

토목, 건축, 전기설비, 기계설비, 소방설비, 조경 등 공정별 필요한 기술을 확보하고 적합한 공법을 결정하는 것은 전체 품질에 영향을 미친다. 시공계획이 잘못될 경우 공사가 불가능한 경우가 발생할 수 있다. 작업이 가능하다고 하더라도 안전성과 시공성이 저하되어 품질 및 공정에 영향을 미친다. 시공사는 공사착수 전에 공사전체에 대한 시공계획서를 작성해야 한다.

표 7-31 시공계획서

구분	내용
시공계획	• 프로젝트 개요 • 인원투입계획, 자재/장비 투입계획 • 가설공사계획, 토목공사 계획 • 공정관리계획, 품질관리계획, 안전관리계획, 환경관리계획 • 골조공사계획, 외장, 마감공사계획, 인테리어공사계획 • 기계설비, 전기설비, 소방설비, 통신설비 공사계획

(4) 시공상세도(Shop Drawing) 검토 및 승인

시공상세도(shop drawing)는 주요 공사, 복잡한 공사, 타 공사와 연계된 공사 등에 대하여 현장을 실측한 후 종합적으로 작성되는 공사 진행 과정에서 작성하는 정밀 상세도면이다. 시공상세도(shop drawing) 검토 시 설계도면 및 시방서 또는 관계규정에 일치, 현장기술자 이해, 실제 시공 가능 여부, 안정성 확보, 정확성, 품질, 유의사항 등을 검토해야 한다.

표 7-32 시공상세도(Shop Drawing)

구분	내용
Shop Drawing	• 시공의 착오를 방지하고, 품질 및 안전 향상을 위해 현장에서 작성하는 상세 설계도면으로 관련 부분을 일반 설계도면 보다 자세하게 그리고 공종별로 세분화해서 그린 도면 • 다수의 공종이 중첩되는 주요 부위에 대해 공종 간의 간섭 발생 여부나 시공성 등을 확인하기 위해 작성하는 도면

4) 안전관리

안전관리란 생상성 향상과 재해로 인한 손실을 최소화하기 위한 관리기법이다. 재해의 원인규명, 재해예방을 위한 교육 및 기술에 관한 일련의 체계적인 관리 활동으로 시공과정에서 각종 사고의 원인이 되는 불완전한 상태와 조건, 불안전한 행동을 사전에 발견하고 이를 시정, 제거함으로써 사고를 미연에 방지하고, 사고로 인한 인명과 재산의 피해를 최소화하기 위한 활동이다.

산업현장의 안전관리에 대한 법규 마련과 사고에 대한 책임 강화 등 안전문제가 시공현장에 중요한 관리 대상으로 부상하고 있다. 건설공사는 어떤 산업보다도 자연환경과 주변 환경의 영향을 크게 받고 기계화 작업보다는 노동력에 의한 작업이 주를 이루고 있다. 많은 공종이 제한된 공간에 함께 작업을 하기 때문에 안전측면에서 취약하다.

안전관리에 대한 관련법은 점차 규정이 강화되고 있다. 선진국으로 갈수록 중요성이 강조되어 안전사고로 인한 배상금이 천문학적으로 증가하고 있다. 안전관리의 실패는 피해자의 가정과 소속한 조직의 파괴로 이어질 수 있다. 경우에 따라서는 공사 자체가 중단될 수 있으므로 안전관리에 대한 철저한 계획과 실행이 중요하다.

표 7-33 안전관리 항목

항목	내용
현장 안전점검	정기점검 실시, 체크리스트 활용 등 사전조사
유해위험방지 계획	안전관리공단에 유해위험방지 계획서 제출 및 승인
보호구 착용 의무화	안전모, 안전벨트, 안전화, 안전고리 등 착용
기타 안전 관련 활동	산업재해 보고 체계화, 안전관리

(1) 공사착수회의(Kick-off-Meeting) 실시

공사착수회의(kick-off-meeting)는 시공사 선정 후 공사 착공 전에 실시하는 회의이다. 회의에서는 일반적으로 시공사가 현장 운영방침을 작성하여 보고, 안전관리 조직의 임무에 관한 사항, 시설물의 시공안전 및 협력업체 안전관리계획 등도 포함되어 있다.

안전점검계획은 자체 안전점검, 정기 안전점검으로 나뉜다. 안전관리 조직은 해빙기, 장마철, 태풍기, 동절기 등의 취약 시기별 및 공종별로 안전점검 계획을 수립한다. 공사장 주변의 안전관리대책, 교통소음대책 등 주민불편을 최소화할 수 있도록 대책을 수립해야 한다.

공사진행에 따른 안전관리비 사용계획, 연도별 사용계획을 수립하고, 신규작업자의 교육, 일일 안전교육을 실시할 수 있도록 계획을 수립한다. 비상사태 신고절차, 응급조치 및 복구에 관한 사항도 수립해야 한다.

(2) 안전활동계획

가. 현장 안전점검

정기점검, 수시점검 등을 실시하고 안전관리 체크리스트를 활용하여 객관적인지 표로 활용하여 시급히 시정되어야 할 안전관리에 대한 요소를 사전에 조치한다.

나. 유해위험방지 계획서

시공사는 공사착수 전 관련법에 의거 안전관리공단에 유해위험방지계획서를 제출하고 승인을 받아야 한다.

표 7-34 유해위험방지 계획서

구분	내용
제출대상	• 지상 높이가 31미터 이상인 건축물 또는 공작물, 연면적 3천 제곱미터 이상인 건축물 또는 연면적 5천 제곱미터 이상의 문화 및 집회시설 • 최대지간 길이가 50미터 이상인 교량건설 등 공사 터널건설 공사 • 다목적댐 발전용댐 및 저수용량 2천만 톤 이상의 용수전용댐, 지방상수도 전용댐 건설 공사 • 깊이 10미터 이상인 굴착공사
수록내용	• 공사개요 • 안전보건 관리계획 • 추락방지계획 • 낙하, 비래예방계획 • 붕괴 방지계획 • 차량, 건설기계 및 양중기에 관한 안전작업계획 • 감전재해 예방계획 • 유해, 위험기계기구 등에 관한 재해예방계획 • 보건 위생시설 및 작업환경 개선계획 • 화재폭발에 의한 재해방지계획

* 자료: 한미파슨스, "Construction Management A to Z", 보문당, 1990.

다. 개인보호구의 착용의무화

현장 내 모든 작업원은 예외 없이 안전모, 안전벨트, 안전화를 착용하고 고소작업을 하는 작업자는 생명줄에 안전 고리를 걸어 작업에 임하도록 해야 한다. 지하구조물에서 작업하는 작업자는 비상시 구조를 위해 일일 작업 대상을 관리하도록 해야 한다. 해당 작업에 필요한 개인보호구의 확인 절차를 마련하고 근로자에 유지관리와 사용법에 대한 교육을 수행하며 개인보호구 지급대장 및 재고를 관리해야 한다.

라. 기타 안전관련 활동

- 산업재해 발생보고 체계화
- 안전의 날 행사 실시
- 안전교육 및 홍보방송 실시
- 안전시설물 및 안전표지판 설치
- 청소, 정리, 정돈, 청결, 습관의 생활화
- 안전제안제도
- 포스터, 표어 등의 안전촉진 활동

3. 준공 및 인도

건축물이 완공되면 개발사업자는 신축건축물을 사용하기 위한 준공 신청을 관할 관청 및 관련기관과 협의해야 한다. 준공관련 모든 서류는 '세움터[12]'를 통해 준공신청을 진행한다. 업무주체는 시공사로 설계사는 준공에 필요한 서류를 준공 1~2개월 전부터 서류를 준비하고 승인신청을 해야 한다. 관할 관청에서는 관련기관인 소방서, 경찰서, 각종 협회의 심의 등을 거쳐 준공(사용)을 승인한다. 사용승인에는 정식사용승인과 일정 조건을 충족하는 것을 전제로 임시(가)사용승인이 있다. 임시사용승인의 경우는 관할 관청에서 요구하는 조건을 일정기간 동안 완료한 후 다시 정식사용승인을 신청한다.

---

12) 국토교통부 제공 건축행정업무 전산화 시스템.

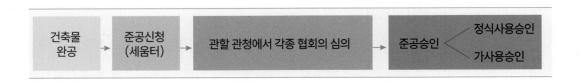

건축물의 신축공사가 완료되면 시설물의 인수, 인계 작업을 진행한다. 시물의 인수인계를 위해서는 면밀한 사전계획과 검토가 선행되어야 하며, 감리 혹은 공사관리자(CM)는 시공사와 인수 인계과정을 조율하고 협의를 진행한다.

인수인계 계획은 다음과 같은 사항들을 점검하여야 한다.

표 7-35 시설물 인수인계 서류(Transfer Package)

구분	점검 및 인수인계서류
시설물 인수인계	• 시설물운영지침서 • 시운전 결과 보고서 • 예비준공 및 준공검사 필증 • 시설물의 규격 및 기능점검항목 • 기능점검 절차 • 테스트 장비 확보 및 보정 • 기자재 운전 지침서 • 준공도면, 사용설명서 등 • 수선 및 유지관리 지침 • 기타 시설물 인수인계 서류

개발사업자는 시공사가 제출한 인수인계서를 검토 확인한다. 시설물 관리자 혹은 관리사무소 등에 시설물이 적기에 인계될 수 있도록 하여 인수인계 과정이 원활히 이루어질 수 있도록 해야 한다. 시설물 인수인계에 대해 이의가 있을 경우 현상파악을 통하여 필요한 대책 등의 의견을 시공사에게 제시하고 수정하도록 해야 한다. 시설물에 대한 인수인계 작업이 완료되면 인수 후 시설물 관리업무를 수행할 인력들에 대한 유지관리 및 보수교육을 진행한다. 교육을 담당할 주체는 자산관리자가 수행하는 것이 일반적이다.

표 7-36 시설물 관리 교육내용

구분	내용
주요 교육내용	• 시설물의 안전 및 유지관리체계 • 운영지침서 운용 요령 • 시설물의 안전 및 유지관리에 관한 세부 실무 지침 • 시설물의 하자 보수관리 및 후속대책

시공사로부터 건축물을 인수인계 받기 전 시설물을 사전 점검 및 입주자 사전 점검계획을 세우고 잔여공사에 대한 하자점검리스트(punch list)를 작성한다. 인수인계전 공사가 완료되지 못한 부분이나 하자에 대해 조치가 이루어질 수 있도록 세밀한 계획을 통해 진행해야 한다.

사전점검이 이루어지지 않은 상태에서 건축물을 인수인계 받게 될 경우 시공사와 분쟁의 소지 및 마찰을 가져올 수 있다. 시공사와의 분쟁이나 클레임 등은 사업을 종결하는 데 큰 장애 요소이다. 준공 이후까지도 미해결로 남아있는 분규나 클레임의 경우 대체로 중재나 소송에 의해 해결방안을 찾는다.

1) 합의(Mini –Trial)

시간과 비용이 소요되는 중재나 소송 등 공식적인 절차를 거치지 않고 분규를 해소하는 수단이다. 분규 당사자들의 최고 의사결정권자들이 참여하여 자체 해결 방안을 모색하는 방법으로 실무책임자들의 입장에 의해 해결점을 찾지 못하고 있는 분규나 클레임 등을 해소할 수 있는 유용한 방법이다. 최종의사결정자가 직접 참여하므로 시간이 단축되고 비용이 저렴하며, 합의된 내용에 대한 효력이 높다. 합의 도출에 실패할 경우 논의된 내용들을 정리하고 최종 해결을 위해 중재나 소송 등의 방법을 진행한다.

2) 중재(Arbitration)

상사중재원 또는 국토교통부 산하 건설 분쟁조정 위원회의 중재를 신청할 수 있다. 중재 계약의 당사자는 중재 판정을 따라야 한다. 계약이 무효이거나 효력을 상실한 경우와 이행이 불가능한 경우를 제외하고는 법원에 소송을 제기할 수 없다. 중재 판정은 법원의 확정 판결과 동일한 효력을 지닌다. 중재의 특징은 소송에 비해 단시간 내에 분규의 해소가 가능하고 비용이 저렴하다. 전문가들을 중심으로 중재단을 구성하기 때문에 분규 내용에 대한 이해도가 높아 공정한 중재를 기대할 수 있다.

3) 소송(Litigation)

분규나 클레임 해결을 위해 계약서상에 명기된 관할 법원에 소송을 제기하는 경우이다. 분규 또는 클레임을 제기한 당사자의 입장에 따라 중재보다는 소송을 선호하는 경우도 있다. 소송의 특징은 심도 있는 조사가 가능하고 공개적인 심문절차에 의해 진행된다는 장점이 있다. 까다롭고 정형화된 절차를 거쳐야 하므로 장시간이 소요되고 비용이 많이 소요되며 전문성이 부족한 주체에 의해 결과가 결정될 수 있다는 단점이 있다.

표 7-37 분쟁 해결 방법

구분	내용
합의(Mini – Trial)	소송, 중재 대신 최고의사결정자들이 자체적으로 해결 방안 모색
중재(Arbitration)	해당 분야 전문가들로 구성된 중재단에 의한 분쟁 해소
소송(Litigation)	분쟁 해결을 위해 당사자들이 법원에 제소

4. 공사수행 과정에서의 위험관리

개발과정에서 공사수행 단계는 시간이 많이 소요되는 과정이다. 짧게는 1~3년에서 길게는 5년 이상의 시간이 소요되며, 많은 자금이 투입된다. 개발사업자는 공사수행단계에서 금융사 및 시공사 등 개발 참여자의 협상과 확정을 보다 세밀하고 정확하게 해야 한다. 기획하고 있는 개발계획이 실질적으로 완성될 수 있도록 많은 위험요소를 검토해야 한다. 대내외적 개발프로젝트에 영향을 주는 경제 환경에 대해 사전적으로 위험요인을 파악하고 관리를 준비해야 한다. 건축과정에서 발생되는 원가, 공정, 품질, 안전관리에 대해 감리 등 전문적 기술자와 유기적인 협력을 진행하여야 한다.

표 7-38 공사수행 과정에서의 위험관리

단계	세분구분	내용
공사수행 단계	협상 및 계약체결	**분양성 및 현금흐름분석을 종합하여 금융기관, 시공사 선정 및 개발 참여자들에 대한 협상 진행** *** 도급공사의 경우** • 개발사업의 규모와 성격, 입지조건 등을 종합적으로 고려하여 건축비를 결정 • 공사민원에 대한 책임소재 명기 *** 금융기관** • 이자율, 상환기간, 수수료, 개발사업 개입정도 등을 종합적으로 검토하여 자금조달 방식을 결정
	시공	• 시공사로부터 이행보증금 증권 등 공사완료 보장 장치 • 공사관리자를 감독하고 하청업체의 공사수행능력 및 공사비 지급현황을 파악 • 민원문제를 철저히 검토하고 자체 품질관리팀의 운영 및 하청업체의 실명제 등을 통하여 품질 제고 • 간트차트, PERT/CPM 등을 통하여 공정관리 진행

* 자료: 부동산개발 전문인력 사전교육자료, 한국부동산개발협회, 2023.

🏠 참고문헌

- 『건설기술관리법』
- 『건설산업기본법』
- 『건설폐기물 재활용촉진에 관한 법률』(환경부).
- 『석면안전관리법』(행정부).
- 『폐기물관리법』(환경부).
- Kelly, John, Male, Stive, Value Management in Design and Construction: The Economic Management of Projects, E & FN Spon, 1993.
- Mike E. Miles Laurence M. Netherton Adrienne Schmitz, "Real Estate Development Principles and Process" Fifthedition. Urban Land Institute. 2015.
- 김창덕, 나경철, "협력설계를 통한 건설 프로세스 개선방안, 건설관리학회 논문집, 2001.
- 부동산개발 전문인력 사전교육자료, 한국부동산개발협회, 2023.
- 신 Cost Management, 세종대 김한수교수, 2004.
- 이현석 편저, 2018 부동산개발 사례연구, 건국대학교 출판부, 2018.
- 한미파슨스, "Construction Management A to Z", 보문당, 1990.

🏠 연습문제와 토론주제

1. 금융 및 개발 자금조달 유형에 따른 특징을 설명하라.

- 건축자금 대출
- 장기자금대출
- 메자닌 금융

2. 가치공학(Value Engineering) 및 부동산 생애주기(Life Cycle Cost)에 대해 설명하라.

3. 시공사 선정과정에서 검토하여야 할 사항과 선정방식에 대해 설명하라.

- 총액입찰계약 (The Firm Fixed Price or Lump-sum Contract)
- 단가고정금액계약 (Unit Fixed Peice Cnntract)
- 총액-조건부보수 가산방식계약 (The Fixed Price-plus incentive Fee)
- 실비정산변동보수계약 (The Cost-plus-incentive Fee)
- 실비정산정액보수계약 (The Cost-plus-Fixed Fee)

4. 시공사 선정 과정 및 계약 확정 시 고려하여야 할 사항에 대해 설명하라.

5. 시공과정에서 개발자가 관리하여야 할 항목에 대해 설명하라.

- · 원가관리
- · 공정관리
- · 품질관리
- · 안전관리

6. 공사단계에서 개발자(Developer)에서 위험관리방안에 대해 제시하고 개념적 차원에서 공사단계의 위험을 근본적으로 줄일 수 있는 방법이나 자세를 설명하라.

🏠 참고자료

• VE 적용사례

<VE 사례 1> 지하 차수 방식 변경

당초 설계된 지하 차수공법을 MCG 방식에서 JS-CGM을 채택함으로써 기존의 차수방식보다 우수한 방수를 품질을 확보함과 동시에 시공관리 및 추가 장비투입 등 관리 측면에서 유리하고, 용탈현상이 없는 친환경 방수 자재를 사용함으로써 건물 완공 후에도 지중공간의 환경보호 및 건축물의 생애주기를 연장할수 있는 효과를 가져올 수 있다. 또한 투입장비의 소형화로 지하 좁은 공간에서의 작업이 진행 가능하여 공기 단축 및 장비대여 부분의 원가를 절감할 수 있는 효과를 가져올 수 있었다.

<VE 사례 2> OOO 대형할인점 공사 현장

대형할인점 프로젝트는 그 특성상 지역 상권을 선점하거나 시장 점유율을 빠른시일 내에 높이기 위하여 신속한 시공과 원가절감을 통하여 평당 단가를 낮추는 작업이 매우 중요한 관건으로 대두된다. 본 프로젝트에서는 이러한 특성에 부합되는 여러 가지 VE 대안을 제시하였는데, 그 중에서 당초 지하실에 위치하고 있던 기계실을 지상으로 위치를 변경함으로써 지하층 면적과 층고를 줄이고 공사비를 절감함과 동시에 공기를 단축시킨 것이 가장 두드러지는 VE사례라 할 수 있다.

* 자료: 한미파슨스,"Construction Management A to Z", 보문당, 1990.

<VE 사례 3> 지하 토목굴착 공사 공법 변경

지하 굴착과정에서 암반의 출현으로 암반파쇄 시 계속되는 소음과 진동으로 인해 민원이 제기되어 공기지연 및 대형장비 투입으로 인한 공사비용이 증가할 수밖에 없었다. 무진동공법(저효율, 고비용) 및 발파공법(허가불허, 민원, 규제 등)으로 야기되는 문제를 해결하기 위해 기존 전기를 사용하는 플리즈마공법보다 제품 안전성, 시공성, 비용절감 및 공기단축 등을 극대화 할 수 있는 노넥스공법으로 변경하여 진동 및 감쇄비를 최소화하고 민원 문제를 해결 및 효율적 시공능력으로 진동 소음을 줄이고 공사기간을 단축시킴으로써 비용을 절감할 수 있었다.

<VE 사례 4> OOO 프로젝트

당초 설계는 SRC 구조로 설계되어 있었으나 구조검토를 통하여 Flat Plate 구조를 제안하였으며, 발주자가 이를 채택하여 미국의 Grossman 사가 RC공법으로 설계를 변경하여 공기를 단축함은 물론 비용을 절감할 수 있었으며 아울러 초고층 구조에서 발생할 수 있는 사용진동 및 풍진동 문제를 획기적으로 개선할 수 있었다.

* 자료: 한미파슨스,"Construction Management A to Z", 보문당, 1990.

분양형 호텔의 위험관리
- 호텔개발 및 사례 -

1. 프로젝트 개요

   제주 성산 라마다 앙코르호텔은 ㈜제이엔피홀딩스에서 시행하여 2013년 9일 대상지에 대한 토지 매매계약을 체결하였으며, 2013년 11월 건축심의, 2014년 1월 건축허가를 받아, 2014년 9월에 분양을 시작하였으며, 2016년 10월에 건물 준공과 당해연도 12월에 정상 영업을 시작한 분양형 호텔로서 총 객실수는 273개이다. 위탁운영사는 세계적인 체인 라마다 앙코르로 라마다 호텔의 높은 인지도를 활용하고, 라마다 앙코르 호텔의 특징인 객실사이즈의 소형화, 심플하며 모던한 디자인, 온라인 마케팅 활성화를 추구하며, 라마다 멤버십카드 운영, 윈덤 호텔그룹 객실 예약 프로그램이용, Global Distribution System을 통한 예약, 중국판 SNS 웨이보를 통한 마케팅으로 운영수입 극대화를 도모하고자 하였다.

* **사업개요**

구 분	설 명
사업 개요	• 사업명 : 성산읍 라마다 앙코르 성산 개발사업 • 위치 : 제주도 서귀포시 성산읍 고성리 298-5번지 일원 • 대지면적 : 2,086m²(631평) • 전체연면적 : 12,628m²(3,820평) • 규모 : 객실 273실 및 부대시설(연회장, 하늘수영장, 카페테리아, 바비큐장, 편의점, 피트니스, 비즈니스센터 등
시행사	• ㈜제이엔피홀딩스
시공사	• KB산업(책임준공 미이행 시 채무인수 조건)
금융주관	• 신영증권
미당확약기관	• 현대커머셜, 대신증권
호텔 브랜드	• WYNDHAM hotel group RAMADA encore • 계약기간: 10년 (10년 연장 가능)
운용법인	• ㈜RAMADA Sungsan Hotel
위탁운영사	• ·세안텍스 (관리사업장 : 호텔포함 140개소) • ·실적 : 여의도파크센터, 해운대오르듀, 밀라텔쉬르빌 등

성산라마다 호텔 조감도

2. 자금조달 구조

사업구조는 다음 그림과 같이 PF로 225억 원을 일으켜, 공사비와 사업비를 조달하며 분양을 통해 상환하는 방식을 가진다. 수분양자는 1년간 11% 확정수입과 연간 7일 숙박권, 항공권 2매, 관광시설 이용편의를 제공받는다. 보장수익률 중에 6%를 운영대행사인 ㈜세안텍스에서 AMC에 중첩하여 보장해준다.

*   사업구조

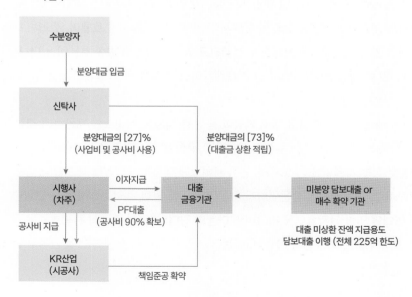

3. 분양형 호텔의 특징

분양형 호텔은 오피스텔과 마찬가지로 1~2억 원 투자가 가능하기 때문에 주로 개인투자자의 투자대안으로 떠오르게 되었다. 서비스 레지던스가 출현하게 된 것도 이러한 흐름과 무관하지는 않다. 분양형 호텔은 시행사가 투자자를 대상으로 분양을 하고, 호텔은 전문 운영사에 위탁하는 형태를 취한다. 구분등기를 통해 객실별로 소유권 부여가 이루어진다. 운영계약은 주로 임대차계약이 아닌 위탁 운영방식이 이용된다. 임대차 계약은 사업위험이 운영업체에 모두 전가되기 때문에 전문운영사가 이를 선호하지 않기 때문이다. 보통은 전문 운영사가 숙박업신고를 하고, 운영수익을 배분하는 역할도 수행하는 것으로 알려진다.

분양형 호텔에 대한 이해를 돕기 위하여 일반적인 호텔의 분류, 분양형 호텔과 관광호텔을 비교해 본다. 호텔은 숙박 목적, 관광진흥법, 경영형태에 따라 분류해 볼 수 있다. 숙박 목적에 따라서는 비즈니스를 위한 비즈니스호텔, 휴양지에 위치한 휴양지 호텔, 단기체제 호텔, 공항·항구·터미널 등에 위치한 환승용 호텔, 장기체제 호텔, 장기체류 목적의 고객 임대용 호텔로 분류한다. 관광진흥법에 의하면 가족 호텔, 소형 호텔, 해상관광 호텔, 한국전통 호텔, 의료관광 호텔, 휴양콘도미니엄형 호텔이 있다.

경영형태 기준에 의한 분류는 소유주와 경영주가 같은 독립호텔, 체인 본부에서 브랜드와 예약시스템만 제공하고 운영은 소유주가 직접 하거나 별도의 전문 운영사에 경영을 위탁하는 프랜차이즈 호텔이 있다. 또한 브랜드를 제공한 호텔 체인에서 직접 운영까지 맡아서 하는 방식과 브랜드는 프랜차이즈 방식으로 도입하고 경영은 별도의 운영사에 위탁하는 위탁경영 호텔이 있으며, 최근 우리나라에서도 책임 임차운영 방식이 활발하게 전개되고 있는 임차운영 방식 호텔이 있다. 독립호텔에는 신라호텔, 롯데호텔, 아미가호텔이 있고 프랜차이즈 호텔에는 라마다호텔, 홀리데이인호텔, 베스트웨스턴호텔 등이 있다.

호텔서비스는 고객의 새로운 욕구 충족을 위해 숙박과 음식 등 다양한 서비스를 제공하며 객실, 식/음료 등의 유형적 상품과 인적 서비스의 무형적 상품으로 구성된다. 그리고 고정비용이 과다하게 필요하며 연중무휴로 인한 시설의 조기 노후화, 인적 서비스에 의존하는 특성을 내포한다. 개인투자자가 분양을 받아서 소유한 객실을 전문위탁사가 운영·관리를 맡아 수익을 창출하는 분양형 호텔과 기존의 호텔 형태인 일반 관광호텔을 비교하면 다음과 같다. 분양형 호텔과 관광호텔은 관광객 입장에서는 큰 차이가 없으나 호텔의 업종신고, 관련법규, 용도지역, 시설기준, 분양여부 등에서는 다른 특징을 나타낸다.

* 분양형 호텔과 관광호텔의 비교

구 분	분양형 호텔	관광호텔
영업절차	• 일반(생활)숙박업신고	• 관광호텔업등록
관련법규	• 공중위생관리법 • 건축법 • 건축물의 분양에 관한 법률	• 관광진흥법 • 건축법 • 관광숙박 시설 확충을 위한 특별법 (2016. 12.한시적)
용도지역	• 상업지역(일반,생활) • 준주거지역, 준공업지(생활)	• 2·3종 일반주거, 준주거자연녹지, 준공업지역
시설기준	• 없음(손님이 자고 머물 수 있는 시설 및 설비) • 등급 결정 신청의무 없음	• 욕실 및 사워시설필수 • 객실수, 객실면적, 시설기준, 등급에 따라 분류
분양여부	• 분양가능	• 분양 불가능 • 구분건물 임차 후 호텔업등록불가
취사여부	• 생활: 취사가능 • 일반: 취사불가	• 가족호텔 및 의료관광호텔은 취사가능
객실면적	• 4.5~8평	• 10평 내외
부대시설	• 편의점, 조식식당, 비즈니스 코너	• 수영장, 연회장, 식당, 비즈니스센터 등
매출비중	• 객실 80~90% 부대시설 10~20%	• 객실 30~40% 부대시설 60~70%
장 점	• 분양 가능 • 수익배당 가능	• 관광진흥개발기금융자 • 특별법상 용적률 특례
단 점	• 관광진흥개발기금 융자불가 • 용적률 특례혜택 없음	• 회원에게 수익배당 불가

출처: 정산만 외, 「비즈니스호텔크리에이터」, 지식인, p.112, 2013.

분양형 호텔은 위의 표와 같이 위탁운영 호텔, 프랜차이즈 호텔, 사업주 독립 호텔, 임대차 운영 호텔 등 네 종류로 크게 구분해 볼 수 있다. 위탁운영 호텔은 저렴한 운영수수료와 높은 수익배당률의 장점이 있고 자체 브랜드가 미약하다는 단점이 있다. 프랜차이즈 호텔은 강력한 마케팅 네트워크가 있는 반면 운영사 중심의 계약조건이나 높은 운영수수료의 단점이 있다. 사업주가 직영하는 독립호텔은 운영수수료가 없고 고수익 배당이 가능하나, 마케팅 능력이 부족하고 경영성과가 저조할 때 사업 위험이 커지는 문제점이 있다.

* 호텔 운영 형태별 장단점 비교

구 분	사업주 독립경영	위탁계약운영	프랜차이즈운영	임대차운영
장 점	• 독립적 의사 결정 • 책임소재명확 • 비용절감효과(운영수수료 미지급)	• 브랜드 인지도 조기 확보 • 공동마케팅 가능 - 글로벌 예약망 - 효율적 운영 시스템 • 서비스 표준화 실현 • 브랜드에 의한 자산가치 상승	• 일정한 범위에서 영업 자율성 보장 • 브랜드로 인한 호텔의 인지도 조기 확보가능	• 확정수익 보장 - 투자리스크 회피가능 • 투자비감축 가능 - 임대차 투자 범위에 따라 상이
단 점	• 시행착오 발생 가능성 • 인건비, 노조 등 노무 관리 민감사항 발생 가능 • 운영 정상화 상당기간소요	• 로열티 지급과다 • 지역적 특징 희석 우려 • 운영성과 책임 묻기 어려움 • 사업주의 운영 참여 불가 • 장기계약기간	• 프랜차이즈비용 • 본사지원한계 • 프랜차이즈 브랜드 이미지에 종속	• 영업이 잘 될 경우 추가 수익 확보 기회 상실 • 장기간 영업이 어려울 경우 운영포기 가능성 - 브랜드 이미지 손상 • 운영사 단기수익 위주 운영
브랜드 사 례		• 코트야드 • 이비스	• 라마다 • 베스트웨스턴 • 홀리데이인	• 신라스테이 • 아벤트리 • 도미인 • 토요코인 • 롯데시티

출처: 이현석 편저, 2018 부동산개발 사례연구, 건국대학교 출판부, 2018, pp. 327-356 요약.

Real Estate Development

제8장

부동산마케팅 및 부동산관리 (3단계)

· 구성	• 제1절 부동산마케팅 • 제2절 부동산관리
· 목적	시장변화와 소비자의 요구사항을 파악하여 마케팅전략을 수립 개발부동산의 가치향상을 위한 자산관리 계획 수립
· 용어	마케팅 전략수립, STP 전략, SWOT분석, 4P전략, 4C전략, 브랜드전 략, 분양, 자산관리(AM), 재산관리(PM), 시설관리(FM), 임대면적, 임대료조정
· 핵심	**부동산개발 마케팅과 관리·운용** • 부동산마케팅은 부동산개발 시점부터 시작해야 한다. • 부동산시장은 나누어서 보면 훨씬 잘 보인다. • 부동산관리와 운용은 현대 부동산사업의 핵심이다. • 부동산은 기업과 같이 운영하여 현금흐름을 발생시키고 수익을 창 출하는 대상이다. • 부동산관리는 자산관리(AM), 재산관리(PM), 시설관리(FM)로 나 누어 볼 수 있다.

📇 제1절 부동산마케팅

1. 개념과 정의

Philip Kotler(2012)는 "마케팅을 개인이나 집단이 타인에게 가치가 있는 제품을 창출, 제공, 교환함으로써 그들이 필요로 하고 원하는 것을 획득할 수 있게 하여 주는 사회적 및 경영 관리적 과정"이라 정의하였다[1]. 미국 마케팅협회(AMA: amercian marketing association)[2]에서는 "마케팅을 고객과 조직의 목적을 충족시키기 위한 교환이 일어날 수 있도록 하기 위해 재화와 용역, 아이디어의 개념의 설계, 가격결정, 촉진, 유통 등을 계획하고 실행하는 과정"으로 정의한다. 부동산마케팅은 고객의 필요와 욕구를 파악하고, 이를 충족할 수 있는 부동산상품을 기획, 개발, 가격설정, 촉진, 유통 등을 수행한다. 부동산상품을 구매하거나 사용함으로써 자신의 필요와 욕구를 충족시키려는 고객과의 교환을 창출하고, 고객을 만족시키는 활동들을 계획하고 실행하는 활동이다. 부동산상품과 관련된 환경 및 시장조사, 개발 및 가치창출 과정, 부동산상품의 분양 및 판매과정, 분양 및 판매 후 입주·사용과정 등의 여러 과정에 대한 마케팅을 포괄한다.

전통적인 관점에서 마케팅은 고압마케팅(high pressure marketing)이다. 시장에 초과수요가 항상 상존하여 마케팅 활동보다 생산 활동이 강조된다. 공급자 위주의 시장에서 소비자의

---

1) Philip Kotler, Kevin Lane Keller, Marketing Management, Pearson, 14th Ed., 2012.

2) https://www.ama.org

욕구보다는 기업이 생산 가능한 제품을 생산하고 시장에 출시 판매한다. 판매 후에도 소비자의 피드백 없이 생산물의 소유권이전을 위해 판매완료 시점까지 마케팅에 집중하는 후행마케팅으로 가격전략 수립, 유통망구축, 경로관리, 판촉활동 등을 통해 제품을 시장으로 밀어내는 공급자 중심의 마케팅활동이다.

현대 마케팅은 수요자 위주의 저압마케팅(low pressure marketing)이다. 소비자의 욕구충족과 복지증대 기여를 통한 이익을 추구하는 고객지향 마케팅으로 소비자들의 요구에 부응하고 고객을 만족시키는 시장에 제품을 공급하는 시장진입 마케팅이다. 구매자 중심의 순환적 마케팅으로 마케팅활동과 수익운용의 중요성을 강조하는 통합 마케팅 성격을 갖고 있다. 소비자에게 만족을 주기 위해 기업의 모든 활동을 일관성 있게 통합하는 선행마케팅으로 변화하고 있다.

그림 8-1 전통 마케팅과 현대 마케팅 비교

전통적 마케팅		현재적 마케팅
공장	인식의 출발	시장
제품과 공급자	초점	소비자의 니즈
판매와 촉진	수단	통합적 마케팅
단기적 매출	목표	장기적 이윤
단기적	계획 수립	장기적

부동산마케팅 과정은 불특정 다수인을 상대로 일반상품을 시장에서 판매하는 과정이라는 점에서는 동일하다. 부동산상품은 공급자(건설사, 판매사, 컨설팅사, 중개회사 등)가 부동산고객(일반가계, 법인, 기관, 국가 등)에게 부동산상품(주거용, 상업용, 레저용, 농림용 등)을 판매 및 임대하기 위한 과정이다. 부동산상품을 팔기 위한 분양목적의 판매마케팅과 임차인을 구하기 위

한 임대마케팅 등으로 나뉜다. 부동산마케팅은 고객층을 차별화 및 세분화 작업이 필요하다. 변화하는 고객의 수요와 만족을 파악하여야 정확한 마케팅 전략을 수립할 수 있다. 부동산마케팅의 개념이나 방법, 기술 등에 있어서 절대적인 이론이나 획일적인 정답은 없다. 수요와 공급 이 이루어지는 시장으로 상품을 판매하기 위한 단발성이 아닌 변화하고 있는 환경에 맞게끔 변화해야 한다. 일반상품들은 상품 하나의 단일성을 강조하고 판매에 중점을 두고 진행한다. 부동산마케팅의 경우는 복합적인 요소들이 내재되어 있다. 부동산은 고가라는 점과 부동성특성이다. 일반상품에 비해 구매 횟수가 적으며, 충동구매 발생 확률이 낮고 부동성으로 인해 소비자의 대상이나 규모가 한정되어 있다.

표 8-1 부동산판매와 마케팅의 차이점

부동산판매 (Sales)	부동산마케팅 (Marketing)
매도인 본위 (기업중심)	매수인 본위 (고객중심)
고객지향 이념 없음	고객지향 이념 있음
단기적 이윤 추구	장기적 이윤 추구
취득한 부동산을 매각	매각될 수 있는 부동산을 생산
광고나 판매원 활동을 중시	시장조사, 부동산기획의 중시
판매 및 분양에만 중점	판매 및 분양 뒤의 사후 일도 고려
애프터서비스 없음	애프터서비스에 충실
직감과 경험에 의지	정보를 토대로 함
높은 강제력	낮은 강제력

부동산마케팅 계획의 수립은 거시적 환경요인과 미시적 환경요인으로 나누어 계획을 수립한다. 거시적 환경요인으로 자연, 인문, 정치적·행정적, 사회·문화적 환경 등이 있다. 자연환경이란 쾌적한 자연환경, 일조시간, 공기오염 등 자연환경이 미치는 영향으로 소득수준이 높아짐에 따라 쾌적한 자연환경을 찾고자 하는 고객이 증가한다. 인문환경은 경제적, 기술적 환경으로 경제성장, 경기변동, 재정상태, 물가, 조세부담, 기술수준 등에 영향을 받는다. 정치적·행정적 환경은 법규규제 및 완화, 부동산정책, 도시개발 및 재생사업 등 정부정책 및 관련 기관에서 변화되는 법규 및 제도의 변화에 영향을 받는다. 사회·문화적 환경은 인구, 가족구성, 공공시설, 부동산거래 및 이용관행, 건축양식 등 소비자의 구성분포 및 선호 변화에 영향

을 받고 있다. 정치변화, 정책방향, 사회적 일반지수 등 다양한 국가와 사회 환경에 대해 복합적이고 상시적인 조사와 분석을 해야 한다. 미시적 환경을 구성하는 부동산활동과 관련된 경쟁업자, 경쟁상품, 일반대중, 협력기관 등에 대한 환경요인 분석도 병행해야 한다.

표 8-2 부동산마케팅 환경 요인

거시적 환경	**자연환경**	일조시간, 공기오염
	인문환경	경제성장, 경기변동, 재정상태, 물가, 세금, 기술
	정치·행정적 환경	법규규제 및 완화, 부동산정책, 도시개발 및 재생사업
	사회·문화적 환경	인구, 가족구성, 공공시설, 부동산거래 및 이용관행, 건축양식
미시적 환경	경쟁업자, 경쟁상품, 고객, 협력기관	

2. 부동산마케팅 전략

부동산상품을 불특정 다수의 일반시장에서 판매하고자 할 때 소비자의 선호형태를 정확하게 파악하고 전략을 수립해야 한다. 개발사업자는 소비자의 선호를 정확하게 파악해야 한다. 소비자의 선호와 시장환경에 적용할 수 있게 세분화 및 차별화하는 과정이 필요하다. 부동산상품의 세분화 및 차별화는 포지셔닝 전략이다. 상품의 재배치를 통해 틈새시장을 공략하고 브랜드화하여 고객층을 확보하는 마케팅 과정이다.

부동산마케팅 전략을 수립하기 위해서는 소비자의 상품에 대한 선호형태에 대해 파악해야 한다. 소비자의 선호는 동질형, 확산형, 군집형으로 구분된다. 동질형 선호란 가격경쟁이 심할 경우 모든 소비자가 비슷한 선호를 가진 시장 형태를 말한다. 동일한 고객을 대상으로 고도의 비슷한 제품을 제공하는 대중 마케팅을 진행하게 된다. 확산형은 선호방향이 집중되지 않고 널리 분산되어 있는 형태다. 구매자의 선호를 충족시키기 위해 제품을 제공하는 개인마케팅 또는 다양한 마케팅을 수행하여 고객의 만족을 이끌어 낸다. 군집형은 뚜렷한 선호가 밀집된 세분시장이 형성되어 있는 선호 형태이다. 목표마케팅을 수행해야 하는 시장이다.

고객의 다양성과 요구수준 등의 복잡성으로 개발자는 마케팅 수립에 있어 고객이 원하고 있는 요구와 시장의 환경을 정확하게 이해해야 마케팅 전략을 수립할 수 있다. 부동산마케팅 전략 수립 과정을 살펴보면 1단계 환경적 분석(survey), 소비자성향 조사 및 SWOT분석을 거친다. 2단계는 시장세분화, 표적시장, 포니셔닝 등을 일컫는 STP 전략을 수립한다. 3단계는 세부적인 마케팅 전략기획인 제품(product), 가격(price), 유통(place), 촉진(promotion)으로 표현되는 4P 전략을 수립하여 실행한다.

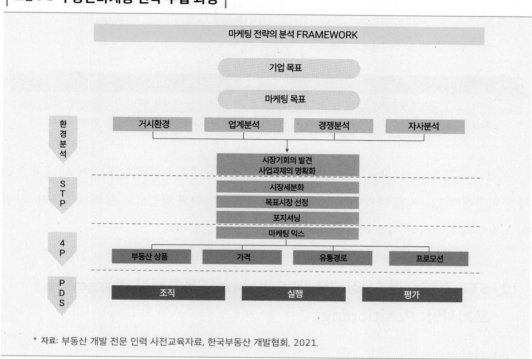

그림 8-2 부동산마케팅 전략 수립 과정

* 자료: 부동산 개발 전문 인력 사전교육자료, 한국부동산 개발협회, 2021.

1) 시장 환경분석

환경분석(survey)의 목적은 잠재적 고객파악, 수요파악, 해당 공간에 대한 지불 여부 등을 파악하기 위함이다. 부동산입지, 주변환경, 경쟁상품, 공급동향, 입주동향, 주변시세, 주변개발계획, 교통체계, 편의 및 편익시설, 유통시설, 공공시설, 유해시설 등을 파악한다. 통계자료활용, 자료(data)분석 등을 수행하는 정량적 조사와 설문조사, 델파이 인터뷰, 포커스그룹 인터뷰 등을 통해 조사하는 정성적 조사로 나뉜다.

시장 환경에 대한 조사를 거친 후 전략적 시장계획을 수립하기 위해 소비자에 영향을 미치고 있는 외부환경 요인과 내부 환경요인의 장단점을 파악하는 SWOT분석을 진행한다.

표 8-3 환경분석과 SWOT분석

환경분석			
거시환경분석	시장동향분석	경쟁분석	내부분석
• 사회·문화환경 • 법적환경 • 법적·정치환경 • 기술 환경	• 건설/시장동향 • 주요변수/시장반응 • 시장트렌드/수급동향 • 시장/상품/마케팅동향 • 주변지역/시장권역 • 수요분석 • 공급분석	• 경쟁기업파악 • 성과분석 및 예측 • 경쟁상품 선정 • 경쟁상품 평가/분석 • 유사사례분석	• 현황/활동/성과분석 • 기업목표/전략분석 • 기업장단점 분석 • 상품의 평가/분석 • 특성/장단점분석

↓

SWOT분석			
미시적(내부요인) 관점		거시적(외부요인) 관점	
강점 (Strength)	약점 (Weakness)	기회 (Opportunity)	위협 (Threat)

시장과 고객을 파악하는 과정에서 개발자는 시장조사가 목표로 하는 시장에 대해서 정확하게 이루어져 있는지를 파악해야 한다. 시장조사에는 일관된 방법으로 행해져야 한다. 사업의 시작부터 참여하여 시장 변화에 대해 파악하는 것이 필요하다.

2) STP 전략 수립 (시장세분화: Segment / 목표시장: Targeting / 포지셔닝: Positioning)

(1) 시장세분화(Segment)

시장세분화는 구매자들이 갖고 있는 상이한 욕구, 행동 및 특성 등을 기준으로 전체 시장을 세분화하여 효율적이고 차별적 마케팅 전략을 수립 및 마케팅 활동을 수행하는 과정이다. 시장세분화를 통해 개발자는 목표시장을 명확히 하고 소비자의 요구를 반영시킴으로써 소비자의 만족을 극대화 할 수 있다. 시장세분화는 마케팅 활동에 대한 반응이 유사한 소비자들을 집단화하여 시간 경과에 따른 소비자의 변화하는 반응을 동태적으로 분석한다.

표 8-4 시장세분화 요건

요건	내용
측정가능성(Measurability)	세분화 하고자 하는 시장의 크기와 구매력을 측정
접근가능성(Accesibility)	목표소비자에게 제품에 대한 지식을 전달
실체성(Substantiality)	세분화된 시장은 독창적인 별개의 마케팅 프로그램을 실행할 만큼 수익성과 가치가 보장
유효타당성(Validity)	세분시장의 분류기준이 타당하여 개개의 세분화된 시장 사이의 특징, 촉진 활동의 탄력성 정도를 지적
신뢰성(Reliability)	세분시장은 일정기간 일관성 있는 특성

시장을 세분화하기 위해서는 시장의 지리적, 인구통계학적, 심리 도식적(라이프스타일, 성격 등), 행동적 변수 등의 기준도 고려해야 한다.

표 8-5 시장세분화 기준

세분화 기준	내용
지리적세분화	지역, 인구밀도, 기후
인구통계적 세분화	나이, 성별, 소득, 직업, 종교, 교육수준, 가족생활주기
심리형태별 세분화	사회계층 (상, 중, 하층), 생활스타일(유행형, 개성형), 개성 (사교적, 내성적)
인간형태, 제품 세분화	구매동기, 사용자의 신분, 구매준비의 단계, 태도, 시장요인

(2) 목표시장(Targeting)

개발사업자는 부동산을 성공적으로 공략할 수 있는 목표시장을 선정해야 한다. 목표시장을 선정함에 있어 세분화된 시장의 특성을 파악한 후 세분시장 매력도에 따른 평가기준을 개발하여 목표시장을 선정한다. 목표시장을 선정할 때는 고객(curtomer)의 수요와 성향에 대한 이해, 주변 경쟁자(competition) 등 비교하고자 하는 경쟁상품 또는 경쟁 환경에 대한 이해, 개발위치 및 공급하고자 하는 상품에 대한 우호적인 환경을 고려하여 이익이 되는 목표시장을 결정해야 한다. 목표시장에서 고객들이 가지고 있는 선호현상을 면밀히 조사한 후 시장형태와 마케팅방법에 따른 세부 전략을 수립한다.

제품의 특성을 불특정 다수인 전체시장에 적용하는 무차별적 마케팅을 수행하는 경우 하나의 제품으로 전체시장을 공략할 목적으로 공통점을 중점을 두고 진행한다. 시장전체를 하나의 시장으로 가정하고 대량유통과 대량 광고 방식을 채택함으로써 신속하게 적용할 수 있다. 소비자의 다양한 욕구 충족이 어렵고 소비자 만족이 낮아 타 상품과 치열한 경쟁이 진행된다는 단점이 있다. 목표시장 안에서도 소비자의 요구 조건에 따라 각개 다른 마케팅전략을 수립하는 차별적 마케팅을 진행하는 경우도 있다. 다수의 목표시장을 선정한 후 각각의 목표시장에 적합한 마케팅 전략을 개발하여 적용한다. 세분화된 시장에 적합한 각각의 마케팅 전략을 수립하여야 하므로 시간이 많이 소요되고 비용이 많이 지출된다는 단점을 갖고 있다.

목표시장을 유형별 고객별로 세분화한 세분시장에 종합적이고 통일적인 하나의 마케팅 믹스를 적용하는 집중마케팅 전략도 있다. 기업의 자원이 제한적인 경우, 전체 시장에서 점유율이 낮은 경우, 하나의 소수의 작은 시장에서 높은 시장 점유율을 원할 경우 진행된다. 특정시장에 속한 소비자의 특성을 파악하고 있다면 강력한 시장 지위를 차지할 수 있다. 제품 계열을 집중하고자 하는 전원주택과 펜션, 유엔 빌리지와 같은 초고급빌라 등과 같은 개발에 적용할 수 있다. 소비자들의 행동의 변화에 대응을 못할 경우 시장성이 모호해지는 단점을 지니고 있다.

표 8-6 시장특성에 따른 마케팅 유형

마케팅 구분	마케팅 믹스 구분	시장 구분
무차별 마케팅	마케팅 믹스	전체시장
차별적 마케팅	마케팅 믹스 1	세분시장 1
	마케팅 믹스 2	세분시장 2
	마케팅 믹스 3	세분시장 3
집중 마케팅	마케팅 믹스	세분시장 1
		세분시장 2
		세분시장 3

(3) 포지셔닝(Positioning)

시장을 세분화하고 목표시장을 선정한 뒤에는 경쟁상품과 비교하여 자사의 상품이나 서비스를 소비자의 마음속에 뚜렷이 각인시켜야 한다. 이러한 일련의 과정을 포지셔닝이라고 한다[3].

제품의 위치선정 또는 자리매김이란 의미로 이해할 수 있다. 목표 고객의 인식 속에 의도적으로 자사의 상품에 대한 위치를 자리매김하여 차별적 가치와 혜택을 제시함으로써 소비자들이 해당 제품을 선택할 수 있게끔 하는 전략이다. 목표시장의 고객들 마음속에 명확한 위치를 차지하기 위해 기업의 제품과 이미지를 디자인하는 행위이다. 경쟁사의 상품이나 브

---

3) 박명호·박종무·윤만희, 「마케팅」, 경문사, 2002 개정판, p.235, 2002.

랜드와 차별화될 수 있도록 소비자의 마음속에 자사의 상품이나 브랜드의 정확한 위치를 심어주는 과정이다. 소비자의 마음속에 경쟁상품과 비교하여 명확하게 차별화하여 위치하고 있는 상품은 포지셔닝이 성공한 상품이라고 할 수 있다. 포지셔닝에는 다음과 같은 네 가지 원칙이 있다.

· 기업은 목표로 하는 고객의 마음속에 하나의 위치를 가져야 한다.
· 하나의 단순하면서도 일관된 메시지를 제공하는 독특한 것이어야 한다.
· 다른 경쟁사들과 자사를 구별시켜 줄 수 있어야 한다.
· 하나의 회사가 모든 사람들을 만족시킬 수 없다.

포지셔닝 전략은 기업이 속한 외부환경의 변화에 민감하다. 직면하는 외부환경은 거시적인 환경으로 정치·경제·사회·문화적 측면들을 포괄할 뿐만 아니라 기술의 변화도 포함하기 때문이다. 여러 요인들에서 자사 상품이 경쟁자 및 경쟁상품보다 우수하다고 해서 이들 모두를 차별화에 적용할 수 있는 것은 아니다. 너무 많은 것을 전달하고자 할 경우 소비자들에게 혼동을 줄 수 있어 역효과가 날 수 있다.

목표고객이 자사의 제품을 왜 선택하는지 그 이유를 명확하게 파악해야 한다. 동일한 아파트의 유형보다는 테라스를 가지고 있는 아파트를 설계한다든지, 안전측면을 강조하여 범죄예방환경 인증아파트를 설계하여 다양한 생활 서비스를 제공하여 경쟁우위의 차별화된 요인을 고객의 기억 속에 자리매김을 시켜야 한다.

개발사업지는 부동산상품 포지셔닝에 활용될 차별화된 요인 선정에 선택과 집중이 필요하다. 경쟁자 및 경쟁상품들과 비교하여 자사상품의 차별점을 찾아낸 후에는 이들 중 일부를 선정하여 구체적인 포지셔닝 방법의 개발에 활용해야 한다[4]. 상품의 차별적 요소를 목표시장 내 목표고객에게 인식시키기 위해 4P(product, price, place, promotion)를 통해 구체화한다.

---

[4]   조광행, 부동산 마케팅에서의 포지셔닝과 차별화 전략에 관한 연구, 부동산 학보, 2010, pp.77-90.

그림 8-3 STP 전략

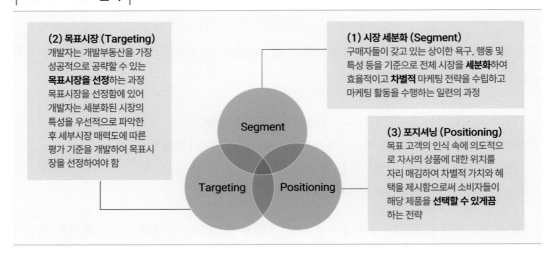

3) 마케팅 믹스 4P 전략

시장의 선정, 포지셔닝의 마케팅 전략을 수립한 후 이를 분석하여 상품 자체의 특성에 대한 구체적인 분석을 실시한다. 상품의 특성에 따라 마케팅 믹스에 대한 차별화 전략을 수립한다. 제품(product)전략, 가격(price)전략, 유통(place)전략, 촉진(promotion)전략 등으로 4P로 구분된다.

제품(product)전략은 상품의 종류, 크기/규격, 서비스, A/S 품질보증 등에 대한 것이다. 가격(price)전략은 제품의 가격 책정, 할인, 가격유연성, 수요, 가격민감도, 제품 수명 단계, 지급기간, 대금지급방법, 중개수수료 등에 대한 전략이다. 유통(place)전략은 판매상품의 지역/범위, 재고, 유통/배송, 물류 등에 대해 고려한다. 촉진(promotion)전략은 PR, 홍보, 광고, 판촉활동, 기타 마케팅 및 프로모션 활동 등을 고려하는 전략을 말한다.

표 8-7 4P 전략

4P전략			
제품전략 (Product)	가격전략 (Price)	유통전략 (Place)	촉진전략 (Promotion)
차별화(제품/시장) 특징/품질 스타일 상표명 포장/크기 서비스 품질보장(A/S)	가격책정(고가/저가) 소비자/대리점가격 공장/도매가격 할인/외상/신용	직영/대행 위치선정 재고관리 구성원관리 유통망	컨셉(Concept) 광고 인적판매 판매촉진 홍보 예산

(1) 제품(Product)

개발사업자는 외관, 디자인 공간, 다양한 서비스면적, 건물의 형태, 용도, 향후 A/S 정책과 보증제도 등 개발상품의 차별화에 주안점을 둔다. 무엇을 만들 것인가에 대한 고민은 아이디어 구상에서부터 비롯된다. 제품을 만들어 가는 과정은 개발부동산 자체뿐만 아니라 유형과 무형의 모든 것을 내포하고 있다. 부동산상품을 만드는 과정은 기본으로부터 시작하여 차별화해 나가는 상품의 확장성과 다양성으로 접근한다. 부동산상품 제공하는 기본적인 편익과 서비스에 대한 핵심제품에서 구매자들이 느끼고, 파악하고, 인식할 수 있는 수준의 제품을 만들기 위해 상품에 대한 배치, 평면, 마감재 등을 고민한다.

표 8-8 제품 구분

제품 구분	내용
기본제품 / 핵심제품	탁월함, 자부심, 특별함
기대제품 / 실체제품	위치, 시공품질, 외관, 조경, 평면, 배치, 마감재, 커뮤니티 시설
포괄제품 / 확장제품	고객서비스 (C/S), A/S 보증 및 기간, 금융조건, 콜센터운영

부동산상품을 만들어 가는 과정은 마케팅 시장과 환경조사를 토대로 한다. 소비자의 욕구, 경제상품의 공급물량 및 특장점, 개발의 제한점 등을 파악한 후 구상하고 있는 상품 콘셉트를 설정하고 사전상품을 설계한 후 최적 상품을 만든다. 개발사업자는 개발기획자, 설계자, 시공사, 마케터 등의 전문가와 협의하여 경제적으로 타당한 것인가를 판단한다. 부동산상품을 만드는 과정은 고객의 요구를 파악하여 소비자에게 새로운 가치를 제공하는 제품을 필요로 하는 시기와 필요로 하는 사람에게 적정한 가격으로 생산 판매하는 것이다.

표 8-9 제품전략 고려 요인

고려 요인	내용
독창성	성능 / 디자인 브랜드
참신성	상품의 아이디어 / 포장 / 디자인 / 광고
매력성	브랜드 / 디자인 / AS
가격 경쟁력	가격 적정성 / 내구성 등 품질 대비 가격
적시성	상품 출시의 적절한 타이밍
가치 창조성	부가적 가치 / 사용가치 / 취향적격
신뢰성	성능 / 품질 / 이미지

(2) 가격(Price)

가격은 제품구매에 대한 대가이다. 구매자가 판매자에 지불하는 화폐 금액이다. 제품, 유통, 촉진 요소가 변하면 가격도 변한다. 시장가격은 상품의 특성과 시장 환경의 변화에 따라 탄력적으로 변동되며, 상품의 특징과 목적에 따라 결정된다. 제품에 따라 조기 현금회수, 최고의 품질 등의 목적이라면 고가전략을 채택한다. 생존, 성장률 극대화, 시장점유율 확장 등이 목적이라면 저가전략을, 이익극대화나 수익극대화가 목적이라면 적정가격을 적용한다.

표 8-10 제품가격 결정 요인

구분	목적	내용
저가	생존	판매부진을 타개
	성장률 극대화	저가격에 의한 시장침투
	시정점유율 선도	높은 시장 점유율은 저원가와 높은 장기 이익을 확보
	재품 계열 판촉	인기 있는 특정제품을 홍보
고가	조기 현금 회수	투자액을 조기에 회수, 초기에 고가격을 설정한 후 점차 가격을 낮추는 상층 흡수
	품질선도	시장에서 높은 제품 품질을 유지하여 제품 품질상의 선도기업이 되려는 것으로 연구개발비를 보상받을 정도의 가격 설정
적정 가격	이익극대화	현재의 이익, 현금흐름, 투자수익률 극대화하는 수준
	수익극대화	원가 함수의 추정이 어려운 경우 매출 수익을 극대화

가격 결정방법의 다른 접근 방법은 상품의 탄력도이다. 가격의 시장 민감성을 기준으로 가격설정을 살펴볼 수 있다. 상품의 가격탄력도가 낮은 제품이라면 상층 흡수가격전략을 채

택한다. 투자액을 조기에 회수할 목적이거나 수요의 가격탄력도가 낮은 제품에 적용한다. 제품도입 초기에 높은 가격을 설정하여 고소득층을 흡수한 후점차 가격을 하락시키는 것으로 "신고가 후저가" 전략이다.

가격탄력도가 높은 제품에서는 침투가격전략을 설정한다. 제품의 시정성장률을 증대시키기 위하여 제품도입 초기에 저가를 설정하여 대중적으로 판매되는 제품에 이용되며 "신저가 후고가" 전략이다.

개발사업자는 개발상품에 대해 시장에서의 잠재적 수요자들이 지불할 수 있고 지불하고자 하는 가격에 대해 시장조사를 통해 결정해야 한다. 분양상품의 경우 전문가들에 대한 설문조사 및 분양 의사 혹은 부담 가능한 분양가격과 범위(최대, 최저, 최적금액 등)에 대한 잠재적 수요자들에 대해 조사하여 가격을 결정한다. 가격민감도 분석(PSM), 컨조인트 분석, 5분위척도법 등을 활용한다.

가격 민감도 분석은 가격이 변동되었을 경우 고객이 제품가격에 대해 비싸다고 생각하는 정도, 싸다고 생각하는 정도, 비싸서 상품을 사지 못한다면 고려하고 있는 가격정도, 제품의 가격이 저렴하여 안심하고 제품을 구매할 수 있는 가격정도 등을 조사하여 고객이 제품에 대해 어떻게 생각하는지를 명확히 파악할 수 있다. 가격정책은 부동산시장 환경 영향도 받는다. 현재 부동산 시장이 성숙기 시장이면 시가전략을, 쇠퇴기 시장이면 저가전략을, 성장기 시장이면 고가전략을 수립한다.

표 8-11 환경변화에 따른 가격전략

가격 전략		
시가전략 (성숙기)	**고가전략** (성장기)	**저가전략** (쇠퇴기)
• 동일시장 분양가의 동일 가격 또는 경쟁가격 채택 • 가격 선도업체에 대한 모방 또는 추종가격 채택 • 보편적 시장적용	• 고가격 차별화로 우수한 고객 확보, 이윤 극대화 • 고객층이 한정되고 수용 속도 늦음 • 타상품보다 입지, 품질, 브랜드 인지도가 높은 경우	• 가격을 낮추어 소비자의 구매력을 높여 고객확보 • 장기적 측면 이익확대 • 경제침체,조기자금회수 • 시장점유율 확대 시 적용

(3) 유통 (Place)

유통은 마케팅 목표를 달성하기 위하여 판매 경로기관을 선정하고 통제하는 것이다. 최종 소비지가 제품 또는 서비스를 구매하기까지의 다양한 조직들을 연결시키고 주문, 거래협상, 지불, 금융 및 수송, 보관과 같은 마케팅 기능의 흐름을 촉진시켜 주는 활동이다.

유통경로를 통해 소비자는 시간, 장소, 형태상의 불일치를 해소하여 소비자의 편익을 가져올 수 있으며, 거래의 효율화, 소유 효용 등 판매자의 편익을 제공할 수 있다. 유통경로의 유형으로는 직접 유통하는 방법과 간접 유통하는 방법이 있다.

직접유통은 중간상을 배제하고 생산자와 소비자 또는 산업구매자가 직접 만나는 유통 형태이다. 통신, 방문판매 등이 이에 해당된다. 규모의 경제가 실현될 수 있을 때 적절한 방법으로 산업용품의 경우에 많이 이용된다. 간접유통은 생산자와 소비자 사이에 유통업자가 개입되는 유통형태로 마케팅 기능이 특화된 전문기관에 의해 수행된다.

표 8-12 유통의 유형

요인	직접유통	간접유통
중간상	바람직한 중간상이 없는 경우	바람직한 중간상 존재
제품	비표준화되고 부피가 큰 제품	표준화 되고 부피가 작은 제품
구매자	구매자 수가 적고 집중	구매자 수가 많고 분산
경험	경영자의 경험이 풍부	경영자의 경험이 거의 없는 경우
전략	신제품을 적극적으로 출시	기존 제품으로 방어적 전략을 전개

부동산시장에서의 유통구조는 거래의 유형에 따라 직접거래, 간접거래로 구분된다. 분양상품의 경우는 분양 권리 유형에 따라 소유권분양, 회원권분양 등으로 구분된다. 분양업무의 수행 주체에 따라 직접분양, 간접분양으로 구분할 수 있다.

표 8-13 거래유형에 따른 분류

구분		내용
직접거래	분양	• 신규분양을 통하여 공급자와 수요자간 직접거래를 성립시키는 방식 • 대규모 신규 부동산의 공급은 분양방식을 선택
	개인간	• 공급자와 수요자가 각각 중간의 매개체 없이 직접 거래를 성립 • 장점: 중개수수료가 X • 단점: 법률적 지식과 상대방에 대한 확실한 정보가 없으면 어려움
간접거래		• 중개업체를 통하여 공급자와 수요자간 거래 성립 • 우리나라 부동산 유통 체계의 가장 대표적인 형태
기타		• 경매, 공매를 통한 유통체계 • 어느정도 전문성이 필요

표 8-14 분양권리 유형에 따른 분류

분양방법	내용	
소유권분양	• 소유권과 이용권 모두를 분양	• 아파트, 상가, 오피스텔 분양 등
회원권분양	• 소유권은 없고 이용권만 분양	• 리조트 회원권, 스키회원권, 골프회원권 등

표 8-15 분양업무 수행 주체에 따른 분류

구분		개념	장점	단점
직접분양		분양업무의 모든 과정을 사업주가 직접추진	• 사업주의 의사가 정확히 반영되고 분양 수수료가 지급되지 않아 비용이 절감	• 분양경험이 필요하고 정기적인 조직관리가 필요 (조직구성 및 해체가 쉽지 않음)
간접분양	완전대행	분양 업무 전과정을 대행사에 일임	• 전문가의 노하우가 반영되어 분양률이 높고 분양추진력이 높음	• 과다한 수수료 발생 및 분양사고 우려
	일부대행	단순 분양계약업무 또는 영업 업무만 대행	• 분양 계약체결이 높아짐	• 사업주의 기획의도와 불일치 우려 및 책임의식 결여에 따른 분양사고

(4) 촉진(Promotion)

촉진은 예상고객이 될 수 있는 사람들에게 적절한 방법을 통하여 그들의 수요욕구가 환기되도록 수행하는 모든 활동이다. 마케팅 믹스상 설득적 커뮤니케이션의 역할을 수행하는 수단으로 광고, 인적판매, 판매촉진, 홍보 등의 활동 등이 있으며, 효율적인 측면과 원가적 측면을 고려해야 한다.

촉진활동은 의도적으로 예상고객의 수요욕구를 환기시키고자 하는 활동을 의미한다. 마케팅 커뮤니케이션의 일환으로 주로 고객을 상대로 다양한 매개체를 통한 설득적 커뮤니케이션의 주요 역할을 한다. 촉진 수단으로는 광고, 인적판매, 홍보,판매촉진, 판매프로모션, 스폰서십과 보증, 인터넷(유튜브), 통합적 브랜드 커뮤니케이션 등 다양한 매체가 활용된다.

판매촉진 전개과정은 고객의 욕구 및 특성, 태도 등을 조사하여 목표청중을 선택해야 한다. 목표청중에 대한 인지적, 행동적, 감정적 반응 등 촉진활동에 대한 목표청중의 반응을 검토한 후 메시지의 내용, 구조, 형식 등을 결정하여 메시지의 내용을 확정한 후 실행한다. 실행 결과 확인을 통해 피드백 자료로 활용하고 있다. 소비자의 구매단계에서 소비자가 상품을 구매하게 되는 과정은 인지단계, 감정단계, 행동단계 등 세 가지 단계로 나뉜다. 소비자가 광고 매체에 노출된 후 예상고객이 될 수 있는지에 대하여 대중이 광고에 노출되어 구매하기까지의 과정을 설명하고 있다.

표 8-16 소비자 상품구매 단계

인지단계	감정단계	행동단계
대중이 광고메시지를 수신하여 해석하는 단계로, 심리적 소구과정 중에서 광고가 가장 강하게 작용하는 단계	수신된 메시지에 의해 상품의 긍정적인 이미지가 형성되는 단계	구매동기가 유발되어 구매행동으로 이어지는 단계로 가격,품질,유통 등 마케팅 변수가 큰 영향을 미치는 단계

다양한 채널을 통해 궁극적인 목적인 개발상품에 대한 메시지를 고객에게 의미 있게 전달하여 구매하고자 하는 동기와 행동을 유발시키는 과정에서 메시지에 대한 설계도 중요한다. 전달하고자 하는 메시지의 설계는 이성적인 소구(relationappeal)와 감성적 소구(emotional appeal)로 나뉜다.

이성적 소구는 소비자가 제품 가격만큼의 비용을 부담한 대가로 얻게 되는 효용을 강조한다. 소비자가 제품 구매의 대가로 취득하게 되는 경제적, 물리적 혜택 등을 중심으로 알려줌으로써 마케터가 원하는 반응을 이끌어내려는 소구방식이다. 감성적 소구 방식은 목표 청중의 구매동기를 유발할 수 있는 긍정적, 부정적 감정을 강조한다. 유머, 사랑 등 같은 긍정적인 감정이나 공포, 수치 등과 같은 부정적인 감정을 유발하는 메시지를 활용한다.

부동산 촉진수단으로는 광고, 인적판매, 홍보(PR), 판매촉진 등이 대표적인 방법이다. 광고는 제품의 이미지 제고 및 이미지 형성을 도모하고자 할 경우 사용한다. 홍보(PR)는 제품에 대한 신뢰성 강화 또는 그에 대한 이미지 형성을 위해 사용하는 수단이다. 판매촉진은 매출을 증대시킬 필요성이 있을 경우 사용된다.

표 8-17 부동산상품 촉진 유형

구분	목적	내용
광고	• 인지도 제고 • 이미지 형성	인지효과는 극대화, 행동단계에 이어질수록 효과는 감소
인적판매	• 판매 증대 • 관계 형성	인지효과는 감소, 행동단계이에 이어질수록 효과는 극대화
홍보	• 신뢰성 강화 • 이미지 고착화	인지효과는 높으나 이해 면에서 낮은 효과
판매촉진	• 매출 증대	판매를 자극하는 데 있어서 압도적인 영향

촉진활동을 전개함에 있어 부동산 대내외 환경을 정확히 인식해야 한다. 부동산환경에 적합한 촉진수단을 선택하고, 고객에게 메시지 전달이 잘 전달되어지 피드백을 통해 계

속적이고 지속적으로 촉진활동을 진행해야 한다. 피드백을 수치화하여 촉진활동의 변화에 반영해야 한다. 대표적인 광고성과 측정방법으로 DAGMAR(defining advertising goals for measured)[5]방식이 활용된다.

4) 4Cs 전략

4P에 대한 마케팅 전략 수립은 소극적이고 수동적이 소비자들이 연결한다는 측면이 강하다. 최근에는 적극적이고 사회적인 소비자로서의 변화를 감안하여 고객가치(customer value), 적정가격(customer cost), 편의성(convenience), 소통(communiction)으로 표현되는 4Cs로 패러다임이 변화되고 있다.

상품(product)에 있어서 어떤 상품을 개발하고 홍보에 주안점을 두었다면 향후에는 소비자가 원하고 필요로 하는 고객가치(customer value)에 초점을 맞추어 변화되고 있다. 가격(price)측면에서도 상품의 적정가격이 얼마인가에 초점을 두었다면 향후에는 소비자가 지불할 수 있고 지불하고자 하는 적정가격(customer cost)이 얼마인가에 대해 고민한다.

유통(place)에 있어서도 과거에는 마케팅을 위해 적합한 유통경로가 무엇인가에 대한 고민을 하였다면 향후에는 소비자가 접근하기 편리한 방법, 즉 편의성(convince)에 초점을 맞추는 방법으로 변화되고 있다. 홍보(promotion)의 경우에 있어서도 효율적인 판매촉진이 무엇인가에 대한 고민이 주안점이었다면 향후에는 소비자가 원하고 필요한 것이 무엇인가에 대해 직접적인 소통(communiction)을 중요시 하는 경향으로 변화하고 있다.

표 8-18 **4P전략과 4C전략**

4P 전략		4Cs 전략	
상품 (Product)	어떤 상품을 개발하고 홍보할 것인가?	소비자 (Customer)	소비자가 원하고 필요한 것은 무엇인가?
가격 (Price)	상품의 적정가격을 얼마로 할 것인가?	비용 (Cost)	소비자가 지불하고자 하는 적정가격은?
유통 (Place)	마케팅을 위해 적합한 유통은?	편리성 (Convenience)	소비자가 접근하기 편리한 방법은?
촉진 (Promotion)	효율적인 판매촉진 전략은?	소통 (Communication)	소비자와 어떤 방법으로 소통할 것인가?

---

5)　소비자가 광고를 접하고 행동 하는 과정을 인지→이해→확신→행동의 4단계로 설명.

3. 부동산마케팅 실행

1) 단계별 마케팅 방안

부동산시장에서의 마케팅은 개발사업자가 용도를 파악하여 공급하고자 하는 상품을 일반 소비자에게 매각하는 분양에 초점을 맞추어 진행된다. 개발부동산을 신축 전 매각을 진행하는 방법과 신축이 완료된 상품을 판매하는 방법으로 진행한다. 부동산상품의 특성상 불특정 다수인에게 고가의 부동산을 매각하여야 하는 관계로 매각을 진행하는 전체 과정에서 세심한 전략을 수립해야 한다.

사전 마케팅(pre-Marketing) 단계에서는 시장분석을 통해 고객에 대한 정보를 파악하여 전략을 수립한다. 수립된 전략에 따라 필요한 마케팅 방법 등 사전 준비를 철저하게 준비하여 진행한다.

본 마케팅(MainMarketing) 단계에서는 사전 마케팅 단계에서 파악된 고객에 대한 정보와 필요한 마케팅 수단을 동원해 본격적으로 개발자가 공급하고자 하는 상품을 소개하고 적극적으로 홍보직원 등을 통해 부동산 상품을 판매를 진행한다. 사후마케팅(Post-Marketing) 단계에서는 본 마케팅에서 발견된 미비점을 보완하고 고객의 사후 서비스 및 판매하지 못한 상품의 장단점을 보다 철저히 분석하고 개별적으로 대책을 수립한다. 목표로 하는 판매율이 달성될 수 있도록 마케팅 수단을 수립한다.

개발사업자는 개발한 상품을 판매하기 위해 사전마케팅, 본 마케팅, 사후마케팅으로 구분하여 각 단계별 필요한 전략을 수립하고 수정하는 과정을 거치면서 단계별 맞는 마케팅 수단을 진행하게 된다.

표 8-19 단계별 마케팅 방안

구분	사전 마케팅	본 마케팅	사후 마케팅
마케팅 목표	• 브랜드 인지도 형성 • 분양에 대한 기대심리 형성 • 가망수요 확보	• 초기 Boom-up조성 • 모델하우스 활용 • 청약 및 계약 유도 • 초기분양 극대화	• 미분양물량 조기해소 • 미분양 마케팅 전략수립 • 계약자관리 및 사후관리 • 입주율 최대화
주요 활동	• 시장제조사 및 분양마케팅전략 수립 • 분양조직구성 • 마케팅 활동준비 • 매체별 티저광고 • 사전마케팅 광고	• 본마케팅광고 및 매체 집중 집행 • 모델하우스 이벤트 • 상담 마케팅 • 청약/계약관련 업무 • 초기부양률 분석 • 후속 마케팅전략 수립	• 예비당첨자 관리 • 민원처리 • 확장 및 추가옵션 계약 • 미분양마케팅 • 입주관리

* 자료: 분양마케팅 과정 및 단계별 활동, 부동산학연구 제16집 제1호 2000.3. pp.59~85.

2) 부동산광고

부동산광고란 부동산상품에 대해 생산자와 소비자를 적절한 시기에, 적합한 장소에, 적정한 가격에 연결시키기 위한 활동이다. 생산자와 소비자를 연결시키는 방법이나 시장의 제반 구성 요소들의 균형과 조화를 도모하는 과정이다.

부동산광고는 고객에게 다가가기 위한 요소들로 제품, 활동, 홍보에 투입되는 도구 등 조합이 이루어져야 하며, 광고 프로그램에 포함되는 일반적인 요소들로 다섯 가지를 염두해야 한다.

표 8-20 부동산광고 요소

부동산광고 고려 요소				
이미지, 정체성, 브랜드형성	마케팅, 환경 구축	목표광고	홍보	촉진이벤트

부동산광고는 일반상품과는 달리 고정성, 내구성, 고가성, 복합성 등 부동산이 갖고 있는 자체의 특성을 대내외적으로 표현하여야 하기 때문에 대부분의 광고가 부동산이 갖고 있는 고유특성을 고려하여 진행해야 한다. 부동산광고는 부동산 자체가 고가의 상품으로 매입을 하게 되면 취소가 어렵기 때문에 상품의 기능과 품질은 물론 상품의 대내외적 자연환경, 정부정책, 미래 환경까지 고려해야 하는 복합적인 요인이 강하다. 이외에도 부동산상품이 생산되어 소비자에게 전달되는 시간이 많이 걸리기 때문에 시기별로 나누어 지속적으로 광고가 진행되어야 하며 장기적인 변동가능성에도 대비해야 한다.

표 8-21 부동산광고 특성

구분		내용
부동산 고유의 특성	고정성	• 상품의 구매환경이 일정지역에만 고정되어 있고 상품판매의 경우 지역에 국한될 수 있음
	고가성	• 상품의 기능과 품질 강조, 다각적으로 준비하고 고객을 설득할 수 있도록 단계별로 광고를 진행하여야 함
	복합성	• 자연환경, 정부정책, 미래환경 등의 복합적 요인이 작용

부동산광고의 종류는 판매하고자 하는 부동산 상품별로 또는 내용별로 구분하여 광고를 진행하게 된다. 부동산 상품별 광고는 개발 전 단계인 1차 상품으로 토지와 같은 상품과 주택

분양 및 매각 광고, 상가 임대 및 매각광고, 오피스 임대광고, 공장 창고 등의 기타 시설물에 대한 2차 상품광고와 오피스텔 및 회원권과 같은 3차 광고로 나누어진다.

표 8-22 상품별 광고 구분

구분	내용
1차 상품	• 토지광고
2차 상품	• 주택광고 (단독주택, 전원주택, 아파트, 연립 등) • 상가광고 (근린상가, 단지내상가, 테마상가, 복합상가, 도소매점) • 빌딩광고 (오피스광고) • 공장, 창고 광고
3차 상품	• 오피스텔 • 회원권 (레저, 위락시설 등)

내용별로는 광고의 내용이 무엇을 나타내기 위한 것인지에 따라 이미지광고, 준비(사전) 광고, 판매광고, 관리광고 등으로 구분되어진다. 이미지광고와 준비광고는 생략하는 경우가 많으며, 광고를 진행 전 철저한 사전준비가 필요하다.

표 8-23 내용별 광고 구분(IPMS)

구분	내용
이미지광고 (Image)	• 공급자에 대한 이미지를 주 내용으로 하는 광고 • 이미지 구축된 공급자의 경우 간접광고(후원/제휴)가 더 효과적 • 회사나 상품의 이미지를 전달하기 위한 광고로서 사회나 국가, 고객 등에 관한 내용들로 이루어짐 • 기업의 이념과 컨셉 중심으로 안정적이고 자연스런 광고 전개 필요
준비(사전)광고 (Preparation)	• 수요자들에게 구매에 대해 암시를 해주는 단계 • 구체적인 판매시기나 판매상품의 세부적 유형이 나오기 전에 정보를 제공 • 다른 광고수단과 이벤트를 병행하면 효과적 상품판매를 위해 사전에 준비하는 광고 • 보통 회사의 이미지와 상품소개를 개략적으로 함 • 상품의 컨셉, 대략적인 일정, 이미지와 이벤트 관한 사항을 조화시켜야 효과가 상승 • Pre-Marketing 의 핵심단계로 다양한 전략구사가 필요함
판매광고 (Sale)	• 상품판매를 위해 사전 준비하는 광고로 상담과 방문을 유도 • 소비자의 구매와 욕구를 자극, 설득, 절차 등에 대해 상품이나 환경 기타 조건을 알리는 것 • 보다 자극적이고 강력한 내용으로 이루어짐 • 수단의 복잡성, 시기의 단기성, 비용의 집중성, 경쟁성, 배타성 등의 특징을 지니며 가장 중요한 부분
관리광고 (Management)	• 상품판매 후의 이미지 고객관리를 위한 광고 • 고객의 신뢰유지 및 잠재 고객확보를 위해 감동을 주는 형태로 기획 • 고객과 기업 간의 긴밀한 내용을 중심으로 이미지광고로의 연계가 필요

부동산광고의 제반 수단으로 과거에는 전파매체와 인쇄매체 등에 의존한 반면 근래에는 인터넷을 기반으로 한 다양한 광고수단을 활용하고 있다. 광고에 대한 예산이 급속도로 상승하고 있어 광고의 전략이 잘못될 경우 광고 효과를 거두지 못한 채 비용만을 지불하게 되므로 광고전략 수립이 필요하다.

표 8-24 부동산광고 전략

단계	내용
1단계	• 상품에 대한 정보와 장단점을 분석
2단계	• 단점을 극복할 수 있는 대안을 제시
3단계	• 상품요소를 구분하고 다양한 환경을 분석
4단계	• 시장에서 요구하는 품질요소를 추출하고 상품특성과 연결
5단계	• 상품의 로고나 브랜드 등을 개발하고 홍보전략 계획서 작성
6단계	• 자사 상품뿐 아니라 타사(경쟁재, 보완재, 대체재) 상품에 대한 조사 분석 병행하여 해당 상품별 홍보 전략분석표를 작성하고 자사 광고전략 수립

부동산광고의 경우 많은 금액의 예산이 집행되고 있어 사전에 상품, 상품고객 등 제품 환경 및 시장 환경에 대해 철저한 사전조사를 수립하고 광고 전략을 진행해야 한다. 부동산광고의 경우 광고비용에 많은 예산이 소요되고 자칫 효과 없이 광고비용이 매몰비용이 될 수도 있기 때문이다. 광고예산을 책정하는 방법에 있어서도 각각의 마케팅 활동에 들어갈 비용에 대한 견적과 총계를 내는 고정할당예산(fixed allocation budgeting) 방법과 부동산 산업과 대내외적 시장을 벤치마킹하여 예산을 수립하는 퍼센티지예산(percentage budgeting), 정확한 예산과 정확도를 높이기 위해 모든 상황을 설정하고 예산을 수립하는 제로베이스예산(zero-based budgeting) 방법이 있다.

표 8-25 광고예산 책정 방법

예산책정방식	내용
고정할당예산 (Fixed allocation budgeting)	각각의 마케팅 활동에 들어갈 비용 견적과 총계 산정
퍼센티지예산 (Percentage budgeting)	대내외적 벤치마킹하여 예산수립
제로베이스예산 (Zero-based budgeting)	모든 상황을 기초화하여 예산수립

부동산광고는 시기의 선정과 광고 매체의 최적 조합이 핵심으로 판매에 결정적인 영향을 미치게 된다. 상품이 좋고 가격이 저렴하더라도 광고의 적절한 시기를 놓치거나, 타이밍을 맞추지 못할 경우 최선의 광고전략을 수립하였더라도 실패할 확률이 크다. 광고시기 선정 시 시장 구성요소의 동향과 추세와 상호관계를 파악해야 한다. 광고시기를 결정 시 고려해야 할 요소는 소비자의 요소, 공급자의 요소, 환경 요소 등이 있다.

표 8-26 광고시기 고려사항

고려 요소	내용	
소비자요소	• 필요부동산: 종류, 규모 • 부동산기능: 매입, 임대, 자가사용 • 구매가격: 판매가, 대출, 실부담 • 구매시기: 사용시기,소요기간	• 구매지역: 지역조건, 입지조건 • 품질조건: 자체마감, 기능, 서비스 • 사회환경: 교통, 교육, 공공건축물, 근린시설 • 투자이익: 기대차익, 회전율
공급요소	• 보유부동산: 종류, 규모 • 상품기능: 개발공급시 이익극대화	• 판매가격: 투자비 회수 적정마진 • 판매시기: 공급자의 내부조건과 시장조건
환경요소	• 정책요소: 보유, 개발, 세부의 규제, 지원 • 경쟁상품: 공급상황, 업체전략 • 지원상품: 자재, 마감, 서비스제휴업체	• 대체상품: 금리, 주식동향 • 국제환경: 환율, 외국인 투자

사전단계인 이미지 구축 및 준비단계에서는 부동산 상품이 고가임을 감안하여 여러 가지 조건을 일정하게 유지해야 한다. 복합적인 부분을 한꺼번에 제시하는 것보다는 사전에 공급 주체에 대한 이미지구축을 실시해 줌으로써 소비자가 가벼운 마음으로 광고에 단계적으로 접근해야 한다. 일반광고와 차별화되어야 하므로 서두르지 말고 고객의 주목을 끌겠다는 목적보다는 구매하고자 하는 고객에게 마음의 준비를 하도록 하는 목적으로 접근해야 한다.

분양단계에서는 구매를 체결할 수 있도록 상세한 정보를 제공해야 한다. 종합 정리의 형식을 갖추고 예정광고의 30%~50% 정도를 투입하여 계약이 이루어질 수 있도록 초점을 맞춰야 한다. 분양광고는 속도감, 현장감, 소비자 차별 연출 등 적극적인 광고 전략을 수립하여 진행한다.

최근에는 인터넷 기반으로 한 다양한 통신매체에 의존하여 광고가 진행되므로 개발사업자는 다음과 같은 점에 유의하여야 한다. 첫째, 광고는 제품에 대한 홍보한다는 점에서 너무 파격적이면 역효과를 불러오기 쉽다. 여유를 갖고 차분한 접근과 참신한 기획을 필요하다.

둘째, 서두르지 말아야 한다. 부동산광고는 급조해서는 안되며, 충분한 검토 없이 광고를 만들게 되면 수요자들이 공급주체가 서둘러 판매하려는 것으로 인식하게 되기 때문이다. 셋째, 직접적인 수요자뿐 아니라 투자자나 임차인 등 간접적인 수요자도 고려해야 한다. 넷째, 부동산 광고의 강도와 대상범위를 적절히 고려하여 계획을 세우고 추진해야 한다. 비용과 효과가 조화를 이루기 위해서는 시기전략, 내용전략, 광고수단 선택전략, 개발연계전략 등 다양한 변수의 구분과 믹스가 병행되어야 한다.

3) 브랜드전략 및 분양

(1) 브랜드(brand)전략

브랜드전략이란 브랜드를 활용하여 제품을 알리고 개발상품이 가지고 있는 장점을 표현하고 긍정적 이미지를 제시하고 형성해 가는 과정을 말한다. 브랜딩을 통해 보다 가치 있고 의미 있는 것으로 바꾸는 작업이다.

구축된 브랜드는 다음의 개발상품을 진행할 경우 재구매를 촉진시킬 수 있다. 브랜드의 가치가 상승될 경우 개발 상품의 프리미엄이 부가적으로 작용하여 판매와 임대를 촉진할 수 있다. 기존의 개발용도 외에 새로운 개발형태나 새로운 용도로의 신제품 생산이 출시할 경우라도 소비자에게 쉽게 다가갈 수 있어 신제품 도입과 판매에 용이하며 기존제품뿐만 아니라 신제품에 대해서도 판매효율성을 촉진시킬 수 있다.

브랜드가 잘 구축되어 있을 경우 개발자는 기존 주력 개발상품 외에 다른 상품으로 시장을 분화하여 상품을 시장에 내놓더라도 소비자들이 브랜드의 충성도가 높아 성공적으로 시장에 진입하는 역할을 갖고 있다.

표 8-27 브랜드 장점

브랜드	감소와 절감	촉진과 용이	
• 브랜드의 역할 • "소비자와 기업 간 관계를 구책해 주는 심벌"	• 탐색비용의 감소 • 지각위험의 감소 • 심리적 위험의 감소	• 재구매 촉진 • 프리미엄 가격설정 용이 • 신제품 도입 용이	• 판매 효율성 촉진 • 시장 세분화 용이 • 충성도 촉진

브랜드를 만들어가는 과정은 개발사업자가 추구하고 있는 개발상품에 대한 철학, 가치관

등이 함축적으로 내포하고 있어야 한다. 개발과정 혹은 개발상품에 대한 서술적인 이야기와 같은 스토리전략을 세워야 한다. 스토리전략이란 상품의 브랜드를 통해 의미나 이야기 속에 소비자의 니즈와 맞는 콘텐츠를 제공함으로써 소비자들에게 몰입과 흥미를 유도하고 감성적인 의사소통의 통로를 만들어 내는 것이다.

개발상품에 대해 효과적인 브랜드를 형성하기 위해서는 상품이 갖고 있는 기억할 만한 고유의 정체성을 가지고 있어야 한다. 정체성은 브랜드를 떠올림으로써 개발자가 개발하고자 하는 목적과 용도를 연상시킬 수 있는 상품 자체가 갖고 있는 특징이 나타나야 한다. 인상적인 로고 및 고객들이 브랜드만 들어도 개발 상품에 대한 연상이 가능하도록 상징성을 내포하고 있어야 한다. 브랜드는 구매자에게 보여주는 개발상품의 첫 소개이므로 뚜렷한 인상을 심어줘야 한다. 브랜드를 선택할 때는 몇 가지 기준을 고려해야 한다.

표 8-28 브랜드 선택기준

기준	내용
개발규모 반영	단일건물의 소규모 개발이 경우 브랜드 자체에 대규모 개발 사업과 같은 이미지가 연출되어서는 고객에게 브랜드에 대한 이미지를 손상시킬 위험이 있음
환경과 자연에 대해 의미 있고, 좋은 이미지	개발사업장이 위치하고 있는 자연환경에 어울리는 브랜드로 결정함으로써 소비자들에게 브랜드만 들어도 주변의 자연환경이 연상되게끔 진행
감정적인 반응	개발사업자는 브랜드 결정에 있어 특별함과 평범함의 상반된 이미지를 고려하여 개발상품과 주변환경에 적합한 브랜드를 선정
시설, 주거, 위치와 관련해 포괄적으로 인식	아파트, 오피스텔, 상가 등 여러 개발상품에 각각의 특징을 담아 브랜드만 들어도 소비자들이 어떠한 상품인지가 인지될 수 있도록 세분화된 브랜드 결정
기억하기 쉽고 독특함	다른 곳에서 사용하고 있지 않는 브랜드를 고민
비전 반영	감성적의 목표와 생활방식을 내포
개발스토리를 반영	브랜드 자체만으로도 설득력 있는 스토리의 원천

효과적인 브랜드 관리방안으로는 개발상품의 특성을 잘 반영할 수 있는 브랜드명칭 이외에 브랜드로고, 위치 선정 등을 활용한다. 인지도와 긍정적인 이미지 창출이 되어야 한다. 마케팅 수단을 동원해 인지도와 이미지를 형성하고 광고, 웹사이트, 부동산상품 등 통합된 노력을 통해 지속적으로 일관된 브랜드 이미지가 제시될 수 있도록 해야 한다. 강력한 이미지를 형성하기 위해서는 브랜드의 인지도, 아이덴티티 창출, 부동산상품, 다양한 촉진활동, 광고, 홍보 등에 있어 일관성 있는 마케팅 활동을 필요하다.

(2) 분양

부동산분양이란 분양대상 건물 또는 토지 등 부동산을 다수인에게 구분하여 매도하거나 임대하는 등의 거래행위를 의미한다. 국내 대부분의 개발형태가 건물이 완성되기 전 선분양의 형태로 진행하고 있기 때문에, 매입자의 권리를 보호하기 위해 '건축물 분양에 관한 법률' 등을 준수하여 분양을 진행해야 한다.

가. 건축물 분양에 관한 법률

「건축물 분양에 관한 법률」에 의거 건축허가를 받아 건축하여야 하는 다음의 건축물을 사용승인서의 교부 전에 분양하기 위해서는 이 법을 적용하여 분양해야 한다.

- 분양하는 부분의 바닥면적의 합계가 3천㎡ 이상인 건축물
- 업무시설 등 대통령령으로 정하는 용도 및 규모의 건축물이란 30실 이상의 오피스텔 및 생활형숙박시설, 주택 외의 시설과 주택을 통일 건축물로 짓는 건축물 중 주택외의 용도로 쓰이는 바닥면적의 합계가 3천㎡ 이상인 것 바닥면적의 합계가 3천㎡ 이상으로서 임대 후 분양전환을 조건으로 임대

다음과 같은 건축물은 상기 규정에 부합하더라도 「건축물 분양에 관한 법률」의 적용을 받지 않는다.

- 「주택법」에 따른 주택 및 복리시설
- 「산업집적활성화 및 공장설립에 관한 법률」에 따른 지식산업센터
- 「관광진흥법」에 따른 관광숙박시설
- 「노인복지법」에 따른 노인복지시설
- 공공기관의 운영에 관한 법률에 따른 공공기관이 매입하는 업무용 건축물
- 지방공기업법에 따른 지방공기업이 매입하는 업무용 건축물

나. 분양시기 및 분양절차

분양시기에 관해 살펴보면 착공과 동시에 분양을 하기 위해서는 신탁사와 신탁계약 및 대리사무약정(계약)을 체결하거나 분양보증을 받아야 한다. 그렇지 않은 경우에는 해당 건축물의 사용승인에 대하여 다른 건설업자 둘 이상의 연대보증을받아 공증을 받고 골조공사 2/3 이상이 완료된 후 분양을 진행할 수 있다. 연대보증을 할 수 있는 건설업자의 요건에 대해서

는 「건축물 분양에 관한 법률」 시행령 제5조[6]에 규정하고 있다.

개발자가 착공과 동시에 일반인에게 분양을 위해서는 해당 요건 및 서류를 구비하고 해당 관청의 분양신고 완료를 한 후 일간지 등 공고를 통해 분양을 진행해야 한다. 분양을 담당할 분양대행사 선정 및 분양계획을 수립하여 착공과 동시에 분양을 진행하게 된다.

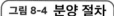
그림 8-4 분양 절차

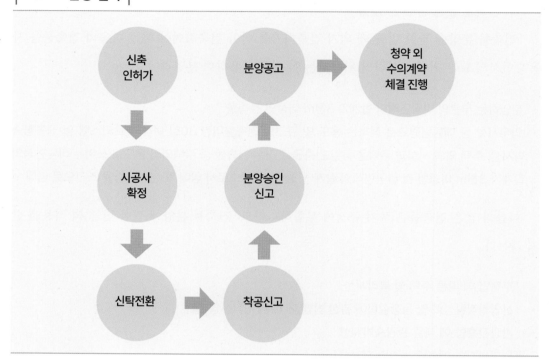

---

6) 대통령령이 정하는 건설업자란 건설산업기본법 제9조제1항에 따라 종합공사를 시공하는 업종의 등록을 한 건설업자로 서 다음의 각호의 어느 하나에 해당하는 건설업자를 말한다.
  1. 자본금이 연대보증 대상 건설공사 계약금액의 50퍼센트 이상일 것
  2. 연대보증 대상 건설공사에 해당되는 용도의 건축물을 시공한 실적이 있고, 최근 5년간 수주한 금액이 연대보증 대상 건설공사 계약금액의 2배 이상일 것

🏢 제2절 부동산관리

1. 개념과 정의

1) 사업적 개념(Enterprise Concept)

부동산관리의 개념을 살펴보면 James와 Down(1987)는 재산관리(PM)측면과 시설관리(FM)측면에서 "동산 소유자의 목적에 따라 대상 부동산을 관리상 운용하고 유지하는 것"이라 정의한다[7]. Abraham은 "타인의 부동산을 맡아 관리, 유지하고 임료의 수납 등을 하는 행위"라 정의하면서 재산관리(PM)측면을 강조한다. 부동산자산의지속적 관리를 통한 현재 상태의 부동산에 대해 효율적인 관리에 초점을 두었다.

Weimer와 Hoyt(1972)는 보다 넓은 개념을 제시한다. 생산(production), 재무(financing), 마케팅(marketing) 등의 세 가지 측면으로 보아 기업의 경영활동과 같은 일련의 과정으로 정의하였다[8].

부동산관리는 개발부동산 자산에 대한 정확한 이해와 주요 세 가지 업무 영역인 자산관리(AM: asset management), 재산관리(PM: property management), 시설관리(FM: facility management) 등에 대한 개념 수립과 관리계획을 수립하는 것이다. 개발사업자는 개발상품에 대한 가치를 높이고 효율적인 자산관리와 전략적 계획을 수립하는 업무를 진행한다. 완공 전 역할은 적절한 비용으로 건물을 설계할 책임을 갖고 개발용도에 맞는 공간을 만들어 가는 것이다. 완공 후에는 관리 주체로 사용자가 해당 부동산에서 기대하는 특징과 기능을 사용자 요구에 충족될 수 있도록 해야 한다.

부동산자산의 효율적 관리와 수익창출을 위해서는 부동산자산에 기업경영 개념을 도입해야 한다. 부동산자산의 기업경영 개념은 미국에서 리츠가 폭발적으로 성장한 1993년부터 주목받기 시작했다. 부동산 가격이 지속적으로 상승하고 경기가 활성화되었던 과거에는 단

---

7) James C. Downs Jr., CPM Principles of Real Estate Management (Chicago : IREM, 1987), p.7.
8) Arthur M. Weimer and Homer Hoyt, Principles of Real Estate(New York: The Ronard Press, (1972), p.156.

순히 부동산 자본이익(capital gain)만을 기대하였다. 경쟁심화와 경제여건이 변화됨에 따라 부동산의 가치가 운영이익(income gain)에 따라 가치가 평가됨에 따라 부동산자산관리의 중요성이 대두되기 시작하였다.

James Graaskamp(1972)는 기업경영 개념의 부동산 자산관리에 대해 다음과 같이 정의하였다[9].

- "부동산자산을 기업적 관점에서 부동산 자체를 기업이라는 시각에서 보아야 한다는 것으로 부동산을 단지 벽돌과 시멘트로 구성된 것이 아니라 운영을 통해 가치를 향상시키고 지속시킬 수 있는 실체로 보아야 하며, 기업들이 지속적으로 시장에서의 위치를 재정립하고 틈새시장을 찾는 것과 같이 부동산자산 운영/관리도 시장에서의 새로운 요구에 부응할 수 있도록 변화하고 적극적인 관리를 진행해야 한다"

개발사업자는 부동산자산의 운영과 관리를 위해 관리계획을 수립해야 한다. 관리업무는 관련 영역이 상호 연계되어 있어 부동산자산의 가치를 극대화하기 위해 종합적인 전략이 중요하다.

부동산시장 환경이 복잡해지면서 규모가 확대되고 있다. 직접투자방식에서 부동산의 규모가 커짐에 따라 간접투자방식으로의 투자 형태가 변화하고 있다. 수익적 측면에서도 자본이익(capital gain)과 함께 운용이익(income gain)이 중요시 되고 있다. 부동산관리의 개념이 단순한 관리와 운영측면에서 기업운영 개념으로 확대되고 있다.

부동산관리가 부동산 생애주기 동안 위험을 분산하고, 유형이나 특성을 고려해 부동산을 보유, 매각, 리모델링 등 포트폴리오 측면에서 자산과 부채를 전문적이고 종합적으로 관리하는 개념으로 확대되고 있다.

효율적인 부동산관리를 위해 준공 후 개발사업자는 관리에 필요한 인수인계서류(transfer package)를 구비하여 자산관리자에게 인계해야 한다. 인수인계서류에는 사업의 현황과 미결된 공사부분에 대한 내용, 당초견적과 실제와의 비교, 사업에 적용된 자본환원율, 임대상승률, 공실률 등과 같은 사업초기 정보와 개발사업의 총비용, 미결사항, 초과부분 등에 대한 내용이 포함되어야 한다.

---

9) James A. Graaskaamp, "A Rational Approach to Feasibility Analysis", Appraisal Journal, October 1972.
Mike E. Miles Laurence M. Netherton Adrienne Schmitz, "Real Estate Development Principles and Process", Fifthedition. Urban Land Institute. 2015. p.258, p.322.

(1) 경제적 개념

경제적 측면에서의 부동산관리란 부동산을 활용하여 수익의 극대화와 위험의 관리를 통한 자산가치의 증진을 위한 활동이다. 부동산자산관리자는 부동산의 시장가격을 파악하기 위해 감정평가를 실시한다. 취득 시에 지불한 가격은 과거의 가치로 현재 평가된 가격을 지표로 하여 경제적 위험요인을 판단해야 한다. 평가된 시장가격에 비추어 부동산에서 현재 발생하고 있는 수익이 저조하면 경제적 위험 요소로 보고 수익증대 방안, 비용절감 등을 통해 비용을 줄이기 위한 대책을 수립해야 한다. 금융 등의 레버리지를 활용하여 수익극대화에 대한 방법, 가치향상 증진방안 등도 함께 고려해야 한다.

(2) 법률적 개념

법률적 측면은 부동산에 관한 소유권관계, 권리관계, 등기, 법률효과, 계약행위, 조세, 도시계획상의 제한사항 등 정책, 제도, 사회적 규범 등의 위험요인을 분석한다. 부동산 권리분석, 제한사항, 계약관리, 취득, 처분 등의 법률행위를 포함한다. 부동산자산관리자는 거래와 관련된 제반 법률적 지식이나 임대차와 관련된 지식을 습득해야 한다. 법률적 측면과 경제적 측면이 불일치하는 사항이 파악하게 되면 일치하는 방향으로 관리해야 한다. 건축물이 「건축법」 또는 「주택법」 등의 관련 법규에서 정해진 용도대로 사용될 수 있도록 관리해야 한다. 임차인의 불법적인 건축물의 용도를 변경한 경우 허가권자는 불법 용도변경의 행위자가 임차인이라 하더라도 건축물 소유주에게 시정명령을 하고 이행강제금 등 행정적 제재가 부과될 수 있기 때문이다.

(3) 기술적 개념

기술적 측면은 엔지니어 개념이 속하는 사항들이다. 설비, 설계, 측량 등 엔지니어분야에서 취급하고 있는 물리적 요인이다. 엔지니어 분야에는 위생관리, 보존관리, 설비관리, 보안관리 등이 있다. 나대지의 경우에는 그 인접한 대지와의 경계사항을 명시하고, 건물의 경우에는 기능의 보존을 위하여 주기적으로 건물 전체에 대한 점검을 하고 수리해야 한다. 부동산 가치를 높일 수 있는 다양한 방법에 대한 조사 분석과 개량업무 수행을 위한 전문가의 활용도 기술적 측면의 관리에 포함된다[10].

---

10)   전용수, 이창석, 부동산자산관리론, 형설출판사, 2004, pp.20~21 참조.

2) 기능과 역할

　부동산관리 기능은 매입단계, 보유단계(관리단계), 처분단계, 임대차단계 등으로 구분된다. 부동산 자산관리 기능이 여러 가지로 구분되는 이유는 개발사업자의 부동산의 운용방향에 따라 관리의 궁극적인 목적과 관리 방법이 다르기 때문이다. 개발사업자는 목적에 맞는 관리계획을 수립해야 한다,

　부동산관리는 부동산을 단순히 유지·관리하는 것 외에 위험분산을 위해 부동산 유형이나 특성을 고려한 보유, 매각, 리모델링 등 포트폴리오 측면에서 최적의 투자전략으로 부동산가치를 극대화하는 전문적이고 종합적인 관리이다.

　부동산관리는 기존시설물의 운영 중심으로 하여 운영수익을 극대화하기 위해 수행되는 시설관리(FM)와 재산관리(PM) 중심의 소극적 의미의 관리 활동과 부동산을 유지·운영하는 차원을 넘어 자산 전체의 총괄적인 포트폴리오 개념으로 접근하여 부동산자산의 설계, 투자, 관리를 하는 종합적인 관리로 부동산 가치를 극대화하는 적극적 개념의 자산관리(AM)로 나누어 볼 수 있다.

표 8-29 부동산관리 구분

구분	소극적 의미의 자산관리	적극적 의미의 자산관리
개념	• 기존시설 운영중심의 운영관리로서 각종 시설의 유지와 운용을 위한 관리로 운영수익의 극대화를 위한 관리 • 부동산의 시설관리 영역 중심의 하드웨어적인 자산관리 시스템	• 단순히 부동산을 유지, 운영하는 차원을 넘어 자산 전체의 운영, 총괄적인 포트폴리오를 포함한 적극적 관리로써 전문적인 종합적 재무적 자산관리 • 재무적 수익극대화를 위한 전문적이고 체계적인 소프트웨어적 자산관리
관리목표	• 건물의 운영, 관리, 수선등으로 운영 관리비용을 최소화하여 운영의 효율화와 수익성 극대화	• 자산의 설계, 투자, 관리를 포함하는 종합적 자산관리로 최적의 투자전략과 운영을 통한 최대의 자산가치 창출을 도모 • 개별자산이나 특정지역의 자산에 대한 전략적 효율적 운영관리를 통한 부동산 자산가치의 극대화가 목표
관리분야	• 시설관리 (FM)　　　　• 재산관리 (PM)	• 자산관리 (AM)

* **자료**: 전용수, 이창석, 부동산자산관리론, 형설출판사, 2004.

　최근 대규모 고층빌딩의 건설과 주택의 집적화·고층화에 따라 건물의 설비가 복잡하고 고급화되어 고도의 관리기술이 필요하다. 단순한 시설관리의 중요성뿐만 아니라 안전성, 기능성, 쾌적성 등과 함께 건물의 지속적인 가치증대를 위해 전문적인 자산관리가 필요하게 되었다. 상업시설, 업무용빌딩, 대단위 주택 등에 대한 대규모개발이 진행되면서 부동산의 투자기회가 확대되고 있어 개인투자가뿐만 아니라 대형기관 투자자 등에 의한 집단화와 자산의

집중화가 되고 있다. 부동산자산의 생애주기비용(LCC) 관점에서 부동산의 기획, 설계, 건설, 운영관리, 폐기에 이르기까지 건물수명과 가치극대화를 위해 전문 인력에 의한 부동산관리가 필요하다. 시장규모가 확대됨에 따라 직접관리방식에서 전문업체로 위탁관리하는 방법으로 패러다임이 변화되고 있다.

표 8-30 부동산자산관리 트렌드 변화

구분	과거		현재	
부동산 시장	• 부동산 PF시장침체 • 부동산 금융의 고정화 • 부동산 직접투자 경향	• 양도차익 목적 • 부동산 공급자 중심시장 • 소유투자 목적(단순주거 수요)	• 부동산 리츠의 활성화 • 부동산 금융의 유동화 • 부동산 간접투자 경향	• 운영수익 목적 • 부동산 수요자 중심시장 • 거주 및 이용목적(거주의 다양화)
부동산 관리시장	• 관리제도 미비 및 개별 적관리 • 부동산 유지보존관리 • 시설관리 중심	• 직접관리 체계 • 인적건물관리회사 중심 (FMC)	• 관리제도 강화 및 공공, 사회성강조 • 부동산 수익운영관리 • 자산관리 중심	• 전문위탁관리(전문적/시 스템화) • 전문자산관리회사(AMC)
부동산 관리대상	• 관리건축물의 단순화/ 저층화 • 개별적 설비시스템	• 비수익형대형부동산 관리	• 관리건축물의 다양화/고층화 • 인터넷기반, 통합관리시스템	• 수익형 부동산 관리

임차인을 통한 운영이익으로의 재산적 가치 증대뿐만 아니라 지속적이고 계속적인 관리활동을 해야 한다. 부동산의 매입부터 매각까지의 전체 분야에서 일어나는 모든 관리활동으로 변화되고 있다. 부동산관리 영역을 나누어 보면 매입단계에서 20%~30%의 관리활동이 필요하다면, 보유 및 관리단계에서 60%~70%, 매각단계에서 10%~20%의 관리역량이 필요하다.

부동산의 유지, 보존, 운영 등을 중심으로 하는 종전의 자산관리에서 지속적이고 체계적인 종합적 관리를 통한 자산가치의 극대화를 도출하려는 새로운 관리방식으로 변화하고 있다.

개발을 완료하는 매입단계에서는 부동산의 개발과 매입 전 지역 및 근린분석, 부동산분석, 시장분석 등으로부터 산출한 정보에 의하여 자산관리계획과 현금흐름관리 전략을 수립한다. 투자이행 계획서 검토, 신축완공, 임대인 발굴과 부동산 평가 등의 업무를 진행한다.

보유단계는 부동산공간의 임대를 위한 임대활동, 부동산관리자의 선정 및 감독, 물리적 유지관리 및 자본적 개량과 같은 부동산관리, 투자성과에 대한 감시 및 통제, 소유자에 대한 정보 전달, 납세신고 및 외부 전문가의 고용 등이 있다. 처분단계는 시장분석 등을 통하여 당해 부동산의 시장성을 분석해야 한다. 매각의 적절한 시기를 결정하고 대체 취득하는 경우 대체취득 부동산에 대한 경제적 타당성 등을 검토해야 한다.

표 8-31 단계별 부동산 자산관리

구분		내용
매입단계		• 투자대상(취득대상) 후보 물건의 탐색 • 현황조사, 권리분석, 지역지구 및 건축 규제 사항 조사 등 • 가격조사 및 사업성 분석 • 장래의 재임대 및 재건축 기회에 대한 평가 • 매도자와 협상 및 물건 취득 • 소유권 이전, 관리 인수
보유 단계	부동산관리	• 상주관리인의 선택 및 감독 • 운용비용의 지출권한 • 임대차계약의 검토 및 승인 • 추가 개발 및 개수 계획 검토 및 실행 • 지역 부동산시장의 상황에 대한 감시
	재임대 및 재건축	• 재임대 및 재건축에 대한 계획 • 계획된 재임대 및 재건축 이행
	주변지역의 개발	• 확장의 여지가 있는 부동산에 대한 검토 • 개발계획의 준비 • 부가적 건축(증축 또는 부속건축물의 신축)의 이행 • 부동산의 일부에 대한 매각 또는 임대
	투자성과 감시 및 통제	• 관리상 정보의 주기적 보고 (월별, 분기별, 연별) • 대상부동산에 주기적 방문 • 부동산의 잠재력에 대한 전략적 점검의 규칙적인 수행 • 장기적 자본 지출예산에 대한 준비 • 재산세의 과세 평가액에 대한 분석 및 이의신청
	재금융조달	• 국내 금융시장 및 금융기법에 대한 감시 • 저당대출의 유리한 갱신 • 자기자본 감축, 부동산개량을 위한 신규 금융조달 계획
	소유권의 재구성	• 구분소유건축물의 매각 후 임대에 대한 고려 • 합작투자에서 매입옵션에 대한 평가
처분단계		• 최적 매각을 위한 부동산 생애주기의 상황에 대한 감시 • 시장상황을 감안한 매각방안 및 부동산 마케팅 고려 • 자발적인 매매제의에 대한 평가 • 부동산 매각추진 및 시장 의견의 평가
임대차단계		• 임대전략 수립 • 임대계약의 검토 및 승인 • 고객만족시스템(CRM) • 공실 해소를 위한 추진계획 수립 • 현지 시장의 변동상황 관찰
총괄관리		• 관련 법규, 조세, 보험의 검토 및 이의신청 • 회계, 재무분석, 현금흐름, 리스크관리 • 주기적인 관리보고서 작성

* **자료**: 민규식 (2001). '부동산자산관리의 구조 및 기능' 참조.

2. 관리체계와 업무영역

1) 관리체계 수립

개발사업자는 운영/관리계획을 수립하기 위해서 경쟁상품 및 기존의 개발 완공된 상품에 대한 관리 계획 및 시장상황을 파악해야 한다. 개발 상품이 갖고 있는 강점과 약점을 인근 상품과의 비교를 분석하여 개발된 상품의 문제점과 기회요인을 정확하게 분석해야 한다. 정확한 분석을 위해 주변의 지역시장 및 경쟁시장, 투자자의 요구, 임차인의 요구, 부동산 자산 포트폴리오 및 기타 고려해야 할 사항을 현재의 정보를 토대로 목표를 설정하고 평가하여 재조정 한다. 주요 결정 사항들의 재검토와 수립된 계획을 바탕으로 한 경제성 분석을 통해 대체 방안의 제시와 목표달성을 위한 계획을 수립한다.

수립된 계획을 통해 개발사업자는 운영/관리 조직을 구축하고 인원을 적절하게 배치해야 한다. 개발상품의 임차 및 매매에 대한 마케팅 프로그램 및 운영예산을 수립하여 계획을 실행한다.

개발사업자는 부동산 운영/관리계획의 수립하기에 앞서 다음과 같은 사항을 고려하여 계획을 수립해야 한다.

표 8-32 부동산 운영/관리 계획 수립 시 고려사항

고려사항	내용
문제점/기회 정의 및 분석	• 부동산의 물리적 속성에 대한 이해와 정확한 분석 • 운영이력 확인 • 시장상황 파악 • 부동산자산의 강점과 약점을 유사 부동산과 비교해 분석
목표 평가 및 조정	• 지역시장 및 경쟁시장 정보 수집 및 파악 • 투자자의 요구 파악 • 임차인의 요구 파악 • 포트폴리오 및 기타
대안 검토 및 목표달성 계획수립	• 주요 의사결정 요소 검토 • 계획에 따른 새로운 Pro forma 생성
계획실행	• 인력구성 • 마케팅 프로그램 • 운영예산 • 자본 프로그램

관리인력 구성은 지역단위 혹은 전문가 단위별로 관리 인력을 구성하게 된다. 지역구분 단위의 경우 지역관리자가 해당 지역의 모든 측면을 관리하며 책임을 진행한다. 전문가 단위의 경우 분야별 전문가들이 모든 프로젝트에서 해당 전문분야를 담당하며 진행한다. 자산관리자는 기업과 소비자를 이어주는 현장 직원으로서 매우 중요한 책임과 권한을 갖고 일을 수행한다. 현장직원은 현장관리, 임대 및 유지관리 인력을 배치하게 되며 초기 직원인 경우 교육과 본사에서의 지속적인 감독을 통해 효율성이 극대화되도록 해야 한다.

운영예산은 계획대로 경쟁 우위의 입지를 확보하게 되면 자산관리자는 관리계획에 따른 운영예산을 산정할 수 있다. 운영예산은 추정 운영수익, 총매출과 공실률, 세금, 보험료, 급여, 마케팅비용, 설비유지 및 보수비용, 그 밖의 관리비용 추정 등으로 산출하게 된다. 전략계획이 세워지면 부동산의 연간 운영예산을 산정한다. 일반적으로 최초 1년의 상세한 현금흐름을 분석하며 이후에는 이를 기준으로 작성하게 된다. 개발 초기에 운영예산을 잘 수립되었다면 프로젝트를 수정하고 심각한 오류 방지를 할 수 있다. 운영예산 수립 시 해당 부동산의 특징, 기능, 편익에 대한 시장의 지불의사 가격과 부동산 운영비용의 조화가 중요하다.

초기에는 자본적 지출이 거의 필요 없지만 시간이 지날수록 건물의 노후화로 인해 자본적 지출이 필요하게 된다. 공사를 보강하거나 설계의 부족한 부분을 개선하거나 임차인의 추가적인 요구사항을 충족시키기 위해 자본적 지출이 발생할 수 있다. 정부규제나 법령의 변경으로 추가적인 자본적 지출이 발생할 수 있다. 자산관리자는 과도한 자본적 지출로 인해 부동산의 현금흐름에 영향이 발생하지 않도록 해야 한다. 충당금 설정 등을 통해 필요자금에 대한 관리계획을 수립하여야 하며, 경쟁력을 유지하기 위해 건물의 내용연수를 늘리거나, 임차인의 유치와 유지를 위해 효과적으로 활용해야 한다.

2) 부동산관리 업무영역

부동산관리 업무영역은 세 가지 업무영역으로 구분할 수 있다. 부동산을 기업의 경영관점에서 수행하는 자산관리(AM: asset management)업무, 수익운영 관점에서 수행하는 재산관리(PM: property management)업무, 효율적 기능을 유지하기 위한 시설관리 관점에서의 시설관리(FM: facility management)업무이다.

자산관리(AM)업무는 포트폴리오 관점에서 보유하고 있는 부동산의 자산과 부채의 종합적인 관리를 통해 가치를 증대하는 관리이다. 자산운용업무(건물자산의 매입매각, 투자관리업무)와 재무관리업무(파이낸싱, 회계, 수익관리, 세무관리)를 수행한다.

재산관리(PM)는 임대관리업무를 주로 수행한다. 운영수익 극대화가 목표다. 쾌적한 업무환경 조성을 위해 시설물의 유지관리와 관리비용의 절감과 적절한 임차인을 유치함으로써 임대수익을 향상시키고 부동산 가치를 극대화하는 데 목표를 둔다. 시설관리(FM)는 부동산의 시설적 측면의 효율성을 통해 관리 운영에 관한 비용을 최소화하고 효율적인 건물 시설관리를 함으로써 사용자의 만족을 증가시키는 데 목적을 두고 있다.

세 가지 관리 영역 외에도 자산관리(AM)와 비슷하거나 보다 상위 관리 개념으로 포트폴리오관리(PM: portfolio managerment)를 구분하여 업무를 4단계로 구분하는 경우도 있다. 포트폴리오관리(PM)는 기업의 부동산 자산에 대한 최고경영자의 의사결정을 보좌하는 역할을 한다. 부동산 자산의 수익률을 최대화하기 위해 기업부동산의 취득, 매각 등 주요 투자의사결정을 설계하고 실행하는 역할을 한다.

그림 8-5 부동산관리 세 가지 업무영역

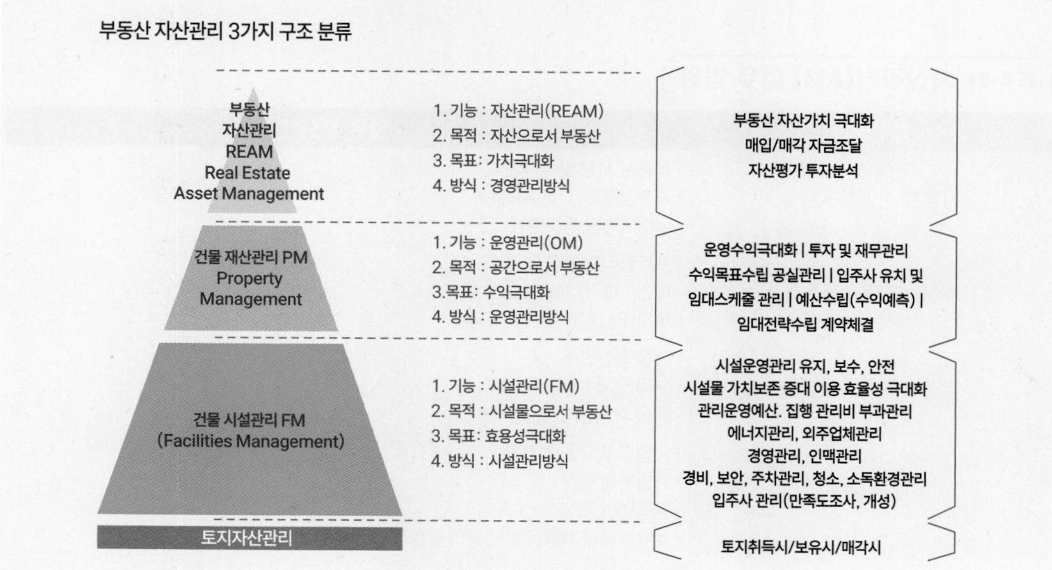

부동산 자산관리 3가지 구조 분류

영역	기능/목적/목표/방식	주요 업무
부동산 자산관리 REAM Real Estate Asset Management	1. 기능 : 자산관리(REAM) 2. 목적 : 자산으로서 부동산 3. 목표 : 가치극대화 4. 방식 : 경영관리방식	부동산 자산가치 극대화 매입/매각 자금조달 자산평가 투자분석
건물 재산관리 PM Property Management	1. 기능 : 운영관리(OM) 2. 목적 : 공간으로서 부동산 3. 목표 : 수익극대화 4. 방식 : 운영관리방식	운영수익극대화 ㅣ 투자 및 재무관리 수익목표수립 공실관리 ㅣ 입주사 유치 및 임대스케줄 관리 ㅣ 예산수립(수익예측) ㅣ 임대전략수립 계약체결
건물 시설관리 FM (Facilities Management)	1. 기능 : 시설관리(FM) 2. 목적 : 시설물로서 부동산 3. 목표 : 효용성극대화 4. 방식 : 시설관리방식	시설운영관리 유지, 보수, 안전 시설물 가치보존 증대 이용 효율성 극대화 관리운영예산. 집행 관리비 부과관리 에너지관리, 외주업체관리 경영관리, 인맥관리 경비, 보안, 주차관리, 청소, 소독환경관리 입주사 관리(만족도조사, 개성)
토지자산관리		토지취득시/보유시/매각시

* 자료: 정용식, 부동산자산관리론, 부연사, 2017, p.49.

(1) 자산관리(AM: asset management)

자산관리는 가장 광의의 관리이다. 부동산(토지 또는 건물)을 맡아 단순히 운영·관리하는 차원이 아니라 위험분산을 위해 부동산 경기분석과 향후 시장의 전망예측 등을 통해 최적의 투자전략과 자산규모에 맞는 포트폴리오 측면에서 부동산의 보유 또는 매각, 매입, 재건축 등 자산가치를 극대화하는 전문적이고 종합적인 부동산관리다.

위험분산 차원에서 부동산의 유형과 지역의 혼합, 보유 부동산의 매각 및 개량, 개별 부동산의 특성을 고려한 보유기간 산정, 레버리지 활용 등을 통하여 소유자의 가치 극대화를 추구하는 관리방법이다. 투자 측면에서 부동산을 하나의 기업으로 인식하고 기업에서 일어나는 일련의 투자결정 전반에 걸쳐 일어나는 모든 사항을 전략적으로 접근함으로써 기업운영관점에서의 해당 부동산 이익을 극대화한다. 주요 업무는 부동산 시장 및 경기 분석, 부동산 자산 포트폴리오 기획, 부동산 자산평가와 투자 분석, 자산가치 극대화와 관련된 전략계획 수립, 보유, 매각분석, 성과모니터링과 임차인 관계지원, 부동산관리자의 평가 등의 업무를 수행한다.

현실적으로 규모가 크지 않은 부동산의 경우에는 부동산관리자가 자산관리(AM) 업무까지 수행하는 경우가 많다. 규모가 큰 건물일지라도 부동산 소유주가 여러 이유로 자산관리자에게 자산관리(AM)업무를 수행하도록 요구하는 경향이 있다.

표 8-33 자산관리(AM) 업무 범위

업무범위	업무내용
시장 및 지역경제 분석	• 부동산 시장 및 정책분석 • 시장경쟁요인 및 수요분석 • 임대마케팅 시장분석
자산평가 및 투자분석	• 포트폴리오 관리 및 분석 • 매입·매각, 재활용 방안 분석 • 투자대상 선정 및 자금조달
일상적 자산관리 업무	• 건물 자산관리 • 부동산 재무관리 • 금융 자산관리
주변 업무	• 기업의 필요공간 기획 • 개발부지 선정 • 금융대안 모색 • 보유부동산 재활용 방안 등의 포괄적 업무 수행

* 자료: 정용식, 부동산자산관리론, 부연사, 2017, p.51.

(2) 재산관리(PM: property management)

재산관리란 관리부동산의 수지분석, 시장분석, 마케팅, 공간배치, 임대차관리, 재무보고 등의 효율적인 관리운영을 통해 수익을 증대하고 자산 가치를 상승시키기 위한 관리이다. 업무영역이 부동산 자체의 운영에 중점을 두고 있어 운영관리로도 칭한다.

재산관리의 주된 목적은 수익의 극대화에 있다. 관리목표는 보유재산의 양호한 현금흐름을 통한 소유자의 수익극대화에 있다. 부동산 자산의 효율적인 운영과 관리를 통해 중장기적으로 부동산가치의 극대화를 위해 노력한다.

표 8-34 재산(운영)관리(PM) 업무 범위

업무범위	업무내용
빌딩시설관리	• 부동산의 유지관리업무 감독 및 수행 • 개·보수 공사 감독 • 정기적인 점검 실시 • 대관업무 및 마케팅 • 리스크 관리
재무관리	• 연간 운영예산 작성 • 관리계획서 작성 • 수입 및 비용관리 • 정기적인 재무보고 (예산대비 실적) 및 기록유지
임대 및 입주관리	• 임차인 모집, 선정 및 임대계약, 재계약 • 임대료, 관리비 청구 및 수금 • 임차인 유지전략 및 홍보 • 주변지역 시장조사 (공실률/임대료)
인력관리	• 관리사무소 직원선발 (현장 상주 시) • 외주 용역에 대한 입찰 준비 및 실시 • 외주 용역업체 선정 (시설, 미화, 경비 등) 및 감독 • 고객서비스 교육

* 자료: 정용식, 부동산자산관리론, 부연사, 2017, p.53.

(3) 시설관리(FM: facility management)

시설관리란 쾌적하고 편리한 사용 환경을 만들기 위해 각종 시설을 운영하고 유지하기 위한 것이다. 시설사용자나 건물소유자의 요구에 부응하는 정도의 소극적 의미의 관리로 건물의 기능을 유지하고 운영하는 관리시스템을 말한다.

각종 시설을 운영하고 유지하는 것으로 시설 사용자나 기업의 요구에 단순히 부응하는 정도의 소극적 관리를 의미한다. 설비관리, 위생관리, 방재관리, 보전관리 등으로 구분한다. 각종 시설물의 가치유지 및 유지비용의 최소화로 경제성을 제고하고 이용고객에게 안전하고 쾌적한 근무환경 제공을 위한 관리활동이다.

시설관리의 업무 범위와 개념이 확대됨에 따라 과거 시설관리는 단순한 유지 보전과 현장에서 발생한 시설물에 대한 업무였으나, 개념의 변화로 시설의 혁신을 통한 경영의 최적화를 목적으로 한다. 시설관리의 목적은 설비투자와 운용비용의 최소화, 효용의 극대화, 장래의 발전, 변화에 대한 유연한 대응이다. 필요한 기능을 충분히 활용함으로써 생산성, 쾌적성을 높이고, 부적합한 시설물을 개선함으로써 효율성을 향상시키는 것을 관리 목표로 한다.

시설관리는 모든 고정자산에 대한 최적의 활용을 추구하는 경영관리 활동이기 때문에 부동산뿐만 아니라 건축, 경제, 경영, 비용편익분석 등을 위한 재무·회계적지식 등 다양한 분야의 전문지식을 필요로 한다.

표 8-35 **시설관리(FM) 업무 범위**

업무범위	업무내용
시설유지관리	• 건축물 시설 유지관리 • 건축 설비 및 CM업무 • 영선관리 업무 • 에너지 효율 업무
건물운영관리	• 건물 청소, 위생 업무 • 조경 시설관리 업무 • 시설 경비 보안 업무 • 시설 방화 관리 업무
재무조직관리	• 세무 회계 업무 • 인사 노무 업무 • 제세공과금 업무

* 자료: 정용식, 부동산자산관리론, 부연사, 2017, p.54.

표 8-36 자산관리 / 재산관리 / 시설관리의 비교

구분	자산관리(AM)	재산관리(PM)	시설관리(FM)
단계	• 부동산 관리 기반의 종합서비스업적 성격	• 부동산관리의 중간적, 이행적 단계	• 부동산 관리의 도입기 • 국내 일반적 빌딩관리
개념	• 부동산투자 전체 과정에서 전략적, 의사결정을 통해 부동산가치를 보전, 증식하고 수익극대화 방안을 모색하는 적극적 관리	• 부동산관리, 보유와 관련하여 통상적으로 발생하는 서비스(자산증식 및 효율화)의 제공	• 시설 사용자나 기업내 타 부분의 요구에 단순히 부응하는 정도의 소극적 관리
주요업무	• 시장 및 지역경제분석 • 경쟁요인 및 수요분석 • 증,개축을 통한 경쟁력 제고 • 임대전략 및 임차차 유지 • 재무. 법무, 세무관리	• 경리보고 (월간/연간) • 임대실행 및 임차인관리 • 일상적인 건물운영 및 관리	• 건물의 물리적 관리 • 설비, 설계의 운영 • 예방적 유지, 보수 • 에너지 관리
주변업무	• 매입/매각 및 자금조달 • 자산평가 및 투자분석 • 포트폴리오 관리 및 분석 • 지분투자 검토 및 실행	• 증, 개축 및 내장 공사관리 • 건물주가 요구하는 기타 건물 관련 업무	• 시설 보수공사 실행 • 보안 및 방재, 방범 등
중점목표	• 투자자산의 포트폴리오 관점에서의 종합적 관리	• 수익성 (임대마케팅) • 비용절감	• 안정성 • 단기 생산성 등
근무지역	• 운영관리자의 빈번한 접촉을 통한 건물관련 문제점 파악 및 대책수립 • 지역거래선 구축을 통한 지역정보입수 및분석	• 통상 건물에 상주 • 복수의 건물관리회사는 관리 부담이 큰 건물에 상주	• 통상 건물에 상주 • 전문기술인력의 경우 인력풀을 구성하여 순회점검
대상고객	• REIT's, 연기금, 은행, 보험사 • 해외투자자 기타 기관투자자	• 건물주 • 자산관리회사	• 건물주 • 자산관리회사

* 자료: 이창석, 부동산관리론, 신광문화사, 2010.

3. 부동산 임대차 관리

1) 임대면적 산정방식

임대면적은 임대차계약의 대상이 되는 면적이다. 임차인이 단독으로 점유하여 사용하고 있는 전용면적과 전용면적의 비율에 따라 배분된 공용면적의 합계이다. 경우에 따라서 서비스 면적이 임대면적에 포함하는 경우도 있다. 일반적으로 상업용건물에서 임대가능 면적은 해당 부동산의 연면적을 임대면적으로 한다.

전용면적은 임차인이 임대한 면적 중 독립적으로 사용하는 면적이다. 임차인의 책임과 비용으로 보존·유지·관리 등에 대해 책임을 지는 면적이다. 공용면적은 임차인이 해당 층에서 또는 전체적으로 공동으로 사용하는 면적으로 임차인이 사용할 수 있으나, 단독으로 점유하여 사용할 수 없는 면적이다. 서비스 면적은 공동주택의전용면적에 접하고 있는 베란다 면적을 의미한다. 상업용 건물에서는 서비스 면적이 없는 경우가 대부분이나, 전용률을 높이기 위해 소유자가 인위적으로 설정한 면적인 지하주차장, 기계실을 서비스 면적으로 분류하기도 한다. 임대면적은 전용면 적과 공용면적과 서비스로 제공하는 면적의 합계이다.

(1) 우리나라 임대면적 산정방식

임대가능면적을 산정하는 기준과 임대면적 등에 대한 정의는 명확하게 규정되어있지 않다. 소유자의 임대관행이나 시장상황에 따라 면적산정방법이 바뀌기도 하는 등 시장의 통일성과 체계성 및 합리성이 결여되어 있다. 임대가능면적을 산정하는 방법으로 건물의 준공도면이 확정되면 각 층별로 사용자들이 전용으로 사용할 수 있는 공간과 공용으로 사용될 공간을 구분한다. 공간별 전용면적과 공용면적을 산출하고 층별 면적산출표를 작성하여 전용률을 산출하며, 전용률은 전용면적을 임대면적으로 나누어 산출한다.

(2) 해외 임대면적 산정방식

해외에서도 임대면적 산정기준에 대한 법적인 규제나 근거는 거의 제시되고 있지 않다. 공용면적과 전용면적에 대한 일반적인 지침에 따라 통일된 기준을 적용하고 있다. 미국의 경우 BOMA(Building Owners and Manager Association)가 제시한 기준을 임대면적 산정에 폭넓게 적용하고 있다[11].

BOMA 기준에 의한 면적 산정 기준의 특징은 면적구분 그 자체보다 임대차 계약에 있어서의 합리적인 면적산정의 기준을 제시함으로써 임대계약의 합리성을 추구한다. 특정 공간을 누가 사용하는가 하는 전용면적의 관점에서 공간을 구분함으로써 특정 공간에 대한 비용을 누가 지불할 것인가를 분명히 하고 있다. 면적사용의 전용 여부에 따라 전용면적과 공용면적으로 구분한다. 공용면적은 공간특성에 따라 빌딩공용과 층별 공용면적으로 세분화 한다. 우리나라 주택공급에 관한 규칙에 의한 주거공용과 기타공용으로 구분하는 것과 유사하다. BOMA 구분의 특징은 공간이 가지는 공간으로서의 특성보다는 사용자의 관점에서 전용 여부에 따라 상황에 맞게 구분함으로써 면적구분의 합리성을 제고한다.

---

11) Standard Method of Measuring Floor Area in Office Building(1915, 1996 Revised Ed.)

표 8-37 미국 BOMA의 임대 면적 구분 기준

구분		정의	예
전용면적		• 사무실(상가) 임차인이 전용으로 사용하는 면적	• 사무실 공간
공용 면적	빌딩 공용면적	• 빌딩 전체 임차인을 위한 면적	• 로비, 회의실, 컨시어지공간, 경비실, 기계실, 전기실, 우편실, 관제실 등
	층별 공용면적	• 각 층에서 전용면적과 빌딩공용을 제외하고 임차 인이 전용으로 사용하는 면적	• 층별 화장실, 청소도구실, 층별 전기실 및 기계실, 층별 코어 및 복도 등

* 자료: 이현, 임대면적 산정기준의 재정립, 한국퍼실리티매니지먼트학회지, 2000.

2) 임대료 지불방식

임대료의 결정 방법은 유형과 비용의 부담여부에 따라 총임대, 순임대, 비율임대 등으로 구분한다.

(1) 총액임대차(Gross Lease)

스트레이트 임대차(straight lease)라고도 불리는 총액임대차(gross lease)는 임차인이 관리비용을 포함한 고정임대료를 지불한다. 소유주가 모든 기타비용들을 지불한다. 가스, 전기요금, 난방비 등의 사용비용은 일반적으로 임차인이 지불하나 당사자 간에 협의 대상이다. 일반적인 임대차계약 형태로 주로 주거용에 적용되는 임대차이다.

(2) 순액임대차(Net Lease)

순액임대차(net lease)하에서 임차인은 결정된 임대료 외에도 부동산의 비용의 일부 또는 전부를 지불한다. 순액임대차에는 세 가지 형태가 있다. net(single net), net-net(double net), net-net-net(triple net) lease가 있다. 미국의 경우 triple net lease은 보통 장기간의 임대차계약에 적용된다. net(singlenet) lease는 임차인이 임대료 외에도 가스, 전기요금, 난방비 등의 사용비용과 부동산에 부과되는 세금을 부담한다. net-net(double net) lease는 일반적으로 임차인이 net(single net) lease에 포함된 항목들 외 계약상 합의된 보험료를 추가 부담한다. net-net-net(triple net) lease는 임차인이 net-net(double net) lease의 비용 부담 외에 유지보수비용을 추가로 부담한다.

표 8-38 총액임대차와 순액임대차의 차이점

구분	총액임대차 (Gross Lease)	순액임대차		
		single net lease	double net lease	triple net lease
임차인 부담	임차료	임차료 재산세	임차료 재산세 건물보험료	임차료 재산세 건물보험료 유지보수비용
임대인 부담	재산세 건물보험료 유지보수비용	건물보험료 유지보수비용	유지보수비용	없음

(3) 비율임대차(Overage Lease)

고정된 임대료에 사전에 결정된 최소 판매액을 초과한 총 수입의 일부분을 더하여 지급한다. 임차인의 시각에서 비율임대차의 장점은 최저 임대료에 장기임대차라는 점과 사업규모가 적정선을 초과할 때만 임차인에게 추가비용을 요구한다는 점이다. 비율임대차는 쇼핑몰, 백화점 등에 일반적으로 사용된다. 비율임대차는 판매규모를 고려하지 않고 임차인의 매출총액에 일정비율을 그대로 적용하여 산정될 수 있다.

표 8-39 특수형태 임대차

하이브리드 임대차 (Hybrid-Lease)	영업경비에 관한 비용을 임대인과 임차인이 공동으로 부담함 • 영업경비 항목별로 임대인과 임차인이 각각 부담함 • Expense Stop : 임차인이 영업경비의 일정수준 이상에 대해서만 비용을 부담함 • 임대인에게 영업경비 상승을 방지하고, 임차인에게 과도한 영업경비의 사용을 방지함

* 참고: 하이브리드 임대차(hybrid-lease).

3) 임대료 조정

임대차계약이 길면 세금과 기타 시설관련 비용과 같은 운영경비의 부담이 커진다. 장기임대차계약의 경우 비용증가에 대해 예측하고 계약 시 임대료를 조정할 수 있도록 해야 한다. 판례에서는 변경에 대해 계약 시 합의되지 않았다면 기존 임대료의 인상이나 인하를 인정하지 않고 있다.

(1) 기간별 인상조항

총임대차(gross lease)와 순임대차(net lease)에서 보통 적용된다. 매년 점차적인 인상률을 적용하거나 특정기간에 대해 인상분을 반영한다.

(2) 비율 임대차

임차인의 총수입 혹은 순수입의 증가한 경우 해당 비율만큼 임대료를 증액하는 방법이다.

(3) 지수연동 임대차

지수연동 임대차는 물가상승률과 같은 경제 지수에 연동시켜 임대료를 조정하는 것이다. 인상조항이 설정하면서 사용되는 지수는 신뢰할 수 있어야 한다. 독립적이고 장기적이며 지속적으로 발표되는 경제지표를 활용한다.

표 8-40 임대료 조정 방법

임대차 조정	내용
기간별	• 매년 점차적으로 인상률을 적용하거나 특정기간에 대해 인상분을 반영 • 총액임대차(gross-lease)와 순액임대차(net lease)에서 보통 적용
비율	• 임차인의 총수입 혹은 순수입이 증가한 경우 적용 • 수입증가항목에 따라 일정비율로 임대료를 조정
지수연동	• 물가상승률과 같은 경제 지수에 연동시켜 임대료 조정 • 인상조항은 신뢰할 수 있는 지수를 적용하여야 하며, 독립적이고 장기적이며 지속적으로 발표되는 경제지표를 활용

4. 부동산마케팅 및 부동산관리 과정에서의 리스크 관리

부동산마케팅 및 부동산관리 과정은 개발사업자가 신축을 종료하고 실질적으로 이익을 창출하는 과정이다.

아무리 좋은 개발 상품을 성공리에 완수하였다 하더라도 소비자에게 해당 부동산의 효용성이 제대로 전달되지 못하다면, 개발사업자가 기획단계에서 예상하였던 이익을 가져 올 수 없다. 최근에는 과거에 비해 인터넷 기반의 다양한 홍보채널을 통해 소비자에게 개발상품에 대한 마케팅활동을 수행한다. 개발사업자는 변화하는 소비자 트렌드의 변화를 파악하고, 정확한 마케팅 계획수립을 해야 한다.

부동산관리에 있어서도 대내외 환경의 변화에 따라 체계적인 관리 방법을 적용함으로써 해당 부동산 자산 가치를 향상하고, 부동산의 생애주기를 늘림으로써 기업경영에서와 마찬가지로 지속적으로 수익창출을 할 수 있도록 전문화된 관리체계를 수립해야 한다.

표 8-41 부동산마케팅 및 자산관리에서의 위험관리

단계	세분구분	내용
부동산마케팅 및 자산관리 단계	마케팅	• 국제적인 변화추세에 순응하여 마케팅전략을 수립 • 철저한 시장조사와 분석에 기초 • 세분시장별로 기회요인과 위협요인을 파악하여 세분시장의 적합성 검토 • 입지조건과 주변 경쟁회사 관계를 고려하여 포지셔닝 전략 수립 • 마케팅 믹스 전략수립 • 마케팅 담당자들에게 설계의 우수성, 금융, 세무 등에 대한 교육 실시
	자산관리	• 부동산 자산관리에 포함되는 모든 이슈들이 개발과정 속 개발자체 계획의 일부에 포함되도록 관리 • 특정시장이 어떤 형태의 공간을 과도하게 보유하고 있는 것으로 판단되거나 시장조건의 변화에 대한 수요관리 및 용도 변경, 리모델링에 대한 전략수립 • 운영 및 관리의 경험이 없을 경우 전문 기관에 위탁관리 • 소유자와 관리업체 간 관리계약 서비스, 광고판촉, 고용과 지출에 대한 항목 및 책임을 구분

* 자료: 부동산개발 전문인력 사전교육자료, 한국부동산개발협회, 2023.

🏠 참고문헌

· 「건설산업기본법」

· 「건축물 분양에 관한 법률」

· Arthur M. Weimer and Homer Hoyt, Principles of Real Estate(New York: The Ronard Press, 1972.

· James A. Graaskaamp, "A Rational Approach to Feasibility Analysis," Appraisal   Journal, October 1972.

· James C. Downs Jr., CPM Principles of Real Estate Management, Chicago :IREM, 1987.

· Philip Kotler, Kevin Lane Keller, Marketing Management, Pearson,14th Ed. 2012.

· 미국마케팅협회 (AMA: amercian marketing association), https://www.ama.org

· 민규식, 부동산자산관리의 구조 및 기능, 부동산학연구, 2001.

· 박명호·박종무·윤만희, 마케팅, 경문사, 2002.

· 부동산개발 전문인력 사전교육자료, 한국부동산개발협회, 2023.

· 신종칠 편저, 2019 부동산개발 사례연구, 피데스부동산개발사례연구센터, 2019.

· 양영준, "부동산 자산관리론, 부연사. 2016.

· 이창석, 자산관리론, 신광문화사, 2010.

· 이현, 임대면적 산정기준의 재정립, 한국퍼실리티매니지먼트학회지, 2000.

· 전용수, 이창석, 부동산자산관리론, 형설출판사, 2004.

· 정용식, 부동산자산관리론, 부연사, 2017.

· 조광행, 부동산 마케팅에서의 포지셔닝과 차별화 전략에 관한 연구, 부동산학보, 2010.

🏠 연습문제와 토론주제

1. 부동산마케팅 전략 수립 시 환경분석에 대해 설명하라.

- 거시적환경분석
- 시장동향분석
- 경쟁분석
- 내부분석

2. 부동산마케팅 전략 수립 과정에서 검토하여야 할 절차 및 고려사항에 대해 설명하라.

- STP 전략
- 4P 전략
- 4C 전략

3. 선분양과 선임대(presales & preleasing)는 마케팅 단계에서의 가장 중요한 위험관리방안이다. 그 외에 마케팅 단계에서의 위험관리방안에 대해 설명하라.

4. Graskamp 교수가 주장한 부동산에 대한 "enterprise concept"이란 무엇인가? 이와 연계하여 REITs (Real Estate Investment Trusts)를 설명하라.

5. 부동산관리는 크게 자산관리(AM: Asset management), 재산관리(PM: Property management), 시설 관리(FM: Facility management)로 나누어 볼 수 있다. 각각의 기능과 연계관계를 설명하라.

6. 임대료 지불 방식에 대해 설명하라.

- 총액임대차(Gross Lease)
- 순액임대차(Net Lease)
- 하이브리드임대차(Hybrid Lease)

7. 임대료 조정 방식에 대해 설명하라.

- 기간별 인상 임대차
- 비율 임대차
- 지수연동 임대차

국유지 위탁개발 사업
- 나라키움 저동빌딩 -

1. 프로젝트 개요

'나라키움 저동빌딩'은 국유지 위탁개발사업 방식으로 2008년 서울시 중구 저동에 준공된 최초의 위탁개발사업 사례이다. 2006년부터 약 2년간의 사업기간을 거쳐 지하 4층, 지상 15층 건물이 준공되었고, 공사비는 약 431억원이 소요되었다.

위치도	전경사진

출처: google

출처: http://www.rei-korea.com

* 나라키움 저동빌딩 개요

빌딩명	나라키움 저동빌딩
소재지	서울시 중구 저동 1가 1-2 외 5필지
구조	철골철근콘크리트 구조
사업기간	2006.03 – 2008.06
공사비	약 431억원
대지면적	3,243.8m²
연면적	26,937.81m²

건폐율	50.35%
용적률	598.84%
지역 및 지구	일반상업지역 / 중심미관지구 외 1
층수	지하 4층 / 지상 15층
주차장	총 113대
승강기	총 6대 (승용 5개, 비상용 1대)

출처: 세움터, 건축물대장.

2. 위탁개발사업 개념

위탁개발사업은 큰 재정부담 없이 국·공유지를 활용하고자 하는 국가 및 지방자치단체와 새로운 공공성 및 수익성을 창출할 수 있는 수단을 추구하는 수탁기관의 needs가 반영되어 도입되었다고 할 수 있다.

국가와 지방자치단체의 경우, 지속적으로 증가하는 행정 및 공공서비스에 대한 수요를 충족시키기 위해 기존 국·공유지에 있는 노후 건물을 철거하거나 나대지를 활용하고자 하였으나, 한정적인 사업예산에 따른 재정 부담과 개발사업 전문 인력 부족의 문제를 가지고 있었다. 수탁기관의 경우, 공공 디벨로퍼로서의 전환 기회와 과포화된 토지개발보다는 기존 건물 및 재산 관리의 중요성으로 변화하는 패러다임을 새롭게 모색하고자 하였다. 또한, 새로운 공공성 및 수익성을 창출할 수 있는 수단을 추구하고자 하였다. 이러한 위탁기관과 수탁기관의 서로의 needs에 따라 위탁개발사업 제도가 신설되었다.

3. 사업 구조

위탁개발사업의 추진 구조 참여자는 위탁기관(국가, 지방자치단체), 수탁기관(캠코, 지방공사, LH, 한국지방재정공제회), 금융기관, 임차인, 건설회사로 구분된다. 이 때 일반적으로 위탁기관은 국유지의 경우 국가이며, 공유지의 경우 지방자치단체이다. 수탁기관은 위탁개발사업의 특성상 현재까지는 공기업으로 한정되어 민간 기업은 수탁기관이 될 수 없으며, 캠코, 지방공사, LH, 한국지방재정공제회만이 수탁기관으로 선정될 수 있다.

사업의 구조로는 국가 및 지방자치단체가 수탁기관에 공유지 개발 및 개발재산의 분양 및 임대·관리업무를 위탁하고, 수탁기관은 그 업무를 수탁 받아 대행하는 '위·수탁계약'사업이다. 수탁기관이 개발비용을 부담하여 시설물 등을 축조한 후 준공과 동시에 소유권을 위탁기관에 귀속하고, 위탁기관은 일정기간 동안 수탁기관에 관리·운영을 위탁하고 수탁기관은 위탁기간 동안 위탁기관을 대리하여 임대·분양사업을 수행한다. 이 때, 임대·분양수입 등 위탁개발에 따른 모든 수입은 위탁기관에게 귀속되며, 수탁기관은 개발·분양·관리업무에 따른 대가와 개발비용 상환을 위한 원금과 이자를 위탁기관으로부터 받게 된다.

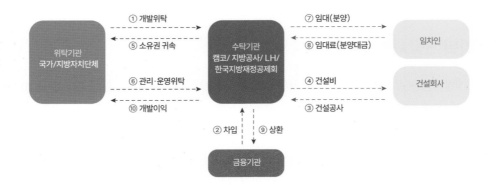

출처: 조선비즈 기사 발췌 후, 저자 재구성.

4. 수탁 가능 기관

수탁기관은 공기업으로 한정되어 민간 기업은 수탁기관이 될 수 없으며, 캠코, 지방공사, LH, 한국지방재정공제회만이 수탁기관으로 선정될 수 있다.

국·공유지를 개발할 수 있는 개발방식에는 재정사업, 민간투자사업, 신탁개발 등 다양하지만 민간투자사업의 경우는 사회기반시설(도로, 철도, 문화시설, 통신 등) 분야로 개발이 한정된다. 뿐만 아니라, 민간기업은 공기업과 달리 수익성이 우선시되므로 공공시설이 조성되었을때, 공공 서비스 이용 요금이 상승할 가능성이 있어 이를 보완하기 위해 위탁개발사업 방식이 도입되었다. 그러므로 수탁기관을 민간기업보다는 공기업으로 제한하였다.

그러나 공기업만을 수탁기관 대상자로 한정한 이유에는 공공 서비스 이용 요금의 문제보다 민간기업의 리스크 문제도 작용했다고 판단된다. 위탁개발사업의 경우, 토지 소유권을 수탁기관이 가져갈 수 없는 구조이므로 토지를 통한 담보대출이 어렵다. 담보대출이 어려운 상태에서 기업의 자체 자금 혹은 차입을 통해 개발비용을 충당하여야 하는 구조이므로 위험부담을 감당할 수 있는 공기업으로 한정한 것으로 사료된다. 또한, 위탁개발사업은 최장 30년을 계약기간으로 하기 때문에 타 개발사업보다 상대적으로 계약기간이 길다고 할 수 있다. 이러한 요인이 합쳐져서 수탁기관의 대상자를 캠코, LH, 지방공사, 한국지방재정공제회로 한정하였다.

5. 위탁개발 수수료

수탁기관이 국가와 지방자치단체에게 위임받아 위탁개발사업을 수행하면 그에 따른 대가는 위탁개발수수료이다. 즉 수수료가 수탁기관의 수익구조가 되는 것이다. 수탁기관은 위탁기관과 위·수탁 계약을 체결하면 계약기간동안 위탁수수료를 위탁기관으로부터 지급받는다. 위탁개발수수료는 개발수수료, 분양수수료, 관리수수료, 성과수수료로 구분되며 위탁수수료는 민간 개발·관리수수료보다 낮은 수준에서 사업별 규모나 특성, 경기상황 등을 고려하여 지방자치단체와 수탁기관이 협의하여 결정된다.

구 분		내 용	수수료 기준	지급 시기
개발 수수료	개발 보수	개발업무 수행에 따른 대가 (물건 발굴, 사업성검토, 개발계획 수립, 시공지휘·감독)	총건축원가의 4~5%	준공 후 1차년도 중
	개발 비용	수탁기관이 투입한 개발비용	개발 원리금	매사업년도
분양수수료		개발 후 분양업무에 따른 대가 (분양계획, 광고·홍보 계획 수립, 분양대행사 선정 및 지휘·감독)	분양가액의 2~3%	분양기간 종료 후 즉시
관리수수료		개발 후 임대, 시설관리 및 자금관리에 따른 대가 (임대마케팅, 임대차관리, 시설 유지·관리, 금융조달·상환)	총재산가액의 0.5~1%	매사업년도 (매월 또는 분기별)
성과수수료		최초 개발사업계획서에서 정한 위탁기간 내에 개발원리금을 상환하고 초과수익 발생시	초과수익의 50% 이내	개발비용 상환후 위탁기간종료시까지 매사업년도

출처: 행정안전부, 2018, 지방자치단체 공유재산 운영기준 .

6. 법적 근거

위탁개발사업의 법적 근거로는 국유지의 경우 「국유재산법」제59조, 동법 시행령 제 63조를 따르며, 공유지의 경우 「공유재산 및 물품관리법」제43조의 3 및 동법 시행령 제48조의 4에 따른다.

* 「국유재산법」상 국유지 개발 관련 규정 및 내용

구분	기금개발	위탁개발	신탁개발	민간참여개발
관련규정	법 제57조	법 제59조	법 제58조	법 제59조의 2
개발방식	국유재산관리기금의 재원으로 개발 (건축, 대수선, 리모델링 등)	일반재산의 관리·처분 사무의 위탁받은 자는 위탁받은 일반재산을 개발	부동산신탁을 취급하는 신탁업자에게 신탁하여 개발	총괄청이 공모를 통해 선정된 민간사업자와 공동으로 출자하여 SPC 및 AMC 설립 후 개발
개발주체	총괄청 (기획재정부)	중앙관서의 장	부동산 신탁업자	국유지 개발목적회사
사업 관리주체	한국자산 관리공사	한국자산 관리공사	총괄청	총괄청
개발시설	통합시설 (청·관사)	민관복합청사 등	민관복합청사 등	수익형 복합시설
재원조달	국유재산 관리기금	한국자산 관리공사	신탁회사	SPC가 외부에서 차입
재산소유권	국가	임대형 위탁 (국가) 분양형 위탁 (분양권자)	신탁기간동안 신탁자 (신탁 해지후 국가귀속)	국유지를 SPC에 매각 → 사업계획 등에 따라 완공시 일부시설 국가 귀속
수익원 및 수익귀속	임대수익 국가귀속	임대수익 국가귀속	신탁회사 (국가 잔여수익 획득)	투자지분에 따른 배당 및 토지처분수익 국가귀속

출처: 서수정, 국유지 개발을 위한 제도 개선 및 정책 방안, 2014.

출처: 신종칠 편저, 2019 부동산개발 사례연구, 피데스부동산개발사례연구센터, 2019, pp.41-56 요약.

Real Estate Development

부동산개발 현재와 미래

[Real Estate Development Future]

제9장
부동산개발시장 현황

· 구성
- 제1절 부동산개발업의 관리 및 육성에 관한 법률
- 제2절 부동산개발업 vs 건설업

· 목적
부동산개발과 관련된 법규를 정확하게 숙지하고 현재의 부동산개발 시장의 문제점을 인식하여 향후 국내 개발시장의 바람직한 개발방향 설정

· 용어
부동산개발사업의 정의, 부동산개발 등록제, 부동산개발 전문인력
부당한 표시·광고의 제한, 부동산개발사업자 등의 금지행위,
개발업과 건설업비교, 부동산개발사업의 구조의 변화

· 핵심
부동산개발과 관련 법규와 시장 문제 및 바람직한 방향

- 부동산개발사업자는 법적으로 개발사업 전체 과정을 책임지고 수행한다.
- 부동산개발사업은 영세 사업자 주도, 단기 위주 개발금융, 시공사의 과도한 위험부담, 개발사업자의 육성방안 부족 등이 문제다.
- 민간과 공공의 상호 협력과 부동산개발사업자, 건설사업자, 금융사업자의 협업 구조로의 전환이 중요하다.

제1절 부동산개발업의 관리 및 육성에 관한 법률

1. 부동산개발업의 정의

부동산개발업체의 난립으로 인한 소비자 피해 방지 및 영세하고 전문성이 부족한 부동산개발사업자의 체계적 관리, 육성을 위한 부동산개발업 등록제를 도입하였다. 종합적 관리, 사업실적 정보의 제공 등을 통해 건전한 경쟁과 부동산개발시장의 투명화를 유도하기 위함이다. 개발사업자의 허위 개발 정보 유포행위 등을 금지하기 위해 부당한 표시·광고와 전화·컴퓨터 통신 등을 통한 부동산 등 구매 강요행위 금지 등 건전한 부동산 개발환경을 조성하고자 2007년 「부동산개발업의 관리 및 육성에 관한 법률」을 제정하였다.

- 부동산개발업의 관리 및 육성에 관한 법률 제 1 조
  "부동산개발에 관한 기본적인 사항과 부동산개발업의 등록, 부동산개발업자의 의무 등에 관하여 필요한 사항을 규정함으로써 부동산개발업을 관리 · 육성하고 국민의 재산권 보호에 기여"

동 법에서는 기본적인 사항 및 부동산개발업의 등록, 부동산개발사업자의 의무 등에 관하여 필요한 사항을 정하고 있다. 부동산개발을 "토지를 타인에게 공급할 목적으로 토지를 건설공사의 수행 또는 형질변경의 방법으로 조성하거나 건축물 그 밖의 공작물을 건축, 대수선, 리모델링, 용도변경 등을 하여 부동산을 판매(분양) 및 임대를 영위하는 업"이라 정의한다.

- 부동산개발업 = 공급목적 + 형질변경·건축물의 신축 등 + 판매 · 임대

부동산개발사업자란 택지조성, 건물의 신축, 환경부적응 건물의 용도변경, 위락단지의 개발 등 사업을 기획단계부터 처분단계까지 전 과정을 관리하는 부동산개발을 업으로 영위하는 자를 말한다.

표 9-1 부동산개발 관련 정의

구분	내용
부동산 개발	• 토지를 건설공사의 수행 또는 형질변경의 방법으로 조성하는 행위 • 건축물 그 밖의 공작물을 건축·대수선·리모델링·용도변경하여 판매·임대하는 행위
부동산 개발업	• 타인에게 공급할 목적으로 부동산 개발업을 수행하는 업
부동산 개발업자	• 택지조성, 건물의 신축, 환경부적응 건물의 용도변경, 위락단지의 개발 등 사업을 기획단계부터 처분단계까지 전 과정을 관리하는 부동산개발업으로 영위하는 자 • 등록사업자와 미등록사업자로 구분

2. 법률의 제정목적

1) 부동산개발업 등록제 도입

부동산개발사업자는 개발사업 전체 과정을 책임지고 수행한다. 소비자에 대하여는 부동산상품의 공급자, 시공자에 대하여는 발주자, 금융기관에 대하여는 자금조달 주체의 지위에 있다. 등록제 이전의 제도는 「국토의 계획 및 이용에 관한법률」, 「주택법」, 「건설산업기본법」, 「건축물의 분양에 관한 법률」 등 40여개의 법률에 의해 개발행위의 인허가, 건설공사, 분양 및 관리 등 사업·목적·개발 단계별로 규율하고 있을 뿐 부동산개발사업자의 지위 및 역할에 관한 규정이 부족하였다.

부동산개발업체의 등록제를 통하여 부동산개발사업자가 법률상 책임과 의무를 다 할 수 있도록 하는 한편 부동산개발 및 개발업을 제도화함으로써 부동산개발 영역이 새로운 업종으로 성장·발전할 수 있는 기반을 마련하고자, 2007년 5월 「부동산개발업의 관리 및 육성에 관한 법률」을 제정하게 되었다.

2) 부동산개발업 육성

부동산개발의 수요 및 환경변화에 대응할 수 있도록 부동산개발업을 전문성을 갖춘 독립된 업종으로 육성하고 건설업, 주택건설산업과 같이 실적관리제도의 도입으로 지속적인 사업운영체계의 구축을 통해 업체 간 선의의 경쟁을 유도하여 소비자가 신뢰할 수 있는 부동산개발업의 육성을 도모하고자 하였다.

3) 소비자 피해보호

기업도시, 뉴타운, 재개발, 재건축 등 부동산개발 사업이 본격화되고 일반인들도 부동산에 대한 관심이 높고 부동산매매업자·부동산컨설팅 등 다양한 형태의 사업자들이 개발사업에 참여한다. 영세하고 전문성이 부족한 시행사들의 과도한 경쟁과 시공사의 브랜드나 책임준공 및 지급보증에 의존하는 구조 등으로 인해 여러 구조적 문제가 발생하고 있다. 이를 규제할 제도적 장치가 부족한 상태였다. 테마상가, 오피스텔, 생활형숙박시설 등의 사업 시행과정에서 사기성분양, 허위과장 광고 등으로 소비자가 피해를 보는 사례가 발생하여 이를 제도적으로 규제하기 위해 동 법률이 제정되었다.

기존의 「형법」, 「표시·광고의 공정화에 의한 법률」 등에 의한 규제만으로는 한계가 있으므로 일정기준에 미달하는 사업자의 부동산개발을 제한하고 개발사업자가 소비자보호를 위해 필요한 정보 제공의 의무를 포함하고 있다.

그림 9-1 **법률의 구성체계**

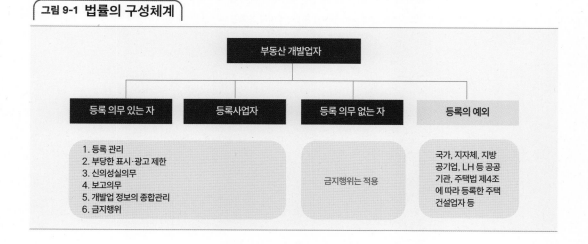

3. 법률의 주요내용

1) 부동산개발업 등록 ('07. 11. 18 시행)

타인에게 공급할 목적으로 토지를 건설공사의 수행 또는 형질변경의 방법으로 조성하거나 건축물 등을 건축 · 대수선 · 리모델링 · 용도변경하여 해당 부동산(부동산의 이용권 포함)을 판매 임대(법 제2조, 영 제2조)하고자 하는 자는 부동산개발업에 등록해야 한다.

부동산개발업을 등록하고자 하는 취지는 전문성이 부족한 개발업자의 난립과 소비자피해 방지 및 개발업의 체계적 육성 · 관리의 목적이다. 등록하지 않고 부동산개발업을 하는 경우 3년 이하의 징역 또는 5천만원이하의 벌금이 부과된다.

(1) 부동산개발업 등록 대상(법 제4조 제1항, 영 제3조)

표 9-2 부동산개발업 등록 대상

건축물(연면적)	주상복합(주택＋비주거용 연면적)	토지(면적)
3천m²(연간 5천㎡) 이상	3천m²(연간 5천㎡) 이상이고 비주거용 비율이 30% 이상인 경우에 한정	5천m²(연간 1만㎡) 이상

· 기업에서 사옥 · 판매시설을 개발하고 그 일부(3천㎡(연간 5천㎡) 이상)를 판매 · 임대할 경우에도 등록대상

  자기소유 토지를 개발하여 타인에게 판매 · 임대하고자 하는 경우

  ① 부동산개발업을 등록하거나

  ② 부동산개발업 등록사업자와 협약을 맺고 공동으로 개발사업을 할 수 있음

  * 예외: 국가, 지자체, 지방공기업, LH 등 공공기관, 주택법 제4조에 따라 등록한 주택건설업자 등.

(2) 부동산개발업 등록 요건(법 제4조 제2항, 영 제4조)

가. 일반법인 및 개인

법인사업자와 개인 사업자의 부동산개발업 등록 요건은 <표 9-3>과 같다.

표 9-3 부동산개발업 등록 요건

구분		등 록 요 건
자본금	법 인	자본금 3억원 이상
	개 인	영업용자산평가액 6억원 이상
부동산개발 전문인력		상근 2명 이상 ※ 전문인력 사전교육 수료자
시설		사무실

나. 특수목적법인 (SPC)[1]

상근임직원이 없는 특수목적법인(SPC)의 경우 특수목적법인을 등록대상으로 하고 일정 기준을 충족한 자산관리회사(AMC)[2] 등과 자산의 투자운용, 관리운용, 처분 업무 위탁계약을 체결하여야 한다.

표 9-4 특수목적법인 부동산개발업 등록 요건

구분		등 록 요 건
등록대상 특수목적법인		**위탁관리부동산투자회사, 기업구조조정부동산투자회사** (부동산투자회사법 제2조 제1호)
		부동산집합투자기구 중 투자회사 (자본시장과 금융투자업에 관한 법률 제229조 제2호)
		프로젝트금융투자회사 (PFV)[3] (조세특례제한법 제104조의31 제1항)
자본금		자본금 5억원 이상
자산관리회사 등의 요건	부동산개발 전문인력	상근 5명이상 ※ 전문인력 사전교육 수료자
	시 설	사무실

---

1) 특수목적법인(SPC: Special Purpose Company)
2) 자산관리회사(AMC: Asset Management Company)
3) 프로젝금융투자회사(PFV: Project Financing Vehicle)

2) 부동산개발 전문인력

부동산개발 전문인력 범위를 법률·금융·개발실무 분야로 세분하여 해당 분야의 경력을 갖춘자로 한정한다. 부동산개발업 등록 이전에 자격을 갖춘 교육기관이 실시하는 부동산개발에 관한 교육과정을 이수해야 한다[4].

3) 부당한 표시·광고의 제한

소비자가 개발업자의 표시·광고를 통해 등록사업자와 미등록사업자를 구별하고 필요한 정보를 제공받을 수 있도록 표시·광고 제도를 개선하였으며, 개발업 등록을 하지 아니하고 등록사업자임을 표시·광고 또는 등록사업자로 오인될 우려가 있는 표시·광고행위 금지하고 있다(3년 이하 징역 또는 5천 만원 이하 벌금).

또한 등록사업자의 부동산개발에 관한 표시·광고 시 소비자보호를 위하여 필요한 사항의 표시 광고를 의무화 하였다(위반 시 시정조치, 영업정지, 3천만원 이하 과태료, 시정조치 불응시 형벌).

표 9-5 부당한 표시·광고제한

구분	내용
부당한 표시·광고의 제한	* 개발업 등록을 하지 않고 등록사업자임을 표시·광고 또는 등록업자로 오인될 우려가 있는 표시·광고행위 금지 * 표시광고할 사항 • 등록사업자의 상호, 명칭, 등록번호, 주된 영업소 소재지 • 토지소유자가 등록사업자와 공동으로 개발하는 경우 공동사업 추진여부, 사업주체에 관한 사항 • 부동산개발에 필요한 인·허가에 관한 사항

4) 기타 법률 사항

(1) 등록사업자의 보고의무

소비자, 투자자 등이 등록사업자의 사업실적 정보 등을 활용할 수 있도록 등록사업자의 사업실적 보고 등을 의무화하여 등록사업자는 사업실적을 매년 4.10까지 시·도지사에게 보

---

4) 부동산개발업 등록 자격대상 참고자료 첨부

고하여야 하며, 자본금 임원 전문인력 등의 등록요건 변경 시는 사유발생일부터 30일 이내에 보고하도록 규정하고 있다.

또한 시 도지사는 등록사업자의 자본금 사업실적 등의 정보와 부동산개발에 필요한 정보 등을 종합적으로 관리하여 소비자, 관련기관 단체 등에 제공할 수 있도록 하고 있다.

표 9-6 등록사업자의 보고의무

구분	내용
등록사업자의 보고의무	* 소비자, 투자자 등이 등록하업자의 사업실적 정보 등을 활용할 수 있도록 하기 위해 등록사업자는 사업실적을 매년 4.10일까지 • 시·도지사에게 보고하여야 하며, 자본금, 임원, 전문인력 등의 등록요건 변경 시는 사유발생일로부터 30일 이내에 보고하도록 규정

(2) 개발업 정보의 종합관리

효율적인 정보관리 및 제공을 위하여 개발업정보의 종합관리체계를 구축·운영하고 부동산개발업에 관한 각종 정보를 소비자 등에게 제공하여 개발업자간 건전한 경쟁 및 부동산개발 시장의 투명화를 유도하도록 규정하고 있다(사업실적 정보의 축적, 정보망 구축에 필요한 준비기간 등을 고려 2010. 1. 1.시행).

(3) 부동산개발사업자 등의 금지 행위

소비자피해 예방을 위해 개발업자의 허위개발정보 유포행위, 텔레마케팅을 통한 부동산 구매 강요행위 등을 금지하고 있으며, 부동산개발업자(그 임직원 포함)와 부동개발업자로부터 업무를 위탁(대행 포함)받아 처리하는 자에 국한하고 있다.

표 9-7 개발사업자의 금지행위

구분	내용
금지행위	• 허위 과장된 사실을 알리거나 속임수를 써서 타인으로 하여금 부동산 등을 공급받도록 유인하는 행위 • 부동산 등을 공급받도록 유인할 목적으로 부동산개발에 대한 거짓 정보를 불특정다수인에게 퍼뜨리는 행위 • 상대방의 반대 반대 의사에도 불구하고 전화·컴퓨터통신 등을 통하여 부동산 등을 공급받을 것을 강요하는 행위

🏢 제2절 부동산개발업 vs 건설업

1. 업무영역 구분

부동산개발사업의 1세대에서는 시공사가 개발상업의 모든 역할을 담당했던 구조로 사업의 위험을 개발주체인 시공사가 부담하였다. 개발 2세대에서는 시공사가 사업 위험의 대부분은 감수하지만 토지 매입 및 인허가 등은 분리 혹은 독립된 개발 주체가 맡는 구조로 사업을 추진하였다. 개발사업은 시행사와 시공사, 금융기관이 사업의 위험을 참여지분에 따라 분담하고 각 영역에 따른 전문적 역할을 맡는 구조로 변화되고 있다.

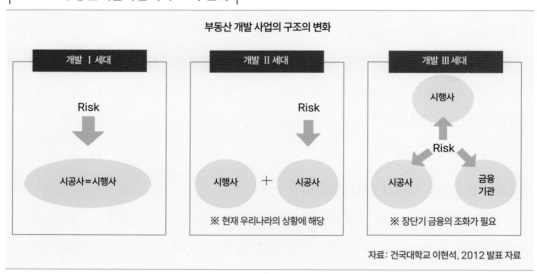

그림 9-2 **부동산개발사업의 구조의 변화**

구조변화에 대응하고 지속적인 부동산개발업의 발전을 논의하기 위해서는 국내 부동산개발사업의 특성에 따라 사업에 참여하는 각 참여자의 업무영역에 대한 논의 및 정의가 필요한 실정이다.

현재 부동산개발업, 주택건설업 및 건설업은 각 개별법에 의해 규율되고 있으나, 다음 표와 같이 시공의 경우 「주택법」은 시공능력에 관한 조항을 규정하여 「건설산업기본법」 상에서 이를 인정받고 있고, 시공을 담당하는 대형건설사들의 자체시행 및 시공을 수행하고 있어 부동산개발과 시공업무가 혼재되어 업무범위의 혼선이 발생하고 있다[5].

표 9-8 부동산개발업 vs 주택법 vs 건설산업기본법

구분	기획	토지매입 및 인허가	시공	분양·관리
부동산개발업	○	○	×	○
주택법	○	○	△	○
건설산업기본법	×	×	○	×

부동산개발사업자는 사업기획, 토지매입, 사업 인허가, 사업관리 등의 사업시행 영역을, 주택건설업자 등 건설업자는 설계, 시공 등의 건설사업 영역으로 구분하여 부동산개발과정에서의 참여범위를 규정하여 개발사업을 진행하고 있으나 업무의 정확한 영역은 개발사업의 특성에 따라 변화될 수 있다.

사업영역을 중심으로 개발의 시행업무를 시공과 분리하여 개발업과 건설업의 영역 조정을 포함하여 관련 개별법들을 전체적으로 재정리가 필요하다.

부동산은 크게 주거용과 비주거용 부동산으로 분류된다. 현재 주거용 부동산의 개발과 시공은 「주택법」을 통해 그리고 비주거용 부동산 개발은 「부동산개발업법」을 통해 규율하는 체제이다. 주택개발의 경우 「주택법」과 「부동산개발업법」 사이에 중복과 혼선의 문제가 발생하므로, 시공을 제외한 사업기획에서부터 분양·관리단계까지는 부동산개발업자의 사업범위로 규정한다. 시공단계는 「주택법」이 시공 관련사항을 포함하고 있으므로 「주택법」의 주택건설업자와 「건설산업기본법」의 종합·전문건설업자의 역할로 규정함으로서 각 등록사업자 간 사업영역을 조절할 필요성이 대두되고 있다.

---

5) 주택법 제12조(등록사업자의 시공) ① 등록사업자가 제16조에 따른 사업계획승인(「건축법」에 따른 공동주택건축허가를 포함한다)을 받아 분양 또는 임대를 목적으로 주택을 건설하는 경우로서 그 기술능력, 주택건설 실적 및 주택규모 등이 대통령령으로 정하는 기준에 해당하는 경우에는 그 등록사업자를 「건설산업기본법」 제9조에 따른 건설업자로 보며 주택건설공사를 시공할 수 있다.

2. 국내 부동산개발업의 현황 및 문제점

1) 대단위 아파트 분양사업 위주의 개발

국내 부동산개발사업은 동시에 한꺼번에 움직이는 경향(dumpy)이 강하게 나타난다. 아파트 개발은 물론이고 분양형 쇼핑센터, 주거용 주상복합과 오피스텔 개발, 지식산업센터 등이 그 예이다.

기존 부동산개발사업은 대부분 은행의 공사대출 등 단기금융에 의존하는 구조이기 때문에 분양사업을 중심으로 발전하였으며, 장기적 임대운영사업이 활성화되지 못하였다. 장기금융기관인 연기금, 리츠, 부동산펀드 등이 2000년대 초 도입되어 성장하고 있으나 부동산개발 사업에서의 역할은 미흡한 상태이다.

2) 영세한 개발사업자 주도의 개발

국내의 부동산개발업자는 대부분이 소규모로 영세하며, 개발회사의 수명이 짧은 편이다. 개발과정에서 토지매입, 인허가의 주체이지만 시공사가 사업의 위험의 대부분을 감당하고 중요 사항을 주로 결정한다. 시공사 영향력하에 종속되어 개발이 이루어지는 경우가 대부분이기에 부동산개발사업에서 시공사가 가장 중요한 역할을 담당하는 경우가 많다.

대부분의 개발사업은 개발규모에 비해 영세한 개발회사들이 주체를 이루고 외부의 자금 의존도가 높은 구조다. 부동산 경기에 상당히 민감하게 반응함에 따라 금융기관들은 규모가 크고 신뢰도가 높은 시공사의 지급보증, 책임준공확약 등의 신용보강을 중시하므로 개발회사의 독자적인 영업활동이 매우 어려운 실정이다.

3) 단기금융 위주의 개발금융

단기 분양 위주의 사업을 진행함에 따라 사업추진 일정, 부동산시장의 변화, 금융환경의 변화 등에 매우 취약한 구조를 갖고 있다. 대부분의 개발사업이 분양대금에 의존한 사업구조 이기에 분양부진 등 매출계획의 차질 발생 시 사업 디폴트 가능성이 매우 높다. 금융상환 우선의 현금흐름계획으로써 공사비 및 대출금의 조속한 회수에 따라 시행사의 유동성 위험이 발생할 가능성이 높다.

4) 시공사의 과도한 위험부담 및 수익독식

영세하고 소규모인 시행사는 사업의 전반에 대해 시공사의 의사결정에 의존하는 것이 일반적이다. 금융기관은 시공사의 보증에 의존하여 대출 여부를 결정하게 된다. 시공사는 사업위험부담에 대한 반대급부로써 공사비 등을 증가시켜 수익을 확보하려 하며, 시공사는 공사물량이나 유동성 확보 필요 시 무리하게 사업에 참여하는 경우가 발생한다. 기존의 프로젝트파이낸싱 구조는 시공사의 신용공여(지급보증, 책임준공, 채무인수)에 절대적으로 의존하기에 미분양 발생 등으로 시공사의 유동성이 악화되는 경우 사업과 상관없이 부실을 유발하게 되며, 그로 인해 금융기관에 연쇄적으로 영향을 미치게 된다.

5) 부동산개발업의 제도적 육성 방안 부족

부동산개발업은 건설업과 같이 사업실적에 따른 입찰제한 등의 지속적 관리방안 규정이 없다. 부동산개발업자의 계속적인 사업 수행에 따른 실질적인 혜택이 부족하여 업체의 브랜드가치 제고보다는 단발성 사업이 지속될 수밖에 없는 구조적 한계를 가지고 있다.

단위사업별로 사업을 수행하기 위하여 사업수행 시 마다 사업별로 사업체(SPC)를 설립하고 종료 시 해산시키는 구조가 많다. 건설업과 같이 전문성과 지속성을 갖춘 부동산개발 업체로의 육성을 위한 기반이 부족한 실정이다.

현재의 「부동산개발업법」은 부동산개발업의 소바지 보호 및 소극적인 개발업의 등록 관리를 중심으로 규정하고 있어 보다 적극적인 수준에서의 부동산개발업의 육성 제도 및 전략 수립이 필요하다.

3. 부동산개발사업 방식 및 유형의 변화

주택을 포함한 부동산시장이 공급자 중심시장에서 수요자 중심시장으로 재편되고 있다.

부동산을 개발·공급하는 사업자, 건설사는 수요자의 요구와 기대에 부응할 수 있는 새로운 상품의 개발을 요구받고 있다.

신시가지 개발 중심의 도시개발사업에서 도시재정비를 통한 도시기능 활성화(도시재생)에 초점을 맞춰 기존 도심 커뮤니티를 보존하고 도시 기능을 지속가능한 측면에서 최대한 재활용하는 방향으로 개발상업의 트렌드가 변화하고 있다.

전통적인 단일 토지이용체계에서 복합용도 개발을 통한 복합적 토지이용체계로의 전환을 통해 한정된 토지의 최유효이용을 적극적으로 추진하여 사업의 수익성을 높이고, 소비자의 다양하고 세분화된 요구를 충족할 수 있는 사업계획의 수립 능력이 요구되고 있다. 아파트 중심의 기존 주거수요가 인구 및 가구구조의 변화를 겪으며 타운하우스, 노인주택, 1~2인 가구 주택 등 주거의 다양성이 요구되는 추세에 따라 다양한 집합주거유형에 대한 개발능력의 제고가 최근 민간업체를 중심으로 이슈화되고 있다.

부동산개발사업의 계획에서 환경, 정보통신, 커뮤니티 등의 인간친화, 문화적요소 등의 중요성이 증가하고 있으며, 이러한 계획요소는 사업수익성을 결정하는 중요한 요소로 자리 잡고 있다.

표 9-9 **부동산시장의 변화**

부동산시장의 변화	
현재시장	**미래시장**
• 공급중심의 부동산 시장	• 수요자 중심의 부동산 시장
• 신시가지 개발중심의 도시개발사업	• 도시재정비를 통한 도시기능활성화(도시재생)
• 아파트 주상복합 상업시설 등 단일프로젝트 위주	• 대규모 복합개발 확대추세(주거+상업+업무 등)
• 건설사 단독 및 주도적 개발 중심	• 건설사·금융사 등 공동 개발
• 공공 중심의 대규모 개발사업	• 공공＋민간, 민간주도의 도시개발 확대
• 대출성향 중심의 투자(금융권)	• 지분투자형 참여증가(금융권)
• 사업초기 분양형 위주, 단기투자	• 분양에서 운영·임대 등 사업다각화, 장기투자

🏠 참고문헌

- 「건설산업기본법」.
- 「건축법」.
- 「부동산개발업의 관리 및 육성에 관한 법률」.
- 「주택법」.
- 이현석, 부동산개발업 육성을 위한 부동산개발업법 개정방안, 한국부동산개발협회, 2012.

🏠 연습문제와 토론주제

1. 부동산개발업 관리 및 육성에 관한 법률 제정 취지 및 내용에 대해 설명하고 부동산전문인력 등록제도에 대해 설명하라.

2. 우리나라 개발은 분양방식 위주로 이루어져 왔다. 그 배경과 원인을 설명하라. 임대방식에 의한 논의도 구체화되고 있으며 사업 추진도 활발해지고 있다. 부동산개발사업자 입장에서 임대와 분양의 장단점을 설명하라.

3. 우리나라 개발방식 및 구조적 문제점에 대해 기술하고, 이에 대한 개선 방향을 설명하라.

🏠 참고자료

1. 부동산개발 전문인력 범위

구분	부동산개발 전문인력의 범위
법률	「변호사법」에 따른 변호사 자격이 있는 자로서 국가, 지방자치단체, 공공기관 및 그 밖의 법인 또는 개인사무소에서 법률에 관한 사무에 2년 이상 종사한 자
부동산개발 금융	1. 「공인회계사법」에 따라 재정경제부장관에게 등록을 한 공인회계사로서 해당 분야에 3년 이상 종사한 자 2. 「부동산투자회사법」에 의한 자기관리부동산투자회사, 자산관리회사, 부동산투자자문회사의 등록신청에 따라 자산운용전문인력으로 국토교통부장관에게 등록된 자 또는 3년 이상 등록된 경력이 있는 자 3. 「은행법」에 따른 은행에서 10년 이상 근무한 자로서 부동산개발 금융 및 심사 업무에 3년 이상 종사한 자

부동산개발
실무
	1. 감정평가사의 자격이 있는 자로서 해당 분야(부동산가격 공시 및 감정평가에 관한 법률 제22조에 따른 직무범위에 속하는 분야)에 3년 이상 종사한 자
	2. 법무사, 세무사 또는 공인중개사자격이나 부동산 관련 분야의 학사학위 이상 소지자로서 부동산개발업을 하는 법인 또는 개인사무소, 「부동산투자회사법」에 따른 부동산투자회사·자산관리회사 및 그 밖에 이에 준하는 회사·기관에서 부동산의 취득·처분·관리·개발 또는 자문 관련 업무에 3년(부동산 관련 분야의 석사학위 이상 소지자는 2년) 이상 종사한 자
	※ 부동산개발업을 하는 법인의 예시 : 등록사업자, 주택건설사업자, 대지조성사업자, 건설업자, 건설업자, 부동산개발업자
	※ 부동산개발업을 하는 법인의 사업실적 또는 매출액
	  -최근 5년이내 건축연면적 5천제곱미터 또는 토지면적 1만제곱미터 이상
	  -최근 5년이내 부동산개발부문 매출액 150억원 이상
	※ 부동산관련분야 : 경영학, 경제학, 법학, 부동산학, 지리학, 도시공학, 토목공학, 건축학, 건축공학, 조경학의 10개학과와 그외에 국립대학에 개설된 10개동일학과의 전공필수과목중 16개과목(48학점)을 이수한 경우
	3. 「건설기술진흥법」 제2조제8호에 따른 토목·건축·국토개발 분야의 고급기술자 또는 특급기술자
	4. 건축사
	5. 다음 각 목의 어느 하나에 해당하는 기관 등에서 부동산의 취득·처분·관리·개발 또는 자문 관련 업무에 종사한 자로서 국토교통부장관이 정하여 고시하는 기준에 해당하는 자
	  가. 국가
	  나. 지방자치단체 : 일반직 5급(7급)이상 공무원으로 부동산개발에 필요한 제도의 수립, 운용, 인가 등에 관한 업무에 3년(5년)이상 경력자
	  다. 법 제4조제1항제2호에 따른 공공기관
	  라. 법 제4조제1항제3호에 따른 지방공사 및 지방공단 : 개발관련업무에 10년이상 종사한자
	  마. 영 제9조제2항제4호 및 별표1 부동산개발 실무 제6호에서 "부동산개발에 관한 사업실적·매출액이 국토교통부장관이 정하여 고시하는 규모 이상인 부동산개발업을 하는 법인 또는 개인사무소에서 부동산의 취득·처분·관리·개발 또는 자문 관련 업무에 7년이상 종사한 자"

2. 건축물 용도별 분양 관련 제도

구분	건축물	공동주택	지식산업센터	콘도미니엄	노인주택
근거법	건축물 분양에 관한 법률	주택법	산업집적활성화 및 공장설립에 관한 법률	관광진흥법	노인복지법
적용대상	• 3천m² 이상 • 20실이상 오피스텔	• 공동주택:20세대이상 • 주상복합:300세대이상 • 투기과열지구의 주상복합:20세대이상	3층이상으로서 6개이상의 집합공장	50개이상의 객실	30세대 이상
분양대지 소유권	소유권확보	소유권확보	사용권확보	소유권확보	소유권확보
분양시기	• 신탁계약 또는 분양보증:착공신고후 • 2개이상 건설업자의 연대보증을 받은 경우 골조공사공정 2/3경과후	• 분양보증을 받은 경우: 착공과동시분양 • 2개이상의 건설업자의 연대보증을 받은 경우: 골조공사 공정 2/3경과 후	공사착공시 분양	건축공정 20% 경과 후 분양	• 사회복지법인인 경우:건축공정 10% 이상 • 복지법인이 아닌 경우:공정 20%경과 후 분양
실수요자 분양	공개모집, 공개추첨	무주택자 우선공급기준 따라 분양	공급방법은 분양승인시 검토	공급방법은 분양승인 시 검토	공급방법은 분양승인시 검토
분양대금 납부방법	• 계약금:20% • 중도금:70% • 잔금:10% 중도금 2회이상납부	• 청약금(10%), 계약금(10%),중도금(60%),잔금(20%) • 중도금 4회이상으로 납부	• 모집공고승인 시 검토	• 분양계획서 및 분양공고안 승인시 검토	• 청약금:10% • 계액금:10% • 중도금:60% • 잔금:20% 중도금4회이상
분양보증제	신탁계약,분양보증, 연대보증 중 선택	착공신고와 동시 분양하는 경우 분양보증의무화	규정없음	분양전 저당권 해지 혹은 설정액 만큼 보증보험가입	규정없음
제한물권 설정금지	분양전 지상권등 말소 의무	입주자 모집신청전에 입주자 동의없이 양도, 압류 등을 할수 없는 재산임을 등기부에 부기등기	규정없음	규정없음	규정없음

해외 신도시의 투자와 개발
- 하노이 스타레이크 시티 사례 -

1. 프로젝트 개요

'스타레이크 시티' 개발사업은 베트남 하노이 시청으로부터 북서쪽 5km 지점에 위치한 중심지역에 186.3ha의 규모의 신도시를 개발하고 업무 및 상업 용지, 정부 기관 부지, 주거용지 개발 및 주택 분양하는 사업으로 민간 주도의 한국형 해외 신도시 조성사업이다. 당 사업은 2023년 완공을 목표로 2단계로 이루어져 있으며, 총사업비는 22억 8,000만 달러의 초대형 신도시 개발사업이다.

하노이 스타레이크 시티는 노이바이 국제공항에서 시작되는 도로를 축으로 계획되었기 때문에 공항 접근성, 중심 상업지역 접근성에 있어서 교통환경이 탁월하다. 또한 신도시 주변으로 이미 공원들과 외교단지가 조성되었고 오페라하우스 등 각종 문화시설과 정부 기관, 초고층 업무용 빌딩 등이 들어설 것으로 예정되어 주거, 문화, 산업, 정치의 새로운 중심지로 급부상하고 있다.

구분	내용
프로젝트명	하노이 스타레이크 시티 개발사업
위치	베트남 하노이시 서호 서쪽 일원
시행사	THT Development Co.,ltd
시공사	대우건설
금융 조달	KDB 산업은행
사업비	총 22억 8,000만 달러 1단계: 12억 달러 / 2단계: 10억 8,000만 달러
개발 계획	-인구: 24,300명 -면적: 186.3ha -단계별 계획 a. 1단계(114.8ha): 2006~2021년 / b. 2단계(71.5ha): 2017~2023년

1996년 당시 하노이의 도시인구 증가에 따른 난개발의 해결 방안으로 최초 사업에 대한 제안이 이루어졌으나 IMF 금융위기 등으로 지연되었다. 이후 당 사업은 2006년 베트남 투자기획부의 투자허가 승인으로 사업이 속도를 내기 시작했으며, 2007년 12월 하노이시가 마스터플랜 승

인, 2012년 기공식으로 1단계 사업이 시작되었다. 2015년 빌라 공사에 돌입하였으며, 2016년 빌라 249세대를 1, 2차 판매 완료하였다. 2018년 4월에는 빌라 4차 및 상업·호텔·업무 복합 용지를 분양하며 사업에 탄력이 붙었고 향후 2단계 계획으로 아파트와 복합용지를 개발하고 분양할 예정이다.

최근 진행 중인 대부분의 해외 개발사업은 현지법인과의 합작회사(Joint Venture, JV) 구성을 통해 이루어진다. 그에 반해 하노이 스타레이크 시티 개발사업은 대우건설의 단독출자 법인에 의한 사례이다. 대우건설이 사업을 제안하면서 처음으로 신도시 건설 검토가 이루어졌고 이후 부지조성과 투자유치, 분양 등도 모두 대우건설이 주도하고 있다는 점에서 순수 민간주도형 사업으로 분류할 수 있다. 또한 대우건설은 1996년 베트남 정부에 제시한 개발 청사진에 한국의 분당과 일산 등 1기 신도시 개발사업 모델을 적용했기에 스타레이크 개발사업은 진정한 의미의 첫 번째 민간주도 한국형 신도시 수출로 평가할 수 있다.

* 하노이 스타레이크 시티 단계별 조감도   * 하노이 스타레이크 시티 단계별 배치도

출처: 김창익, "대우건설 베트남 '스타레이크 시티' 첫 삽 떠",   출처: 스타레이크 시티 공식 홈페이지 (http://www.starlake-
　　　<아시아경제>, 2012. 11.   　hanoi.com).

2. 개발배경

베트남은 1986년 경제 우선 개방·개혁 정책인 '도이머이(쇄신, Đổi mới)' 정책 이후 시장경제 체제로 변화하는 과정을 거쳐 왔다. 베트남 정부는 개방에 따른 도시화 현상에 대한 주택공급 부족을 해소하고자 적극적으로 신도시 개발 사업을 추진하고 있다. 특히 신도시 개발사업은 베트남 건설시장 발전을 위한 전략으로 외국 자본과 기술을 유치하는 형태로 활발히 진행되고 있다. 수도 하노이의 경우, 2000년대에 들어서 도시 외곽 농경지를 고층 아파트 신시가지로 개발하려는 계획을

수립함에 따라 한국을 비롯한 국제개발협력기관과 건설업체가 대거 참여했다.

대우건설은 1991년 하노이 지사를 설립하면서 베트남에 진출하였다. 베트남을 동남아시아 시장 공략의 시작점으로 설정하여 한국-베트남 수교(1992) 이전인 1989년도부터 베트남 진출을 고려하였다. 이후 대우자동차 조립공장(1993), 대하비즈니스센터(1996) 등을 시공하여 대우건설 브랜드를 베트남에 인식시켰다.

본 프로젝트는 해외법인의 개발사업의 진출 시의 위험 요인을 여실히 보여주는 사례이며, 2012년도에 기공식을 하기까지 여러 우여곡절이 있었다. 대우그룹 붕괴 이전인 1996년 베트남 총리가 당시 대우그룹 김우중 회장에게 신도시 계획안 제출을 제안함으로써 시작되었다. 이에 대우그룹은 '북 홍강 지역개발 프로젝트'와 '서부 서호 지역 개발사업 프로젝트'를 제시하였다.

서부 서호 지역 개발사업 프로젝트는 일명 떠이호떠이(Tay Ho Tay, THT) 프로젝트로 명명되는데 이는 떠이호떠이가 베트남어로 '서호 서쪽'이라는 의미이기 때문이다. THT 프로젝트는 후에 스타레이크 시티 프로젝트로 이름을 변경한다.

대우그룹이 추진하던 두 프로젝트는 동남아시아와 대한민국을 강타한 외환위기와 그에 따른 대우그룹의 해체로 해당 사업 진행이 불투명해지게 되었다. 이후 과거 대우그룹 베트남 신도시 개발 담당 임직원들은 해당 사업을 서부 서호 지역으로 한정으로 축소하여 사업을 추진하였다. 이에 따라 2003년에 대한민국 건설부의 협조를 통해 대우건설, 대원건설, 동일하이빌, 경남건설, 코오롱건설 총 5개의 회사가 컨소시엄을 결성하였다. 각 회사는 초기자본금 400만 달러를 출자하여 총 2,000만 달러를 초기 자본금으로 하고, 수권 자본금 1억 달러를 설정하여 2006년에 베트남 정부 산하 투자기획부로부터 총 10억 달러의 투자액에 대한 투자허가를 획득하였다.

2007년도에 베트남이 WTO에 가입한 이후 본격적으로 세계 경제에 편입되기 시작하면서 토지보상비용이 급증하게 되고, 곧이어 글로벌 금융위기의 여파로 사업자금 확보에 어려움이 생겼다. 특히 토지보상 문제는 스타레이크 시티사업을 지연시킨 가장 큰 요인 중에 하나이다. 해당 위험을 사전에 정확히 고려하지 못하였기 때문에 본격적인 사업 착수 시점이 계속해서 뒤로 밀릴 수밖에 없었다. 그에 따라 현지 법인과 건설사 인력의 상당수를 감축하는 등 사실상 사업을 중단하게 되었다.

2009년도에 산업은행이 대우건설을 인수하면서 다시 사업이 추진되기 시작하였다. 이때 산업은행은 해당사업의 사업타당성을 인정하여 2010년부터 본격적으로 토지보상을 시작하게 되었고, 2011년 초에는 기존의 5개 기업 컨소시엄이 가지고 있던 지분을 대우건설이 전부 인수하였다. 이에 따라 THT 프로젝트는 대우건설 단일 출자 법인으로 사업이 진행되게 되었다. 이후 2012년에 토지보상이 완료됨에 따라 기공식을 열고 본격적으로 프로젝트의 1단계 사업에 착수하였다.

3. 투자개발형 해외인프라 사업

스타레이크 시티의 사례와 같이 신도시 등의 해외인프라 사업의 개발부터 자금조달, 운영, 사후 관리에 이르기까지 사업의 전 과정을 기업이 주도함으로써 고부가가치 창출을 추구하는 사업을 투자개발형 해외인프라 사업이라고 정의한다. 통상적으로 PPP 형태로 추진되며, 운영방식으로는 표와 같이 BOT, BTO, BOO, BTL 등이 있다.

* 해외인프라 운영방식

운영방식	내용
BOT	Build Own Transfer: 인프라 준공 후 일정기간 동안 사업시행자가 소유권을 가지고 기간 만료 후 국가 혹은 지자체에게 소유권이 귀속되는 방식
BTO	Build Transfer Own: 인프라 준공과 동시에 국가에게 소유권이 귀속되고 사업시행자는 일정기간 동안 관리, 운영하며 수익을 창출하는 방식
BOO	Build Own Operate: 인프라 중공과 동시에 소유권 및 관리 운영권이 사업시행자에게 귀속되는 방식
BTL	Build Transfer Lease: 인프라 준공과 동시에 국가가 소유권을 갖지만 관리·운영권은 사업시행자가 갖고 협약 기간 동안 국가에게 시설 임대료 지불하는 방식

사업자금 조달 방법으로 일반 대출이나 투자를 통한 조달도 가능하지만 주로 프로젝트 파이낸스 (Project Finance) 방식으로 사업 자금을 조달한다. 2017년부터 마련된 GIVF(Global Infra Venture Fund)는 해외인프라 개발사업의 타당성 조사 및 금융협상 단계에 사업개발비를 투자함으로써 한국 기업의 진출을 지원하는 방법이다. 또한 사업주, 투자자와 같은 사업 참여자들은 프로젝트의 운영, 시설물의 분양, 임대 등에 의한 수익으로 조달한 자금을 상환할 수 있다는 특징을 갖는다.

4. 투자개발형 해외인프라 사업 구성 요소 및 주요 역할

개발사업에는 다양한 이해관계자들이 참여하기 때문에 참여주체들 간의 유기적인 관계가 핵심이라 할 수 있다. 특수목적회사(Special Purpose Company, SPC)가 해당 프로젝트 시행을 목적으로 설립되어 중심을 이루고 사업주, 대주단, 공급자, 구매자, 시공자(EPC), 유지보수자(O&M) 등이 참여하게 된다. 특히, 사업주는 SPC를 통해 인허가 취득, 각종 계약, 엔지니어링 및 시공자 선정, 사업 운영과 같은 전 과정의 핵심적인 역할을 수행하게 된다.

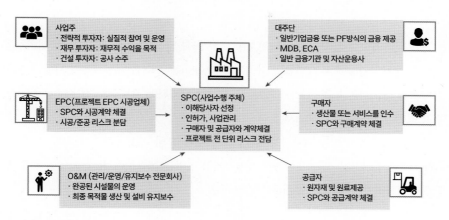

출처: http://www.koccenter.or.kr

5. 투자개발형 해외인프라 사업 수행단계별 주요 업무

수행 단계는 개발단계, 건설단계, 운영단계로 이루어진다. 프로젝트의 수행 기간이 길고 단계별 절차들에 금융 및 법률적인 이슈들이 중요하게 작용하기 때문에 해당 단계별 특징에 대한 확인 작업들이 필수적이다.

1) 개발단계

개발 단계는 크게 4단계로 추진되며, 사업 기획, 평가/검토 및 입찰 참여, 금융조달, 사업화로 이루어진다.

첫째, 사업기획은 사업주가 사업 대상국 정부 및 유관 기관, 현지시장 조사 등을 통해 수요 및 환경 등과 같은 사업 관련 정보들을 수집해 사업을 기획하는 단계이다. 크게 입찰형과 제안형으로 나누어지며, 전자의 경우 LOI를 제출한 뒤 입찰 준비 및 협상 등을 진행하는 방식이다. 후자의 경우 검토된 사업성을 바탕으로 사업대상국 정부나 유관 기관, 민간기업 등에 직접 사업을 제안하는 방식이다.

둘째, 평가/검토 및 입찰 참여를 통해 기획한 사업의 타당성 조사를 시작으로 입찰 참여까지의 단계를 거치게 된다. 현장 및 여건 조사 등을 통해 사업성, 수익성, 기술 역량, 위험요소 등에 대한 타당성 조사(F/S)를 수행한다. 이후 사업계획서를 작성하여 낙찰시 금융조달, 구매자 확보 등을 위한 계획을 수립하며, 최종적으로 발주처, 잠재적 구매자들과 사업 추진에 대한 MOU체결 및 입찰 참여를 진행하게 된다.

셋째, 금융조달 과정으로 사업 참여자의 지분투자 의향 및 여력 확인, 지분 및 부채비율을 확정한다. 이후에 금융기관이나 투자자들과 자기자본(Equity)이나 대출(Loan) 등의 자금 조달을 추진하며, 과정에서 금융기관의 여러 요구사항들을 검토하는 동시에 프로젝트 전반의 위험에 대한 대응 및 저감 방안을 금융기관 입장에서 집중 검토하게 된다.

넷째, 사업화 단계로 사업주, 투자자, 대주단, EPC 계약자, 공급자, 구매자, O&M 계약자 등 사업 참여자간의 업무, 책임범위, 금융조달 방식 등에 대한 협약을 체결한다. 또한 사업을 주도할 수 있는 SPC를 설립하여 건설 및 운영단계로 진입하게 된다.

2) 건설단계

건설단계는 크게 세 가지 단계로 추진되며, 디자인 및 엔지니어링, 건설, 시운전의 단계로 이루어진다.

첫째, 디자인 및 엔지니어링 단계로 전문 엔지니어링 업체를 통한 FEED를 실시하게 된다. FEED란 Front End Engineering Design으로 현장 조사 및 레이아웃 설계가 포함된 기초설계로 EPC의 기반이 되는 작업이다. FEED와 현장조사를 바탕으로 적합한 EPC 계약자를 선정하고, 계약자는 상세설계를 수행하며 사업주는 그 결과를 현지 행정기관에 제출하여 인허가를 취득하게 된다.

셋째, 건설 및 시운전 단계로 사업주가 건설단계의 위험을 검토하는 단계이다. EPC계약자는 공사에 착공하고 공기 내 공사를 완료할 수 있도록 역할을 다하며, 시설물이 건설된 이후 건축물의 경우는 최종감리, 발전소의 경우는 시운전을 진행하여 이상이 없을 시 상업운전일 및 표준운영방침을 확정하게 된다.

3) 운영단계

운영단계에서는 최종 시설물 운영과 유지관리를 수행하는데 이는 아래 표에도 상세히 나와 있듯이, 상업적 운영, 운영 모니터링 및 유지관리의 단계로 이루어진다.

첫째, 운영은 사업 목적에 따라 최종 시설물을 가동 또는 임대 및 분양하게 된다. 표준운영방침에 맞게 시설물을 운영하며, 필요에 따라 표준운영방침을 업데이트하기도 한다.

둘째, 운영모니터링 및 유지관리는 시설물 운영에 대한 지속적인 모니터링을 통해 적기에 유지보수를 진행하여 시설물의 수명을 관리해주는 단계이다. 이를 위해 안전한 업무환경 유지와 운영인력 역량 강화를 위한 교육을 시행하여 보다 효율적으로 시설물을 관리, 운영할 수 있도록 한다.

* 스타레이크 시티 사업 수행단계

개발 절차		세부내용
개발단계	사업기획	1996~2001년: 하노이 신도시개발 참여 2003년: 국내업체 간 컨소시엄 구성 및 참여의향서 제출 2004년: 하노이시에 사업계획서 제출 및 수정 2004년: 사업자 지정 승인
	평가·검토· 입찰 참여	1993~2003년: 외교부 산하 한국국제협력단(KOICA)을 통해 2차례 타당성 조사 지원
건설단계	금융조달	산업은행, 12억 달러 조달
	사업화	THT법인 설립
운영단계	시공	2012년: 기공식(기반시설공사) 2018년: 부지조성 마무리
	분양	2017년: 1, 2차 빌라 249세대 분양 완료 2018년: 3차 분양 진행 중

6. 베트남 신도시 개발의 특성 및 사례 관련 용어 정리

1) 베트남 신도시 개발의 특성

과거 베트남의 신도시 사업은 정부의 열악한 재정으로 인해 공적개발원조(Official Development Assistance, ODA) 방식으로 진행되었으나, 90년대부터 베트남 국영 기업이 신도시 부지를 출자하고 외국투자자가 자본을 조달하는 합작투자형 개발사업의 비중이 높아졌다. 그에 반해 스타레이크 시티 개발사업은 대우건설이 100%의 지분을 갖고 기획부터 분양까지 신도시개발과정 전체를 담당하는 단독투자형 방식으로 진행되었다.

2) 합작투자형 개발사업

신도시 개발에 부족한 정부 재정 때문에 정부 산하 공기업이 신도시 부지를 제공하고 외국투자자가 신도시 조성에 필요한 자본을 조달하는 구조를 합작투자형 개발사업이라 정의한다.

3) 단독투자형 개발사업

스타레이크 시티 개발사업과 같이, 외국투자자가 사업인허가, 부지 확보, 금융 조달, 시공, 사후 관리까지 전 과정을 단독으로 진행하는 개발사업 방식을 단독투자형 개발사업이라 정의한다.

7. 베트남 토지법

베트남은 사회주의 국가로서 자국의 모든 토지는 국가의 소유이다. 따라서 베트남 토지 사용자는 국가로부터 임대 혹은 할당의 형태로 토지사용권을 부여받아야 한다.

1) 해외투자자의 토지 사용 방식

해외투자자는 베트남 토지 관련 규정에 따라 토지임대 방식 또는 토지 무상 제공 방식으로 토지를 사용할 수 있다. 따라서 해외투자자는 베트남 정부에게서 토지를 받거나 토지 사용권자와 협의하여 토지를 확보하여야 한다. 주거시설, 오피스, 호텔, 아파트 개발과 같은 상업적 투자인 경우, 투자자가 직접 토지 사용권자와 협의하여 보상 문제를 해결하여야 한다.

2) 토지보상

베트남에서의 토지보상이란 현재 토지를 사용하고 있는 자가 다른 곳으로 이주하고 떠날 수 있도록 지불하는 비용을 말한다.

3) 토지보상금액
(1) 공공 목적 프로젝트

베트남 정부는 지방 인민위원회가 책정한 토지 공시지가에 기초하여 토지 보상금을 결정한다. 또한 정부는 이주비용을 지원하고, 이주할 수 있는 대체 토지를 제공하기도 하며, 저가로 토지를 매입하도록 편의를 제공하기도 한다. 이는 토지 시가보다 현저히 낮은 것으로 평가되며, 부동산 전문가들은 정부가 제공하는 토지 보상금 합계는 시가의 50~60% 정도라 평가한다.

(2) 일반상업 프로젝트

해외투자자는 베트남의 현 거주자들과 토지 보상금을 협의하여 보상금을 결정해야 한다. 이 경우 토지 공시지가는 보상금 협의 과정에서 참고로 사용된다. 일반적으로 협의 보상금은 토지 공시지가보다 현저히 낮으므로 이를 기준으로 협의가 이루어지지 않고 시가에 의해 이루어진다. 보상에 응하지 않는 최종 거주자들에게는 시가보다 훨씬 높은 가격으로 보상이 이루어지는 예도 있다.

4) 토지 보상금 공제제도

투자자가 토지보상을 위하여 사용한 돈은 후에 국가에 지급하는 토지 임대료 중에서 90% 한도로 공제받을 수 있다.

5) 토지임대료 산정

토지임대료는 통상적으로 임대 대상인 토지의 공시지가에 임대 기간과 0.5%를 곱하여 산정한다. 외국인이 토지임대료를 납부할 때는 연불, 일시불로 납부할 수 있는데 주택사업은 일시불로 지급한다. 토지임대료는 계약에서 정한 임대 기간에 따라 달라지는데 일반적으로 프로젝트의 기간을 임대 기간으로 정한다. 임대 기간은 투자증명서 발급일로부터 최대 70년까지이다.

출처: 이현석 편저, 2018 부동산개발 사례연구, 건국대학교 출판부, 2018, pp.389-414 요약.

제10장
부동산개발시장 뉴트렌드와 미래

- **구성**
  - 제1절 질적변화
  - 제2절 용도전환
  - 제3절 종합부동산회사
  - 제4절 시니어 주택
  - 제5절 프롭테크
  - 제6절 ESG

- **목적**

  부동산개발 시장의 트렌드 변화와 해당 분야에 대한 이해

- **용어**

  질적변화, 용도전환, 종합부동산회사, 시니어주택, 프롭테크, ESG 이해

- **핵심**

  부동산개발시장 트렌드 변화

  - 부동산시장에 질적 진화가 이루어지고 있다.
  - 부동산시장의 용도변화가 가속화되고 다양화되고 있다.
  - 부동산산업의 수직적·수평적 벽을 낮추고 융복합화해야 한다.
  - 시니어의 증가는 테크와 바이어의 발전과 연결된다.
  - ESG의 부동산산업에 대한 영향력 강화가 예상된다.

🏢 제1절 질적변화

양적기준(quantity base)으로 판단하던 부동산의 가치에 질적인 진화(quality evolution)가 이루어지고 있다. 기존의 부동산은 단지와 건물의 규모, 세대수, 층고 등 수량 중심으로 가격이나 가치를 판단해왔다.

21세기에 들어서면서 신규공급이 전혀 없이 콘텐츠(contents)를 통한 질적 변화가 가치를 만들어내고 있다. 다양한 공간적 변화를 보인 대표적 지역을 서울에서만 꼽아도 인사동, 삼청동, 익선동, 북촌 서촌, 성수동, 서래마을, 가로수길, 이태원, 경리단길, 홍대 주변, 삼청동길 등이다. 갤러리, 카페, 그리고 젊은이들의 시선을 끄는 팝업 스토어 등으로 바뀌며 사람들을 모으고 있다. 결국 서울이 재밌어지고 있다. 재미는 신규 공급으로는 절대 만들어지지 않는다. 사람 냄새나고 감성이 깃든 지역에서 우러나온다. 외국 관광객들은 고궁과 재래시장과 같이 한국적 정취를 느낄 수 있고 북적이며 지역 특유의 냄새가 나며 어울릴 수 있는 곳을 선호한다. 서울의 강북지역이 관광객들에게 핫플레이스(hot place)로 자리매김한 이유도 좁은 골목길과 오래된 한옥 등 휴먼스케일의 친근감이 동력으로 함께 작용하며 질적 진화에서 만들어냈기 때문이다.

첨단테크 역량을 가진 인력들이 선호하는 지역은 도시다. 놀고, 먹고, 즐기고, 일하며 거주할 수 있는 곳이다. 하지만 신도시들이 이러한 매력을 갖추기에는 상당한 기간이 필요하다.

🏢 제2절 용도전환(conversion)

용도는 지역지구제를 근간으로 한다. 전통적 도시계획 관점에서 보면 용도지역은 분리가 선이고 원칙이다. 서로 섞이는 행위는 규제의 대상이다. 주거지역은 상업지역과 분리되고 공업지역과는 멀수록 좋은 것으로 인식되었다.

현대의 도시계획은 이러한 개념을 뒤집는다. 주거, 상업, 업무가 결합되면서 첨단산업은 도심으로 들어오기도 한다. 한번 정해진 용도가 오랫동안 지속되던 과거와는 달리 선호의 변화 속도가 빨라지면서 공간 용도의 전환도 판이하게 달라지고 있다. 과거에는 공장 단지였으나, 용도전환을 활용한 복합문화 공간시설 사례가 증가하고 있다. 용도전환이란 기능을 상실한 노후 공간을 필요에 따라 새롭게 탈바꿈하는 현상으로 용도변경과 리모델링을 통해 어반라이프를 제공하여 부동산의 가치를 극대화시킨다. 새로운 복합문화 공간시설을 창조해 도시재생의 효과를 이끌어 낸 지역으로 성동구, 익선동, 문래동 등이 있으며, 이들의 공통점은 1990년대 후반부 기축 산업침체로 탈산업화와 탈도시화 현상이 생겨났다는 것이다. 고령화와 젊은 노동력 감소로 도시 생활 시설물 불용현상이 증가하였고, 그 결과 도심 외곽으로 퍼지게 됐다. 성동구나 익선동과 같은 도심 내 공장지대를 중심으로 새로운 도시공간 개발특징을 지닌 도시 뉴노멀(New Normal)이 등장하게 된다. 그중 버려진 공간과 시설물을 활용하려는 움직임으로 용도전환(Conversion)의 활동이 증가하게 된다.

2010년 초반 명동의 오피스는 높은 공실률로 고전하고 있었다. 아래 〈표 10-1〉과 같이 상당수의 오피스는 호텔로 용도 전환함으로써 수익을 창출했다. 당시 중국 관광객이 물밀듯이 들어오던 시장환경 변화에 빠르게 대응했던 사례이다.

표 10-1 코로나19 이전 (2012~2019) 국내 오피스 용도전환 사례

구분	위치	용도 변경 전	용도 변경 후	객실 수	진행사항
밀리오레빌딩	서울 중구 명동	상가, 오피스	호텔	600실	2014년 9월 오픈
삼윤빌딩	서울 중구 명동	오피스 빌딩	호텔	140실	2012년 12월 오픈
M플라자빌딩	서울 중구 명동	상가, 오피스	호텔	315실	2015년 9월 오픈
센트럴빌딩	서울 중구 명동	오피스 빌딩	호텔	312실	2012년 12월 오픈
청방빌딩	서울 중구 명동	오피스 빌딩	호텔	54실	2014년 8월 오픈

골드타워	서울 중구 초동	오피스 빌딩	호텔	442실	2013년 2월 오픈
충무로타워	서울 중구 충무로	오피스 빌딩	호텔	180실	2013년 9월 오픈
인송빌딩	서울 중구 회현동	오피스 빌딩	호텔	419실	2016년 5월 오픈
천마빌딩	서울 종로구 견지동	오피스 빌딩	호텔	155실	2012년 11월 오픈

* 자료: 용도변경 리모델링의 의사결정에 관한 연구, 신문보도, 2013.

코로나19 팬데믹 당시에는 이동이 제한되었다. 전 세계적으로 관광객의 감소로 여행과 호텔 업계에 큰 타격을 주면서 고통을 받았다. 이러한 상황에서 일부 호텔은 〈표 10-2〉와 같이 당시 선호가 높던 오피스텔 등 도심 주거시설로의 전환을 꾀하였다. 오피스텔은 주거와 업무 공간을 한데로 묶은 시설물로 도심 내 효율적인 공간 활용이 가능해지면서 직장인, 학생 등으로부터 지속적인 수익 창출을 가능케 했다.

표 10-2 **코로나 19 당시(2020~2022) 국내 호텔 용도전환 사례**

건물명	위치	용도 변경 전	용도 변경 후	규모
베니키아 호텔	서울 종로구 숭인동	호텔	청년 주택	민간임대 207가구 공공임대 31가구
이스턴 쥬얼리호텔	전남 여수시	호텔	병원	150병상
르메르디앙 호텔	서울 강남구 역삼동 602	호텔	복합 시설물	업무시설 305,587m² 숙박시설 10,749m² 근린생활시설 16,765m²
쉐라톤 서울 디큐브시티	서울 구로구 신도림동 692	호텔	오피스	지하8층~지상42층
노보텔 앰배서더독산	서울 금천구 독산동 1030-1	호텔	주거 단지	2개동 284가구
홀리데이인 성북	서울 성북구 종암동	호텔	기숙사	동덕여대 기숙사
남산 시티호텔	서울 중구 명동	호텔	기숙사	강화군 제2장학관
엘루이호텔	서울 강남구 청담동	호텔	아파트	PH129
베니키아호텔	서울 종로구 숭인동	호텔	역세권 청년주택	영하우스
호텔여의도	서울 영등포구 여의도동	호텔	오피스텔	시그니티여의도 오피스텔
리버파크 관광호텔	서울 강서구 염창동	호텔	오피스텔/ 도시형생활주택	한강브루클린 하이츠
한강호텔	서울 광진구 광장동	호텔	주거시설	-
쉐라톤서울 팔래스호텔	서울 서초구 반포동	호텔	주상복합	-
센트로 호텔	서울 서초구 서초동	호텔	학원	메가스터디 학원

* 자료: IGIS Research Center.

온라인 쇼핑의 확대는 쇼핑센터 등 기존 오프라인 상업시설들에 직접적인 타격을 주게 된다. 수도권이나 지방 도시 등 대부분의 도심 쇼핑센터들은 입지가 양호하여 <표 10-3>과 같이 수요가 풍부한 주거시설로의 대체가 붐을 이루었다.

용도의 전환은 빠르게 변화하는 시장 변화에 대처하는 개발업계의 산물이다. 이는 용도 전환을 수월하게 하는 제도적 뒷받침이 요구되는 이유이다.

표 10-3 **코로나 19 당시(2020~2022) 국내 리테일 상가 용도변경 사례**

건물명	위치	변경 용도 전	변경 용도 후	거래면적(평)	거래가격(억원)
롯데마트 칠성점	경북 대구 북구	리테일	주상복합	10,799	776
이마트 대구 시지점	경북 대구 수성	리테일	오피스텔	12,797	510
이마트 부평점	경기 인천 부평	리테일	주상복합	11,165	230
이마트 울산 학성점	경북 울산 학성	리테일	공동주택	12,763	311
이마트 덕이점	경기 고양 일산	리테일	공동주택	13,303	600
2001아울렛 수원점	경기 수원 팔달구	리테일	임대주택	7,846	394
동아아울렛대구점	경북 대구 북구	리테일	임대주택	4,117	302
롯데마트 수지점	경기 성남 수지	리테일	공동주택	13,308	2,000
롯데마트 구로점	서울 구로구	리테일	오피스텔/ 지식산업센터	18,119	2,000

* 자료: IGIS Research Center.

🏢 제3절 종합부동산회사

국내 부동산산업은 업역 간 벽이 높아 단계마다 별도의 기업이나 기관에 의해 서비스가 제공되어 일관성과 종합성 측면에서 효율이 떨어져 소비자나 수요자에게 불편을 끼친다는 지적을 받아왔다. 부동산의 라이프사이클은 개발, 건설, 관리 운용의 과정을 거친다. 이들이 각각의 별도 영역으로 진행되며 일괄서비스를 제공되지 못함을 의미한다. 아파트의 공사는 시공사가 진행하고, 분양은 분양회사가, 관리는 전문관리회사가 담당하는 등 시공, 분양, 중개, 관리 등이 별도의 영역으로 자리잡아 고객 입장에서는 불편함의 대상이었다.

일본의 종합부동산회사는 개발과 관리 운용이 통합된 구조를 보인다. 수직적 일관성과 수평적 통합을 통해 부동산시장을 주도하고 있다. 부동산종합회사의 현황을 살펴보기 위 해 〈표 10-4〉와 같이 일본의 건설회사(슈퍼제네콘), 주택회사(하우스메이커), 종합부동산 회사로 나누어 분석한다. 각각의 분야에서 매출이 가장 큰 상위 3개 사를 골라 매출액과 경상이익의 변화를 2001년에서 2015년까지 살펴보았다.

표 10-4 일본 종합부동산회사 3개사 비교

분류	특징	대표기업
슈퍼제네콘	원도급을 받는 종합 건설업체 (토목과 건축 기반)	카지마건설, 시미즈 건설, 타이세이건설 등
하우스메이커	주택사업 수행 건설업체 (광범위한 지역에서 사업수행)	다이와하우스공업*, 세키스이하우스, 다이토켄타쿠등
종합 부동산회사	부동산 매매, 교환, 임대, 중개업(개발, 분양)등 영위	미츠이부동산**(구 재벌계), 도큐부동산(철도계), 니티 등 (플랜트 중심)

상위 3개 사의 매출과 경상이익을 2001년에서 2015년까지 살펴보면 〈그림 10-1〉, 〈그림 10-2〉와 같다. 매출액은 건설회사가 수위였다. 그러나 2010년부터 주택회사들의 매출액이 건설회사를 넘어서고 있다. 일본의 주택회사들은 한국과는 다른 사업 형태를 가지고 있다. 주요 주택회사들은 건설과 주택관리를 병행한다. 토지주와의 협상을 통해 일정금액의 임차료를 보장하면서 30년간의 임대를 조건으로 주택건설을 수주하여 시행한다. 임대관리 호수가 많은 기업은 거의 100만 호에 육박한다. 시공 수주와 그에 따른 임대관리호수가 2000년

이후 늘어나면서 2010년경에는 건설업체의 매출 규모를 능가하고 있다.

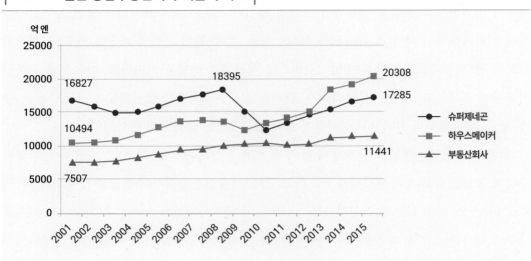

그림 10-1 일본 종합부동산회사 매출액 비교

억 엔

- 슈퍼제네콘
- 하우스메이커
- 부동산회사

경상이익은 종합부동산회사가 주택회사와 건설회사를 압도한다. 종합부동산회사와 건설 회사를 비교하면 다음과 같은 이유를 찾을 수 있다. 건설회사는 전국적 범위로 영업하며 규모가 큰 물리적 시설을 주로 시공한다. 주목표는 건설과정에서 공법을 개선하거나 동일한 기능의 대체 자재나 중기 사용의 개선을 통해 또는 인력계획을 효율화하여 원가를 줄이는 데 집중한다. 종합부동산회사는 대도시를 기반으로 소프트파워인 아이디어와 기획력에 의존하여 수익을 극대화함에 초점을 둔다. 일본은 과거 토건국가의 명성이 있었으나, 2000년 이후 공사 물량이 감소하며 시공회사의 매출은 감소했으나 대도시가 선호되는 글로벌 추세와 유사하게 주요 도시를 집중하면서 주택회사와 부동산개발회사의 매출이 증가한다. 특히 기획과 아이디어 등 소프트파워를 가진 종합부동산회사의 역량이 도시에서 발휘되면서 이익률이 상승하는 계기를 맞는다.

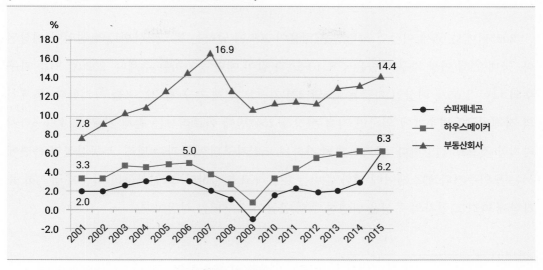

그림 10-2 일본 수익구조(경상이익률) 비교

슈퍼제네콘
하우스메이커
부동산회사

* 자료: 일본 임대주택 기업의 비즈니스모델 분석(한국건설산업연구원, 2018).

표 10-5 종합부동산회사와 건설회사의 비교

구분	종합부동산회사	건설회사
주요 역량	소프트 파워 (아이디어, 기획력)	물리적 하드웨어(시공)
목표	수익 극대화	비용 최소화
영업지역	대도시 중심	전국

🏢 제4절 시니어 주택

2025년에는 65세 이상의 고령인구 비율이 20%에 달하는 초고령사회로의 진입이 예상된다. 국내 65세 이상 가구 비중은 <표 10-6>과 같이 매년 증가하는 추세다. 2020년 기준 가구주의 나이가 65세 이상인 가구는 464만 2천 가구로 전체 가구 중 22.8%를 차지한다. 통계청의 장래인구특별추계에 의하면 지속 성장해 2047년에 이르러서는 전체 가구 중 49.6%까지 차지할 것으로 전망한다. 급격하게 증가하는 노인가구의 비중과는 달리, 부동산산업 측면에서는 노인주거와 헬스케어에 대한 준비는 미흡하고 허술하다. 노인가구의 비중이 급격히 증가함에 따라 고령자의 특성을 반영한 주택 공급이 요구되는 시점이다.

표 10-6 국내 65세 이상 가구 비중

(단위: 천 가구, %)

구분	총가구	65세 이상 가구	비중	고령자 가구 유형 및 구성비							
				부부	구성 비율	부부 + 미혼 자녀	구성 비율	부(모) 미혼 자녀	구성 비율	1인 가구	구성 비율
2000	14,607	1,734	11.9	573	33.1	184	10.6	79	4.5	544	31.4
2005	16,039	2,350	14.7	796	33.9	243	10.3	116	4.9	746	31.7
2010	17,495	2,923	16.7	985	33.7	286	9.8	149	5.1	991	33.9
2015	19,013	3,664	19.3	1,215	33.2	367	10.0	206	5.6	1,203	32.8
2020	20,350	4,642	22.8	1,536	33.1	450	9.7	255	5.5	1,589	34.2
2025	21,342	6,011	28.2	1,967	32.7	594	9.9	328	5.5	2,604	34.3
2030	22,036	7,438	33.8	2,420	32.5	729	9.8	400	5.4	2,486	34.8
2035	22,497	8,788	39.1	2,821	32.1	842	9.6	459	5.2	3,131	35.6
2040	22,651	10,012	44.2	3,136	31.3	943	9.4	510	5.1	3,623	36.2
2045	22,456	10,747	47.9	3,251	30.2	990	9.2	533	5.0	3,933	36.6
2047	22,303	11,058	49.6	3,302	29.9	1,019	9.2	547	4.9	4,051	36.6

* 자료: 장래인구특별추계: 2017~2067(통계청).

그림 10-3 국내 고령인구 및 구성비율

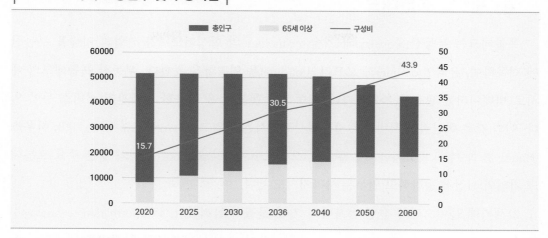

* 자료: 인구총조사(통계청, 2020).

고령자들은 거주지에서 계속 살기(aging in place)를 선호한다. 노인들은 늦은 나이까지 살던 지역에서 독립적인 생활하기를 원하는 욕구를 말한다. 다만 고령자는 시간이 지나면서 신체기능 악화 등으로 안전사고를 예방할 수 있는 주거시설이 필요하다. 이에 의료 및 편의 시설을 갖춘 시니어주택 등이 대체 수단으로 등장한다.

시니어주택은 다양한 형태가 존재한다. 대표적으로는 노인복지법에 의한 노인주거복지 시설인 노인복지주택과 양로시설을 들 수 있다. 노인복지주택은 2015년 이후 분양이 금지되어 현재는 임대만 가능하다. 그동안 민간의 참여가 저조하여 약 9,000호 공급되었고, 양로 시설은 약 12,000명의 정원을 보이고 있다.

🏢 제5절 프롭테크

프롭테크는 부동산(property)과 기술(technology)의 합성어로 4차 산업의 기술을 부동산에 접목하여, 온라인(on-line)과 오프라인(off-line)을 연결함을 뜻한다. 부동산 프롭테크의 예시로 빅데이터를 활용한 가치평가나, 부동산 플랫폼 등을 활용한 임대관리 서비스 등이 있다. 이와 같은 혁신적인 서비스로 글로벌시장에서는 위워크(WeWork, 공유사무실 기업), 하우즈(Houzz, 홈 리모델링 및 디자인 제공 플랫폼), 오픈도어 랩스(Opendoor Labs)와 같은 주요 프롭테크 기업이 시장에 등장하고 일부는 사라지기도 했다.

21세기에 들어오면서 산업 융복합의 거센 물결이 몰려왔다. IT(information technology), BT(biology technology), CT(cultural technology) 등이 그 대상이고, 부동산산업은 뒷전으로 물러난 모양새였다. 그러나 금융위기 이후 융복합, 초연결, 초지능으로 특징 지을 수 있는 4차 산업혁명의 거센 파도는 부동산산업에도 예외 없이 영향을 미치기 시작했다. 온라인 거래 활성화로 오프라인 상권은 직격탄을 맞고 있다. 대신 창고 등 물류산업은 호황기를 구가하고 있다. 물류창고의 위치는 공급자 중심에서 수요자 중심(last mile delivery)으로 변화하고 있다. 모바일 등을 통한 자료사용량의 급증은 데이터 센터의 확대를 불러왔다. 또한 과거 대형상업시설의 앵커로 불리던 영화관은 넷플릭스 등 OTT 시장에 밀리는 형국이다.

그림 10-4 **프롭테크 개념도**

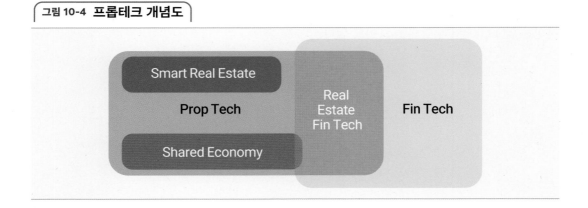

기존에는 금융, 보험, 부동산 등의 업무가 중심이었다면 4차산업혁명의 시대가 도래하면서 기술 및 정보, 미디어 등 산업의 중심으로 변화하게 된다. 과거 대도시 오피스의 주요 임차

인은 금융산업(FIRE: finance, insurance, real estate) 중심이었다. 최근 뉴욕 시의 오피스 공간의 업종별 분포 변화를 보면 프롭테크의 확장을 목격할 수 있다. <그림 10-5>와 같이 2008년 금융 비율은 55%였으나, 2018년 35%로 감소했다. 감소의 상당 부분을 기술산업(TAMI: technology, advertising, media, information)이 발전하면서 공간을 차지하면서 금융산업을 밀어내고 있다.

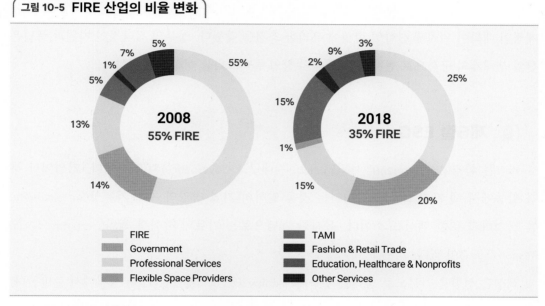

그림 10-5 FIRE 산업의 비율 변화

* 자료: Downtown Alliance BID.

뉴욕은 융복합시대에 세계적 수준의 융합이 가능한 인프라를 보유한 지역이다. 세계적 수준의 금융은 물론이고 테크기업들이 자리 잡으면서 실리콘앨리(silicon alley)라고 불릴 정도다. 기술 기반 사업은 공공과 민간을 연계하는 브릿지 기능이 원활히 작동하고 첨단인재의 창의적 도전 열정이 높아 뉴욕만의 차별화된 브랜드를 만들어가고 있다. 뉴욕이 가지고 있는 상업, 위락, 금융 등이 복합된 정주 환경이 젊은 데크 인재들을 불러모으며 혁신의 허브를 만들어 가고 있다.

텍사스 지역은 상대적으로 저렴한 물가와 세제 혜택을 바탕으로 테크기업을 불러모으고 있다. IT 기술개발을 위한 대형 컨소시엄(MCC, SEMATECH)과 텍사스주립대학의 창업지원센터(ATI) 지원 등을 통해 기업활동에 우호적인 환경을 조성하고 IT와 반도체 기업을 직간접으로 지원하면서 집적을 유도하여 오늘날 실리콘힐(silicon hill)이라 불리는 혁신 공간을 만들어 내고 있다.

영국의 런던 테크시티(tech city)는 실리콘 라운드어바웃(Silicon Roundabout)이라고 불리며, 중동부에 위치한다. 기술 창업 클러스터를 테크시티(tech city)라고 부르며, 영국의 새로운 산업 동력으로 육성하고 있다. 디지털과 창조 산업 분야의 성장과 혁신을 촉진하는 중심지로 주변 금융, 법률, 미디어 등과의 다양한 산업과의 협력이 가능하며, 인근 런던 대학교 등의 세계적인 대학이 위치해 산학연 형성에 유리한 조건을 갖췄다. 정부의 적극적인 지원과 폭넓은 산업 생태계의 구축으로 현재 유럽 최대의 창업 클러스터를 형성하고 있다.

🏢 제6절 ESG

ESG는 환경(Environment), 사회(Social), 지배구조(Governance)의 약자이다. 기업이나 투자 활동에서 세 가지 요소를 고려하는 것을 말하며 기업 경영의 지속 가능성(Sustainability)을 달성하기 위한 핵심 요소이다. 유사한 개념으로는 기업의 사회적 책임(Corporate Social Responsibility)이 있다.

핵심은 선함을 기본으로 영리를 추구하자(doing well by doing good)는 생각에서 출발한다. 도시, 건물, 그리고 인프라 분야는 에너지, 물, 자원 및 전기 소비량이 상대적으로 높아, 이와 관련된 부동산개발은 ESG의 주요 관심 대상이다. ESG는 건물의 건설과 운영 전반에 걸쳐 환경적, 사회적, 그리고 사회 지배 구조적 측면을 고려하는 것을 의미한다.

환경(Environment)적 측면에서는 건물의 에너지 효율, 이산화탄소 배출량, 물 사용, 폐기물 관리 등이 중요한 요소이다. 에너지 효율적인 건물 설계, 재생 가능 에너지의 사용, 지속가능한 건설 자재의 활용 등을 통해 환경에 미치는 영향을 최소화하는 것이 중요하다.

사회(Social)적 측면에서는 공공의 이익, 사회적 공헌, 고용 창출, 지역사회와의 상호작용 등이 고려된다. 부동산개발이 지역사회에서 삶의 질 향상에 기여하면서 지역 경제에 긍정적인 영향을 미치는지 등이 중요한 요소이다.

지배구조(Governance)적 측면에서는 투명성, 책임성, 공정성 등이 강조된다. 부동산개발 프로젝트의 결정 과정이 투명하게 이루어지는지, 이해당사자들의 의견이 적절하게 반영되는지 등이 고려되는 요소이다.

부동산개발에서 ESG는 건물의 생애주기 전반에 걸친 다양한 활동과 관련이 있으며, 이를 통해 지속가능한 부동산개발을 추구한다. ESG 고려 사항을 적용한 부동산개발은 환경적 지속 가능성뿐만 아니라, 사회적 가치 창출과 지배구조의 개선을 통해 장기적인 투자 가치를 높일 수 있다.

2015년 12월 프랑스 파리에서 개최된 제21차 UN 기후변화 협약 당사국 총회(COP21)에서 파리 신기후변화 협약으로 저탄소 중심의 녹색 성장과 창조 경제 중심의 신산업 창출이 성장 동력의 중심이라 선언했다. 협약의 주요 내용은 온실가스 감축을 목표로 국제사회의 공동 대응을 통해 지속가능한 미래를 원칙과 방향성으로 제시하였다. 영국에는 제로에너지 주택이 등장하게 된다. 영국 베드제드는 최초의 친환경 탄소중립 복합개발단지로 단지 내 열병합발전소에서 산업폐기물 등을 소각해 에너지를 생산하는 액티브 구조를 취하고 있다. 모든 주택 지붕 위에 태양광 패널을 설치하면서 난방수요는 일반주택의 1/10까지 저감하는 등의 기대 효과가 있다. 굴뚝 등의 실내 환기 시스템 설치와 건물 외벽 300mm의 슈퍼 단열재 설치로 열 손실 최소화를 통해 지속가능한 건물을 개발하고 있다.

참고문헌

· Mike E Miles, Laurence M Netherton, Adrienne Schmitz, Real estate Development - Principle and Process, Urban Land Institute, 5th Ed., 2015.

· 이현석, 부동산 상품유형별 수요추정 및 향후 사업방향성 검토, 대우건설, 2017.

· 이현석, 주택사업 다각화 전략 연구, 대우건설, 2012.

· 이현석, 신은정, 부동산산업의 ESG와 리츠의 미래, 한국리츠협회, 2021.

⌂ 연습문제와 토론주제

1. 부동산개발시장의 미래 트렌드와 시장변화에 대해 설명하라.

- · 질적변화
- · 용도전환
- · 종합부동산회사
- · 시니어주택
- · 프롭테크
- · ESG

2. 글로벌 도시의 주요 변화 트렌드 중 하나가 "Smart Growth"와 "Compact Development"이다. Smart Growth에 대해 설명하고 Compact Development의 장단점에 대해 논하라.

일본 카미야마 마을의 satellite 오피스
- 지방도시재생사업 성공사례 -

1. 사업개요

일본은 이미 저 출산 및 고령화로 인한 인구감소가 진행되고 있으며, 이에 따른 여러 정책에도 불구 지방의 지역 쇠퇴가 가속화되고 있다. 이를 해결하기 위하여 아베 정부는 지방 도시재생사업을 포함한 '지역, 사람, 일자리의 창생종합전략'을 제정하게 되었다. NPO법인 그린 밸리에 의해 한계마을 중 한 곳이었던 카미야마 마을은 한계마을에서 벗어나 유출 인구보다 유입 인구가 많은 마을로 변하게 되었다.

NPO법인 그린 밸리는 satellite 오피스를 유치하여 위성기업이나 창업자들에게 빈 집을 제공하는 등의 중간 지원조직 역할을 수행하였다. 보조금을 통해 젊은 가족을 유인하는 방식이 아닌 카미야마 마을의 특징을 살려 이에 필요한 사람을 한정적으로 공모하는 등의 방법을 사용하였다.

초기에는 해외의 아티스트들이 찾아와 머물게 하고 그들의 활동을 지원하는 예술분야 전문가의 'work in residence'로 시작하여 정착 기업을 지원하고 오래된 집과 빈 점포를 활용하여 공동 사무실로 개조하는 등 자신들이 원하는 점포나 사람을 유치하고, 또한 이들을 담당할 인재를 육성하는 교육기관으로서 마을 훈련원으로 성장하였다.

정착 거주자들을 위한 편의시설과 거주 만족도를 높이기 위한 세심한 배려를 하여 정착률을 높이도록 하였다. 예를 들어 갓 구운 빵을 먹고 싶다는 거주자들의 요청이 있으면 제빵 장인을 섭외하여 거주토록 하는 디테일을 중요시 하였고, 매장의 구성과 운영에 필요한 각종 원재료를 공급하는 물류 시스템도 지역 주민이 직접 참여하게 하는 거주자간의 네트워킹도 소중히 하였다.

카미야마 마을은 창조산업과 IT 분야의 많은 젊은 인재들이 도심의 직장생활에서 벗어나 자연 풍경이 수려하고 한적한 지방의 작은 마을에서 스마트 슬로우 라이프를 즐길 수 있는 장소가 되면서 사람들이 모이는 공간으로 조성되었다. 이렇게 카미야마 마을은 풍요로운 자연환경과 저렴한 인건비, 지역 주민과의 소통을 통해 워라밸을 충족할 수 있는 최적의 스마트 컨넥티드 타운으로 변모하게 된 것이다.

2. 사업의의

토쿠시마현의 satellite 오피스를 이용한 지방도시재생전략은 빈 집을 활용하여 한계마을을 새롭게 탈바꿈 시킨 일본 도시재생사업의 성공 모델이다. 토쿠시마현은 현정(県政)사업의 일환으로 2011년 부터 TV 난시청 지역 해소를 위한 고속 광케이블 설치작업이 시작되어 산간벽지까지 broadband 환경이 가능하도록 IT 인프라를 갖추게 되었다. 이렇듯 토쿠시마현은 일찍이 일본 전국에서 broadband 환경이 가장 우수한 지역으로 인정받아 2018년 12월까지 총 62개사의 satellite office를 유치할 수 있었으며, 그 중 16개사가 카미야마 마을에 집중 개설하였다.

3. 도시의 스펀지화 및 축소도시

도시 축소는 인구학적 변화, 글로벌화, 산업주조의 변화 등에 따라 도시 쇠퇴기를 겪으면서 나타난 도시현상이다. 일본의 축소도시의 주요한 원인은 저 출산과 고령화에 있다. 일본의 인구추계로 볼 때 2040년 이후부터 인구감소가 본격화되고, 2050년에 총 인구 수는 9500만 명이 되고 65세 이상 고령자는 총 인구의 40%에 달할 것으로 예측되고 있다. 특히 이러한 고령화 현상은 인구 규모가 작은 지방도시일수록 더욱 두드러지게 나타나고 있다.

인구감소 도시는 도시의 크기는 변하지 않지만, 스펀지와 같이 도시 안에 작은 구멍들이 뚫린 것처럼 전반적인 밀도가 낮아져가는 것이다. 도시의 스펀지화로 빈 집과 공터 등이 다수 발생하게 되어 적정 수준의 도시 서비스가 제공되지 못하고 행정비용도 크게 증가하여 지속가능한 도시기능을 할 수 없게 만들었다. 일반적으로 축소도시는 40년간 25% 이상의 인구감소, 50년간 총 10% 이상 또는 연평균 1% 이상의 인구감소를 보이는 경우를 일컫는다.

도시생애주기이론에 따르면 도시는 성장기를 거쳐 쇠퇴기를 지나면, 인구 분산과 도시 인구 감소현상이 나타나게 되며 이 단계에서 적절한 도시재생전략을 통해 도시로의 인구 재유입을 위한 도시성장 촉진정책을 펼치도록 하고 있다.

* 도시 축소화에 대한 인식 및 전략

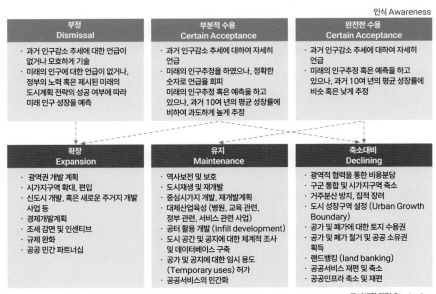

인식 Awareness

부정 Dismissal	부분적 수용 Certain Acceptance	완전한 수용 Certain Acceptance
· 과거 인구감소 추세에 대한 언급이 없거나 모호하게 기술 · 미래의 인구에 대한 언급이 없거나, 정부의 노력 혹은 제시된 미래의 도시계획 전략의 성공 여부에 따라 미래 인구 성장을 예측	· 과거 인구감소 추세에 대하여 자세히 언급 · 미래의 인구추정을 하였으나, 정확한 숫자로 언급을 회피 미래의 인구추정 혹은 예측을 하고 있으나, 과거 10여 년의 평균 성장률에 비하여 과도하게 높게 추정	· 과거 인구감소 추세에 대하여 자세히 언급 · 미래의 인구추정 혹은 예측을 하고 있으나, 과거 10여 년의 평균 성장률에 비슷 혹은 낮게 추정

확장 Expansion	유지 Maintenance	축소대비 Declining
· 광역권 개발 계획 · 시가지구역 확대, 편입 · 신도시 개발, 혹은 새로운 주거지 개발 사업 등 · 경제개발계획 · 조세 감면 및 인센티브 · 규제 완화 · 공공 민간 파트너십	· 역사보전 및 보호 · 도시재생 및 재개발 · 중심시가지 개발, 재개발계획 · 대체산업육성 (병원, 교육 관련, 정부 관련, 서비스 관련 사업) · 공터 활용 개발 (Infill development) · 도시 공간 및 공지에 대한 체계적 조사 및 데이터베이스 구축 · 공가 및 공지에 대한 임시 용도 (Temporary uses) 허가 · 공공서비스의 민간화	· 광역적 협력을 통한 비용분담 · 구군 통합 및 시가지구역 축소 · 거주분산 방지, 집적 장려 · 도시 성장구역 설정 (Urban Growth Boundary) · 공가 및 폐가에 대한 토지 수용권 · 공가 및 폐가 철거 및 공공 소유권 획득 · 랜드뱅킹 (land banking) · 공공서비스 재편 및 축소 · 공공인프라 축소 및 재편

도시계획 전략 Strategies

출처: 인구감소, 축소도시, 그리고 도시재생, 2018 재인용.

일본은 중앙정부 차원에서 축소도시 문제에 대응하기 위하여 2002년 '전국 도시재생(創生)을 위한 긴급대책'을 마련하였다. 긴급대책의 주요 지원사항은 지방도시 생활의 편의성을 증진시키고 지역경제를 활성화시키는 데 주안점을 두었다. 특히 지방 도시공간을 효율적으로 관리하기 위하여 국가가 도시재생사업의 일부를 지원하는 '마찌즈꾸리교부금(まちづくり交付金)제도'를 도입하였고, 지역의 역사, 문화, 자연환경 등의 특성을 살리면서 개성이 넘치는 마을을 만들 수 있도록 지방도시재생사업을 추진하였다.

도쿄에서 600km 떨어진 토쿠시마현의 카미야마 마을의 인구는 급속한 고령화와 인구감소로 인하여 1995년 21,000명에서 2050년 5,400명으로 감소하고, 65세 이상 고령자가 마을 인구의 50% 이상을 차지하는 한계마을이었다. 이러한 고령자비율은 전국 평균 15.5%에 비해 2.3배 높은 35.5%에 해당하였으며, 빈 집 비율은 14.9%로 전국에서 5위를 차지하고 있었다. 이로 인해 공공시설물의 폐쇄 등 심각한 문제가 발생하였다.

일본창성회의(日本創成會議)에 따르면 2035년까지 인구는 3,000여명으로 줄어들고, 인구 재생산 연령에 해당하는 20~39세 여성인구는 82.6% 감소할 전망이며, 1800개의 지방자치단체 중 20번째로 심각한 마을 쇠퇴현상이 예상되었다.

이를 해결하기 위해 2011년 NPO법인인 그린 밸리의 주도하에 지방 도시재생사업인 지방창생 사업을 시작하게 되었다. 지방 도시재생사업의 일환으로 IT기업을 주요 고객층으로 빈 집을 활용한 satellite 오피스를 적극 유치함으로써 청년층의 유입, 빈 집 문제 해소, 그리고 마을의 생산성 향상의 경제효과를 얻게 된 일본의 지방 재생사업의 성공사례가 되었다. 자신만의 풍요로운 워라밸 라이프를 추구하는 젊은 층들이 도심의 직장인 생활에서 벗어나 자연 풍경이 수려하고 한적한 지방마을에서 스마트 슬로우 라이프를 즐기려는 욕구와 한계마을 상황이 잘 어우러져 일본의 대표적인 satellite 오피스가 자리 잡은 마을로 탈바꿈한 것이다. 이를 증명하듯 2011년 처음으로 카미야마 마을 전입자 수가 전출자 수보다 많아지게 되었다.

4. Satellite 오피스 유치로 인한 경제적 파급효과

Satellite 오피스 유치 이후 카미야마 마을의 중심산업은 전통적인 농림업 위주에서 엔지니어, 프로그래머, 온라인 영업 등의 IT 관련업이 주 업종으로 바뀌게 되어 마을 생산성도 향상되는 직·간접적인 경제적 파급효과를 나타내었다. 또한 카미야마 마을에 이주 정착한 근로자들로 인구 유입수가 늘어나고, 특히 청·장년층과 0세~9세의 자녀 전입수가 늘어난 것이 두드러진 변화라 할 수 있다.

Satellite 오피스 사업으로 인한 경제적 직접효과 즉, 제1차 파급효과는 크게 satellite 오피스 사업의 연간 매출액과 satellite 오피스 시찰단의 지출액으로 구분하여 볼 수 있다. 또한 제 2차 경제 파급효과를 보면, 직접 지출의 결과물로 나타날 수 있는 간접 지출액으로서 숙박 및 주거시설의 리노베이션 등의 건축 관련업 매출의 증가, 카미야마 지역명을 이용한 관광 상품의 매출증가, 지역주민의 소득증가로 기인한 소비지출의 증가 등 카미야마 마을이 한계마을에서 생산성이 향상된 지방중소도시로 탈바꿈하였음을 나타내는 의미 있는 수치라 할 수 있다.

2014년 satellite 오피스 사업으로 인한 직접효과는 약 4800만 엔이었으며, 이로 인한 직·간접 경제효과는 총 5800만 엔 정도를 나타내었다. 이러한 결과로 볼 때 2014년에 카마야마 마을이 satellite 오피스 사업 유치로 파급된 경제효과는 총 5800만 엔 정도였다고 추정할 수 있다.

항목	금액	부문
Satellite 오피스 매출액	40,189,099엔	정보통신업체 28개사
Satellite 오피스 시찰단 지출액		
음식비	1,486,573엔	음식점 34개 업체
숙박비	1,388,251엔	숙박업 35개 업체
기타	4,885,553엔	개인서비스대응 36개 업체
합계	47,949,476엔	

출처: サテライトオフィス誘致による地域経済効果に関する考察, 2017, 재구성.

* Satellite 오피스 사업의 경제적 파급효과 (2014년 기준)

생산유발액		
제 1차 경제효과		54,012,799엔
직접효과	47,949,476엔	
제 1차 간접효과	6,063,323엔	
제 2차 경제적 파급효과		3,705,583엔
직·간접 경제효과 합계		57,718,382엔

출처: サテライトオフィス誘致による地域経済効果に関する考察, 2017, 재구성.

5. 우리나라 지방 도시재상사업 적용 (전라북도 사례)

최근 우리나라에서도 바쁜 도시생활을 벗어나 소확행의 삶과 워라밸을 실천하려는 청·장년층이 늘어나고 있다. 전라북도에서는 이러한 라이프스타일을 추구하면서 경제적 자립을 꿈꾸는 청년층이 자리 잡을 수 있도록 유휴공간이나 오래된 빈 집을 활용하여 스마트 슬로우라이프 청년업무지구를 시범 모델사업으로 추진 중에 있다.

일본 카미야마 마을의 성공사례를 벤치마킹한 전라북도의 스마트 슬로우 라이프 청년업무지구는 청년세대들을 전라도 지방의 향토 문화와 자연환경을 융합시킨 전라북도형 스마트 컨넥티드 청년마을 만들기라고 할 수 있다. 밀레니엄 신세대들이 자연친화적인 작업환경에서 IoT 서비스가 가능하며, 전통문화를 중시하는 전라북도의 향토정신을 불어넣은 스마트 슬로우 라이프 마을로 조성하는 프로젝트이다. 사업 대상지역은 지방소멸위험이 높은 진안군, 임실군, 순창군, 장수군, 고창군을 우선 대상으로 하여 빈 집이나 빈 점포를 리모델링하여 주거 및 창업공간으로 제공하고, 지방도시재생사업과 청년층 인구의 유입을 위해 지속가능한 커뮤니티재생의 선순환 전략을 구상하고 있다. 우선 대상지역들은 시골 마을이지만 국내 굴지의 통신 대기업들과 함께 국내 최고의 무선 네트워크를 구축한 5G 빌리지로 조성하고 있다.

전북지역으로 귀향하는 청년세대들은 IT를 접목시킨 스마트 농업으로 새로운 수익원을 창출하고자 하는 도전 정신과 빈 집 문제와 같은 지역의 사회적 가치를 추구하는 행동특성을 갖고 있다. 스마트 농업에 도전하는 청년들은 기성세대가 중시하던 생산 과정을 현대화 하여 농산물을 경쟁력 있는 상품으로 가공제조하여 고소득을 창출하면서 소비자에게는 안전한 먹거리를 제공하는 로컬 푸드 운동의 전도사 역할을 하고 있다.

지방의 지역 사회문제를 극복하기 위하여 향토 문화와 예술적 재능을 주민들이 결합된 전라북도 문화 콘텐츠를 만들 수 있도록 지원하는 촉매제 역할을 하기도 한다. 전통공예에 첨단기술을 결합시킨 관광 상품을 개발하고 청년 스마트 슬로우 라이프 마을을 지역 관광 상품으로 개발한다면 전주 한옥마을과 함께 전북지역이 전국에서 자연과 전통이 어우러진 삶의 풍요로움을 느낄 수 있는 워라벨의 대표 도시로 발돋움 할 수 있을 것이다.

전북 청년들의 스마트한 작품은 작두콩을 이용해 카페인이 없는 커피콩을 개발하였고, 목공방으로 전통 공예를 발전시키고 있다. 또한 지글스(지리산에서 글 쓰는 여자들)라는 잡지를 발행하여 귀농 귀촌하는 정착민들에게 유용한 정보를 제공하고 있다. 문화예술의 도시 답게 전주 영화제를 개최하여 새로 유입된 청년세대들과 지역민 기성세대들 간의 상호연대를 통해 활력이 넘치는 마을 만들기 작업의 자극제가 되기도 하였다.

이를 완성하기 위하여 전북의 해당 지방 자치단체에서는 스마트 슬로우 라이프 청년업무지구의 기술적, 사회적, 행정적 지원을 통해 방해요인들을 제거하고 효율적인 5G 빌리지 환경을 위한 솔루션을 지속적으로 제공하고 있다.

전북의 스마트 슬로우라이프 청년업무지구가 우리나라 지방 도시재생사업의 성공사례로 자리매김하기 위해서는 전통문화와 지역 문화가 융합할 수 있는 청년 중심의 공유경제 커뮤니티 채널을 구축하고, 전북 지역의 대학기관과 연계하여 유망 전통문화를 4차 산업과 연계시킨 스타트업을 개발하는 연구가 필요할 것이다.

6. 시사점

　토쿠시마현의 satellite 오피스 프로젝트는 한계마을인 현내 지방 도시재생사업의 일환으로 2011년부터 시작되었다. 현에 속해있는 지방도시 중에서 카미야마 마을이 satellite 오피스 유치를 통하여 단기간에 청·장년층의 인구 증가와 마을 총 생산성 향상과 같은 가시적인 경제적 파급효과를 얻을 수 있었던 성공요인으로는, 첫째 입지적으로 일본 전국에서 broadband 환경이 우수한 지역으로 IT기업과 IoT를 활용한 플랫폼 비즈니스 환경에 적합한 지역이었으며, 둘째 워라밸의 삶을 추구하는 청·장년층의 니즈에 적합한 직주환경으로 적합한 수려한 자연환경을 갖춘 지역이었다. 셋째 인구감소시대 일본 정부의 고민거리였던 빈 집 문제를 해소할 수 있는 방안으로서 satellite 오피스 유치가 시의적절한 해결책이 되었기 때문에 가능하였다. 마지막으로, 소프트 뱅크와 같은 4차 산업 선도기업과 지방자치단체가 협력하여 IoT 플랫폼을 활용한 지방도시재생사업을 실증모델로 실험할 수 있는 투자와 실험정신이 있었기 때문에 가능한 일이었다.

　지방 중소도시의 경우 이미 인구감소가 진행되고 주택시장 수요도 한계가 있으므로 지역 시장을 활용한 에어리어 매니지먼트(Area Management)를 통하여 지역의 가치와 경쟁력 있는 환경을 유지 향상시키는 지방 도시재생사업 모델이 필요할 것이다. 이러한 점에서 전라북도는 매력적인 전통 문화예술 산업과 IoT를 활용한 청년 스타트업이 융복합되어 청년층이 직주할 수 있는 공공인프라가 구축된다면 거주인구의 증가와 함께 지역 관광과 시찰을 포함한 일시 체류인구도 증가하는 직·간접적 경제파급효과를 이루는 성공모델이 될 수 있을 것으로 예상된다.

　이는 지방중소도시의 인구과소지역이 한계마을현상을 극복하고 지방도시재생사업으로 얻게 되는 비용편익이 지역 경쟁력으로서 정(+)의 효과를 이루게 되는 매우 중요한 의의를 지니게 되는 것이다.

* 우리나라의 도시 소멸가능 지역

인구감소 및 고령화에 따른 소멸 가능 지역
시군구

강원도
서울특별시
인천광역시
경기도
충청북도
세종특별자치시
충청남도
경상북도
대전광역시
전라북도
대구광역시
전라남도
울산광역시
광주광역시
부산광역시
전라남도
제주특별자치도

출처: 공간자기상관분석을 통한 노후주택 관리와 정비 방향에 관한 연구, 2017.

　　우리나라도 평균수명 증가와 출산율의 저하로 인해서 급속한 고령화와 소가족화 등 인구구조 변화가 가속화되고 있다. 지방중소도시의 경우 지역 특성과 환경에 따라 인구감소 속도가 다르기는 하지만 대부분 인구감소로 인한 한계마을 현상의 부작용에 직면하고 있다. 따라서 우리나라의 지방중소도시도 일본 카미야마 마을의 성공사례와 같이 IoT 플랫폼을 이용한 다양한 스마트 컨넥티드 타운을 만드는 도시재생사업을 추진하여 지역 경제의 생산성 향상과 사회경제적 발전을 이루고 한계마을 현상을 극복할 수 있는 정책적 배려가 지속적으로 마련되어야 할 것이다.

출처: 신종칠 편저, 2019 부동산개발 사례연구, 피데스부동산개발사례연구센터, 2019, pp.195-229 요약.

색인

저자약력

• 이현석

건국대학교 부동산학과 교수

미국 코넬대학교 박사(도시 및 지역계획)
미국 코넬대학교 석사(지역경제)
서울대학교 학사(도시공학)

경력

건국대학교 부동산대학원 원장
건국대학교 부동산·도시연구원 원장
건국대학교 미래지식교육원 원장
한국부동산분석학회 회장
대한국토도시계획학회, 한국주택학회 상임이사

전) 이지스자산운용 이사회 의장
전) 하나자산신탁, 대우건설, 코람코자산운용 사외이사
전) 부동산금융투자포럼 부회장, 서울부동산포럼 고문
전) 전문건설공제조합 운영위원
전) 기획재정부, 국토교통부, 보건복지부, 행정안전부, 산업통상자원부 등 심의위원
전) 서울시 중앙토지수용위원회 등 위원, 광진구, 부천시 등 도시계획위원회 위원
전) 국민연금공단, 공무원연금공단, 한국교직원공제회, 경찰공제회, 대한지방행정공제회,
　　건설근로자공제회 등 심의위원
전) 한국토지주택공사, 한국부동산원, 한국자산관리공사, 주택도시보증공사, 한국전력공사,
　　인천국제공항공사, 서울도시공사, 화성도시공사 등 자문위원

• 임지묵

  건국대학교 부동산학과 겸임교수
  이림디앤디 대표이사 (ELIM D&D)

  건국대학교 부동산학과 박사

경력

구의동 복합 근린생활시설 개발
청담동 복합 근린생활시설 개발
서초동 호텔 및 복합 근린생활시설 개발

전) 교보생명 부동산관리팀 근무
  - 개인·법인 특수채권(NPL) 담당
  - 부동산개발 PF 담당
  - 송도 교보IBM 데이터센터 개발 TF장
  - 영등포사옥 개발 담당
  - 영암사옥 개발 담당
  - 부동산자산 Rebalancing 담당
전) 한국부동산분석학회 이사
전) 조선일보 건축주대학 제2기, 제3기 교수

연구논문

· 임지묵. "이익구성 요소의 정보유용성에 관한 실증연구",『서강대학교』. 1997.
· 이현석, 임지묵. "중소형 근린상가의 매매가격 결정 요인에 관한 실증연구",『건국대학교 부동산도시연구원』. 2015.
· 이현석, 임지묵. "중소형 근린상가의 월세에 대한 보증금 배율 변화에 관한 연구",『한국부동산분석학회』. 2016.
· 임지묵. "중소형 근린상가 매매시장과 임대시장의 특성과 연관성에 관한 연구",『건국대학교』. 2017.

부동산개발론

초판발행   2024년 9월 10일

지은이   이현석·임지묵
펴낸이   안종만·안상준

편 집   배근하
표지디자인   BEN STORY
제 작   고철민·김원표
펴낸곳   (주) **박영사**
               서울특별시 금천구 가산디지털2로 53, 210호(가산동, 한라시그마밸리)
               등록 1959. 3. 11. 제300-1959-1호(倫)

전 화   02)733-6771
f a x   02)736-4818
e-mail   pys@pybook.co.kr
homepage   www.pybook.co.kr
ISBN   979-11-303-2095-3   93320

정 가   35,000원